中公文庫

首里城への坂道

鎌倉芳太郎と近代沖縄の群像

与那原 恵

中央公論新社

首里城への坂道——鎌倉芳太郎と近代沖縄の群像【目次】

首里城への坂道——鎌倉芳太郎と近代沖縄の群像

プロローグ

首里は坂の町である。

戦争のあと、風景はずいぶんと変わってしまったと古老は語るけれど、それでも王国時代からの道をみつけることができる。それは心もとないほどほそい道で、幾重にも折れまがりながら坂の上へとつづく。かつて石畳であった道は、戦争の砲撃にさらされてはがされてしまい、いま、むきだしのコンクリートがつよい日差しを浴びて、まぶしい。その白っぽい道は、きれいな装いを脱がされて泣きべそをかいている子どものようで、せつなくなる。

あたらしい住宅が建ちならび、マンションさえあるのに、敷地のほとんどがきっちりと区切られた四角ではなくて妙な変形であることも、いかにも古都らしい。二百数十年前につくられたという「首里古地図」をながめてみると、碁盤の目のように整備された町ではないことがよくわかる。起伏のある土地にさからわず、蛇行して道がのびており、そこに沿って屋敷がつくられていた。この地図を片手に歩くと、王国時代と同じ敷地に地図にしるされたのとおなじ姓をかかげた家がいくつかみつかる。そんな家のひとつに暮らす老人は、首里に十字路や見通せるようなまっすぐな道がないのは、「魔物」を通りぬけさせないためだと話してくれた。おそろしい魔物はね、高い空から降ってきた、戦争だった。老人はそういい、くずれかかった石垣を指さす。おびただしい弾痕があった。

それはほんとうに、魔物がむけた牙のあとだった。戦争がおわってからしばらくのあいだ、米軍は住民の立ち入りを禁止している。住民たちがようやく首里にもどると、草木は焼き尽くされて白い岩肌をさらし、あたり一面は「砂漠のよう」な廃墟となっていたという。戦争のさなか、丘の上にそびえていた首里城の地下に日本軍の司令部が置かれたため、米軍はこの地区を激しく攻撃。艦砲射撃にくわえ、軍用機から膨大な量の爆弾を投下した。廃墟となった首里城跡地に星条旗がひるがえっていた。

けれど、いま、濃い緑におおわれた首里の坂道をのぼっていくと、ふいに、といった感じで、陽の光に照らされて赤く輝く首里城が青い空の下にすがたを見せる。うねる石垣にかこまれて建つ城。それは威容をほこるような城ではなくて、あらそいのための城でもない。遠く海をわたってやってくる人たちを迎えるための城であり、波濤を越えていった琉球人の城だ。一九九二年に復元された城は、いま、おおぜいの観光客でにぎわっている。戦争によってその命が潰えたかと思われた城が「琉球の時代」の息吹を伝えるシンボルになった。

首里城がこうしてふたたびすがたを見せるまでには、じつにドラマティックないきさつがある。

首里城は大正末期に取り壊されることが決定していた。そのとき城は琉球王国崩壊から四十数年をへたまま、くずれかかっていた。ところが、香川生まれの鎌倉芳太郎《かまくらよしたろう》という琉球芸術を研究する二十代半ばの青年が、取り壊し阻止のために動くのだ。そのとき彼に、なにより城にとって、さまざまな幸運が一瞬重なり、難をのがれることになる。直後に首里城の保存が決まり、「国宝」の指定を受け、昭和初期には大々的な修理もなされ、城はよみがえった。

それなのに、そのあとの戦争が何もかも、ほんとうに何もかもを破壊してしまったのだ。

それから四十七年の月日が流れ、多くの人の尽力によって首里城はふたたび築かれる。復元にたずさわったメンバーは、王国時代の史料を丹念に調査研究し、また昭和初期の修理事業によって残された史料も活用するのだが、なかでも大きな役割をはたしたのが、鎌倉芳太郎が大正末期から昭和初期にかけておこなった「琉球芸術調査」の史料である。

鎌倉をひとことであらわすのは、とてもむずかしい。

あえていうならば、〈「琉球文化」全般の最高のフィールドワーカー〉だろう。彼以上に、琉球と対話し、観察し、記録した人間はいない。沖縄本島各地、宮古・八重山・奄美の島々をくまなく歩き、琉球のすべてをとらえようとした彼がテーマとしたのは、芸術、文化、歴史、民俗、宗教、言語など、幅広いことも、ほかに例をみない。

いま「鎌倉資料」として残るのは、八十一冊のフィールドノート、多くの古文書の筆写や複写。千二百三十六枚のガラス乾板、千二百六十九枚の紙焼き写真。「紅型《びんがた》」（王国時代からの染物）の型紙千百十四点、裂地《きれじ》六百二十七点――などである。

その量のすさまじさに驚くが、フィールドノートや古文書の筆写の緻密な内容を知ると、言葉をうしなうほどだ。ととのったペン文字でびっしりと書かれたノートを「求道者の記録のようだ」と評す人もいる。とりわけ圧倒されるのは写真だ。建造物、工芸品、絵画、人物、集落の全景。どれも対象を精確に写しとろうとする静かな気魄に満ちている。ひとりの人物がここまでできるのかと、だれもが感嘆する。

鎌倉が沖縄にやってきた大正末期、琉球王国時代の建造物はまだ残っていたものの、急速にうしなわれようとした時代でもあった。「琉球」の痕跡が消え去ろうとしていた。政治的状況ではヤマト（日本）との一体化が加速している。

けれど同時に彼が出会ったのは、琉球王国の時代を祖先の足跡とともにいきいきと語る人たちだった。おもてだってはヤマト化につきすすんでいるようだが、胸のうちには「琉球」があざやかにきざまれていた。つぶやくように語りはじめ、問われるままに話はふくらみ、ふいに記憶がよみがえってゆく――。手をのばせば、そこにいにしえの琉球人のぬくもりを感じることができた時代でもあった。そんな時代に立ち会った人間ならではの、いま、何としても記録しておかねばならない、そう覚悟をきめた迫力が感じられるのだ。

鎌倉が沖縄でのフィールド調査をしたのは、断続しながらも約十六年間におよぶ。驚異的な力で膨大な史料をあつめ、ノートに記録し、写真を撮影した。それらをもとに、東京で大規模な展覧会がひらかれ、昭和初期に巻きおこった「琉球ブーム」のきっかけをつくることになる。彼は調査研究の成果をすぐにでも本にまとめるつもりだった。ところが、さいごの調査をおえたころから、戦争の時代に突入する。こうした時代状況のなかで鎌倉の調査・研究はかえりみられなくなっていった。

沖縄は「本土防衛」の島とされ、おびただしい命がうばわれた。王国時代の建造物、古文書、絵画、工芸品の大半が戦禍のなかに消えた。東京の鎌倉の自宅も空襲の被害にあったが、史料や写真などを守りぬいていた。アカデミズムの世界とは距離をおきつづけた彼のつよい意思によって守られ、散逸をまぬがれたのである。けれど戦後になっても、その価値が評価される機会はながいことなかった。

戦後、米軍施政下にあった昭和二十年代末、紅型の復興をめざす沖縄の染織家たちが鎌倉を訪ねてきたとき、彼は収集した紅型型紙を沖縄に返還し、じしんがかつて沖縄で学んだ紅型技法を伝授する。

長年の紅型研究をもとに、鎌倉じしんが独自の「型絵染」の創作にとりかかったのはやがて六十歳をむかえるというときだ。七十四歳で「人間国宝」となっている。彼はフィールドワーカーとしても、型絵染創作者としても、驚異的な集中力を発揮した。

鎌倉の琉球文化研究がふたたび脚光をあびたのは、昭和四十七年、沖縄の「本土復帰」の年である。鎌倉が撮影し、半世紀以上も自宅に保管されていたガラス乾板の存在があきらかになり、沖縄、東京で写真展が開催され、とくに琉球政府立博物館（首里）には記録的な観客がつめかけた。半世紀前の風景を写した写真の前にじっとたたずみ、語り合う人たちのすがたが見られたという。このときすでに広大な米軍基地にかこまれていた沖縄だが、その地層には琉球人・沖縄人の足跡があることを、その写真は雄弁に語っていた。

鎌倉が研究の集大成として、大著『沖縄文化の遺宝』をまとめるのは、昭和五十七年。じつに、フィールド調査をはじめてから六十年後、彼は八十三歳になっていた。あまりにながい時の旅をおえて、ようやくたどりついた成果だが、刊行を見届けて十か月ののち、彼は静かに息をひきとった。鎌倉が残した史料が重要な手がかりとなって首里城が復元されるのは、その九年後である。

ところで私たちは、「琉球文化」をどう定義すればよいのだろう。とりあえずそれを、さまざまな文化を取り込みながら、独自に昇華した文化といっておこう。人びとのいとなみのなかではぐくまれた英知が伝承され、そのときどきに生きた人びとの証をあざやかに残すもの。琉球文化とは、過ぎ去った膨大な時間と現在の「対話」そのものだ。

琉球・沖縄は困難な道を歩んだ。琉球王国崩壊、そして沖縄戦によって、あまりに多くのものがうしなわれた。けれど私たちはすべてをうしなってしまったわけではない。歴史の流れから一時断ち切られたとしても、あたらしい時代の人たちに思いがあれば、ふたたび息を吹き返すこともできる。ゆたかな芸能のかずかず、美しい工芸文化、首里城がそう語っている。そこにはさまざまな人間たちのドラマが交錯していた。琉球人、近代沖縄の人びと、そして鎌倉芳太郎――。

いま、赤く輝く首里城をながめながら、物語をつむいでいきたい。

「首里古地図」は沖縄県立図書館の「貴重資料デジタル書庫」で見ることができます。
(http://archive.library.pref.okinawa.jp/)

世持橋欄干。右奥の建物は沖縄師範学校
（撮影：鎌倉芳太郎　沖縄県立芸術大学附属図書・芸術資料館所蔵）

第一章　彼が歩いた坂道

蓬萊の島

琉球王国の首都であった首里は、なだらかな丘の上に建つ首里城を中心として栄えた。興亡をへて統一王朝としての琉球王国が成立したのは一四二九年。王国は中国皇帝を頂点とする世界秩序「冊封体制《さくほう》」の一員として、「進貢《しんこう》」の名目のもと中国に使者を送り、日本・東南アジア諸国へも貿易船を派遣し、繁栄をきわめていく。琉球人が海をわたった範囲は、東北へは千キロ、西南へは四千キロにおよんだ。一四五八年に首里城正殿にかかげられた大鐘の銘はたからかに謳っている。

〈琉球国は南海の勝地であり、蓬萊の島である。海船をもって、万国の津梁《しんりょう》（架け橋）となり、異国の宝物が国じゅうに満ちている〉

王国が繁栄するなか、王府は琉球各地に存在していた政治的支配者を首里にあつめて住まわせ、同時に位階制を確立する。こうして地域の反乱を防ぎ、国王を頂点とする国家機構をととのえていった。

王国成立以降、隣交関係にあった、北は奄美諸島、南は宮古・八重山の島々をときに武力をもって制圧する。奄美、宮古、八重山ともに激しく抵抗してきた経緯があり、首里王府にむけるまなざしはきびしいものもある。王府は島々に役人を派遣し、租税・賦役《ふえき》を課すいっぽう、祭祀体系を掌握し、王権を翼賛する儀礼・観念を浸透させていった。民衆支配をつよめていくことで王国は成長をとげるのだが、民衆のおかれた状況が王国の記録に残されることはほとんどない。

首里は、王府の政治・文化の拠点であり、役人や官職の居住地であり、王府にかかわるさまざまな職業の人びとや奉公人などが暮らし、王国の「運命共同体」というべき特異な地区として発展してゆく。十八世紀初頭の首里の人口は約二万一千。王国ぜんたいの人口は二十万に満たない。

城から見下ろせば、王にしたがうようにひろがるゆるやかな傾斜の坂の町。赤く彩られた首里城が空に映え、いくつもの城門、多くの寺院、王府の施設、拝所、そして王家や士族の屋敷がつらなった。もっとも王国の時代がながくなるにつれ、士族の人口はふえていき、上層士族から下層士族まで幅広くなる。彼らが所属する階級は屋敷のつくり、門のあるなしで一目瞭然だった。町そのものが王府の官舎のようなものだった。

それでも赤瓦をのせた広大な上層士族の屋敷が重なるようにあった景観は、美しいものだっただろう。明治になるまで、港町である那覇の一部をのぞけば、一般庶民の家屋に瓦葺はゆるされず、茅葺である。士族屋敷をかこむ石垣は二メートル半の高さにおよび、道筋から屋敷のようすはわからず、庭に植えられたフクギ、琉球松、ソテツ、桑、芭蕉などが見えるばかりだった。町ぜんたいがいつも静まりかえっていて、ときおり聞こえるのは女たちが織る機《はた》の音だけだろう。苔むす石垣が石畳の道に影をさし、ふりそそぐ陽の光とのコントラストがあざやかだ。

王国時代はもちろんのこと、戦後ずいぶんたったあとにも屋敷町から碧い海がのぞめたという。高い石垣と、鬱蒼とした木々がつくる影は、光とあいまって黒というよりも深い緑色になって石畳をおおっていた。その坂道をすべらないようにゆっくり歩けば、屋敷の合間からきらめく海の碧が、あらわれるなんて。想像しただけでも美しい一枚の絵が浮かんでくる。その坂道に南国らしいつよい香りをはなつ花が咲いている。首里の美しい時間は、鳥がさえずる淡い靄につつまれた乳白色の朝や、オレンジ色がまざる夕暮れ、こわいほど輝く金の月の夜などに、たっぷりと流れていた。

彼が歩いた坂道

いまからおよそ九十年前に、首里の坂道を毎日歩いた鎌倉芳太郎、当時二十三歳。香川で生まれた鎌倉は、大正十年春に東京美術学校図画師範科を卒業し、美術教師として沖縄に赴任してきたばかりだった。彼の下宿先は、旧上層士族の屋敷がならぶ首里大中《しゅりおおなか》町。そこから首里城をめざして、坂をのぼっていた。「首里城には教わることがたくさんある」というのが彼の口ぐせだった。

城にむかうとき、鎌倉はいつものように紺の絣《かすり》の着物に黒い袴《はかま》を身につけていただろう。袴の丈がやや短いのは、百七十五センチという当時の日本人としては長身のためだ。きまじめすぎるほどきまじめな彼は、袴をゆるく下げることもなかった。口をぎゅっとむすび、歩く。

このときの彼は、まだ学生の雰囲気を残す新米教師でしかない。任期の二年を終えたら、東京に帰るつもりだ。そもそも沖縄への赴任を希望した第一の理由は、遠隔地のために諸手当が加算され、手取り百円の月給が魅力的だったからだ。当時の平均初任給の約二倍である。しかし、そればかりでもない。かつて画家をめざしていた彼に、絵の題材としておもしろい土地だとアドバイスした人がいて、興味をそそられたこともある。美校で仏教建築や仏教彫刻を学んだが、赴任する直前に旅した奈良で、遣唐使として海をわたった鑑真《がんじん》和尚が「阿児奈波島」（沖縄島）に漂着したという史実（七五三年）を知り、「沖縄に大きな夢がふくらんだ」のもたしかだ。とはいっても琉球・沖縄にかんして事前にたくわえた知識はその程度だった。

むしろ、そのことがさいわいしたといえるかもしれない。本土とはあまりにちがう沖縄の風景は彼に新鮮な驚きをもたらしたのだ。青年教師は当初「情緒を味わう旅行者」の気分で歩きまわっている。光あふれる独特の亜熱帯の自然を美しいと感じ、その景色のなかに映える王国時代の建造物をひとり熱心に見て歩くようになった。

ひとまず、彼が歩いた道をたどってみる。

下宿先の門を出ると、石畳のほそい道が延び、すぐに五叉路にぶつかる。そのまんなかはまるい円を描いていて、ロータリーというほどのおおげさなものではないけれど、首里大中町のシンボルになっている。中央に大きな石が置かれているのは、魔除けの意味だろう。そこを右に折れ、ゆるやかな勾配の坂道をのぼっていく。

ほどなく、石造の「世持橋《よもちばし》」に出る。橋の欄干は曲線を描き、日本と中国の様式を折衷した琉球様式だ。このあたりで、ひと息ついたかもしれない。遠く松林が見える。一六六一年に架橋したと伝えられる世持橋は、首里城からの排水路に架けられた。大雨などで池の水があふれると、世持橋の水門が開けられる仕組みだ。アーチ型の石の排水路は、まるでローマの遺跡のようだ。

首里は、水の都でもあった。石灰岩層に降った雨が粘土層にたまり、湧水となってあふれ出ている。ほそい河川が流れ、この豊富な水を利用して泡盛がつくられた。城の南東側の地区「首里三箇《しゅりさんか》」には泡盛醸造工場が軒をつらねている。町のあちらこちらに石造の水路があり、「樋川《ひがわ》」と呼ばれる共同井戸がある。清らかな水は首里人の信仰の対象でもあり、水にかかわる施設はたいせつに守られてきた。

けれど大正末期のこのころ、王国時代の建造物のすべてが荒れるいっぽうだった。

ここまで鎌倉が歩いてきた道をふりかえってみても、屋敷町の昔日の栄華はすでに色あせている。明治十二年の琉球王国崩壊は士族階級に激変をしいたのだ。王国が消え去ったとき、首里には王家、上層士族などが百二十戸あったのだが、首里に暮らす士族は中心地区をのぞけば大半は下層士族だった。士族家系は首里のほかにも久米、那覇、泊などの地区にも存在したが、王国崩壊によって、そのうちの約九十五パーセントが失職する。首里士族は那覇に

「下りて」、つとめ人になったり、慣れない商売をはじめたりした。県庁が置かれた那覇は首里に代わって政治・経済の中心地となっていく。那覇での活路さえ見いだせない旧士族は、田舎落ちして農業をいとなんだり、旧士族対策として実施された離島の開墾事業に従事したりする者もいた。首里の屋敷につとめていた奉公人は郷里に帰り、しだいに屋敷の庭も荒れ、やがて売りにだされた。

明治六年の首里の人口は約四万五千だが、その二十年後には約二万五千と激減している。明治から大正へと時代がうつるなか、首里がさびれていくのをとめることはできなかったのだ。那覇は、王国崩壊後数年で首里の人口を上まわる。周辺の村を編入して拡大し、人口も増大した。大正十年五月に市制が施行され、首里市と那覇市が誕生。この年、那覇の人口は約六万三千をかぞえ、県人口は約五十九万となっている。

首里の屋敷の高い石垣はそびえていたけれど、空き地になってしまった屋敷跡がそこかしこにあらわれた。かつて王国一の華やかな通りであった「綾門大道《あやじょううふみち》」には数百年の歴史があるマチ（市）が立っていたが、旧士族の家から売りに出された衣装や調度品、美術品などが商われている。首里にとどまる男たちのなかには人力車の車夫として日銭を稼ぐ者や、近代沖縄の主要産業となったアダン葉帽子（パナマ帽子）を編み、ようやく生計をたてる者も多かった。首里の町の静けさは変わらなかったが、落日のさなかにある静けさだった。

鎌倉が立つ世持橋も、欄干は残っていたものの、すでに橋の上はでこぼこになっていて、ながいこと修理さえできなかったことがわかる。王国時代と変わらないのは、世持橋から目の前にあかるくひらける風景だろう。水をたたえた人工池、龍潭《りゅうたん》がそこにある。中国から渡来し、王府の役職「国相」をつとめた懐機《かいき》によって、一四二七年につくられた。琉球が栄華をきわめたころ、その池のまわりに各国の美しい花が植えられ、魚が泳ぎ、首里城が水面に映る琉球随一の名勝地と記録されている。

中国からの使節団「冊封使《さくほうし》」がやってくるたびに龍潭に舟を浮かべ、華やかな宴がもよおされたというけれど、鎌倉にはその面影すら感じられなかっただろう。龍潭の浚渫《しゅんせつ》は一七五四年がさいごというから、水が濁るのにまかせるしかなかった。この池を左にしながら、さらにのぼっていけば首里城にたどりつく。

標高百三十六メートルの丘陵地に建つその城は、起伏のある地形をたくみに利用した曲線を描く城壁にかこまれている。東西約四百メートル、南北約二百メートルの楕円状の敷地に建つ城郭だ。城の西側から、老朽化した石造の四つのアーチ門を通りぬけてゆくと、「御庭《うなー》」と呼ばれる広場に出る。かつては多くの重要なセレモニーが華やかにおこなわれたが、敷き詰められていた敷石がはがされてひさしい。

広場の正面に首里城正殿がそびえる。唐破風《からはふ》形式の正面屋根を載せた木造建築であり、中国、日本、琉球の様式が合わさった独特の建造物だ。中国と日本のあいだで複雑に生きた王国の歳月を端的にものがたっている。

正殿では琉球国王が政務をとり、重要な儀式がおこなわれた。その高さは約十六メートル、内部は三層になっている。外壁面はすべて竪羽目《たてはめ》・目板《めいた》打ちとなっていて、朱漆で彩られていたというけれど、鎌倉が目にした首里城正殿は、ながいこと風雨にさらされ、木目がむき出しになっていた。そればかりか、外壁の大部分が破れたまま、正殿の内部に風が吹きこんでいる。かろうじて残る正殿正面の彫刻は、唐草模様の透彫、さらに中央の大蟇股《おおかえるまた》、左右の龍と雲。屋根頂上部には竜頭の棟飾《むねかざり》。往時をしのばせるみごとさが、荒れはてた外壁をいっそうわびしく感じさせた。

正殿の左側に建つ北殿は、冊封使を歓待するために使われ、入母屋造《いりもやづくり》であるものの内部装飾は中国風だった。ここは「評定所《ひょうじょうしょ》」という王府上層部の役所としても機能した。対して右側に建つ南殿は、薩摩の役人と接見し、儀礼をとりおこなった施設であり、日本の書院造に似ている。

だが、王国崩壊から四十年以上の時が流れ、正殿、北殿、南殿ともに、悲しいほど荒れ、城をかこむ木々が鬱蒼《うっそう》と茂っているばかりだった。

それでも、この城はまだ「廃墟」という言葉ではくくれない、淡い琉球の光につつまれていたのかもしれない。建造物の劣化をくいとめることはできない、だが、城の命がほんとうに終わってしまったわけでもない。大正末期はそんな時期だった。琉球王国の時代は、「記憶」という箱のなかに閉じ込めるほど、遠いできごとではなかった。首里の人びとは城の終焉に立ち会っているのにちがいないけれど、そのことをまだ受け入れられずにいた。

首里城の物語

首里城の創建は十四世紀末にさかのぼる。統一王朝・琉球王国が誕生したあと、歴代の王によって城の内郭部、外郭部、外苑が整備されていった。

王府が編纂した最古の古謡集『おもろさうし』（十二世紀から十七世紀初頭の歌謡を採録）には首里城を詠んだ「おもろ」（「思い」が転訛したとされる）が多く収録されているが、こんな一首がある。

首里　おわる　てだこが
玉石垣《たまいしがき》　げらへて
玉金《たまこがね》　持《も》ち満ちへるぐすく
又　ぐすく　おわる　てだこが
玉石垣　げらへて

（首里にいらっしゃる王が　美しい石垣をつくられて　黄金に満ちたお城　すばらしいお城におられる王が　りっぱな石垣をつくられました）

十五世紀に王国は絶頂期を迎えた。明の時代（一三六八―一六四四年）、中国にわたった琉球人は、使節・留学生をふくめると、のべ十万人、東アジアへは三万二千人と推定されている。だが、一五一一年にポルトガルがマラッカを征服。琉球は東南アジア交易のルートを失い、一五七〇年にアユタヤに船を派遣したのがさいごとなった。

一六〇九年、薩摩・島津氏の三千名の兵が鉄砲、火薬とともに琉球を侵攻。王国が整備した道路が彼らの侵攻ルートになった。首里城が包囲されて三日後に尚寧《しょうねい》王は降伏。城の宝物は略奪され、王は日本に連行される。王の帰国がゆるされたのは二年後だ。

侵攻の理由を、島津氏はいろいろとあげているが、とどのつまり、冊封体制のもと琉球が交易によって得る富に着目したということだろう。島津氏は徳川幕府の了承をとりつけて侵攻していた。琉球王国の支配下にあった奄美諸島は、このときから薩摩藩の直轄となり、薩摩は砂糖の専売制などを敷き、莫大な利益を得てゆくのである。

こののち近世琉球は、冊封体制の一員でありながら幕藩体制の下に置かれるという、困難な国家運営を乗り切っていかねばならなかった。一六三四年から、徳川将軍の襲職を慶賀するなどのため、「江戸のぼり」が幕府により義務づけられた。王子を「正使」とした一行約百人が江戸への旅をし、一八五〇年まで全十八回にたっした。

島津氏侵攻以降、日本の経済圏に包摂されたが、これを機会に王府は「琉球」の独自性を前面に押し出していく方針へと舵を切る。中国、朝鮮、日本の技術を取り入れ、漆器、染織、陶芸などの工芸品の質的向上をはかり、交易品の開発にいそしんだのは、王府がいわば「貿易商社」でもあるからだ。琉球文化の高さをアピールするため、芸能をはじめとする芸術分野の人材が育成され、王国の官吏は、学問、算術などとともに芸能、文学、書などの教養を高めていく。往復路約三百日におよんだ「江戸のぼり」の旅のなか、日本各地で人士と交流し、日本の文化も貪欲に吸収していった。資源も武力もとぼしい小王国は、文化の力をたくわえ、国の力とするのだ。

このあいだ首里城は、いくたびもの焼失にあい、再建・重修工事がくりかえされ、城はしだいに華麗になってゆく。正殿正面石段の下にある一対の大龍柱は琉球独特のもので、十六世紀初頭につくられたが、大火による焼失などに見舞われ三度再建されている。

正殿の外壁が朱色になった時期はあきらかではないが、当初は弁柄《べんがら》で、のちに漆によって塗られるようになった。漆塗りを担当したのは王府御用品の製作を担う「貝摺奉行所《かいずりぶぎょうしょ》」(「貝摺」は、漆器螺鈿《しっきらでん》細工を意味する)の技術者である。首里城正殿は建物そのものが「琉球漆器」であり、城ぜんたいが琉球工芸技術の高さをしめしていた。

この貝摺奉行所は、島津氏侵攻いぜんに設置されており、漆器、絵画、木工、彫物、金工など幅広い分野の美術品を製作するとともに、建築にかかわる人材もあつめられている。職人や絵師は王府の役人でもあり、日本や中国に留学して技をみがいていった。紅型など染織品の図柄デザインをしたのも貝摺奉行所の絵師である。絵師たちは、士族家系出身の者もいたが、士族でなくとも技量にすぐれていれば試験などで登用する制度があり、合格すれば絵を描くための道具や教本(「粉本」という)などが提供された。幅広く人材をもとめ、活性化をはかったのだ。

王国さいごの重修工事は一八六四年。首里城は、約四百五十年にわたって王国の「司令塔」としての機能を保ちつづけた。政治・行政とともに、外交・貿易の拠点であり、さらに「琉球文化」発信の場であり、王国祭祀体系のかなめでもあったのだ。

一八七二年（明治五）に明治政府は、琉球王国を「琉球藩」、国王を「藩王」とした。琉球藩設置を急いだのは、台湾出兵（明治七年）が背景にあるといわれる。琉球藩設置から七年後の明治十二年に軍隊・警察官を動員し、威嚇のもとに首里城明けわたしを迫る。いわゆる「琉球処分」である。

それいぜんから琉球をねらっていた西欧諸国は、十九世紀半ばになると艦隊をひきいてたびたびあらわれている。彼らは、このちいさな王国が、日本と中国のどちらに帰属するのか、あいまいな立場にあることを熟知していた。幕末の一八五三年にはペリーが首里城を強行訪問している。そのとき、父・尚育《しょういく》王（三十五歳で没）をうしなってまもない十歳の幼い王・尚泰《しょうたい》は面会していない。ペリーは日本開国に失敗したさいには琉球を占領する意図をもっており、琉球周辺の海陸調査をしていた。明治政府は、琉球の不安定な立場を西欧諸国に付けいられて占領されることを危惧し、一気に「処分」へとつきすすんだのだった。

琉球の地理的好条件が王国の繁栄をもたらし、また、崩壊へとみちびいた。

明治八年いらい、明治政府より派遣された「琉球処分官」の松田道之は三回にわたって滞在し、政府方針を通達するものの琉球側の抵抗にあう。さいごの琉球国王となる尚泰は、松田にも一度として面会していない。明治十二年三月二十七日、松田は首里城にて「処分」を布達した。これによって、「琉球藩」は廃され、「沖縄県」となった。この一方的な経緯からしても明治政府による「琉球併合」というべきではないか。

首里城は、あわただしく明けわたされた。準備期間は二日しかなく、城の宝物や文書、図書や帳簿などが運び出された。早春の夜空のなか、かがり火がたかれ、轎《きょう》（駕籠）に乗る尚泰と王家一族は臣下とともに首里城を出て坂道を下り、龍潭に面する王世子の御殿「中城《なかぐすく》御殿《うどぅん》」へ移る。王国崩壊の瞬間だった。中城御殿にはおおぜいの人があつまり、あちらこちらから嗚咽がもれたという。

王が去った首里城に、陸軍の歩兵四百人がラッパを吹きならし、入城していった。そのとき、首里の町は涙にくれる人びとで埋め尽くされたと伝えられている。尚泰は明治政府に東京移住を命じられ、明治三十四年に東京で死去。五十八歳。

首里城は明治政府に接収され、陸軍の管理のもと、十七年間におよんで熊本鎮台沖縄分遣隊の駐屯地として使用される。分遣隊が派遣されたのは、沖縄側の反乱をおそれ、ことが起きればただちに鎮圧するためだった。王国の再興をひそかにはかる旧士族もいたが、沖縄県民の城への立ち入りはきびしく制限された。正殿前で、熊本分遣隊の兵たちのくたびれた軍服にゲートルすがたで笑う写真が残されているけれど、首里の人びとにとって、目をそむけたくなるような光景だったにちがいない。

首里城明けわたしから三年後、城を見学したイギリス人博物学者・ギルマードの記録『マーケーザー号巡航記』によれば、駐屯する兵は約二百人。正殿は兵卒の寝室、ほかの建物も官舎や病室として使われ、兵たちは壁板や床板をはがし、薪にした。正殿の大龍柱も彼らによって切断された。ギルマードは書いている。

およそこれ以上、ものさびしい光景は想像できないだろう。われわれは部屋から部屋へとさまよった。回廊や接見の間や、婦人部屋や召使いの室や、まったく迷子になりそうな建物をぐるぐる歩いたが、いずれも言語に絶する荒廃の状況にあった。

あらゆる装飾品、絵画が取りのぞかれ、屋根瓦は風に吹き飛び、天井も破れ、穴だらけの腐った床板のうえに陽の光がよわくさしこんでいた。

熊本分遣隊が去ったあと、明治三十六年になって首里区（当時）に払い下げられ、そのあと各種学校の校舎として使用された。一時は首里城一帯を公園にする計画があり、城を後世に残す議論もつづけられたが、財政難のため頓挫した。王家や旧士族に城を修復する資金はなく、荒廃はすすむばかりだった。

さらには明治末から、首里城正殿を取り壊し、ここに「沖縄県社」を創建する案が浮上していた。内務省は、土着信仰が根づよい沖縄に国家神道を浸透させるため、県社創建をうながしてきたのだった。当時の沖縄県知事は内務大臣任命による国の官吏であり、内務省の方針にさからうはずもない。だが祭神や立地などの調整がつかず、大正末期、五回目となった県社創建案がいよいよ本格化しようとしていた。

鎌倉が目にした首里城は、このような危機に直面していた。役人たちにとっては、くずれかかる城は無用の長物でしかない。かろうじて残る城に琉球王国の栄華をしのぶ人びとが多く存在することもあって、本土からやってきた役人たちにとって城は目ざわりだったのだろう。県民に「沖縄県」になったことを理解させなければならない、そう考えていた。

いっぽう、沖縄の人びとのあいだにも、王国時代をなつかしむ人もいれば、「日本」の一員としてあらたな道を歩むべきだと訴える人もいたのだった。「沖縄差別」がある時代ゆえに「ヤマトに比肩するため、日本人より日本人らしい沖縄人になるべきだ」との屈折した論調もつよかった。このころ、王国時代のきびしい身分制度から解放され、一般庶民にもさまざまな可能性がひろがろうとしている。けれど旧支配層が厳然と力をもっていたのも、また事実であり、首里城は彼らの象徴でしかない、そう感じている県民もすくなくはなかった。

沖縄に行くまで

鎌倉が首里城に魅かれたのは、美術を学んだ者の眼のするどさだろう。それいぜんに生まれそだった土地がはぐくんだ影響も大きい。

彼は、明治三十一年、香川県三木郡《みきぐん》氷上村《ひかみむら》（現・木田郡三木町）で生まれた。水色の海が濃淡さまざまな色を織りなし、ちいさな緑の島々が彩る瀬戸内海に面する讃岐の地だ。沖縄とはことなる美しい自然にかこまれている。

鎌倉がそだった氷上村は、当時、戸数八百、人口四千ほどの純農村地域である。南東部に丘陵があり、大部分は平地が占め、いくつもの河川がおだやかに流れていた。主要産業は、米、麦、さらに養蚕。村は灌漑設備がととのっており、田んぼは初夏にあざやかな緑、秋には黄金色の稲穂が一面にひろがる。農閑期になると、みな手仕事に精をだした。近代以降、農家の副業として発展したのが、麦稈《ばっかん》（麦わら）の加工業だ。麦わら帽子の材料として、海外にも輸出された。どの家でも野良着から外出着まで綿を織ってつくっていたといい、機織りの光景も日常のなかにあった。のちに鎌倉が染織にちかづくのは、もっともな環境だった。

香川は、工芸が盛んな地でもある。第一代高松藩主の松平頼重は、十七世紀半ばから末まで活躍し、とりわけ殖産につとめたことで知られる。京都から織工や陶工を招き、保多織《ほたおり》や理平焼《りへいやき》をはじめるなどして、そののちの歴代藩主も名工を保護、育成してきた。

とりわけ近世になって発展したのが漆工芸だ。江戸末期の十九世紀初頭、塗り師の子として生まれた玉楮象谷《たまかじぞうこく》が香川漆芸の元祖といわれ、京都などに遊学して技法を学び、日本各地はもとより、中国や東南アジアから輸入された漆製品にも刺激を受け、研鑽したと伝えられている。藩主の命を受けて技法を開発し、「香川の三技法」（蒟醤《きんま》・存清《ぞんせい》・彫漆《ちょうしつ》）を確立。この伝統が近代になっても引きつがれていて、鎌倉が生まれた明治三十一年、漆工芸、彫金などの学科がある香川県工芸学校（高松市）が設立され、氷上村からも漆芸作家が誕生していた。鎌倉は琉球の漆器についても研究を深めることになるが、その眼も幼少のころから培われていたのだろう。

建造物や絵画への関心も、この地で芽生えた。

氷上村には、十四世紀建立と伝えられる寺をはじめ、十におよぶ古寺があり、鎌倉は仏像や仏画に接していた。村内の神社は二十六柱、なかに三柱の「金刀比羅《ことひら》神社」がある。

氷上村は、「こんぴらさん」として親しまれる「金刀比羅宮」への参詣客でにぎわった街道筋にある。氷上の村人たちも、おりおりにこんぴら参りをし、札をもらって帰ると村人たちが太鼓をならし、貝を吹いて迎え、札を村の神社におさめた。鎌倉も幼少時から金刀比羅宮に参詣に行ったという。いまでは高松琴平電鉄で一時間半ほどだが、むかしは一日かけて歩いたのだろう。

琴平山中腹にある金刀比羅宮は、古来瀬戸内海の海上交通を守護してきた。大物主《おおものぬし》神を祀り「琴平神社」と称したが、のちに土地神を習合して「金刀比羅大権現」と改称。讃岐に配流され松山（現・坂出市）で没した崇徳天皇を一一六五年に合祀している。室町時代になると、海上交通の発達とともに繁栄し、海運や漁労関係者の信仰をあつめ、農業殖産、技芸、医薬など広汎な神徳をもつ神が祀られた。江戸時代には全国航路の充実により、江戸をはじめとして各地に「こんぴら講」が起こり、全国各地から人が押しよせてくるようになる。伊勢参りとならんで熱狂的な「江戸のツーリズム」に沸き、この地に繁栄をもたらした。店が軒をつらね、芝居小屋が立ち、祭礼の日は華やかな色に染まった。明治になって「神仏分離令」により、「金刀比羅宮」と改称された。

その境内は、椿や桜の木々にかこまれている。奥社までの参道が千三百六十八段の階段となっていて、傾斜のきつい参道をのぼっていけば、華麗な彫刻、彩色をほどこした美しい拝殿がつぎつぎとあらわれてくる。温帯原始林の標本ともいわれる琴平山だが、樹齢数百年の木が茂り、自然とみごとに調和してたたずむ建造物は、なにか奇跡のようにさえ思えてくる。

金刀比羅宮は芸術文化の収集、保護でもよく知られた。諸侯参詣のおりに、書画工芸が奉納されており、伊藤若冲《いとうじゃくちゅう》や円山応挙《まるやまおうきょ》をはじめ、名高い絵師たちに依頼した作品が残された。金刀比羅宮は芸術家たちのパトロンでもあり、近代では洋画家・高橋由一《ゆいち》の作品を収集したことで名高い。

鎌倉はさまざまな美を身近に感じることのできる土地柄にそだったのである。

彼の生家は裕福な農家で、屋敷は入母屋造の大きなかまえだ。父・宇一《ういち》はハイカラ趣味で文学好きだったというが、事業に手を染め失敗し、没落してしまう。そして鎌倉は六歳にして母・ワイを失った。二十五歳の若さで他界したワイの実家のある瀬戸内海に面した集落で夏に遊んだことが母とのかすかな記憶だ。そのあと、鎌倉は宇一の妹である叔母に引き取られて成長する。叔母は、隣村にある白山高等女学校で裁縫の教師をしていた。

小学校六年から日本画を学んでいる。叔母がつとめる女学校に赴任してきた図画教師・江《こう》村《むら》清三郎は、明治四十年に東京美術学校日本画科を卒業し、京都の竹内栖鳳《せいほう》画塾で修業もしていたという。蝶ネクタイをむすんだハイカラな二十代の江村から日本画の手ほどきを受け、このころから画家を夢見るようになった。絵を教わりながら、美術の世界や美校のようすなどを聞いたのではないだろうか。

大正二年に香川師範学校（高松市）に入学。鎌倉は理系にすぐれていたが、万葉集などの古典を愛読し、そのうえ、漢学がさかんな地でもあり、白文も読みこなせるようになり、この教養が沖縄でも活かされることになる。英語は、新人教師として赴任してきた小原國芳《おばらくによし》に学んだ。リベラルな思想の小原は生徒たちに慕われ、のちに玉川学園を創立することになるが、鎌倉の生涯にわたっての恩師でありつづけるのだ。

　鎌倉が十六歳になった大正三年十月、京都で開催された第八回「文展」（文部省美術展覧会）を見に行った。画家への思いがさらにつのっていたのだろう。そこで印象的な作品に出会った。三等賞を受賞した「琉球の花」と題する二双六曲の作品である。画面いっぱいに、梯梧《でいご》とゆうな（オオハマボウ）をダイナミックに描いている。

　画家は、福岡出身の水上泰生《みなかみたいせい》。彼も明治三十九年に美校の日本画科を卒業し、花鳥画を得意としていた。「琉球の花」は、大正三年二月に、友人の魚住惇吉《じゅんきち》（当時沖縄県立第一中学校勤務・英語教師）にさそわれて沖縄旅行をしたさいに、題材を得た作品だ。明治から大正にかけて、本土の画家たちが沖縄を訪れていて、このころ画家たちのあいだにブームのようなものがあったようだ。ざっとあげてみても、山本芳翠《ほうすい》、山口瑞雨《ずいう》、山本森之助《もりのすけ》、「太平洋画会」のメンバー、岡田雪窓《せっそう》などがいる。

　水上と魚住がどこで知り合ったのかはわからないが、魚住は本土の出身で、東京帝国大学英文科卒。在学中に夏目漱石に学んでいる。魚住は大正十三年まで沖縄で教師生活をつづけたが、琉球文化に関心が高かった。

鎌倉は大正七年、東京美術学校図画師範科に進学。早く自活するために美術教師育成の学科をえらび、美校教師の尽力で銀行家の奨学金月十円を得る。図画師範科でも多くの講義時間が「実技」にあてられていて、西洋画、日本画の技法を本格的に学ぶことができた。入学してほどなく、麻布本町の水上泰生の自宅を訪ねるようになり、技法を教わりながら楽しく語らった。そうして水上は、鎌倉に沖縄行きをすすめるのだ。琉球の文化を研究するのもいいし、絵の題材としてもおもしろい土地だが、ただし、沖縄の女性は魅力的だから気をつけないと「撃沈されるぞ」との忠告もしたそうだ。

美術教育の最高峰である美校は、一流の教授陣が教鞭をとる美術研究の最先端の場でもあった。鎌倉がもっとも刺激を受けたのは、色彩学の講義であり、ゲーテの『色彩論』をくりかえし読んだ。ワイマール公国最高顧問官の職にあったゲーテが逃亡するようにイタリアを旅したのは三十七歳。自由をかみしめる旅先で、光ふりそそぐなか、きわだつ色彩を新鮮なまなざしで見つめた。ゲーテの言葉を、鎌倉は沖縄で反芻する。

沖縄に到着した翌日の朝、さっそく「あけもどろ」といわれる日の出に輝く黄金色の光線の美しさに目をうばわれた。昼間、高台から見わたした慶良間《けらま》諸島がつらなる濃紺の海、その色の精妙な変化を見逃さない。

六月のある日、那覇・崇元寺《そうげんじ》石門前を通りかかったときのできごとが印象ぶかい。梯梧の花がさかりを迎えている。その木陰で休んでいたヤマモモ売りの老女が、立ち上がった。そのとき、白い砂の道に照りかえす光のなかで、老女の手の甲に彫られていたハジチ（入れ墨）が青く輝いた。濃い青の空、梯梧の葉の緑と花の朱色のなかで、老女の手からはなたれる宝石のような青――。鎌倉は、この光景に一幅の絵を感じ、ゲーテの言葉の「真実性」を実感するのだった。この地に代々暮らしてきた者にとっては、あまりに見なれた光景なのに、彼はそのひとつひとつの場面に美を感じている。

もうひとつ、美校で鎌倉に大きな影響を与えたのは、東洋美術史の講義だろう。担当教授の大村西崖《おおむらせいがい》は「考証学者に近い態度で史実を明確にし、東洋美術史の基礎作りに専念した」といわれる。彼の著書『東洋美術小史』（明治三十九年）は、中国と日本を中心に、インド、アジア諸国の美術をダイナミックに論じ、テーマは仏教芸術、絵画、彫刻、器、工芸、建築など多岐にわたる。西崖が中心となって、大正六年、美校に「美術史研究室」がつくられ、仏教美術史を中心に研究がすすめられていた。

こうして鎌倉は美校で得た学術的知識を背景に、やがて琉球芸術全般をとらえていくことになる。

大正十年の訪問者

さて、鎌倉は、くずれゆく首里城を見たあと「円覚寺《えんかくじ》」に立ち寄る。一四九五年に開山した臨済宗の寺であり、王家の菩提寺だ。琉球における仏教は王国の鎮護宗教として発展し、京都南禅寺の日本人僧などが住持をつとめた。円覚寺は約千坪の敷地があり、総門をくぐりぬけると、人工池に架かるちいさな橋があり、つづいて重層の山門がある。山門の左右に回廊がつづき、右手に鐘楼。この梵鐘は日本人の作である。さらに仏殿、龍淵殿などが一直線に配置されていた。境内に鬱蒼と茂る樹木が甍《いらか》に映えている。

鎌倉は円覚寺で、日本と中国の仏教が琉球に与えた影響をじっと観察する。その造りのみごとさ、仏教美術などが彼をとらえてはなさなかった。この古刹も沖縄戦で焼失する運命にある。

さらに彼はゆっくりと坂を下りていく。注意ぶかく足元を見れば、王国時代の陶器や瓦のかけらがいくらでもみつかった。それを拾いあつめながら歩くと、龍潭に出て、「中城御殿」の前に出る。王国崩壊の瞬間、さいごの王・尚泰が移った王世子の屋敷だ。敷地三千坪に建つ屋敷がまだあたらしいことを鎌倉はすぐに気づいただろう。

中城御殿は、十六世紀に首里真和志《しゅりまわし》に創建されたが、明治三年、尚泰の決断により首里大中にあらたに造営することになった。尚泰は中国に王府役人を派遣し、移転地の風水の研究などをさせている。その二年後に琉球王国は「琉球藩」となり、「琉球処分」が進行するさなかの六年に竣工。二十数棟の建物が完成し、八年に世子が移住した。尚泰は、なぜ、危機のさなかのこの時期にわざわざ御殿を新造したのだろうか。

おそらく、彼は琉球王国がほろびゆくことを察知していたのだろう。やがて明治政府に首里城を明けわたすことになり、王国の宝物や王国の全容を記録した古文書などがもち去られるにちがいない。それらを守りぬく拠点として、中城御殿を新造した。一六〇九年の島津氏侵攻により被った損害は深刻であり、王家にその体験が伝えられていたのだ。

王の予感は的中し、中城御殿は戦争で炎上するまで、宝物や古文書の保管を担うことになる。この御殿に、赤い絹地に刺繡がほどこされた華麗な衣装をまとう歴代琉球王の肖像画、「御後絵《おごえ》」が守られていることを、このときの鎌倉は知らない。この絵画を知るのは王家とその側近にかぎられていた。鎌倉が御後絵に対面するのは、三年後である。

ところで、鎌倉が沖縄にやってくる八か月前に、大きな葬列が中城御殿を出発していた。尚泰の長子・尚典《しょうてん》の葬列である。尚典が十五歳のときに王国は崩壊し、父とともに上京。侯爵となり貴族院議員をつとめたが、晩年はながく病床にあり、五十六歳、中城御殿で死去。大正九年九月、中城御殿から、王の墓陵「玉陵《たまうどぅん》」まで白い布が敷かれ、古式にのっとった葬列がつづいた。

儀仗兵《ぎじょうへい》を先頭にして、葬儀具や数対の旗、副葬品をもつ白衣の若者、家従、僧侶らが静かにすすみ、沿道にはさいごの王世子を見送る人びとがぎっしりとならんだ。首里の琉装の女たちは、銀など金属製の「じーふぁー」(かんざし)をぬいて、小枝に代えている。それが王国いらいの弔意のしめしかただった。その葬列は、王世子との別れというだけではなく、時代の転換をまざまざと知らせるものでもあっただろう。

それから半年後の大正十年三月六日、王国の終焉をいっそう印象づけた訪問者がやってくる。

皇太子(のちの昭和天皇)である。御召軍艦「香取」でヨーロッパへ海路でむかう途上、中城湾に到着。この香取の艦長は沖縄出身の軍人・漢那憲和《かんなけんわ》だった。午前十時、皇太子は与那原《よなばる》（本島南部）に上陸し、沖縄県営鉄道・与那原駅から那覇にむかう。県庁を訪問したあと、人力車で首里の坂道をのぼり、中城御殿、首里城を訪問。皇太子は庭園をカメラで撮影した（『婦人画報』大正十年九月臨時増刊号）。与那原に戻って軍艦に乗船し、香港にむけて出航。沖縄滞在はわずか八時間、彼の生涯ただ一度の沖縄訪問はこのように終わった。

このころ、すでに病床にあった大正天皇に代わり、「視覚的支配の主体」となるため、国内各地では皇太子の行啓がひんぱんにおこなわれている。沖縄への立ち寄りは、沖縄県が本土なみの諸制度に移行することのまえぶれであり、沖縄県民に「臣民」としての一体感をもたせることを目的としたものだった。

にもかかわらず、皇太子沖縄訪問はとつぜん知らされたため、駅舎や県庁周辺に急遽人があつめられたものの、とくべつな警備も歓迎の装飾もなかった。首里にむかう皇太子一行を乗せた人力車の車列を撮影した写真があるが、沿道に人影はほとんど見えず、寂しい印象さえ与える。だが、『東京朝日新聞』（大正十年三月八日付）はこう伝えた。「沖縄県民栄ある日到る処雲霞の如き奉迎者」。

中城御殿で皇太子を案内したのは、父・尚典をうしなってまもない長子・尚昌《しょうしょう》（東京在住）だが、フロックコートすがたの尚昌を見た首里の婦人はこんな感想をもらしている。「中城御殿のお、皇太子殿下やかん、うちゅらさどぅあたん」（尚昌様は、皇太子殿下より美男でしたね）。じっさい尚昌はハイカラな美丈夫だった。彼は幼少時に上京し、学習院で学んだのち、渡英してオックスフォード大学に入学。帰国後は宮内省の式部官となっているので、皇太子とは相知る仲だったのだろう。この二年後、東京の自宅で病のため死去。三十四歳。王国崩壊後、王家の主は三代つづけていそぎ足で旅立ってしまったのだ。

　ヨーロッパ歴訪を終えて帰国した皇太子は、三万四千人の東京市民があつまった「奉祝会」（日比谷公園）で迎えられ、大正十年十一月、摂政に就任した。

下宿先の座間味家

　中城御殿を通りすぎ、鎌倉は下宿先の首里大中町、座間味《ざまみ》家に帰ってゆく。座間味家との出会いこそが、彼のフィールドワークの出発点になったといっていい。

　彼が赴任した学校は、沖縄県女子師範学校（明治二十九年創立）・沖縄県立高等女学校（明治三十六年創立）であり、鎌倉は両校の図画教師を兼任した。両校は大正五年に併置され、校舎は真和志村（現・那覇市安里《あさと》）につくられた。並木道の奥に校門をかまえ、赤瓦の校舎や寄宿舎、施設がならんでいた。のちに両校合わせて「ひめゆり学園」と称されることになる。沖縄女子教育の最高峰をほこり、女学生たちは和装もしくはえび茶色の袴で通学し、ピアノの伴奏で歌い、ダンスを踊り、テニスをするなど、最先端のモダンガールたちである。

　沖縄各地から生徒があつまったが、その大半は那覇や首里の上流家庭の出身者で、本土からきた役人や商人の子女もふくまれている。なかには人力車で通学したり、校門までお手伝いに付き添われたりする生徒もいた。修学旅行は、九州・山陽・関西・東京・日光などひと月におよんだことからもわかるように、一部富裕層の子女のための学校だったが、教師や社会活動家、音楽家など近代沖縄で活躍する多くの女性を輩出した。

鎌倉が学んだ香川師範、東京美術学校ともに男子だけだったので、女学生の世界にはとまどったらしい。着任のあいさつでじぶんの名前をいいまちがえるほど緊張した。彼は、当初、学生服で教壇に立っている。くりくりあたまで表情もかたく、そのさまを生徒たちは「まっとーばー」（まじめひとすじの人）とみて、さっそく「フトキー」（仏＝仏像）とあだ名をつけた。長身と、姓から「鎌倉の大仏」を連想したのだろう。まんまるの瞳でほがらかに笑う女学生にかこまれたというのに、沖縄行きをすすめた水上泰生の「撃沈されるぞ」の忠告は必要なかったほどカタブツの先生だった。

鎌倉は、赴任した直後は泊《とまり》（那覇）に暮らしたのだが、一、二か月して首里の沖縄人の家に下宿したいと同僚に相談して、紹介されたのが座間味家だった。女子師範を首席で卒業していた座間味春の実家である。上層士族の家系であり、首里大中に八百坪の屋敷をかまえていた。石垣は高く、サンニン（月桃）の白い花が咲き、甘い香りがただよっている。庭内に大木が茂り、石造の井戸があり、野菜も栽培されていた。この座間味家のすぐそばに、尚泰の四男・尚順《しょうじゅん》の広大な屋敷「松山御殿《まちやまうどぅん》」がある。

一家の中心は「あやあ」（お母さま）の座間味ツルである。鎌倉は六歳で母親をなくしたこともあり、ツルを母のように慕った。座間味家は、首里の旧家が伝統を守りながら、あらたな時代をどのように生きたのかをよくものがたっている。

座間味家は、王家を始祖とする格式高い一族で、先祖の名とともに「親雲上《ペーちん》」という上層士族の称号が残されている。代々、王府高官をつとめ、中国への使節となった人物もいた。座間味家十三代目の時代に王国は崩壊するが、十四代目当主・朝住《ちょうじゅう》は尚家の会計責任者をつとめたというから、王家の信頼があつかったのだろう。王国なきあとも屋敷を維持することができたのだった。明治二十五年、朝住が結婚した相手が、やはり首里の名家、勢理客《じっちゃく》家の四女・ツル（明治四年生まれ）だ。

勢理客家の始祖は、十六世紀に関西から琉球にわたった「町田宗兵衛」だと伝えられるが、三代目の時代に勢理客と改姓し、こちらも王府高官として仕えた家系である。王国さいごの空気を伝えるのは、ツルの父、九代目・宗玉《そうぎょく》の人生だろう。彼は、尚泰に仕えた宮廷芸能家だった。王の上京後はお留守役として首里にとどまり、しばしば中城御殿に出むいて、世子一族を唄とサンシンでなぐさめる日々をおくっていた。

いっぽう麹町区富士見町の屋敷に暮らす尚泰は宗玉の唄を忘れがたく、明治二十二年に彼を呼びよせるのだ。それから六年、尚泰は宗玉の唄に遠い琉球をしのび、すごした。宗玉が帰郷したあとも、尚泰は彼の美声を語ってあきなかったといい、東京住まいをしいられたさいごの琉球国王のさみしさも感じさせる。宗玉の肖像写真が残されているけれど、士族らしい髷《まげ》を結い、美しく立派な顔立ちである。

かつての宮廷芸能家たちも王国崩壊後は失職し、弟子をとって教えたり、遊郭街の「辻」の座敷で演奏したり、芝居小屋の舞台に立ったりして生きた。彼らが琉球古典芸能をいまに

座間味ツル（座間味家提供）

伝える礎となるのだが、宗玉は王家の人びとの前でしか演奏しなかった。月に四、五回、中城御殿でつとめて屋敷に帰ると、門のまえに家族がせいぞろいして迎え、宗玉はすぐに仏間に入り、位牌を拝み、滞りなく演奏したことを祖先に報告したという。晩年、病に伏したときには、尚泰、尚典の見舞いの使者が勢理客家に遣わされたほど愛された。宗玉は宮廷芸能家としての生涯をまっとうしたのである。

それぞれに王国の歴史をとどめる座間味朝住とツルだが、夫妻は明治二十七年生まれの長男から、大正五年生まれの末娘まで二男四女にめぐまれた。だが、大正九年、朝住は五十歳でとつぜん他界してしまう。一族に伝えられているのは「スペイン風邪」によるものだということである。大正七年から日本全国で猛威をふるったインフルエンザだが、朝住は上京する機会もあったことから罹患してしまったのかもしれない。

それから四十九歳のツルは「子どもたちに教育を受けさせ教師にせよ」という亡き夫の遺言を胸に奮闘するのだ。

すでに長男・朝安《ちょうあん》は鉄道局に就職し、結婚もして、福岡県門司市の官舎に暮らしている。朝安の妻は、女子師範卒の屋部《やぶ》磯子。屋部家も首里士族の家系であり、磯子は十人きょうだいの末っ子だが、彼女の三十二歳うえの異母兄は「沖縄初の帝国軍人」として知られた屋部憲通《けんつう》である。彼は「沖縄差別に憤り、国民たる権利を得るため」、陸軍教導団に志願入団。明治末には「屋部軍曹」として、軍事思想普及のシンボル的人物だった。本土より二十五年遅れて沖縄でも「徴兵令」が施行（明治三十一年、ただし宮古・八重山は明治三十五年）されたが、その直後から大正末まで約八百人の徴兵忌避者が続出した背景もあって、憲通がシンボルにまつりあげられたのだろう。

座間味家の長女・春はすでに教職についていたが、首里生まれですでに上京して教師をしている見里朝慶《みさとちょうけい》との結婚がきまっていた。見里はのちに琉球文学研究者としても活躍することになる。

このころ座間味家には学校に通う子どもが三人いて、末っ子は五歳。行儀見習いのお手伝いもいたのに、朝住の死によって収入の道は断たれてしまい、ツルは、アダン葉帽子や上布《じょうふ》の仲買をはじめている。帽子製造や機織りは、失職した首里の旧士族家系の人びとの貴重な収入源であった。ツルは当時の首里女性としてはめずらしく共通語がたくみで、本土から買い付けにくる商人と交渉したそうだ。明治初頭生まれの世代が共通語をおぼえるのは学校だったが、女子教育の普及は男子より遅れていて、ツルは学校教育を受けていない。そこで彼女は子どもたちの教科書を読み、熱心に勉強したという。父にしつけられた古典的教養はそなわっており、あたらしい時代を生きるための知的探究心も旺盛な人だった。

そうして大正十年初夏、鎌倉を下宿させることになったのだ。

首里言葉を習う

ツルはじつに心やさしい人で、家族がおだやかに暮らしていけるようにこまかな気配りを欠かさない。鎌倉も座間味家の「ほんとうの子どものように」、家族とともに寝起きすることになった。ツルは鎌倉をたいせつにして、食事はツルみずから運び、あれこれと世話をやいた。下宿代はすこししか受け取らず、ぜいたくではないけれど精一杯のことをした。鎌倉が幼いころに母をうしなったことを知り、心をくだいたのだ。

鎌倉にとっても心やすらぐ家だったようで、まもなくツルを「あやあ」と呼ぶようになった。家族の衣服をととのえるため、毎日のように機織りをするツルに染織にかんする基礎的な知識を教えてもらっている。カッターンと機の音が響き、指先でほそい糸をさばくツルのすがたを、かたわらで見ている鎌倉がいたのだろう。

ツルは、毎夜、子どもたちを寝かしつけるために子守唄をうたう母親だったけれど、いざとなれば、たくましさをみせた。ある夜、子どもたちとともに首里を歩いていたときのことだ。街灯もなく、提灯を下げて帰宅をいそいでいた。ハブに気をつけながら高い石垣や草むらを照らしながらすすむ。すると、そこに大きなハブが這っていた。ツルはハブに向かってつよい調子でこういった。「うぃてぃーするから、まっちょーけー」(私が相手になるから待っていなさい)。すぐに子どもたちに篠をもってこさせて、ハブをたたきのめしてしまう。子どもたちは、こんなあやあを誇らしく思うのだった。

座間味家は家庭的なあたたかさで鎌倉をつつんだばかりでなく、琉球の文化が息づいている家でもあった。ツルはときおり、九州に暮らす長男を想い、ふるくから愛される「琉歌」(短詩型歌謡)のひとつを口にしている。

渡海《とかい》やふぃじゃみてぃん
照る月や　一つ
あまん　眺めゆら
今宵の月を
(海をわたって　遠くはなれていても　照る月はひとつ　今宵の美しい月をあの地でも
眺めていることでしょう)

やがて鎌倉は、ツルに首里言葉をならうようになる。

首里言葉は支配階級の言葉としての地位を保ってきた。文語をもち、琉歌や舞台芸能のせりふなどの韻文も首里言葉から生まれた古典語である。琉球の文学を理解するうえでも首里言葉の知識は欠かせない。首里は王家を中心とする階級社会であり、王族・士族・庶民にそれぞれの言葉があり、各層が会話をするための敬語がいちじるしく発達していて、言葉を正しくあやつることは首里の町で円滑に生きる術でもあった。乱暴な言葉や不吉な言葉を口にすると「くちぅーゆん」(口を追う)といい、よくないことが起きてしまうと、つよく戒められた。

敬語の使い分けいぜんに、香川生まれの鎌倉は聞き取るのも発音もむずかしかっただろう。ツルに矢継ぎ早に質問して言葉をおぼえていったが、ツルが共通語に「通訳」できたことが上達の早道になった。首里言葉は万葉言葉によく似ていると感じた鎌倉は、ほどなく話せるようになり、座間味家の家族ともなめらかな首里言葉で会話できるようになった。

けれど彼が身につけたのは、たんなる「言葉」だけではなかったはずだ。首里言葉にある、さまざまな感情表現、どうしても「共通語」に翻訳できない、「思い」というものを知っていったのではないだろうか。たとえば、せつなさ、哀しみ、うれしさ、怒り。首里言葉はそれぞれに多様な表現を使い分けている。それも、ストレートな表現ではなく、暗喩や含意も込められているのだが、たがいに理解し合える人間関係、ふるい共同体だからこその会話だろう。ひとつの言葉でも、抑揚の変化によって意味は微妙にことなる。さらには、表情、うなずきかた、手のしぐさ、それらをすべてふくめての「言葉」だ。

座間味家の家族は、はじめのころは鎌倉と共通語で話すようにつとめただろうけれど、ふとした瞬間に首里言葉が出る。それを聞いた鎌倉が、おなじように使ってみる――。座間味家の人びとにすこしでもちかづきたかった。そのうち、共通語の割合がへっていき、いつしか首里言葉の会話になり、やがて、彼のからだに言葉が染み透っていったのではないか。言葉は歴史と分かちがたくむすびついているので、彼のからだに染みていったのは琉球王国の時間でもあったはずだ。

後年、鎌倉がフィールド調査をするとき、首里言葉を話すので信頼を得ることができた。本土からやってきた琉球・沖縄研究者は数多いが、鎌倉ほどたくみに言葉をあやつった者はほかにいない。けれど首里言葉をならったのは、調査のための「道具」としてではなかった。そのことも、ほかの研究者とはちがっている。

座間味家ではたびたび「踊合《うどぅえー》」がもよおされていた。旅に出た男のぶじを祈り、女たちがうたい、踊る風習である。

王国時代、士族の男たちは旅に出ることが重要な任務であり、中国、日本、東南アジア諸国への旅は、ときに数年にもおよび、客死した者もすくなくない。座間味家でも中国で客死した祖先がいて、明治半ばになってから朝住がお骨を拾いに旅していた。「唐旅《からたび》」という言葉は、いまでも中国への旅というだけでなく、冥土へ行くことも意味している。

旅のぶじを祈るのは、男を守る霊力があるとされる女たち（姉妹神信仰《おなりがみ》）である。出立の日、船出から三日目、「旅衆《たびす》」（旅に出た人たち）の誕生日、祝祭の日などに踊合をした。明治以降にも、出征兵士のぶじを祈り、座間味家の長男のように仕事で本土にわたった家族のために踊合がつづけられていたのだ。

女たちが円になり、祈りの唄の合間に、「クェーナ」（叙事的歌謡）がはさまる。海路の平安を祈る軽快な曲を織りまぜ、チヂン（小太鼓）を打ちならし、床板を踏みながら、昼すぎから夜半までつづけられたという。出立する旅人への思いをこめた唄が「だんじゅ嘉例吉《かりゆし》」である。

だんじゅ嘉例吉や　選《いら》でさし召しゃいる
御船《うに》の綱《ちな》とれば　風やまとも

（旅に出る日は吉日を選ぶもの　ともづなを解いて港を出れば　風は順風となり　よろこばしいことでございます）

踊合の会が終わるころ、首里の空に星が散らばり、輝く月が浮かぶ。いくすじもの水路が鏡のようになって、月を映していた。

鎌倉は座間味家の「あやあ」、いつもおだやかに微笑むツルに守られ、「琉球」にふれてゆく。ツルは、あれこれと尋ねる鎌倉にていねいにこたえながら、ヤマトからやってきた青年に王国の伝統文化を伝える責任も感じていたのだろう。

姉妹《うない》がうしじ　守る神てぃむぬ
まとも乗《ぬ》てぃたぼれ　姉妹うしじ
（姉妹の霊威は守護神といわれていますもの　船の後方に立って　舵取りをうまくさせてください　姉妹霊威よ）

首里がまだおだやかな時代。座間味家の屋敷から碧い海を見わたすことができ、海上をすべっていく船が手にとるように見えた。

首里城継世門外、赤田町の造酒（泡盛）業の民家
（撮影：鎌倉芳太郎　沖縄県立芸術大学附属図書・芸術資料館所蔵）

第二章　「沖縄学」の青春

鎌倉芳太郎は沖縄の暮らしにすこしずつなじみ、座間味家の一員として行事にもくわわるようになった。

沖縄でとりわけたいせつなのは、夏のお盆だ。あの世の祖先たちがお盆の数日間この世に滞在するので、丁重にお迎えしてすごしてもらい、一族の繁栄をねがう。あの世とこの世は同時進行しているというのが琉球いらいの死生観であり、お盆などの行事は一族の来歴を語り合いながら結束をつよめる場でもあった。

座間味家の仏壇にまつられているのは、金龍の紋様をあしらった「トートーメー」(位牌)である。トートーメーという言葉には「お月さま」「尊いおかた」という意味があって、次世代への継承を重んじる沖縄では象徴的な意味をもつ。「うやーふぁーじ」(先祖)を合祀し、家の歴史そのものがかたちになったものといえる。横幅一メートルちかい座間味家のトートーメーにしるされた先祖の没年でもっともふるいものは「乾隆《けんりゅう》四十九年」。琉球王国は中国暦を使用したが、西暦では一七八四年にあたる。ツルは先祖たちの命日をすべて暗記していて、その日はトートーメーの前で祈り、先祖に感謝し、子孫の加護をねがっていた。

のちに〈鎌倉ノート〉(全八十一冊・重要文化財)と称されるフィールドノートは大正十年秋ごろから書きはじめられていて、もっともふるい一冊に、秋の彼岸についてのこんな走り書きがある。

秋の彼岸のお祭りあり　なつかしく不思議なる儀式よ　この日の思い出は永くわれをほほえますであろう　鳥を丸あげにして竹にさし壇〔仏壇〕の両方に立てるという　一文銭をすきこんだような紙の匂い　そのもえる烟《けむり》　芋のりをからませたどんぶり　泡盛を三度まく　血のような道具の朱さ　金龍にからませた位牌も好きだ

「一文銭をすきこんだような紙」というのは、「ウチカビ」（紙銭）のことで、死後の世界での通貨である。中国から伝来した習俗だが、ご先祖さまがあちらの世界で困らないように、たくさんもって帰っていただく。「芋のりをからませたどんぶり」とは、「ンムクジ」（さつま芋のでんぷん）だろう。だしでのばし味噌で味つけして加熱しながら練る「ンムクジプットゥルー」という料理のことかもしれない。

鎌倉はこうした行事を座間味家の家族とともに楽しみながら県立中学に通う次男・朝永《ちょうえい》に勉強を教え、一家に頼りにされていた。あるとき、十一歳の三女・きよが高熱を出し、鎌倉はきよを背中におぶい、首里の坂道を駆け下って医者に連れて行ったことがある。がたがたと揺れながら、鎌倉の背中にしがみついたことを、きよはずっと忘れずにいた。

もうひとつ、きよが鮮明に記憶しているのは、鎌倉が部屋のなかで首里城の配置図をじっと見ていたようすだ。このころも首里城正殿の立ち入りは制限されていたのだが、ツルが役人と交渉して正殿内部に入れるようにとりはからった。彼は手に入れた図面を見ながら、首里城の往時に想像をふくらませていたのだろう。

大正デモクラシーの青年教師

けれど鎌倉は日がたつにつれて、おだやかな生活に焦りのようなものも感じはじめたようだ。

時間をみつけては首里や那覇を歩き、王国時代の建造物や寺社、御嶽《うたき》(聖域)をひとり歩いてはいたが、琉球文化を学術的に語り合える相手もいない。寺社を見学するにしても、外観をじっとながめて観察するしかなかった。教えを乞う人もいない。すでに「旅行者」の気分ではなく、琉球芸術を体系的にとらえられないかと考えはじめている。王国の文化や歴史をくわしく知りたいのに、そこにちかづく方法がわからない。何からとりかかればよいのかもわからない。

沖縄にやってきたとき、「青雲の志」を抱いていたという彼は、このまま教師として終わるつもりはなかった。鎌倉は、個としていかに生き、何をなすべきかを模索する大正デモクラシーのただなかの青年である。さきのノートにこんな言葉を書きつらねている。

私は芸術のために生きる　そして死ぬまで操を守ろう
刻一刻築きて

誰にも犯されないもの　すべてを愛するもの　神経衰弱でないもの

大正デモクラシーは、従来の制度や思想の改革がこころみられた一連の社会的ムーブメントだ。第一次世界大戦後、好景気に沸き、一部には成金も出現し、国内資本主義が成長するいっぽう、各地で低賃金にあえぐ工場労働者のストライキや小作人争議がひんぱつし、社会のひずみがあらわになっていた。こうした時代状況に受け入れられた大正デモクラシーは、多面的な要素があるけれども、そのなかから生まれたのが、自我を尊重し「人間らしい生きかた」を求め、文学・美術運動を展開した「白樺派」だ。

白樺派は日本にセザンヌやロダンなど西欧美術を積極的に紹介するなど、美術にもたらした影響は大きく、鎌倉もセザンヌ作品の色彩に魅せられて「崇拝者」となっていた。東京美術学校在学中、本人いわく「純情多感な学生」であった彼は、雑誌『白樺』（明治四十三年創刊）を愛読し、美校二年目の大正八年夏、宮崎県児湯郡木城村《こゆぐんきじょうむら》（現・木城町）の「新しき村」（大正七年創立）を訪れてもいる。

その訪問は別の目的もあった。異母弟を探すためである。

というのも父・宇一は、鎌倉の生母と死別したあと再婚してふたりの男の子をもうけているのだが、このころ所在がわからなかったらしい。この父が新しき村の信奉者で、村に弟を預けていると聞き、訪ねたという。たしかに歳のはなれた弟のひとりは、新しき村を連想させる名前がつけられている。宇一が再婚した妻も若くして他界してしまい、幼い弟たちは他家の養子になり成長するのだが、鎌倉はこのいきさつを語っていない。複雑な家庭の事情をあかしたくなかったのだろう。そうした境遇の彼が座間味家の子どもたちを愛しんだのは、とくべつな思いがあったのかもしれない。

新しき村を訪れたとき、どうやら弟はいなかったようだが、数日滞在して村の人びととも語り合って刺激を受けたのではないだろうか。その夏には作家で北京大学教授の周作人《しゅうさくじん》(魯迅《ろじん》の弟)がきているのだが、じつはこの時期の新しき村は、開墾作業が困難をきわめていて、武者小路実篤の原稿料をつぎこんで維持している状況であった。そんな苦闘さえも理想郷をめざす人びとのうるわしい物語となって、青年たちの熱狂的ブームはつづいていたのである。

そのざわめきから遠くはなれて、沖縄にいる鎌倉に迷いも生じていたようだ。大正十一年四月、修学旅行の引率のため上京する機会があった。『読売新聞』(四月十一日付)が「健康で生々《いきいき》とした琉球の女学生」と、一行八十人の東京見物を記事にしているが、鎌倉はこのときをとらえて東京にもどりたいと関係者に打診したのだ。

けれど、その訴えは認められなかった。なぜならば、彼が在籍した美校の図画師範科は美術教師育成のための科であり、在学中に「学資」が支給されていて、卒業後の二年間は「文部大臣の指定にしたがい奉職」することが義務づけられていたのだ。帰任するとくべつの理由はなく、けっきょくあと一年、沖縄で教師をつづけることになり、それならば、この滞在を有意義にすごして、成果を残したいと真剣に考えはじめるようになった。

それでもしだいに教師生活にも慣れ、彼を慕う生徒たちもいた。

教え子のひとりに、宮古島生まれの川平《かびら》喜久子がいる。川平家は首里の名家の流れをくむ一族といい、彼女の父親は、宮古上布の工場をいとなみ、泡盛製造、百合の球根栽培など近代沖縄らしい事業をおこしている。喜久子は幼少時から民謡にしたしみ、琴をならうなど音楽好きで、ひとあしさきに那覇に出た次姉の多嘉良《たから》カナは民謡歌手として活躍していた。

高等女学校に進学した喜久子は、洋楽と出会い、ピアノやヴァイオリンのレッスンを受けるようになる。喜久子にピアノの楽しさを教えた音楽教師の尚琳《しょうりん》は、さいごの琉球国王・尚泰の孫だった。尚琳は明治二十四年生まれ、このころ三十歳をすこしすぎた、美男だ。幼少時に上京したが沖縄に帰り、県立中学校に学んだあとふたたび上京。東洋音楽学校師範科を卒業し、大正四年に沖縄にもどった。彼が住む首里の屋敷は「宜野湾御殿《じーのーんうどぅん》」と称され、いつもピアノの音が流れていたという。尚琳は作曲家として、また琉球古典音楽の研究者としても知られているが、学校の教師たちのなかには琉球音楽を理解しない者もいたようだ。

あるとき、喜久子が民謡の「浜千鳥」をピアノで弾いていると、女教師に「そんな沖縄の歌などピアノで弾いてはいけませんよ。沖縄の歌はね、教養のない人たちがやるもので、立派な学生がやるものではありません」とつよくたしなめられた。「浜千鳥」は、明治以降に多く生まれた近代民謡のひとつで、琉球舞踊の曲としてもひろく愛された美しい旋律の名曲だが、女教師の言葉に、喜久子はひどく傷つく。教師の大半は本土からやってきていたし、歴代校長（女子師範・高女兼任）も本土出身者で、沖縄人校長が就任するのは昭和六年になってからだ。当時の学校教育は日本との「同化」が命題だった。
学校で開催された「大典奉祝音楽会」（大正四年）の演目を見ると、シューマン、メンデルスゾーン、ヘンデルなどの楽曲が演奏されていて、日本の楽曲は生田流の箏独奏が一曲あるのみで、琉球音楽はみあたらない。学校の音楽教育は西洋音楽一辺倒だったけれど、生徒たちが家に帰れば、座間味家のように「踊合」がもよおされるなど、日常のなかでは民謡がごく身近にあったのである。

喜久子の住まいは、兄が那覇の繁華街・波の上通りで経営していたレストラン「波之上軒」だ。絵画展なども開催され、那覇のモダンボーイやモダンガールがつどう店であったという。この店に鎌倉はしばしばやってきて、彼女の母に宮古民謡をうたってくれとせがんだ。とくにお気に入りは、子守唄の「東里真中《あがずざとんなか》」だった。宮古島もゆたかな民謡が多くあるが、この唄は子守姉が守り子のすこやかな成長と立身出世を、香り高いみかんの木と重ね合わせてねがう歌詞で、素朴な旋律は哀調をおびている。

蜜柑木《ふにりゃ》が　うが如んよ
香《か》ばしゃ木《てぃ》が　うが如んよ
島覆《う》い　照り上がりよ
国や覆い　照り上がりよ
（蜜柑の木が成長するように　香ばしい木が成長するように　島を覆い　国を統べる

立派な人におなりなさい）

喜久子の回想によると、鎌倉は、尚琳や「仲間」という沖縄姓のヴァイオリン担当の教師とともに波之上軒にやってきたこともあるといい、意識的に沖縄人同僚とつきあっていたようだ。「沖縄にかんするすべてに興味と愛情」をもち、くるたびに喜久子の母にも熱心に質問していたという。

鎌倉は、喜久子の音楽的才能をのばすべきだと、東京の音楽学校への進学を彼女の母や兄に説得している。これが後押しとなって喜久子はのちに上京し、日本音楽学校に進学、さらに東京音楽学校作曲科などで学び、作曲家への道にすすんだ。トロンボーン奏者の金井儼四《げんし》郎《ろう》と結婚、金井喜久子となり、「交響曲第一番」（昭和十五年）などを発表。沖縄民謡の旋律をモチーフにしたオペラなども手がけ、先駆的女性作曲家として成功するのだが、「沖縄民謡への愛」とともに、鎌倉との出会いが人生の扉をあけたと語っている。

琉球画人伝

鎌倉の琉球芸術への理解と知識も、ある人物との出会いによって深まり、劇的にひろがることになる。彼はついに「研究のための恩人」にめぐりあったのである。この人に会わなければ「その後の調査研究に進み得たかどうか」といい、彼のすすむ道を決定づけた人物だった。

それは大正十一年、春か夏のことだった。鎌倉は『沖縄タイムス』紙上にひと月ほど連載された〈琉球画人伝〉に目をとめる。琉球王国時代の画人たちを、歴史的・文化史的背景のなかでとらえた、詳細、かつ躍動的な列伝だ。

連載は、十三世紀の琉球における「仏教の起源と芸術の揺籃期」と題した論考にはじまる。十四世紀の琉球文化最初の興隆期から、つづく王統時代の仏教絵画について述べ、さらに、十五世紀から十六世紀初頭にかけて諸外国や日本との交易を展開し、もっとも隆盛をきわめた尚真《しょうしん》王の時代に生きた「三郎」という画人について、古謡集『おもろさうし』九巻のなかの一首を用いて考察した。

その「おもろ」は、琉球人が絵画をふるくから愛でていたことがよく伝わってくる。

差笠《さすかさ》が　国守《くにも》りぎや
げらへ屏風《みやうぶ》　鳴響《とよ》めば　見物《みもん》
又　大里《ざと》の鳴響み杜《もり》
又　三郎子《さぶろく》が　真ころ子が
又　馬の形《かた》　走り合《や》う様《や》に
又　牛の形　突き合う様に
又　蜻蛉形《あけず》　飛び合う様に
又　蝶形《はべる》　舞《ま》合《や》う様に

（国を守ってくださる神女・差笠さまのために　美しく立派な屏風をおつくりしました
大里の地におられます　三郎さまが　描かれた絵は　まるで馬が駆けだすよう　牛が動
きだすよう　とんぼが飛び交うよう　蝶が舞うよう）

連載の一回目を読んだ鎌倉は、引用された文献が多岐にわたり、豊富なことに驚愕した。琉球、中国、日本のあらゆる古文書、文献、文学作品を横断的にもちい、その根拠をしめしながら画人たちをいきいきと描く。つづく連載は近世琉球の画人たちを詳述する。十七世紀初頭生まれの天才的画人「自了《じりょう》」（雅号、本名・城間清豊《ぐすくませいほう》）の人生とエピソードを描いた章にはじまり、琉球王国崩壊直前まで活躍した人物まで十八人がとりあげられていた。

画人たちは、どの家系に生まれ、成長し、だれに師事して学んでいったのか、だれとしたしかったのか、幼少時からのエピソードを丹念に追っている。作品誕生の背景や題材についても述べる。さらに王府での役職と業績。中国留学をした者ならば、その旅程、何を学んで帰国したのか。江戸におもむいた者についてもおなじようにくわしい。王から与えられた褒美、中国からの使者・冊封使との交流、薩摩・島津氏から受けた絵画の注文について、日本で作品がどう評価されたか、など——。画人たちの足跡とともに彼らが生きた時代の社会的事件や文化的状況なども織り込まれ、執筆者の考察もそえられている。画人たちをとりまく光と影、そのよろこびや悲しみ、筆をとるすがた——。

そこに描かれていたのは琉球の世界そのものだ。文字のなかに琉球人がくっきりと立ち、息づかい、声、体温までもが感じられる。琉球と琉球人への深い愛に満ちているこの博覧強記の執筆者は、いったい何者なのか。

末吉麦門冬《すえよしばくもんとう》だった。連載が掲載された『沖縄タイムス』主筆をつとめる三十六歳である。「麦門冬」は、彼が多くもったペンネームのなかでもっとも知られるもので、常緑多年草の「ジャノヒゲ」のこと。彼の本名は「安恭《あんきょう》」という。

鎌倉が研究しようとしていた琉球美術の世界を、これほどダイナミックに深くとらえている人物がいたとは、その興奮はいかばかりだっただろう。さっそく、那覇の麦門冬の家を訪ねた。

鎌倉を迎えた麦門冬は、にこにこと白い歯を見せて笑う人だった。こぶとりの彼は、ぶあつい手をさしだし、握手をした。鎌倉が連載を読んだ感想を伝えると、麦門冬は「ヤマトンチュー」（日本人）の学校教師が、沖縄の文化に興味をもってくれるのは「うれしい」といった。それから、〈琉球画人伝〉の原案をつくった王国時代からの絵師がいるから、その人に会うのがよいだろうと、すぐに紹介状をしたためてくれたのだった。

まもおかず鎌倉は、紹介された絵師・長嶺華国《ながみねかこく》（雅号、本名・宗恭《そうきょう》）に会いに首里儀保《しゅりぎぼ》の屋敷に行く。華国は当時七十歳、「貝摺奉行所《かいずり》」の登用試験に合格したさいごの絵師のひとりだが、王国崩壊によって絵師の職をとかれたのちも創作活動をつづけていて、王国末期を描いた風俗画などが今日も残っている。彼は「琉球歴代画人表」と題した、画風ごとに分類した簡略な一覧をまとめていたのだった。

麦門冬と友人たち（明治43年頃　末吉家提供　沖縄県立図書館所蔵）
左より、東風平汀島、末吉安恭（麦門冬）、国吉朝英、
末吉安慶（麦門冬長男）、名護朝扶（妻・真松の弟）、右端不明

麦門冬は、華国に敬意をはらったうえで画人の選択の幅をひろげ、画人たちの足跡と王国の歴史を深く掘り下げて連載記事を執筆したのだが、連載は自分ひとりの力ではないのだと、原案があることをあきらかにするばかりか、原案を書いた本人を紹介してくれるとは、なんと度量の広い人間なのだろう、と鎌倉は感激した。

それから麦門冬は、鎌倉につぎつぎと人を紹介し、文献にかんする知識を惜しげもなく授け、語り合い、「肉親にも及ばない親切な配慮」をしてくれることになる。麦門冬と出会った日から、鎌倉の琉球芸術研究の根幹をなす、じつに濃密な日々がはじまるのである。

麦門冬は『沖縄タイムス』主筆の立場にあったが、ジャーナリストとしてだけではなく、じつに多彩な顔をもっていた。俳句、劇作、評論など幅広い表現活動をする文学者であり、琉球史研究者であり、芸術分野とともに民俗・風俗研究などでも先駆的な論考を精力的に発表していて、注目されていた人だった。

なお、末吉麦門冬の生涯は、粟国恭子（沖縄文化工芸研究所主宰）の詳細な研究があり、これを参照しながら記述する。

麦門冬の足どりを追ってゆくと、琉球の時代と近代沖縄が、ひとすじの道でつながっていたと実感する。その道を行き交う人たちの、なんと魅力的なことだろう。麦門冬とともに歩く人、彼のそばを通りぬける人、ほんの短い立ち話をして去る人、遠くうしろすがたを見せる人——。そして、いま、麦門冬の笑顔の前に、鎌倉がいる。

麦門冬の多面的な才能はその出自によるところが大きい。

彼の生家の末吉家は、首里儀保にあり、上層士族の伝統的な門がまえの屋敷だ。木々が茂る庭にかこまれ、L字型の家屋があり、玄関を入ると「一番座」（客人と接見する間）、その奥に「裏座」と呼ばれる部屋が複数ある。仏間があり、男の食事の間がべつにとられている。女たち専用の部屋。さらに奉公人の居室。土間の台所。敷地内に井戸、豚小屋もあり、門のわきには小型の琉球馬がつながれている、といった王国時代そのままの屋敷だった。沖縄戦によってこの屋敷は炎上してしまうのだが、末吉家は現在も王国時代とおなじ敷地にある。

末吉家は、代々、王府の中枢をになう官職をつとめた家系だ。国政をつかさどる宰相「三司官《さんしかん》」が五人出ていることからも、きわだつ名家なのだが、麦門冬の父、十四代目になる末吉安由《あんゆう》は「親方」という高位の尊称が与えられており、王府の「系図座」の役人をしていた。

家族の歴史をつぶさに語る「家譜」

系図座は、一六八九年に設置された王府の修史事業全般をあつかう部署で、国史の編纂などをした。一六〇九年の島津氏侵攻によって、琉球は打撃を受け、琉球の独自性を鮮明にすることで国家運営を乗り切っていくことになるが、系図座設置もその施策のひとつだ。国家的危機にひんした琉球王国は、「われわれは何者なのか」を明確にするため、「われらの記録」を総括的に掌握する部署をつくったのだ。

系図座の業務はあまたあるが、とくに士族家系の記録「家譜《かふ》」の検定作業は重要な業務だった。家譜とは、「門中《もんちゅう》」（父系集団）の系統とともに、個人の履歴をくわしく記した文書だが、公的な役職ばかりでなく、幼少時からの成長ぶりなど、さまざまなエピソードにあふれていて、とてもおもしろい記録になっている。麦門冬が〈琉球画人伝〉の連載のなかで、多く引用しているのも家譜なのだが、それは士族家系の画人の足跡を描くのに信頼できる一級の史料だからだ。後年、鎌倉のフィールドノートにも多くの家譜が筆写されることになる。

家譜作成にあたっては、系図座役人の厳密なチェックを受けなければならない。各家から申請された事項が事実かどうか、さまざまな文献、記録、他家の家譜と照らし合わせ、事実関係は合っているのか、専門官が逐一点検したうえで訂正すべきところなどを指摘して、申請した家にもどす。そして、指摘された箇所を訂正し、ようやく浄書したものを二部つくり、御朱印（首里之印）が押されるというだんどりを踏む。

その一部は系図座に、一部は家に保管しなければならないし、五年に一度、あらたな事項をくわえて追加編集をし、そのさいにもおなじようにチェックされる。王府の公文書でもあるので、事実関係は厳密に検討されるけれども、たんに個人の功績をつらねたものではなく、ほほえましいエピソードや哀しい体験、ときに失敗譚などもふくまれて、人物像が立ちあがってくる記述になっている。

沖縄本島系の士族（首里・久米・那覇・泊）の家譜は七百系統、三千冊におよんだといい、大正期になっても各家ではたいせつに保管されていた。それらの多くは沖縄戦でうしなわれるのだが、沖縄の人びとが祖先の足跡をいきいきと語ることができるのは、この文書によるところが大きい。

ある時代に生きた個人の足跡は、家族の歴史になり、子孫の歴史になる。琉球という国の歴史は、個人や家族の歴史がつみかさなってかたちづくられていることを家譜はものがたっている。祖先の人生を子孫たちが分かちあうことで、いまを生きる者たちの存在の根をしっかりと感じることができるのだ。

系図座につとめた麦門冬の父は多くの蔵書をもち、読書にあけくれたという。漢籍を読み、王国の歴史や文学にくわしい。芸能や美術にも精通していて、高名な絵師の絵画も所蔵していた。この家庭環境が麦門冬をはぐくんだのだろう。王国崩壊後七年目に生まれたのが長男・麦門冬だが、父から何を教えられたかなどは語っていない。けれど、それは語るべくもないほど、父の知性と教養がごくしぜんに、染みていくように、麦門冬に受けつがれたということだろう。彼には、姉、弟、妹たちがいるが、なかに一歳ちがいの安持《あんじ》、十八歳ちがいの安久《あんきゅう》がいる。この弟ふたりは、それぞれ文学、美術の分野で活躍することになる。

麦門冬の青春

麦門冬は、沖縄県師範付属小学校（首里）に学び、十四、五歳で、雑誌『新聲《しんせい》』（明治二十九年創刊）を東京から取りよせ、友人たちと文学談義をする早熟の文学少年になっていた。『新聲』は、のちに新潮社を創立する佐藤義亮《ぎりょう》が弱冠十八歳で創刊した雑誌で、誌面にも若々しい主張がみなぎっていた。創刊の一年前に日清戦争がおわり、日露戦争開戦がせまろうとしていた時期だ。佐藤は、若き論客として注目されていた当時二十代の田岡嶺雲《れいうん》（ジャーナリスト・評論家）に傾倒していて、『新聲』にたびたび原稿を掲載しているのだが、麦門冬も田岡の熱烈なファンだった。

そのあと、麦門冬は沖縄の中学に進学せず、十六歳、明治三十五年に上京して、日本中学校（麴町区山元町）に入学した。校長は、明治・大正時代の国粋主義的教育者・思想家の杉《すぎ》浦重剛《うらじゅうごう》で、雑誌『日本人』（のちに『日本及日本人』に改題）の創刊（明治二十一年）メンバーでもある。

麦門冬は日本中学校に籍をおきながら、英語塾に通ったり、図書館の椅子にすわって抜き書きをしたり、古書店をのぞいたりしながら、ほとんどひとりですごしていたようだ。このころ、東京で学んでいた伊波月城《いはげつじょう》（伊波普猷《いはふゆう》の弟・のちにジャーナリスト）は、明治三十五年ころ小石川区竹早町の麦門冬とおなじ下宿にいたのに、彼とは話したこともなかったという。麦門冬は中学校にはあまり通わず、下宿で本ばかり読んでいて、そのときの彼が「新しい知識を求めていたことは確かであった」と回想している。

麦門冬が上京して二年目の明治三十七年二月、日露戦争がはじまった。

翌明治三十八年一月、旅順陥落。五月、バルチック艦隊を撃破。七月末樺太を占領。九月、ポーツマス条約により講和する。ロシアは三十八年一月に「血の日曜日事件」（第一次ロシア革命）が起きて国内が混乱していたし、いっぽう日本の兵役可能者は底をついていたので、三十八年九月の講和はたがいにのぞむところだった。日本が日露戦争で動員した兵力は約百九万人。戦死者約八万人を超えた。戦費は十五億二千万円にのぼり、日清戦争のおよそ七倍、そのほとんどは戦時国債による調達だった。

徴兵令は明治六年に制定されていたが、徴兵をのがれるため全国で失踪者が続出した。三十五年、全国で所在不明のため徴兵できなかった人数は七万人。本土よりおくれて、三十一年に徴兵令が施行された沖縄でも八百人の徴兵忌避者があいついだが、それでも三千八百余名が動員され、戦死者二百五人をかぞえた。南の島で生まれた青年たちが「日本」の戦争のために凍てつく地で砲撃にたおれていったのだ。日露戦争直前から沖縄で増加するハワイ、アメリカ本土などへの海外移民も徴兵忌避のひとつの手段であったといえる。

麦門冬は徴兵されることなく、東京暮らしをつづけたが、「日比谷焼打ち事件」など、騒乱の都市をよそに彼が夢中になったのは、正岡子規（明治三十五年九月没）らによっておこされた、あたらしい俳句のうごきだった。麦門冬は子規の作品に大きな影響を受け俳句をつくるようになった。

明治三十八年、十九歳の麦門冬は一時帰郷して結婚する。妻はひとつ歳下の真松《ままつ》。首里の名家、名護家の出身で、父は歌人、弟はジャーナリスト。こうした環境から、かねてよりふたりはたがいに知る仲だったのだろう。麦門冬の結婚は当時の沖縄ではとりたてて早婚という年齢ではないのだが、まだ家督をつぐ気にはならない彼はしばらく沖縄にいて、秋にふたたび上京してしまう。文学への思いが断ち切れなかったようだ。このころの真松への手紙が残っていて、学問は学校でならうものではなく「自ら教わるの覚悟あり、決心あり、心がけさえすりゃ訳はない」と学生気分で書いている。

麦門冬は、麹町区飯田橋の下宿で一歳ちがいの弟・安持と同居していた。安持は兄より二年おくれて上京し、国民英学会（神田錦町）で学びながら「詩花《しか》」のペンネームで詩作をはじめた。明治三十九年に与謝野鉄幹・晶子夫妻の「新詩社」の同人となって、雑誌『明星』にたびたび作品を発表している。同年に新詩社の同人となったのが北原白秋だ。麦門冬も沖縄の新聞に寄稿しはじめていて、東京の末吉兄弟はともに励まし合いながら、創作の道を歩もうとしていた。夏目漱石『坊っちゃん』、島崎藤村『破戒』が発表された年だ。

明治三十九年、麦門冬は長男誕生を契機に沖縄に帰っていった。翌四十年二月、東京に残った二十歳の安持のとつぜんの訃報が届く。深夜、下宿でうたた寝をしていたとき、ランプが転げ落ちて燃えひろがり、安持は全身にやけどを負って、命を落としたのだ。鉄幹が『明星』で追悼文をよせ「詩人たる情熱と、独創力と、物事に対して一種他人と異った睨みかたであったと、安持の死を悼んだ。麦門冬の悲痛はいかばかりだっただろう。ともにそだった弟であり、文学を語り合えるもっともしたしい仲間だったのに——。

沖縄に帰ってからの麦門冬は、まず俳人として知られるようになる。明治四十一年から、雑誌『文庫』、『ホトトギス』、『スバル』などに盛んに投稿し、掲載されていた。沖縄の友人と俳句結社「カラス会」を結成し、俳句をつくる友人に「(君には)琉球固有の血が流れているであろう。琉球人として琉球の自然・人事を君の先祖の伝来の血で混化して更に君の個性化して歌うべき」だとアドバイスしているのも、子規いらいの『ホトトギス』の影響が感じられる。

すでに地元紙の俳壇の選者もつとめていた彼が、ジャーナリストとして一歩を踏みだすのは、明治四十四年。友人で縁戚でもあるジャーナリスト・小橋川南村《こばしかわなんそん》（本名・朝明）に『沖縄毎日新聞』への入社をすすめられたのがきっかけだ。南村は麦門冬とおなじく首里儀保生まれで一歳年上である。上京して法政大学に学んで帰郷し、教員をへて『沖縄毎日新聞』の記者になり、文芸欄のさらなる充実をはかるため、二十五歳の麦門冬に白羽の矢を立てたのだった。

対立する新聞界

麦門冬が入社した『沖縄毎日新聞』は、「沖縄的なもの」を尊重し、とくに文化面・学芸面が評判を呼んでいた。

当時の沖縄の新聞は三つ巴で対立していた。

ひとつは旧支配層による「首里派」である。尚泰の四男・尚順らが創刊した『琉球新報』（明治二十六年）は、旧王家や旧士族らの〈旧支配層の機関紙〉といわれた。いまひとつの勢力は、本土からやってきて経済活動を展開した、いわゆる「寄留商人」（鹿児島系と大阪系の二大派閥）集団であり、『沖縄新聞』（明治三十八年創刊）を刊行する。

「寄留商人」は経済・産業、政治などの利害をめぐって「首里派」と激しく対立しており、沖縄経済の利権を独占したい「寄留商人」は、「首里派」の閉鎖的独善性を糾弾。沖縄の習俗、習慣をふくめて後進的だと批判した。これに対して『琉球新報』は、「寄留商人」に対抗するためには沖縄県民がヤマトに差別されないよう力をつけよと説く。そのために「国民的同化」を推進し、よりよき「帝国の臣民」になるべきだ、との論調を展開していった。

さらに三つ目の勢力が、〈平民派の新聞〉といわれた『沖縄毎日新聞』（明治四十一年創刊）である。那覇および郡部を代表する有力者が資本参加し、「那覇派」と称される。さきのふたつの新聞が日本への同化を主張するのに反発して、琉球・沖縄の歴史や文化を積極的に紹介し、その立場を鮮明にしていた。

三紙は、衆議院総選挙（明治四十五年）でそれぞれ立候補者を推し、敵対候補の個人攻撃を掲載して激しいキャンペーンを展開するなど、新聞は政争の舞台でもあった。

麦門冬は「心には半ば戸惑いを危ぶみつつ」、新聞記者としてのスタートを切るのだが、文化、芸術を語りたい彼にとって、政争にあけくれる新聞の世界は性に合わないとも危惧したのだろう。首里生まれではあるものの、新聞人としては「那覇派」の麦門冬は、うってつけの場を得て、精力的に作品を発表してゆく。俳句や短歌、琉球の歴史・文学・民俗・絵画・芸能、言語。また戯曲や随筆、社会時評、さらには朝鮮や中国の小説の翻訳も手がけるなど、多面的な活躍をした。

麦門冬がこれまでたくわえてきた才能が一気に開花した。この時代、琉球の歴史と文化を語るということじたいが、沖縄の支配層（本土からきた官僚や首里派）への異議申し立てというメッセージをふくんでいる。麦門冬は『沖縄毎日新聞』に大正三年まで在籍し、そのあと『琉球新報』に一年半つとめ、編集長になるのだが、けっきょく「閥族打破」を訴え、旧支配層を激しく批判して退社。それから、小橋川南村らとともに『沖縄朝日新聞』の創刊（大正四年）メンバーとして三年。つづいて『沖縄時事新報』（大正八年創刊）発刊に参画した。同紙が大正九年に改題されて『沖縄タイムス』となり、主筆となった。この『沖縄タイムス』は昭和三年に終刊しており、現在発行されている同名紙とは別のものである。

こうして、麦門冬は大正十一年『沖縄タイムス』に鎌倉が読んだ〈琉球画人伝〉を発表したのだった。

鎌倉は、麦門冬が気さくに応じてくれ、会うべき人や読むべき文献をつぎつぎと紹介してくれたことにとても感激したけれども、麦門冬にとってはごくふつうの対応だったのだろう。たとえば南方熊楠《みなかたくまぐす》との交流からは、琉球文化を知ってほしいとねがった麦門冬のことがよくわかる。

麦門冬と熊楠

麦門冬は地元紙ばかりでなく、大正六年から十三年まで『日本及日本人』（明治四十年創刊・正教社刊）に琉球の民俗にかんする論考などをたびたび発表しているのだが、この雑誌の常連寄稿者である熊楠は麦門冬の文章をよく読んでいたようで、「（麦門冬は）博く和漢の学に通ぜること驚くべく」、「毎度出さるる考証、実に内地人を凌駕するもの多し」と同誌に書いた。

ふたりの交流のきっかけは、熊楠が『太陽』（明治二十八年創刊・博文館）に大正三年からていた「十二支考」だ。大正七年に「馬に関する民俗と伝説」の連載が掲載されていて、これを読んだ麦門冬が編集部をつうじて熊楠に「琉球の馬に関する伝説を送りたい」との書簡を送り、ふたりのあいだで手紙のやりとりがはじまった。そのなかで熊楠は麦門冬がたびたび言及する史料『球陽』について尋ねてくる。

『球陽』(正巻二十二巻・附巻四巻・外巻四巻)は、実録風に編集された琉球王国の正史で、一七四三年から編集がはじまり、代々「系図座」で書きつがれてきた。王家や王府の外交・行政などだけではなく、各地からの報告にもとづいて、自然現象、村々のこと、農民の善行なども盛り込まれている。系図座につとめた父をもつ麦門冬が愛読した書籍だ。

麦門冬は熊楠あての手紙に「今なら三面記事に載るやうな市井の雑件まで綴りこまれてあるから随筆として面白きものです」と書き、その写本をもっているので「一部進呈いたします」と申し出た。写本(二十五冊)とはいえ、貴重な文書にちがいないのだが、熊楠ならば理解してくれると期待したのだろう。熊楠は贈られた写本を熱心に読み、発表した論考にも引用する。

熊楠と麦門冬との交流は半年ほどのようだが、三十代はじめの麦門冬にとって、当時五十一歳の「知の巨人」にふれた機会は忘れがたかった。和歌山の熊楠邸から書き込みのあとがある『球陽』写本が発見されるのは七十七年後、一九九五年(平成七)になってからだ。

麦門冬は鎌倉に会ったころ、四人の娘がいたのだが、読書三昧の日々をおくっている。沖縄タイムス社(那覇松山)に近いところに家を借りていて、八畳の書斎は本で埋め尽くされていた。父からひきついだ蔵書のなかに、家譜をはじめとした琉球の歴史書・文書類、中国の思想書などがある。このほかみずからあつめた『万葉集』、『平家物語』などの和本、民俗関係の書籍、朝鮮の小説、洋書――。数千冊の蔵書、雑誌や新聞。これらは廊下も占領し、部屋中に本がいくつもの層をなしていた。

鎌倉がさいしょに彼に会ったのは、この家である。

鎌倉はひんぱんに遊びに行き、泡盛を酌み交わし語り合った。麦門冬の話は自在に飛び散る。その合間に重要な史実や、読むべき文献を語る。ひとつの話があちこちにひろがってゆき、そのしっぽをつかまえて、つぎの話へとつながっていく。彼の思考のかけらを拾いあつめながら、ついていこうとしても、麦門冬はもう、べつのところにいる。そのうち、きまじめに彼の言葉を追うよりもこの会話にただよう空気が、すこしずつ鎌倉の皮膚に染みていることに気づく。やがて酔いをさまそうと散歩にさそわれる。そのとき麦門冬はさきほどの饒舌とはうって変わって沈黙し、ただ夜道を歩いた。ふたりが小高い丘にのぼると、眼下に広がるのは赤瓦の民家と松並木だ。ぽつぽつと灯りが見える風景は、まるで影絵のようだ。

自宅書斎とともに麦門冬がながい時間をすごしたのは、沖縄県立図書館（那覇美栄橋《みえばし》）である。松にかこまれた丘のうえにあり、洋風と琉球建築をミックスしたモダンな建物だ。明治四十三年に開館し、館長を伊波普猷《いはふゆう》がつとめている。麦門冬は毎日のように図書館を訪れ、伊波と、もうひとり真境名安興《まじきなあんこう》と語り合う時間を何よりも楽しみにしていた。

この三人は〈琉球学者の三羽烏〉と呼ばれていて、図書館資料室のソファーで話し込んでいるすがたがよく見られている。ときに冗談をいいながら、文献を読み、意見を交わす、何ともゆたかな時間をすごしていた。伊波、真境名ともに四十代後半で、麦門冬は彼らより約十歳年下になる。

いつしか鎌倉もこの三人のそばに座り、彼らの会話に耳をすませるようになる。そうして伊波、真境名にも教えを受けるようになり、多くの人を紹介してもらうことになった。鎌倉はこう書いている。

本土では明治以後の文明開化の思想で、人間本来の徳義は次第に軽薄になっているのに対し、沖縄には儒教的というか倫理的教養の高い人が多いことを知った。

大正末期に沖縄を訪れた鎌倉の幸運は、「琉球の時代」をいきいきと語る人たちに出会ったこと、王国時代の建造物や美術品がまだ残っていたことだが、さらなる幸運は「沖縄学」の勃興期に立ち会ったことだろう。新聞の論調などにも見られるように「沖縄的なもの」が否定される風潮があるからこそ、「沖縄学」は誕生したともいえる。それは学術的な研究ではあるものの、近代沖縄社会への異議をとなえる〈態度〉というべきものだった。

伊波普猷と田島利三郎、沖縄学の誕生

伊波普猷は「沖縄学の父」といわれる。

沖縄学の誕生は、鎌倉のように本土からやってきた教師との出会いと、この教師をめぐって中学校の生徒が立ち上がった「尋常中学校ストライキ事件」が深くかかわっている。すこし横道にそれてしまうけれど、沖縄学にとって重要なエピソードなので紹介しておきたい。

伊波は明治九年、那覇士族の家系に生まれ、二十四年、十五歳で尋常中学校に入学した。真境名安興（明治八年生まれ）、また、大正十年の皇太子沖縄訪問のさいの軍艦「香取」の艦長となる漢那憲和（明治十年生まれ）も、同期生である。

三年生になった彼らの前にあらわれた国語教師が、新潟出身の田島利三郎《たじまりさぶろう》（明治三年生まれ）だ。神道の研究・教育機関である皇典講究学所を卒業後、沖縄に赴任した。田島は飄々とした魅力的な若い教師で、すぐに人気者になり、下宿先には生徒たちがあつまって愉快に語り合った。

田島のほうも沖縄にいることが楽しくてしようがない。もともと歌舞伎好きだった彼は沖縄芝居《うちなー》（大衆演劇）に魅せられて芝居小屋にかよって役者からウチナーグチをならい、授業そっちのけでサンシンの稽古をするなどしている。恋心を抱いた女性との一件も生徒たちにばれているし、サーターアンダギー（ドーナツのようなお菓子）に目がないこともウチナンチューのようで気に入られた。伊波とは六歳ちがいだから、兄のような存在だったのだろう。本土化をめざす教育現場ではきわめてユニークな教師だった。

とはいっても、彼がこの地に赴任を希望したのは、文学的興味からだった。沖縄に滞在したことのある皇典講究学所の学友から「琉球語で書かれた五十巻の文書」があるのだが内容はよくわからないと教えられたことがきっかけだ。田島は神職になることがさだめられていたにもかかわらず、この文書のことが頭からはなれず、くわしく研究したいとの思いがつのり、神職の道を捨てて沖縄にやってきたのだった。その文書とは『おもろさうし』であり、田島は来沖一年後に写本を県庁保管史料のなかから探しあて、研究にのめりこんでいる。

田島は生徒たちに慕われていたが、尋常中学校の児玉喜八校長はひどく専横的な人物だったようだ。奈良原《ならはら》繁《しげる》第八代県知事（明治二十五―四十一年在任。長期在任のあいだ権勢をふるったことで知られる）と同郷の鹿児島出身であり、学校では忠君愛国思想の喚起につとめてもいた。

明治二十七年、児玉は生徒たちに「普通語（共通語）もろくに話せないのに英語をならう必要はない」といい放ち、英語の授業を廃止しようとする暴挙にでた。田島や生徒たちがつよく反対し、奈良原県知事と親密な関係の『琉球新報』でさえ生徒たちを擁護して、けっきょく取りやめになる。けれども児玉はこの一件を根にもっていたらしく、二十八年、生徒たちに人気絶大の田島に免職を通告して、校長の権威をふりかざすのだ。

いぜんから学校運営に疑問をもっていた生徒たちは、田島免職を発端として校長排撃を訴えてストライキを決行、大半が退学届を突き出す。リーダーとして伊波、真境名、漢那らが名をつらね、「同志倶楽部」を組織して各地を遊説してまわる。若者たちの訴えは県民たちの支持をあつめ、寄付金もぞくぞくよせられ、ストライキは半年にもおよんだ。

けっきょく、騒動を招いた児玉校長は解任となるのだが、リーダーたちも退学処分となってしまった。伊波はその後、上京して明治義会尋常中学校（麴町）に進学。漢那は海軍兵学校にすすみ、のちに海軍大尉となる。真境名は復学をゆるされた。中学校を追われた田島は、事件のあとも沖縄で『おもろさうし』研究をつづけ、宮古島調査などもするのだが、明治三十年に沖縄を去った。

それからの田島は東京で教師をしながら、『おもろさうし』の論考をいくつか発表している。千五百五十四首（重複をのぞくと千二百四十八首）の「おもろ」をていねいに読み解き、さまざまな史料と突き合わせ琉球の歴史をひもとくという、画期的な論文だった。王国の正史に描かれているのは権力者の視点だが、「おもろ」にはさまざまな人びとの「声」がひびいていて、正史からは読み取れない「琉球」の一面が見えてくる。

伊波は明治三十三年に京都の第三高等学校に進学、このころに琉球史を研究しようと決意をかため、三十六年に東京帝国大学言語学科に入学をはたす。その年の七月、本郷区西片町の下宿先に、とつぜん三十三歳になった田島が訪ねてきたのだ。

じつはこのとき田島は妻子を同時に亡くすという悲しみのなかにあったのだが、そのことは語らず、しばらく伊波の下宿で同居することになり、伊波に『おもろさうし』の講義をしてくれたのである。ところがしばらくたって、田島は収集した史料のすべてを伊波にゆずり「研究を大成してくれ」といい残し、飄然と立ち去っていった。このあと田島は放浪生活をおくることになる。

伊波は田島の史料を手にして研究に没頭した。はじめは理解できなかったものの、根気よくつづけるうちに「今までわからなかった古琉球〔島津氏侵攻いぜんの琉球〕の有様がほのみえるような心地」になっていったという。田島がどのような思いで伊波に史料のすべてをゆずったのか、彼が語ることはなかったけれど、『おもろさうし』研究は、沖縄人の手によってなされるべきだという考えにいたったのかもしれない。「古琉球の有様がほのみえるような」、その感性に期待して研究を託したとも思えるのだ。

伊波は明治三十九年に沖縄に帰るものの、本土化をめざす県上層部は琉球史研究をする彼を歓迎せず、何度となく県外に出るように圧力をかけた。それでも伊波は史料を収集し、沖縄各地を調査しながら、「沖縄学」の基礎となる研究をつづけ、新聞に論考を発表し、講演会などもつづけていた。四十三年になって、設立されたばかりの県立図書館館長となるが「嘱託」の立場であり、正式に館長となるのは十二年もさきだ。

翌明治四十四年、伊波は新聞に発表した文章をまとめ、『古琉球』を刊行。沖縄学誕生の一歩となる。この本の冒頭の「序」で「恩師田島利三郎氏」について、ストライキ事件のこと、田島に史料をゆずられたことが研究のはじまりになったと書いている。

『古琉球』を未知の伊波から贈られた柳田國男は衝撃を受け、ふたりのあいだで手紙のやりとりがはじまった。大正九年九月に東京朝日新聞社客員となった柳田は、同年末から翌十年二月にかけて、九州、奄美、沖縄の島々への旅にでるのだが、そのとき柳田の脳裏をかすめたのは伊波のことだ。「そのころ伊波君は、『古琉球』が島の人に充分に理解してもらえず、又図書館長として社会教育の講演その他に忙殺され、研究から遠ざかっていた。その噂は東

図書館長時代の伊波普猷

京まできこえていたので、伊波君に逢い、学問するよう、すすめて来ようと思い立」つ。那覇での柳田は伊波と毎日のように語り合い、とくに『おもろさうし』研究をやるようにつよくうながした。

伊波は柳田と会った直後から『琉球聖典 おもろさうし選釈』（大正十三年）の原稿を書きはじめ、これによって『おもろさうし』が世に知られることになった。伊波は『おもろさうし』のなかから九十八首をえらんで意訳し、民俗的、歴史的背景をかろやかな筆致でつづったが、こののち琉球史研究において『おもろさうし』は必読の文献となるのだ。

いっぽう柳田の沖縄の旅の記録は、新聞連載をへて『海南小記』（大正十四年）としてまとめられる。帰京後に折口信夫に沖縄行きをすすめ、さっそく折口は同年七月から八月にかけて沖縄本島・離島を訪ねて民間伝承をあつめ、伊波にも会った。

また、尋常中学校ストライキ事件いらい伊波のよき友である真境名安興は、中学校卒業後、三つの新聞の記者をへて、明治三十一年からは首里区書記となって官吏生活をおくりながら琉球史研究をつづけ、伊波との共著『琉球の偉人』（大正五年）、『沖縄女性史』（大正八年）を執筆。鎌倉が県立図書館にやってくるようになった時期は、出色の通史となる『沖縄一千年史』（大正十二年）の完成間近だった。

麦門冬は、帰郷した直後から伊波らと親交を深め、こうして県立図書館に〈琉球学者三羽烏〉がつどった。そのようすを若き金城芳子（明治三十五年那覇生まれ、のちに社会福祉活動家として活躍）が見ている。

上布の白絣に絽の羽織をお召しになった先生〔伊波〕が、深々とひじをかけて座っていらしたし、末吉麦門冬（安恭）さんなんか、（略）お太りになって、お腹を出っぱらしていらっしゃったのに、腰かけからはみ出しもしないで、ちゃんとおさまっていた。真境名安興先生は首里大人（ターリー）然として、笑古《しょうこ》〔真境名のペンネーム〕というのにお笑いになるのを見たことがなかった。このお三人は資料室の常連で、何時行ってもお揃いで話し合っておられた。

（金城芳子「思い出の落穂拾い」）

沖縄学の勃興とともに鎌倉にとって幸運だったのは、図書館の郷土資料室に史料が充実しつつあったことだろう。図書館開館にさきだって資料収集事業がはじまり、旧上層士族の家系から数百冊単位の書籍がぞくぞくと寄贈された。麦門冬も寄贈者のひとりだ。伊波らは、図書館を琉球王国関係の書籍の一大センターとする構想があった。

図書館所蔵資料のなかで、とりわけ貴重なのは琉球王府の行政文書、記録類などを編纂した『琉球史料』（「旧慣調査書類」ともいう。明治二十年代に編纂。沖縄戦で行方不明になる）であり、約三百八十冊におよぶ。『琉球史料』が編纂された理由は、明治政府がとった沖縄政策「旧慣温存」政策が大きくかかわっている。

「旧慣温存」とは、明治三十年代後半まで王府時代いらいの地方制度・土地制度・租税制度など（「旧慣」＝ふるいしきたり）を「温存」する方策のことだ。急激な改革による社会的混乱を避けるために漸進的なスタンスをとろうとしたのだ。沖縄に混乱がおこれば当時緊張関係にあった清国からの物言いがつよくなるおそれもあった。数百年にわたった琉球との冊封関係を築いてきたにもかかわらず、明治政府による一方的な「琉球処分」の経緯を清国は納得していなかった。

こうしたことから沖縄県上層部は、「旧慣温存」をはかったのだが、手はじめに琉球王国の制度を詳細に把握する必要があり、王国時代の史料をあつめ、まとめられたのが『琉球史料』だった。

編纂を指示したのは、奈良原知事の前任者、第七代県知事の丸山莞爾《かんじ》（高知出身。明治二十一―二十五年在任）だ。丸山は作家の安岡章太郎の母方の縁戚で、安岡が一族を追慕した抒情あふれる小説『鏡川』（二〇〇〇年）に丸山の数奇な生涯も描いているのだが、『琉球史料』編纂事業についてはふれていない。ただ、丸山は沖縄県知事をつとめていたころ琉球文化、文学研究にも手をひろげていたといい、県知事退任後に高知へもどったあとも泡盛を愛飲し、尚家一族と歌会をした思い出などをしばしば語ったとつづられている。

『琉球史料』は旧慣温存政策が終了したあとも明治四十年代まで県庁が管理していたのだが、県立図書館設立を機に移管されたのだった。王国崩壊によって、琉球の全容を知る手がかりとなる文書類を一般の人びとが目にすることができるようになったという、皮肉なめぐり合わせではあるが、これらの史料の充実、活字化がすすむにしたがって「沖縄学」が発展していった側面もある。

大正期になると沖縄各地の地誌なども刊行され、地域研究もひろがりをみせていた。大正六年に真境名・麦門冬が中心となって「沖縄地理歴史談話会」が結成され、組織的なフィールドワークもさかんになっていた。

沖縄の近代化のありかたに疑問をもち、「主体性の回復」を訴える声も高まるなか、琉球の歴史、文化、民俗研究は、発展してゆく。沖縄学の基礎がととのい、すぐれた沖縄人研究者が活躍する時代に鎌倉はやってきて、まさにその核心に接したのである。

天才的画人・自了に魅せられて

鎌倉は、麦門冬と知り合ったことで文献の知識が急速に深まったことが〈鎌倉ノート〉からうかがえる。琉球仏教美術を探るため仏寺を熱心に見て歩いていたが、同時に魅かれたのは、〈琉球画人伝〉の冒頭で紹介されていた、天才的画人「自了《じりょう》」だ。

一六一四年生まれの自了は先天的なろうあ者だが、幼少のころより頭脳明晰で、独学で絵画技法を学び、彫刻にもすぐれた才能をみせたが、包丁で切ったものはいっさい食べないなど、ユニークなエピソードが伝わっていた。彼の画才が尚豊王《しょうほうおう》の耳にとどき、首里城に召されて「自了」の号を与えられたという。一六三三年に中国から冊封使がきたおりに王が自了の作品を見せたところ絶賛されたといい、一六四三年に江戸にのぼった琉球使節が狩野派の画家に見せたときにも高い評価を得た。このころ琉球王国は「貝摺奉行所」の充実をはかるなか、すぐれた絵師を登用して育成する政策を打ちだしていて、その初期の「スター」が自了だった。

あざやかな筆の自了作品には、仙人や中国の詩人を描いた絵画、仏画などがあるのだが、中国絵画の影響を受けた描線の色彩画と、日本ふうの水墨画のふたつの形式が見られ、中国や日本からもたらされた絵画や教本から学んだようだ。

自了は一六四三年、三十歳で他界してしまうのだが、没後、名声はさらに高まり、中国福建省の学者・陳元輔《ちんげんぽ》が琉球人留学生から聞いた話をもとに、自了の小伝「中山自了伝」(一六八八年・『中山詩文集』に収録)を書いている。それからも自了は伝説的画人として語りつがれ、近代になっても「沖縄芝居」に登場していたというし、雑誌『沖縄教育』の「偉人伝」特集(明治四十四年八月)にも「二大画伯」のひとりとしてとりあげられた。自了作品じたいも首里や那覇の旧家や寺に残っていたため、エピソードとともによく知られる画人だったようだ。

麦門冬は、自了研究に早くから着手していて、大正五年に小橋川南村らとともに自了の調査をし、翌六年、『沖縄新公論』に「画聖自了」を三回にわたって連載している。さいごの王国絵師・長嶺華国《ながみねかこく》はすぐ近所に暮らしており、かねてよりしたしい仲だった。

自了を知った鎌倉は、麦門冬や華国に自了作品を所蔵する家や寺院を紹介してもらい、華国に会った三日後には首里の旧家二軒を訪ねている。さらに華国から自了一族の末裔が首里赤田町にいることを教えられると、すぐに訪ね、一族の墓(那覇松尾)の内部の見取り図を見せてもらい、墓に詣でてもいる。

この集中ぶりは、たんに自了の世界に魅入られて趣味的にしらべただけではないだろう。このころ彼は琉球芸術の研究者への道を視野に入れていたのだ。鎌倉は図画教師として終わるつもりはないとはいえ、なにをするべきなのか、じぶんの未来はさだまらないままだ。かつては画家になる夢をもったこともあるけれど、それが現実的ではないことはわかっている。それでも「私は芸術のために生きる　そして死ぬまで操を守ろう」と、一途に思いつめていた。

琉球の芸術は本土ではほとんど知られておらず、だれも本格的に研究していない。民俗学研究者の琉球・沖縄への関心は高まっているものの、美術の分野は手つかずの状態だ。美術を学び、沖縄でさまざまな人たちに教えを受け、文献も読みこんだじぶんならば、琉球芸術のさいしょの研究者になれるかもしれない――。

鎌倉は任期を終えて帰京したあと美校にもどり、美術史研究室の研究生になろうと決め、その準備にとりかかっていた。美校の研究体制がととのえられているというわけではないけれど、教授陣に沖縄での成果を見せれば、じぶんのポジションを得られることもあるだろう。そう考えていたころに、自了を知った。中国と日本の画風の影響を受けた自了は、琉球美術を端的に語る画人であり、美校にアピールするにはうってつけだった。

鎌倉が自了の調査に没頭しているさなか、首里や那覇とはことなる島々の歴史と芸術にふれるチャンスにめぐまれる。

大正十二年二月、宮古島と石垣島（八重山）に入学試験の試験官として出張を命じられ、せっかくの機会なのでひと月のあいだに島を調査し、いぜんより関心があった琉球の仏像の原初的なかたちをしらべることにした。伊波と麦門冬は文献や島で会うべき人を紹介してくれ、二月初旬、鎌倉は島々にむかう船に乗りこんだ。

宮古、八重山へ

沖縄本島から三百数十キロはなれた宮古島は、深く青い海にかこまれた緑濃い島だ。青というのは、こんな色なのか、ここまで深いものなのか、そう思わせる。首里や那覇からのぞむ海の色とはまったくちがう強烈な青は、めまいがするほどだ。島は山や川がすくなく、おおむね平坦で、深い原始林におおわれているけれど、その青や緑のすべてが、つよい日差しの下でくっきりときわだっている。

宮古についた鎌倉がさっそく気になったのは言葉だった。宮古の言葉は独自性をもっていて、首里や那覇のものとはまったくちがい、ハ行がパ（P）音の破裂音に変わるなどの特徴があり、鎌倉はノートに宮古言葉を書き写している。「プクラッサ」（うれしい）など、たくさんのいいまわしをメモした。宿泊先は平良村《ひららむら》の個人宅だが、この家族との会話を手がかりにして、座間味家で首里言葉をならったように、ひとつひとつ尋ねていったのだろう。また水不足に悩む宮古には深く掘った井戸がいくつもあり、そこで水汲みをする島人たちの会話に耳をすませてもいる。

それから島の古謡「あやぐ」や抒情的歌謡「トーガニー」、民謡の歌詞も多く書きとめた。ノートを見ると、鎌倉の耳はとてもすぐれていて歌詞は正確だ。ペンの動きが追いつかないのか、日本語表記ではなく英語の筆記体文字で書きとめたものもある。そのなかに、教え子の川平喜久子の家でよく聞かせてもらったという子守唄「東里真中《あがずざとんなか》」の歌詞もみえるが、鎌倉は、喜久子の母にならったように島人にうたって聞かせたのではないだろうか。そうだとすれば、ヤマトからきた教師がわが島の子守唄を知っているとは、と島人たちをさぞよろこばせただろう。

宮古島は近世以降、首里王府によるきびしい政策の下におかれた。

一六〇九年の島津氏侵攻のあと、王府は島々を直接統治するための制度をととのえ、なかでも「人頭税」（島人の年齢別に課せられる税制）は、男子は粟、女子は布（宮古上布など）をおさめることを義務づけた。納税義務は集落ごとの連帯責任でもあり、島人が負わされた過重な税による悲劇も多く伝えられている。

人頭税は琉球王国崩壊後も「旧慣温存」政策のもとに存続し、廃止されたのはじつに明治三十六年になってからだ。真珠養殖事業のため宮古島に滞在していた中村十作《じっさく》（新潟出身）、製糖指導員として赴任した城間正安《ぐすくませいあん》（那覇出身）らが困窮する島の現実に憤り、島人たちと力を合わせ、上京して帝国議会への請願運動などを展開したのち、ようやく廃止された。

そのときにつくられたといわれる、人頭税からの解放をねがった「漲水《はりみず》のクイチャー」がある。「漲水」は宮古島の船着き場の地名をさし、「クイチャー」とは声（クイ）を合わす

（チャース）の意味だ。

パルミズヌ　フナツキヌ
スソゥンナグヨ
（漲水の船着き場の　白い砂よ）

と、はじまるクイチャーはつぎのような意味になる。
〈白い砂が粟や米ならば、島のすべての男たちよ　きびしい野良仕事をせずに幸せになれるのに／寄せくるさざ波が　糸ならば　島のすべての女たちよ　つらい糸つむぎをせずに幸せになれるのに――〉

島の美しい風景を織りこみながらも、苦しい現実をうたった。

鎌倉は島の御嶽《うたき》など興味を魅かれるものがたくさんあり、とくに二日間にわたって、古刹「祥雲寺」と、宮古島創世の神が祀られている「漲水神社」をしらべ、創建由来を書き写し、仏画、仏像、観音像を見てまわった。

六日間の滞在中、公務のあいまに個人宅を訪れ、「家譜」を写させてもらい、島の伝承を教えてもらった。島の踊りや唄、島の風景、たくましく生きる島の人びとに魅せられた。鎌倉は宮古の美とは「沈青のベールをかけたる赤色の美だろう」と書いている。深い海の青の下に躍動する島人のエネルギーを感じとった。

宮古の人たちと別れを惜しみながら八重山にむかう。そこで、この瞬間ならではの、きわめて重要な人物たちと交錯するのだった。

八重山の風景はほんとうに美しい。島をとりかこむ海は、遠く浅く、さまざまな色のグラデーションに彩られている。ミントグリーン、浅葱、そのなかに深い蒼がまじる。透きとおる海、陽の光が底までとどき、サンゴ礁が見える。島の道は白い砂が敷きつめられ、咲きほこる赤や黄、紫の花々。低い石垣にかこまれた家がならび、遠くに深い緑の山々がある。

鎌倉が石垣島の調査でテーマとしたのは、桃林寺《とうりんじ》（一六一四年創建）と、隣接する権現堂である。建築様式とともに、桃林寺山門にある一対の仁王像をはじめとして、琉球における仏教芸術の発生期をとらえたいと考えた。

島に着くと、すぐに桃林寺を訪れた。その山門にある仁王像は、奈良などの洗練された仏像にくらべると、丸みがあって、どこかユーモラスな印象さえある。かっと目を見開いている顔は、島の人のようでしたしみを感じさせるけれども、この仁王像は数奇な運命をたどった。

一七七一年に「明和の大津波」が八重山・宮古をおそった。マグニチュード七・四の地震、津波は波高数十メートルにたっし、遭難者は、石垣島だけでも約八千五百人、大半の村が壊滅状態におちいった。島の中心部にある桃林寺も津波の被害に見舞われ、仁王像も流されてしまうのだが、しばらくして崎枝海岸に漂着していたのがみつかったのだ。

明和の大津波の翌年に桃林寺は再建され、修復した仁王像もおさめられたものの、島の復興はすすまず、こののち餓死者、伝染病死者が続出した。王府は、他島から住民を強制移住させ再興をはかるなどの策をとったが、島の人口は減少したまま、大津波いぜんの人口に回復したのは百四十八年後、大正八年になってからだ。

鎌倉は、暴風が近づいている日に寺に行き、仁王像に対面した。「そのモチーフの純真なる遠く鎌倉期の仁王像をも凌駕するであろう。否私の直感は推古期なる法隆寺の大門を連想せしめた」。彼が美校時代に学んだ仏像のような「伝統的臭み」がなく、「純真の爆発がある」とノートに書きとめた。桃林寺と仁王像が大災害をくぐりぬけて、いまもつよい力をはなっていることに胸を打たれた。この日から桃林寺と権現堂に通い、スケッチをし、実測をし、寺の由来や、仁王像の作者と修復した人物について「家譜」をはじめ多くの文献を写し、多くの人たちに聞きとりをするなど、充実した日々をすごす。

岩崎卓爾、喜舎場永珣と会う

彼の調査に多くの人たちが力を貸したことがノートからわかるけれども、そのひとりが岩《いわ》崎卓爾《さきたくじ》だ。

岩崎は石垣島の測候所につとめるかたわら、八重山の自然や民俗研究に没頭し、多くの著作をあらわした。『石垣島案内記』（明治四十二年）をはじめとする『八重山童謡集』（明治四十五年）、『ひるぎの一葉』（大正九年）などであり、また、イワサキゼミ、イワサキコノハチヨウなど昆虫や蝶の新種を発見したことでも知られる人だ。

岩崎を鎌倉に紹介したのは、伊波普猷だろう。明治四十年一月に岩崎が那覇の伊波を訪ねたことをきっかけに交流がはじまり、その年の三月には伊波が石垣島にやってきた。『八重山童謡集』の序文を伊波が書くほどにふたりはちかしい。大正十年に柳田國男が那覇で伊波に会ったあと石垣島に行き調査をしたが、伊波から紹介されて会ったのが岩崎だ。

柳田が沖縄本島や島々を訪れたころ、沖縄人によって琉球史・文化研究の土壌はできつつあり、熱気をおびていた。その成果をふまえて、柳田は東京での沖縄研究をすすめる。沖縄調査の翌年、大正十一年春に「南島談話会」を設立。この会には多くの民俗・民族・言語の研究者があつまり、沖縄、奄美出身者も参加した。

柳田の紹介で大正十一年夏に石垣島にやってきたのが、東洋音楽研究者の田辺尚雄《ひさお》だ。田辺は「東洋音楽理論の科学的研究」をテーマとして、沖縄本島、八重山、台湾などへの調査旅行中に石垣島にも滞在し、岩崎が収集した舞踊衣装や楽器などを見たり、岩崎邸の庭で彼のために行われた八重山芸能の会を二日間にわたって楽しんだりした。このころ石垣島に電力はなく、ランプの灯りの下での会だった。

八重山はすばらしい民謡を生んだ唄の宝島だ。とくに島のさまざまなできことをうたう「ユンタ」や「ジラバ」などのすばらしさに田辺は感動し、「男女ともその声の美しく精錬されたことは驚くべきもので、女の声は数百メートルの野を通してコルネットのようにひびいている」と絶賛した。帰京後、田辺は沖縄、台湾の旅を『第一音楽紀行』（大正十二年）にまとめ、島人に聞いた与那国島の伝承をもとにして、民謡、舞踊も採り入れた舞台「与那国物語」（大正十四年初演・歌舞伎座）の脚本も執筆しており、よほど旅の印象が深かったようだ。

八重山調査の窓口のようにもなっていた岩崎に会うよう、伊波は鎌倉に伝えたのだろう。鎌倉の前にあらわれた岩崎は、へちまの繊維でつくった帽子をかぶり、芭蕉布の着物、小倉袴のひもをゆるくして、まんまるのサングラスをかけた五十三歳。サングラスをかけていたのは、大正九年に島をおそった台風（最大瞬間風速六十九メートル）を記録しているさなか、右目に石があたって失明したためだった。

岩崎は明治二年、宮城県仙台生まれ。生家は仙台藩に仕え兵学を講じた家系で、多くの蔵書があった。そのなかに蝦夷・琉球・朝鮮の風俗を紹介した『三国通覧図説』（林子平著・一七八五年）があり、幼少のころから沖縄への関心が芽生えていた。第二高等学校（仙台）を中退し、北海道札幌測候所の気象研究生として入所。北海道各地の測候所勤務をしていたころ、石垣島に測候所が新設されると知った。日清講和条約（明治二十八年）によって台湾が日本の植民地となったため、あらたに日台航路がひらかれ、気象情報を提供するため石垣島に測候所が設置されたのだ。

明治三十一年に島にやってきた岩崎は、島人たちに気象情報を知らせながら、八重山の自然や民俗に魅せられていく。島をつぶさに歩き、昆虫を採取し、民俗調査をはじめる。島の子どもたちをかわいがった彼のあだ名は「天文屋ぬ御主前《うしゅめー》」（天文のおじさん）だった。

岩崎は郷里の女性と結婚し、二男五女をもうけ、娘のひとりに「南海子」と名付けているのだが、大正二年に妻子を仙台にかえして別居生活をおくり、「八重山人になって死ぬんだ」の言葉どおり、石垣島で生涯を閉じることになる。

鎌倉は岩崎に会って、さまざまに語り合った。岩崎は、八重山の美は「縫い目のない羽衣」のようにすべてが調和している、島人の生活を見れば、すばらしい芸術が生まれるのはとうぜんのことだろう、と話し、鎌倉はそのとおりだと思った。

岩崎とともに桃林寺の調査などに協力したのが、のちに「八重山研究の父」といわれる喜《き》舎場永珣《しゃばえいじゅん》。三十七歳、白保小学校の校長だ。

喜舎場は明治十八年、石垣島登野城《とのすく》生まれ。首里の師範学校を卒業して、三十八年に島の教員になった。その翌年、日本各地の民謡を採集していた文部省の依頼を受け、八重山民謡の調査を手がけたことがきっかけになり、民俗研究の道にすすんだ。四十一年に石垣島にきた伊波は喜舎場にも研究を深めるよう励まし、文献などを送っていた。

喜舎場も柳田や田辺の石垣島調査に協力しているが、柳田来島のおりに書きためた原稿を見せ、それが柳田編集による「炉辺叢書」（郷土研究社）の一冊、『八重山民謡誌』（大正十三年）として刊行される。

鎌倉は、岩崎、喜舎場の協力を得て八重山調査をすすめ、ノートに八重山の言葉、多くの民謡を記録した。岩崎らは、島人たちを鎌倉につぎつぎに紹介し、民謡や伝承を聞く機会をつくっているけれども、とくに八重山民謡については喜舎場がていねいな解説をしたのだろう。

最後の蔵元絵師

こうしたなかで、鎌倉は「最後の蔵元絵師《くらもと》」・宮良安宣《みやらあんせん》に会う。

「蔵元」とは、首里王府による島嶼《とうしょ》統治の拠点であり、行政庁の機能をもつ。十六世紀中期にその原型ができ、宮古、八重山、久米島に設置された。一六二三年に蔵元行政の目付役として「在番《ざいばん》」制度が整備され、首里から派遣された役人が統治意図を徹底させるのだが、とくに八重山では、外国船の監視・警備にあたる任務もあった。八重山に漂着、来航した異国船は、一六二五年の南蛮船にはじまり、一七〇九年までにかぎっても百二件におよんでいたが、西欧がアジア進出を具体的に視野に入れた時期でもあり、幕府の命を受けた薩摩藩は異国船の来航に神経をとがらせた。

そこで八重山に「蔵元絵師」が置かれ、異国船があらわれたときには、ただちに船のかたち、乗組員の人相などを記録して王府に報告することが義務づけられた。絵師は、あらたに開墾した土地を実測し写生する仕事などもあり、さらには王府の貝摺奉行所の業務の一端にない、王府から届く織物デザインを村々に伝えるための「絵図」も作成した。このほかにも島の美術にかんする、あらゆる仕事をしたが、蔵元絵師も貝摺奉行所の絵師とおなじように登用試験があり、合格すると首里に派遣されて研修を受ける制度がととのえられていた。

八重山の蔵元は王国崩壊後も「旧慣温存」政策のもとに存続し、廃止されたのは明治三十年。そのときまで蔵元絵師をつとめたのが、鎌倉が会った宮良安宣である。安宣は王国末期に生まれ、このとき六十歳。彼の叔父は首里にのぼって学んだ蔵元絵師の喜友名安信《きゆなあんしん》だ。すでに他界していたこの叔父とともに、安宣が桃林寺権現堂の修復事業（明治十五年）にかかわっていたことを知った鎌倉が、くわしく尋ねるために会った。

安宣は、権現堂の歴史や壁画修復について鎌倉に話したうえに、蔵元絵師たちの「画稿」、スケッチ百十四点を贈ってくれた。絵師の公的業務として描かれた異国船の異人たちの絵のほか、庶民の祭りの風景や風俗をモチーフにしたものが多く、これらは絵師の仕事というよりも、島の芸術家として自由に筆をとったものだと思われる。

「ミルク（来訪神）の行列」、「道踊りの図」、「豊年祭の図」、「棒技と獅子舞の図」など、祭祀の場面を描いたもの。機織りの工程を描いた「布晒《ぬのさらし》の図」、「稲刈りの図」など、島人たちが働く場面。「仏壇の飾」や「御嶽の図」。島人の男女をスケッチしたもの――。絵師たちの筆はのびやかで、楽しく描いているさまが目に浮かぶようだ。

安宣が、なぜこれらの絵を鎌倉にゆずったのかはわからない。熱心に話を聞く鎌倉に託そうという気になったのだろうか。

安宣の肖像写真が残っている。彼の家の庭で撮影されたもののようだ。羽織袴すがたで笑う安宣は、人柄のよさがにじみでていて、彼のうしろに、杵を手にした女たちがふたり、臼をはさんで働いているようすが写っている。八重山の暮らしがよくあらわれていて、とてもいい写真だ。

この写真をふくめ、鎌倉の八重山調査の写真撮影をしたのは、崎山用宴《さきやまようえん》、二十七歳。この人は「八重山初の写真師」だった。

写真師・﨑山用宴

沖縄の写真史をひもとけば、おそくとも明治二十八年には本土からきた人物が那覇で写真館を開業しており、三十二年に山城正択という人物が沖縄人ではじめての写真館を那覇に創設したといわれる。このほか、医療器具の仕事にたずさわっていた又吉昌法《またよししょうほう》は九州帝国大学に派遣されたさいに写真技術を習得して帰郷し、三十九年に「又吉写真館」を久米（那覇）ではじめていた。

﨑山用宴が写真技術を学んだ経緯は、いかにも近代八重山の自由を得た若者といった感じがする。

明治二十八年、石垣島生まれ。﨑山家は八重山士族の家系で、用宴は十五代目になる。尋常小学校を卒業したあと一時、那覇に出たものの、島にもどって畑仕事などをしていたが、四十四年、十六歳になった用宴は、家族に告げず、ひとり台湾行きの船に乗ってしまった。

八重山の人びとにとって台湾はとても身近な土地である。なにしろ石垣島から那覇への距離は約四百四十キロ、台湾・基隆《キールン》へは約二百キロ。週に一度、台湾にむかう船があり、八重山から職をもとめて多数の人が台湾へわたっていた。

用宴は台北の「江藤写真館」などで技術見習いとして働くことになる。彼がいぜんから写真師をめざしていたのかどうかはわからない。江藤写真館は台北駅からも近い京町のメインストリート、洋風建築の商店が軒をつらねる華やかな一画にあった。台北市街は明治三十九年から電力が供給されているが、八重山で電気事業がはじまるのは昭和になってのことだから、用宴は台北の夜の明るさにおどろいただろう。用宴は写真技術を身につけ、島に帰ってくる。

だが、それからほどない大正四年、二十歳の彼は兵役につき、長崎県大村市の陸軍歩兵隊に所属し三年間をすごす。そのあいだに、日本各地の出身者に会ったのだろう。写真をやるなら先駆的都市の大阪がいい、とのアドバイスを受け、除隊後、石垣島に帰らず、そのまま大阪に行き、大繁盛していた「エックス（X）写真館」（道頓堀）で修業をつづける。エックス写真館の創業者・浅沼義国は、電気を使った焼き付け機「電気写真」を考案するなど進取の気風に富む人で、「写真は大衆のものなり」が信念だった。

エックス写真館は給料をたっぷりはずんでくれ、用宴は、大正九年に蛇腹のカメラ、レンズなどをそろえて帰郷し、スタジオをそなえた「崎山写真館」をひらいたのだった。

それまで、島に年に何度か那覇からやってくる写真師が学校行事などの記念写真を撮影していたのだが、用宴が写真館をはじめたことで島の人たちにとって写真がぐっと身近になった。大阪でモダンな空気を浴びた用宴は、蝶ネクタイをしめ、自転車に乗って撮影に駆けまわり、学校や役所の行事、家でもよおされるお祝いの会などにひっぱりだこになる。石垣島だけではなく、請われれば周辺の島々にも撮影に出かけ、その場で現像・焼き付け作業までこなした。

そんな彼に「八重山のあらゆるものを記録してほしい。そのための協力は惜しまない」といったのが岩崎卓爾だった。岩崎は珍しい動植物を見つけると、すぐに崎山写真館にやってきて撮影をたのんだといい、なかに大きな蛇を手にした得意満面の岩崎の肖像が残っている。鎌倉に用宴を紹介したのは岩崎だろう。用宴は桃林寺、権現堂、仁王像、画稿などの撮影をし、鎌倉、岩崎、喜舎場三人そろっての写真も残した。鎌倉は、やや緊張した面持ちで、軽やかなジャケットにネクタイ、右手にパナマ帽をもち、岩崎と喜舎場は袴すがた。岩崎はサングラスをかけ、おなじみのへちまの帽子を手にしている。

八重山「最後の絵師」と「初の写真師」に同時に会った鎌倉は、まさに王国と近代沖縄の交錯する瞬間に立ち会っていたのだった。

多良間シュンカニ

十六日間にわたった八重山調査をおえて、鎌倉は那覇にむかう船に乗る。宮古島を経由する船中で多良間《たらま》島の島人に会った。多良間島は、宮古島と石垣島の中間に位置する島だが、鎌倉は島の言葉で話してくださいとたのみ、語り合っていくうちに、その人は嵐のなかで漂流したばかりなのだと話しだした。

宮古島から多良間島にもどるため二隻の船で出航したところ、とつぜん暴風雨に見舞われ、一隻が見えなくなってしまった。一瞬にして空は暗くなり、横なぐりの雨、海は激しく荒れ、波がしらは数メートルに達する。「ニンガチカジマーイ」（二月風廻り）といわれるもので、

大正12年、権現堂・桃林寺の文化財調査に訪れた鎌倉芳太郎（左）、中央は岩崎卓爾、右は喜舎場永珣（石垣博孝氏提供　石垣市総務部市史編集室所蔵）

風向きが急変し、突風とともに雷雨がおそう、この時期にたびたびおこる嵐だった。船は木の葉のように暗い海を漂い、多良間の島人は三日間漂流して、遠くはなれた与那国島にたどりついたのだという。

その嵐の日、鎌倉は桃林寺の撮影をしたあと、竹富島にわたろうとしていたのだが、船が出なかったことを思いだした。あのとき、命の危険にさらされていた人がいたのだった。

多良間の島人は、とつとつと鎌倉に語ったあと、「多良間シュンカニ」（抒情歌）を口ずさむ。

前泊《まいどます》道がまからよ
又下りゅ《う》坂
かましゅうゆずからよ
主《しゅ》が船《ふに》　迎《んか》いがよ
すが　下りよ
（前泊の小道から　下りる坂　のぼる坂道から　主の船を見送りに　浜に下りるよ）

愛しい人の旅立ちを見送るせつない別れをうたった、哀切さをおびた唄。嵐のなか波間に消えた一隻を思い、涙を流す多良間の人――。

島の自然は美しいばかりでなく、ときに残酷に人の命を奪う。そうしたなかで人は生き、次世代にたいせつなものを残していく。人はどんなことで命を奪われてしまうのかわからない。いま、こうしてうたうことは、生きている、その証だった。「芸術」と呼ばれるものは、ほんらい、そういうものだった。

鎌倉は「私たちは死ぬことのある殻の中に生きている」と思う。人の命はかぎられている、じぶんはその「殻」を抱いてどう生きるべきなのか。

宮古、八重山への旅は、沖縄本島しか知らなかった彼の世界を大きくひろげた。この旅をしめくくるように出会った名前も告げぬ多良間の島人は、ひとり懊悩していた若い鎌倉に、そのすがたをもって、生きることの尊さを教えたのだった。

三月初旬、那覇に着いた鎌倉は、その足で麦門冬や真境名に会い、旅の興奮を一気に語った。それから沖縄での残り時間をフルに使い、ラストスパートをかける。

鎌倉は美校にもどって研究をつづけるためにも、琉球芸術の世界を一目で説明できる写真が重要だと気づいた。八重山の崎山用宴が撮影した写真を手にした彼は、さらに王国文化を残す首里周辺を集中的に撮影しようと思いたった。

鎌倉に写真のアドバイスをし、撮影や現像作業をこなしたのは、麦門冬に新聞社入りをすすめた小橋川南村の兄・朝重《ちょうじゅう》である。アメリカで暮らしたことがあるという彼は、ドイツの「カール・ツァイス」製のカメラ「テッサー」をもっていて、大正十一年に「出張写真開業」の新聞広告を出しているので、いわばセミプロのカメラマンだ。

朝重と鎌倉の撮影には麦門冬とともに彼の十八歳ちがいの弟で、当時十九歳の安久《あんきゅう》も同行した。安久はこのとき沖縄県立第一中学校を卒業していたが、在学中から写真が趣味だったといい、カメラを片手に彼らと歩いた。安久は昭和二年から小学校を皮切りに美術教師としてながくつとめ、画家としても活躍する。戦後、紅型をとおして鎌倉との間接的なかかわりをもつことになる。

朝重らと鎌倉は、連日、首里周辺の建造物、琉球絵画の逸品を所蔵する中城御殿をはじめ、旧王家の一族や士族の家を訪ねて撮影してまわり、とくに「自了」作品を所蔵する家を再訪して撮影したが、学校の同僚の尚琳《しょうりん》などをはじめ、鎌倉のために力を尽くしてくれた人たちがいたのだろう。朝重が撮影した「写真原板は二百枚位」にもなったという。

鎌倉は二年にわたった沖縄滞在をふりかえり、こう思ったのではないか。

じぶんはついに、なすべき仕事を見つけたのだ、と。

首里城正殿　正面。大正13－14年ごろ。応急修理がされている
（撮影：鎌倉芳太郎　沖縄県立芸術大学附属図書・芸術資料館所蔵）

第三章　あやうし！首里城

　沖縄を去る日を目前にして、多忙な毎日をすごす鎌倉芳太郎は、その合間をぬって原稿用紙百数十枚にもなる文章を書いた。紀行文といってよいものだが、宮古、八重山の調査を中心にし、文献をはさみこみながら仏寺の創建由来、仏像の印象、さらには旅のエピソード、出会った人びとの印象、また岩崎卓爾や宮良安宣への書簡なども織りこんでいる。

　原稿の冒頭ちかくに「愛と涙にぬれたる心のパトロンなる　末吉〔麦門冬〕様に此の貧しい一篇を捧ぐ」とある。ぜんたいに若者らしい大仰ないいまわしが見られ、論としてまとまりはないものの、宮古、八重山の旅がいきいきと描かれていて、島の芸術にふれた感動とともに、島の生活もよく伝わってくる。目をこらし、耳をすませ、あらゆるものを記録する彼の原点ともいえる。沖縄滞在の二年間をふりかえり、すこしばかりおおげさな言葉で決意をしたためている。

　　光は広野に充ちています！
　　四月の野は私達にうらよびかけます
　　満腔の意気を発して青年の力を示せ！
　　進めよ！

（略）

おお「人生は短く芸術は長し」………

この原稿は『沖縄タイムス』に「先嶋紀行と桃林寺の印象」のタイトルで、大正十二年三月十四日付より連載がはじまった。これが鎌倉の、まとまった文章としてははじめて活字化されたものとなった。この連載記事は、東京美術学校で琉球研究の成果をアピールするさいに活用されるのだが、末吉麦門冬はそのことを意図して連載をするよううながしたのだろう。

四月十八日、鎌倉は那覇港を発った。

九年前、十六歳の彼が京都の「文展」で見た「琉球の花」と題された水上泰生の屏風絵の画面いっぱいに描かれていた梯梧《でいご》の花が、いま、あたりに咲きほこっている。あのとき魅せられた絵のなかの赤い花が、みずみずしい生命をもって目の前にある。季節がすぎれば、花は消え、冬には緑の葉も落ちてしまう。けれどふたたび時がめぐれば、花は芽吹く。沖縄は大きな変化にさらされているけれど、「琉球」の時代は、梯梧の木のようにしっかりと大地に根をはっているはずだ。

鎌倉は満ちたりた二年を思いかえしただろう。たくさんの人に会い、語り合い、教えられた。彼もまた生徒たちの記憶に残る教師になった。――ふたたび、ここにくるのはいつの日だろうか。

船はゆっくりと岸壁をはなれてゆく。見上げれば、首里の家並みが見える。座間味家の「踊合」でうたわれる「だんじゅ嘉例吉」が風に乗って聞こえてくるような気がする。

——旅に出る日は吉日を選ぶもの　ともづなを解いて港を出れば　風は順風となり　よろこばしいことでございます——

大正十二年五月一日、鎌倉は東京美術学校に帰った。

上野の山は桜のさかりをすぎ、若葉の季節だ。

上野駅周辺は汽笛や車輪の音がひびき、風呂敷の荷物やかばんを手にした人たちでごったがえしている。駅前に市電、バス、自動車、道を走りぬける自転車の波。道端にカフェ、食堂、さまざまな商店がつらなる。上野公園はあいかわらずの物見客でにぎわっていて、彼らのお目当ては「西郷さん」の銅像、東照宮、蓮の葉が水面をおおう不忍池あたりだろうか。

公園を入っていけば、ジョサイア・コンドル設計の小ドームをそなえた煉瓦造の帝室博物館、古代ギリシャ・ローマ様式の美術館（表慶館）がそびえ、そのさきに帝国図書館がある。つきあたりに三ヘクタールの広さの上野動物園。さらにすすんでいくと右手に東京音楽学校と音楽ホールの奏楽堂、左手に美校が建つ。

鎌倉が香川から上京して三年をすごした街だけれど、ひっそりとした首里からもどってみると、そのにぎわいと、施設の充実ぶりにあらためておどろき、ついさいきんまでの沖縄の日々がまぼろしのように感じられたのではないだろうか。

『東京美術学校校友会月報』（大正十二年五月号）の「卒業生動静」欄に「琉球に奉職せられし氏は公務の余暇同地の古美術研究に成され写真拓本等携えて上京、先般研究科に入学せらる」とある。鎌倉にわずかなたくわえはあっただろうが、しばらく無給の研究生活をおくらねばならない。

彼の新居は、美校から歩いて十分ほどの下谷区谷中坂町の下宿だ。言問通を歩き、右にまがった臨江寺裏の一画。ひとつ道をはさんで本郷区になるが、あたりは寺と墓地にかこまれていて、夜には真っ暗になる。このちいさな下宿からあらたなスタートを切るのだが、鎌倉のさきゆきは何もみえていない。だが彼は、高揚感に満たされていた。

帰っていった美校は、鎌倉が想像もしなかった扉をひらいてくれることになる。それは国の美術施策の拠点ならではの華やかな人脈があってこそ、だった。

東京美術学校の誕生と教授たち

美校設立の背景には、明治になった直後からとなえられた「美術国益論」がある。

日本の漆器、陶器などは江戸の時代から海外で高く評価されていたが、幕末、日本を訪れた欧米人は、繊細な工芸品、美術品のみごとさに感嘆した。文久二年（一八六二）の第二回ロンドン万国博覧会で、初代駐日英国大使をつとめたザフォード・オルコックが日本の工芸品など約千点を出展し、ほぼ完売したという。さらに慶応三年（一八六七）には幕府と薩摩・佐賀藩が第二回パリ万国博覧会に出展して人気を博した。

慶応四年（一八六八）の「神仏判然令」は廃仏毀釈へとエスカレートし、多くの仏像、仏画がこわされたり、市場に流出するなどし、事態が収束するのは明治四年（一八七一）になってからだ。同年の廃藩置県により、経済的苦境におちいった旧藩の権力者層は美術品を手ばなしたが、こうした仏像、美術品、工芸品に魅せられたのが欧米のコレクターであり、すでに日本と欧米のあいだに美術商のルートができつつあった。

明治政府は、外貨獲得の手段のひとつとして「美術国益論」をかかげ、工芸品、美術品の海外売り込みをはかり、明治六年にウィーン万博に公式参加する。翌年には国策の美術品輸出会社「起立工商会社」を設立。さらにアメリカ・フィラデルフィア万博（明治九年）に公式参加を果たし、約九百八十万人の入場者に絶賛されたのは「繊細さと完成度」がきわだつ日本の展示品だった。それは「日本人が西洋化を目指して東アジアを引っ張っていくというイメージを浸透させるのに役立った」（ウォレン・I・コーエン『アメリカが見た東アジア美術』）。そのあとパリ万博（明治十一年）への参加がきっかけとなり、欧米に空前のジャポニズムブームが巻きおこった。「印象派」をはじめとするパリの画家たちに影響を与え、欧米各地に日本美術品をあつかう店があらわれた。

明治九年のフィラデルフィア万博を見学していたのが、当時ハーバード大学学生のアーネスト・フェノロサだ。卒業後の明治十一年に来日し、二十五歳にして東京大学文学部教授（政治学、哲学など）となり、教え子に英語が堪能な岡倉天心（覚三）がいた。

フェノロサを一躍有名にしたのは、日本美術の優位を力説し、日本美術の輸出拡大をはかるため「工人の啓蒙と画術の奨励」をすべきだと説いた「美術真説」講演（明治十五年）である。明治十七年、フェノロサは文部省の命を受け、近畿地方の古社寺宝物調査をおこない、法隆寺の夢殿を開扉させたエピソードがよく知られる。のちにはヨーロッパの先例にならい、National Treasure（国宝）の概念を打ちだし、古社寺保護も訴えた。

文部省は明治十八年から国立の美術学校の設置を検討しはじめ、十九年、日本美術振興の指導者となったフェノロサは天心とともに欧米視察をする。紆余曲折をへて二十年に東京美術学校が設立され（明治二十二年、上野に移転）、第一代校長に浜尾新が就任するものの、実質的な校務責任者はフェノロサと天心だった。

フェノロサは明治二十三年に帰国し、ボストン美術館東洋部長となる。同年に天心が美校第二代校長に就任するとともに、初の日本美術の通史となる「日本美術史」の講義もした。こののちに天心をめぐるスキャンダルが「東京美術学校騒動」に発展し、三十一年に天心は美校を去った。天心は三十七年にボストン美術館の中国・日本美術部に迎えられ、四十三年に同部長となるが、大正二年に新潟県の山荘で没する。

美校校長は天心のあと二名が短期間つとめたのち、明治三十四年から昭和七年まで、長期にわたった第五代校長が正木直彦だ。

正木は東京帝国大学法科大学を卒業後、奈良県尋常中学校校長となり、同時に奈良の古社寺保存委員長をつとめていた。明治三十一年に文部省勤務となり、翌年に美術施設調査のため、欧米出張に出た。フランス、ドイツをへてアメリカに到着した三十四年、至急帰国せよとの電報が届き、美校校長を命じられたのだった。

彼は、天心のいうような「多数の凡庸は犠牲にしても、少数の天才が生かされればよい」という方針では、校内の「融和」を欠き、「動揺の原因」になるといい、また「絵画、彫刻、工芸の何れも同じように興味を持っている」ので、「それらを平等に見、扱っていこう」とした。この正木校長のもと、鎌倉は活躍の場を与えられることになる。正木校長時代の美校は「黄金時代」だったと鎌倉は語っている。

正木の肝いりで大正六年に創設されたのが「美術史研究室」であり、鎌倉が「東洋美術史」を学んだ大村西崖《おおむらせいがい》が主任をつとめている。美校は創設以来、創作者養成を方針としていて、学術研究体制がととのえられるのはおそかった。

西崖は美校の第一期生である。彫刻科に学んだのだが、歴史・古物学教授の今泉雄作（明治十年パリ留学、ギメ美術館で東洋美術を研究）の講義から仏教への関心をもったという。明治二十九年から美校で教鞭をとっており、美術解剖の嘱託教師であった森鷗外と懇意にしていて、鷗外との共編や共著もふくめ、精力的に著作を発表。大正九年には『密教発達志』により帝国学士院賞を授与された。大正十年から十三年まで中国訪問をし、日中文化交流に尽力するなどの功績もある。研究・教育活動のほか、出版事業も展開した。

「美術史研究室」が創設されていたのは鎌倉にとって幸運だっただろう。沖縄滞在の成果である写真（八重山の崎山用宴、首里の小橋川朝重が撮影したもの）や資料、『沖縄タイムス』に連載されたじしんの記事（「先嶋芸術と桃林寺の印象」）などを、さいしょに見せたのが西崖だ。

さらに、日本画科教授の平田松堂《しょうどう》にも見てもらう。松堂はとりわけ恩義ある師だった。松堂は「貴族的で」「近寄りがたい」雰囲気の人だったが、美校在学中の鎌倉をおりにふれて駿河台の屋敷に招き、画室の仕事を見せてくれたという。そればかりか、鎌倉が大正十年に卒業するさい「奈良の古美術を見ておくように」といい、研究費百円を与え、奈良県知事への紹介状をしたためてくれてもいる。美校では修学旅行で奈良の寺社見学が慣例化していたのだが、まずしい鎌倉は旅費を工面できなかったようだ。そうした事情をさっして松堂が手を尽くしてくれたのは、熱心に学ぶ学生だったからだろう。この奈良旅行で鑑真が沖縄に漂着した史実を知り、「沖縄に大きな夢」がふくらんだのだった。

奈良県知事への紹介状を書き、一学生に便宜をはかることができた松堂は、明治・大正期に活躍した官僚・政治家の平田東助《とうすけ》の長男である。

東助は、明治四年に「岩倉使節団」に随行して渡欧。ドイツに留学してハイデルベルク大学で日本人として初の博士号を得た。明治九年に帰国後、山縣有朋の側近として権勢をふるい「藩閥政治の参謀総長」、「明治国家完成のアンカー」とうたわれ、農商務大臣を二年、内務大臣を三年つとめ、大正十一年から内大臣（天皇の政治をたすける役職）になり、爵位は伯爵。鎌倉が訪ねた駿河台の豪壮な屋敷は、平田東助邸だ。東助は山形米沢藩の藩医・伊東家に生まれたのだが、幼少時に平田家の養子となったため、平田姓を名乗った。伊東家は兄・祐順《ゆうじゅん》がつぐ。

松堂は父とはことなる生き方をえらんだ。日本画を川合玉堂に学び、明治三十九年に美校を卒業した翌年、第一回「文展」に入選。その後も入選をかさね、大正五年より母校で教鞭をとっていた。画業のかたわら佐佐木信綱門下で短歌をつくり、美校の学生たちに慕われた教師だった。鎌倉の沖縄報告を楽しく聞いてくれたのではないだろうか。

それから鎌倉は、松堂らとともに正木直彦校長に面会する。

正木は、鎌倉の資料、写真などを見て、琉球芸術研究を深めていくよう励まし、彼の研究の指導者として、東京帝国大学教授・伊東忠太《ちゅうた》がもっとも適任だろうという。伊東忠太の父は伊東祐順。平田松堂の父・東助の兄であり、松堂と忠太はいとこの関係になる。すぐに松堂が連絡をとってくれた。

建築界の権威・伊東忠太

伊東忠太は、明治から昭和にかけて建築家・建築史家として活躍した。

慶応三年（一八六七）、山形に生まれ、軍医を志願した父とともに六歳で上京。明治二十二年に帝国大学工科大学造家学科に入学。コンドル、辰野金吾らに学ぶ。ロンドン大学に留学していた辰野が日本建築史を編む必要性を痛感し、伊東に研究に着手するよう指示したという。このころ伊東は平田東助邸に暮らし、松堂とも同居している。卒業後、大学院にすすみ、卒論の「法隆寺建築論」によって「博士」の学位を得た初の建築学者となった。若くして頭角をあらわし、「造家」と訳されていたArchitectureを「建築」としたのは、彼だった。

大学院進学と同時に美校講師となり「建築装飾史」を担当。このころ美校では天心が「日本美術史」を講じており、伊東はこれにも刺激を受け、日本建築史を体系化することにつながったともいわれる。のちに、天心も編纂にかかわった『稿本日本帝国美術略史』（明治三十四年）の「建築之部」を伊東が担当し、これが日本ではじめての建築通史となった。

明治三十二年に東京帝国大学工科大学助教授となり、三十五年から三十八年まで、建築学研究のため、中国・ミャンマー・インド・トルコ・エジプト・ギリシャ・ヨーロッパなどに長期にわたる調査旅行をする。詳細なフィールドノートと写真を残し、帰国後に東京帝国大学教授となった。

伊東の代表的な建築作品としては、平安神宮（明治二十八年）、台湾神社（明治三十四年）、明治神宮（大正九年）、築地本願寺（昭和九年）などがあげられるが、とくに国家の要請に応えた神社建築では大きな存在感をしめした。

彼は、国内の建築保存の唱道者としても指導的立場にあった。明治二十九年から内務省古社寺計画調査嘱託となっていて、奈良にいた正木とも若いころから知る仲だった。伊東は「古社寺保存法」（明治三十年）の成立にも深くかかわったが、この法の成立によって、現在の「国宝」や「重要文化財」にあたる「特別保護建造物」が指定されることになった。建造物の指定は内務大臣の決定による、とされるものの、実質的な決定権をもっていたのは伊東だといっていいかもしれない。というのも明治二十九年から大正十三年まで、ほぼ毎年、全国の古社寺建築を視察しているが、彼が視察した建築物は時をへずに特別保護建造物に指定されているのだ。伊東の手帳に、大正六・七・八年の古社寺調査計画の一覧表があり、この中に「沖縄」もあるが、実現しないままだった。

建築界一の権威をほこる伊東だが、じつに多面的な顔をもっていた。画家をめざしていたこともあり、国内外のフィールドノート（野帖）七十六冊や日記、はがきなどにユーモラスな絵を多く残している。それらのなかには空想上の動物、妖怪や怪獣などが見られ、建築作品のなかにも特異な造形をした奇妙な魅力をはなつディテールがある。多くの著作をあらわした伊東は、おそるべき記録魔でもあった。

伊東本人は気さくな人物であったようだ。研究室や自宅には来客がひきもきらず、くる人を拒まなかったというが、鎌倉にとってはさぞ緊張する面会だっただろう。資料や写真などを見てもらったところ、伊東は「これは東洋芸術史の研究に新しいページを加えるものである」と絶賛した、と鎌倉は書いている。沖縄調査を視野に入れていたものの、このころ伊東は沖縄に行ったことがなく、琉球の知識といえば『椿説弓張月《ちんせつゆみはりづき》』（曲亭馬琴）を読んでいたくらいだったのだが、鎌倉がもち帰った写真に興味をそそられたのだろう。琉球美術や建築に、日本・中国・アジア諸国の影響を即座に感じとり、話がはずんだようだ。鎌倉は「八重山画稿」を彼にあずけるほど打ち解けている。

伊東は鎌倉の研究に協力すると約束してくれ、それからの鎌倉は、研究の内容やこれからの調査などについて相談し、同時に建築にかんする知識や、実測見取り図を描く技術など貪欲に学んでいったと思われる。

伊東との出会いが、その後、鎌倉に大きなチャンスをもたらすのだ。

画人・自了を書く

このあと鎌倉は論考の執筆に精力をかたむけた。「琉球美術史論（一）　島津氏の琉球入りと天才自了の出現について」と題された文章が、大正十二年七月と十一月、『東京美術学校校友会月報』に掲載（前編・後編）された。十一月号では自了作品の写真（小橋川朝重撮影）など八点がグラビア二ページに紹介されている。

論考の内容は、画人「自了」を、島津氏侵攻（一六〇九年）の時代背景にふまえて詳述したものだ。自了の芸術について。琉球文化発展の流れについて。島津氏侵攻と琉球・中国の関係について。自了が出現した時代の社会的背景について。この四点を柱とした。琉球王国の正史『中山世譜《ちゅうざんせいふ》』（一六九七―一七〇一年に編纂《へんさん》）、『おもろさうし』、「家譜」などの史料とともに、伊波普猷の言説なども引用して論を展開していった。

すこし気になるのは、冒頭部分である。

鎌倉が自了を知るきっかけを述べたくだりだ。それは「千九百二十一年の或日」とあり、大正十年のこと、としている。

私は旧琉球王国の首都、今の沖縄県首里市を歩いていた。足は自ら城址に向かう。丁度正殿唐破風を右手に望み眼下に龍潭を控えた世持橋の上に来た時、一人の老人に会った。私は石橋欄干の魚介浮彫について琉語で尋ねた。不思議に、老人は画人であった。歓びとともに私を儀保のその寓居に導いた。

そこで自了について教えられ、老画人の「手記」を見せてもらった。それ以来、自了の作品を探しもとめ、琉球芸術の研究をつづけてきた——。

なかなかドラマティックなはじまりだが、事実とはややことなる。鎌倉が自了を知ったのは大正十一年春か夏の麦門冬の新聞連載〈琉球画人伝〉だ。ここで書いている「画人」の老人とは長嶺華国をイメージしているのだろうが、この人との出会いも麦門冬の紹介によるものだった。自了の末裔に会えたこと、自了作品を見ることができたのも、麦門冬と華国の協力があったからだ。

鎌倉はこの論考で〈琉球画人伝〉にはまったくふれておらず、麦門冬について言及するのは二か所。自了に詩人としての才能もあったこと、自了が生涯独身だった理由を、麦門冬のコメントとして紹介しているのみだ。

けれども、そこにこだわるべきではないのかもしれない。鎌倉は〈琉球画人伝〉を下敷きにしているが、さらに多くの文献を読みこみ、日本美術史の知識もいかし、またじしんの八重山調査を活用して内容を深めている。

なかで、島津氏侵攻について、つぎのように論じている点は麦門冬とはことなっている。島津氏侵攻いぜんの琉球文化は中国的要素がつよかったけれども、「島津氏の琉球征伐」

によって「日本思想の復活」となり、琉球文化はさらに発展していった、と述べる。「征伐」という用語じたい、薩摩・幕府からの視点であるが、島津氏侵攻によって琉球文化は日本的要素を採り入れ、さらに発展していったという論調である。

もっとも、のちの鎌倉は、島津氏侵攻を「兵船を以って侵攻」し、「官衙《かんが》を焼き、貯蔵の金銀を持ちさったばかりでなく」、島々に過酷な税制をしいたうえ「日支両属の王国に仮装」したと述べ、近世琉球文化はこの時代背景のなかでみるべきだと書いている（「琉球工芸について」・昭和四十三年）。

琉球研究をはじめてまもない時期に美校の雑誌に発表した彼の論考は、「日本美術史」のなかで琉球芸術をとらえようと腐心しているようにも感じられるのだが、そもそも「日本美術」という概念そのものが、明治のナショナリズムを背景にしており、日本美術史を体系化したのは美校である。鎌倉は、美校に向けてアピールしたいため、琉球と日本文化の関係を強調したのだろうし、美校側も十一ページ（前編・後編）におよんで誌面を提供したことからも、彼の研究に期待していたのだろう。

東京にもどってからの鎌倉は、美校を背景とした美術界の権威に会い、琉球研究を高く評価されたことから、なんとしても、第一人者にならなければ、という野心ともいえるものが芽生えていたことがこの論考から感じられる。じっさい琉球芸術をテーマにしたのは、彼がはじめてであり、気負いもあった。

沖縄の麦門冬は、掲載誌をおくられて読んだだろう。鎌倉の論考にすくなからず違和感をもったかもしれない。けれど彼ならば、美校の雑誌に自了が紹介されたことをよろこび、研究生として再出発した鎌倉の立場を理解したと思う。チャンスをつかもうとする若者らしい客気にすぎないのだ、と。

だが、このときから約六十年の時が流れて、鎌倉が琉球芸術研究の集大成としてまとめた『沖縄文化の遺宝』(昭和五十七年)の「首里王府画人伝及び貝摺奉行所絵師系譜」では、自了をはじめとした琉球絵画の画人を知った経緯をくわしくつづった。

麦門冬の〈琉球画人伝〉を読んだことから自らの研究がはじまったこと、彼が「稀に見る人格者」であり、「肉親にも及ばない親切な配慮」をしてくれたといい、麦門冬こそが「研究のための恩人」だと書いた。そのうえ鎌倉がすべて筆写した〈琉球画人伝〉の内容もていねいに紹介した。麦門冬の連載が掲載された『沖縄タイムス』は現存しておらず、〈琉球画人伝〉を伝える唯一の資料となっている。

やはり鎌倉は終生、麦門冬への恩義の念をもちつづけていたのだった。

大正十二年夏のあいだ、鎌倉は研究に没頭し、「八重山芸術論」と題した論文をまとめあげ、麦門冬あてにおくったようだ。麦門冬は変わらずに彼を励ましていたのだろう。

そのころ、折口信夫が二度目となる沖縄調査(大正十二年七月)のため、本島や島々を歩いていた。折口の調査に協力したのは、麦門冬をはじめ、島袋源一郎(教育者・沖縄研究者)、川平朝令《かびらちょうれい》(教育者)などのほかに、当時は沖縄県立第二中学校校長の職にあった魚住惇吉がいる。

魚住は、鎌倉が師事した画家・水上泰生を沖縄旅行〔大正三年〕にさそった人だが、大正十年に音楽調査をした田辺尚雄も那覇と首里で調査をしたさいに魚住邸でひらかれた古典音楽鑑賞会を楽しんだ。本土出身の魚住も沖縄文化紹介者のひとりにあげてよいだろう。折口の調査の半年後の十三年四月、魚住は職をしりぞいて東京に帰り、東京帝国大学に再入学して英文学やラテン語研究をしたといい、その翌年に結婚したのが、那覇生まれの永田千代（伊波普猷の縁戚）だ。千代は魚住よりさきに上京して内務省につとめていた。夫妻は、のちに上京する伊波と家族ぐるみの付き合いをし、柳田國男の「南島談話会」にも参加するなどした。

折口は、とくに麦門冬の知識の深さと人柄のよさが印象に残ったようだ。後年、「琉球学者末吉安恭〔麦門冬〕さんは島の旧伝承の大きな庫であった」「（麦門冬の）よい印象は島の誰の上よりも深く残った」と書いている。このとき折口は八重山にも行き、「物識りが多かった」といわせたのは、岩崎卓爾と喜舎場永珣だ。この折口の調査旅行は「沖縄採訪記」に記録された。

ゆれる、ゆれる。関東大震災

大正十二年の夏が終わろうとしていた。

おりから東京に台風がちかづいていた九月一日の昼。この時間、鎌倉は美校で研究ノートにペンを走らせていて、書きかけの文字が、その瞬間をなまなましく伝えている。おなじノートに書きとめてゆく。

ゆれる。ゆれる。たまらなくゆれる。私の心は観念した。初めて宇宙の中にあることを痛感した。私はすべての大自然の前になげ出してそして生きていることを痛感した。生の不安。しかし。大きなよろこびをにぎっていたい。

（略）

私は八重山の大海嘯《かいしょう》〔大津波〕の時を実感したように感じた。東京にもその沖積層地帯は海嘯はありはしまいか。とそんなに思った。

人々は不安で逆上の相をあらわしている。私は上野の地勢をといてこの地方は大丈夫であると静かに話した。

（略）

ここまでかいてきた今。又ドド…………とゆれる。ゆれるものすごさよ。

大きな不安だ。天から灰が落ちてくる。今は火事だ。さっき誰やらが何十ヶ所の大火だという。天は一面に暗々として暴風雨の雲に火煙を混じて流れてゆく。

太陽は真っ赤だ。血の逆上したようだ。私の持っているペンと手の影は血のような光に照らされる。

動物園はものすごい。

ホウ兵工廠が大火なんだ。私は、小さい私の考えは。心配になってきた。琉球の美術品の参考等全部の運命なんだ。伊東博士邸に置いたあの品々なんだ。もしや　もしやと思いつづけている。春日町から水道橋の間だという。どうなる事か。あの八重山の画稿の運命だ。それよりも私達の生命さえも不安である。あるがままに。そうだ。宇宙への還元なんだ。多分琉球では私のあの論文が発表になっただろう。その日だと思えば。未練の大きさは私の生命そのもののように。戦《おのの》くのだ。灰はふる。ふってくる。太陽は赤い。——二時五十分記載。

午前十一時五十八分、マグニチュード七・九の地震が発生し、つづいて火災に見舞われた。関東大震災である。

『帝都大震火災系統地図』（大正十二年）は東京市内の火災発生と、時間がたつにつれ火災がひろがっていった状況を記録している。それによると、地震直後から下町の本所区、浅草区、さらに神田区でほぼ同時に大きな火災が発生し、やがて火災旋風となって市内の広範囲が炎につつまれた。美校一帯は、この地図上では火災からまぬがれているけれど、構内に火の粉が飛んできていた。さらに「文庫の中の壁はこわれる。戸棚は倒れる。古代の偉作は破壊されつつ」あった。ロダン作の石膏像もこわれた。

鎌倉は半年前に八重山を訪れたときに聞かされた「明和の大津波」を思いだしている。こうしたなかで、伊東忠太にあずけた「八重山の画稿」がぶじなのか案じた。石垣島のさいごの蔵元絵師・宮良安宣がゆずってくれた画稿だ。「春日町から水道橋の間」とは、本郷区西片町の伊東邸が火災に巻きこまれていないかと気をもんでいたのだろう。

彼は生命の危険を感じながらも、生きて、研究をつづけたいとのつよい思いがある。『沖縄タイムス』に掲載してもらうべく、麦門冬あてにおくっていた「八重山芸術論」が、この日に掲載されると聞いていたようで、その晴れやかな日に生命の危険にさらされるとは、何という偶然だろうと思っている。歩いて十分の下宿に帰ることもできず、不安のなかで思いを吐きだすように文字を書きつづけた。

火災が鎮火したのは二日後。死者・行方不明者は十万五千余にのぼった。美校は罹災者を受け入れ、構内の施設を開放し、職員や在校生・卒業生が炊き出しや人探しに協力している。鎌倉の下宿、また、伊東邸も火災に巻きこまれずにすみ、「八重山画稿」はぶじだった。この画稿は、約半世紀後に美しいまま八重山に帰ることになるのだが、大震災のさなかにまっさきに脳裏に浮かべた、鎌倉のつよい思いがあって守られたように思えてならない。

関東大震災の日、伊東は、朝鮮神宮（大正十四年完成）造営の打ち合わせのため朝鮮に滞在中だった。東京の被災状況が刻々と伝えられ、釜山・下関・名古屋・横浜をへて帰京したのは九月八日。「余りの惨状に只だ呆然とし」たものの、九月二十七日、山本権兵衛内閣が「帝都復興院」を設置し、伊東は評議委員に就任する。東京はしばらく混乱におちいった。

『歴代宝案』と久米村

関東大震災の火災によって、麹町区大手町の内務省庁舎も焼失し、いち早く仮庁舎で執務がはじめられているが、この内務省庁舎焼失により、琉球王国の貴重な文書が失われていることはあまり知られていないかもしれない。

焼失した文書とは、『歴代宝案《れきだいほうあん》』である。

『歴代宝案』は琉球王国の外交文書集であり、一四二四年から一八六七年までの四百四十四年間の外交文書四千五百九十通がおさめられていた。外交、交易を存立基盤とした琉球の歴史にとってきわめて重要な史料であった。

『歴代宝案』は、朝貢国であった中国との往復文書を中心に、朝鮮・シャム・安南（ベトナム）・ジャワ・マラッカ・スマトラなど南方諸国との往復文書も多くふくまれ、琉球と中国の関係だけではなく、東南アジアの地域間交流のなかにあった琉球のすがたを浮かびあがらせている。国際社会を舞台にした琉球、さらには各国の内部事情も読みとれる文書集だ。すべて当時の公用文である漢文で書かれ、書式も中国の様式にのっとっている。『歴代宝案』のなかに、日本との関係文書はまったくない。

『歴代宝案』におさめられた外交文書の作成を担当したのは、「唐栄《とうえい》」と呼ばれた久米村（現・那覇市久米）に居住する中国渡来集団と、その末裔である。十四世紀末に中国南部より移住した人びとが唐栄の祖と伝えられているが、久米村住民の職は、日本をのぞく中国や諸外国との通行事務であり、外交文書の作成、諸国への使者、通訳、航海指南まで多岐にわたった。彼らはアジア諸国の華僑社会とのネットワークを活用し、ヨーロッパ世界のうごきとも接触していた。

しかし琉球王国は崩壊し、その直後に明治政府は首里城で保管・管理されていた膨大な行政文書を接収。東京に移管し、そのなかに『歴代宝案』もあったのだが、関東大震災で焼失してしまったのだ。

――ところが、ドラマがあったのである。

『歴代宝案』は、じつはフルセットで二部作成されていたのだ。一部は首里城に、一部は久米村に保管されつづけていたのだが、久米村の人びとは、この一部も接収されてしまうことをおそれ、半世紀以上にわたってきびしい箝口令をしいて秘匿していた。だが、そのことがあきらかになるのは、じつに昭和七年になってからだ。

震災の被災者の受け入れのため、一時避難所となった美校は休校になり、再開されたのは十一月一日。このあいだ鎌倉はしばらく東京をはなれ、奈良にいた。古美術を見て歩いたのは、揺さぶられるこころを落ち着かせたかったからだろう。美校にもどったあと、レオナルド・ダ・ヴィンチの伝記を読み、つぎの一節を書きとめている。〈あらゆる美が死滅する。人間の美しささえ死ぬ。ひとり芸術に於いてのみこれは例外である〉。関東大震災を体験した彼にとって、胸にせまる言葉だった。

美校に近い東京帝室博物館はコンドル設計の本館などが損壊したが、美術館は被害を受けず、陳列品はぶじだった。また帝国図書館は損壊しなかったため、鎌倉は熱心にかよって江戸期からの琉球関係の書籍を読みはじめた。

こうして波乱の大正十二年が終わった。

大正十三年があけてまもなく、帝都復興院の仕事もひと段落した伊東は鎌倉に会い、学術財団「啓明会」の研究費補助を受けて、「琉球芸術調査」をするようにすすめる。鎌倉にとっては、おどろき以外のなにものでもない話だった。

啓明会は、日本のトップクラスの研究者たちに潤沢な資金を与え、大規模な研究をさせる学術財団として名をとどろかせ、学会への影響も大きいことで知られていたからだ。

啓明会と赤星家

啓明会は大正七年に設立された。

啓明会の特色は、総則にあるように「特殊ノ研究、調査、著作ヲ助成」することにある。ほかの研究機関などではなかなか取り上げられない研究テーマであっても、大いに価値があるもの、「独創的特異的」研究を積極的に支援していく、という方針だ。海外の最新の研究を紹介し、講演会開催や出版事業も活発だった。

会が助成する研究テーマもはばひろく、人文系、社会系、自然系と多岐にわたり、文学・法学・理学・工学・医学・芸術など先駆的な研究に助成してきた。会がかかわった研究テーマの特徴をしめすのはむずかしいけれども、とりわけ、基礎的な文献や史料の収集、編纂、出版に力をそそいだといえよう。

設立から約半世紀にわたる啓明会の研究補助事業の総数は、二百八十一件。研究補助により出版物として刊行された著作は百十六件にのぼる。啓明会が独自に刊行した紀要・出版物は三十点。さらに会主催の講演会・展覧会は百四十七件にたっしている。

その件数の多さとともに、高額な研究助成費に目をみはる。

啓明会は毎年、三万円から五万円の助成をしているが、大正七年の文部省の科学研究奨励費は年間十四万五千円、帝国学士院が五千円から六千円、などであり、当時の国内の全研究助成費の五分の一を啓明会がしめたのだった。

なぜ、啓明会はこのような大規模な研究補助ができたのだろうか。


啓明会は、実業家の赤星鉄馬《あかぼしてつま》が「百万円」を寄付して設立された財団である。赤星家はケタはずれの富豪として名をはせたが、財産を築きあげたのは鉄馬の父・弥之助である。

赤星弥之助は、嘉永六年（一八五三）、薩摩藩の「暦官」の職にあった磯永孫四郎の五男として生まれた。弥之助の兄・彦輔《ひこすけ》は、十三歳のときに薩摩藩留学生（十九名）にえらばれ、「長沢鼎《ながさわかなえ》」と改名し、森有礼《ありのり》らとともにイギリスにわたったのち、アメリカに移住してワイン醸造を学び、カリフォルニアで広大なワイナリーを経営した。

弥之助は幼少時に赤星家の養子となった。二十二歳で結婚した妻の実家は、薩摩出身の軍人・政治家の樺山資紀《かばやますけのり》と縁戚関係にある。弥之助は若くして才覚をあらわし、兄の留学仲間でもあった実業家・五代友厚《ごだいともあつ》に師事し、神戸港築港工事などを請け負って大金を得た。

さらに飛躍のきっかけとなったのは、弥之助・三十四歳の明治二十年。樺山資紀海軍士官の欧州視察旅行の船に同乗したさいにロンドンに立ちより、兵器のトップメーカー「アームストロング社」のエージェントの権利を手に入れることに成功したのだ。いらい、薩摩閥を中心とした人脈を背景に、明治政府の「御用商人」として莫大な資産を築き、複数の銀行の頭取のほか、保険会社、電力会社、紡績会社などの重役をつとめた。赤星家の屋敷は麻布区鳥居坂町にあったが、もとは長州閥の政治家・井上馨の邸宅（現・国際文化会館敷地）であり、これを買収したのだった。神奈川・大磯に一万坪の別荘をかまえ、没後に完成する洋館部分はコンドルの設計である。

弥之助は鳥居坂の邸宅、大磯の別荘でしばしば茶会をもよおした。茶会は財界・政界の社交場として機能したが、そこで財力をしめす重要な役割をもったのが古美術品であり、弥之助は財界人のなかでもひときわ目立つ古美術コレクターとして名をはせた。大口をあけて呑み込むように美術品を買いあさったことから、「鰐魚《がくぎょ》」とあだ名をつけられるほどだった。

六男六女をもうけた弥之助の長男として、明治十六年に生まれたのが鉄馬である。三十四年に渡米してローレンスビル高校をへてペンシルベニア大学に進学し、弟三人もアメリカ留学をしている。三十七年に父・弥之助は五十二歳で死去するのだが、没するさいに蒐集品を売却して公益事業に投ずるよう遺言したという。没後五年目の四十二年、赤星家の依頼により、黒田清輝が油彩画「赤星弥之助像」（平塚市美術館所蔵）を描いた。

明治四十四年に鉄馬は帰国してまもなく、かねてより知り合いの西園寺八郎（官僚・貴族院議員、西園寺公望の娘婿）から、柳田國男が出版事業の資金をもとめていると相談され、西園寺とともに「三千円」の資金援助をし、柳田が得た資金は、沖縄人研究者が多く執筆した「炉辺叢書」（郷土研究社）シリーズ刊行にもつながるのだ。

手のひらほどのサイズのこの叢書は、伊波普猷『古琉球の政治』（大正十一年）をはじめに、東京帝国大学法学部で学んだのち判事となった佐喜真興英《さきまこうえい》（宜野湾出身）は、民俗研究をするなかで柳田の知己を得て『南島説話』（大正十一年）を執筆。このほか、第二章で紹介した喜舎場永珣『八重山民謡誌』（大正十三年）、石垣島出身の宮良当壮《みやらまさもり》『沖縄の人形芝居』（大正十四年）、後述する沖縄学研究者・東恩納寛惇《ひがしおんなかんじゅん》『琉球人名考』（大正十四年）など、ユニークな本を出版した。赤星鉄馬は、柳田に資金援助をしたころから学術財団設立の構想があったのかもしれない。

大正六年、「日本美術史上最も特筆すべき事件の一つ」といわれる、弥之助の美術品コレクションの売り立てがあった。茶道具を中心に書画、硯、仏像などが出品されたが、三回にわたった「赤星家売り立て」の入札総額は、五百十万円にたっした。

「五百十万円」を現在の貨幣価値にすると、いくらになるのか。

「企業物価戦前基準指数」をもとに計算すると、約三十六億八千万円になる。目もくらむような金額だけれど、それでも現在の物価の感覚とはちがうかもしれない。というのは、このころの総理大臣給与は月額千円であり、さきの「指数」で計算すれば、約七十二万円になるのだが、平成二十四年度の内閣総理大臣給与は月額約二百五万円。これを根拠に「指数」の三倍としてみると、赤星家売り立ての入札総額は、約百十億四千万円という、想像をぜっする金額になる。

この売り立てがあったさなかの大正五年から九年にかけて、美術市場は異常な活況を呈していた。第一次世界大戦の影響により、ヨーロッパが退潮した機会をとらえた日本の企業が大躍進し、とりわけ海運業、鉱工業が急速に伸びた。美術市場はこの好景気を反映している。赤星家売り立ての前年に、大名家である伊達家（仙台）が所蔵品を処分したが、その入札総額は約百五十万円にたっし、大きな話題になっていた。赤星鉄馬は、この機を見て売り立てを決めたのだろう。美術市場の「絶頂期」にぴたりと照準を合わせているのは、さすがだ。

鉄馬は、父・弥之助の遺言と、アメリカ留学で篤志家による学術財団の事例を知っていたために、財団設立を決意したと語っている。鉄馬は父が築いた人脈のなかから、オーストリア大使、文部大臣、外務大臣などを歴任していた政治家の牧野伸顕《まきののぶあき》に財団について相談した。

牧野は、文久元年（一八六一）薩摩生まれ。大久保利通の次男だが、幼少時に縁戚の牧野家の養子となった。十一歳で父や兄とともに、岩倉使節団の一員として渡欧。フィラデルフィアの中学をへて帰国後、東京開成学校（東京大学の前身のひとつ）に入学し、学友に岡倉天心がいた。岩倉使節団の一員には、伊東忠太の叔父・平田東助もいたが、牧野は東助の後任として、内大臣に就任（大正十四年）し、ヨーロッパ仕込みのリベラルな思想の政治家として活躍する。

鉄馬から相談を受けた牧野は、貴族院議員・平山成信《ひらやまなりのぶ》と協議して啓明会の骨格を決め、この二名が「設立者」となり、平山が理事長、牧野は顧問をつとめた。このほかに十五名の評議委員がえらばれ、なかに新渡戸稲造《にとべいなぞう》、大河内正敏《おおこうちまさとし》（物理学者）など、法学・工学・理学・文学・医学など、各分野のそうそうたるメンバーがならんだ。

資金を提供した赤星家は、財団の運営にかかわらず、財団の名称に「赤星」とつけることも固辞した。設立者にならないばかりか、役員に赤星家の縁戚などもくわわらず、研究事業の決定にもいっさい関与しない方針をつらぬいたという。

鉄馬は、実業家として活躍し、企業の役員に名をつらねるとともに朝鮮・成歓で広大な農場を経営した。弟たちとともに日本ゴルフ界の草創期を築き、スポーツフィッシングでも功績を残すなど、スケールの大きな趣味人としても名をはせた。それにしても、じしんが資金提供して設立した財団にまったく口を出さないとは、富豪ならではの鷹揚さだ。

赤星家は美術品売り立て総額の約五分の一にあたる百万円（じっさいは百五万円の国庫債券）を寄付し、啓明会はこの資金をもとに利子を運用して事業を運営した。利子収入だけでも年間約六万円にのぼり、一年間に五万円の事業費をあてることができ、研究助成は、一件四千円としても年間十二件ぶんをまかなえたのだった。しかも研究助成期間は一年とはかぎらず、数年におよぶ助成も多数あり、研究者にとって理想的な研究環境を保障したのである。

なお、啓明会事務所は、大正七年、会創立の年に竣工した、七階建ての「東京海上ビルディング」(麴町区永楽町)の一室に置かれた。日本ではじめて「ビルディング」の名がつけられた建物だ。

美校の無給研究生である鎌倉には縁もなさそうな、政財界、学会のきらびやかな人脈がつどう啓明会だった。研究補助を受けた研究者の顔ぶれにもおどろく。

啓明会のもっとも初期の研究補助が、仏教学者・高楠順次郎「古社寺所蔵図書ノ調査」である。高楠はオックスフォード大学、ベルリン大学、ライプチッヒ大学留学をへて帰国。明治三十二年から東京帝国大学教授、三十三年から東京外国語学校校長を兼任した。さらに研究補助事業のリストを見ていくと、柳田國男、佐佐木信綱、金田一京助（アイヌ研究）、矢代幸雄（美術史）、大内兵衛（経済学）、田中阿歌麿（湖沼学）、稲田竜吉（医学）など、トップクラスの先駆的学者たちがならび、そのほとんどに「博士」の肩書がある。

鎌倉が八重山調査をした前年、大正十一年夏に東洋音楽研究者の田辺尚雄が八重山を訪れ、このときに岩崎卓爾や喜舎場永珣が協力していたことは第二章で述べたけれども、田辺の調査も啓明会研究補助事業によるものだった。

田辺は東京帝国大学理学部物理学科を卒業し、大学院で音響心理学を学び、東洋音楽学校で教鞭をとったが、その教え子に首里出身の山内盛彬《やまのうちせいひん》（明治二十三年生まれ）がいた。田辺は盛彬をつうじて琉球音楽への理解を深め、宮内省・雅楽練習所で研究していた大正八年、啓明会の研究補助が決まり、奈良の正倉院の古楽器研究を手はじめに、朝鮮、台湾、沖縄へと調査範囲をひろげていったのだ。

大正十一年十一月、田辺は台湾・沖縄調査の成果を啓明会主催「台湾及琉球の音楽に就きて」と題して講演（日本工業倶楽部会館）した。「実に石垣島の民謡は日本第一であります。是は保存でなく、世の中に広めたいと思う」と述べ、「琉球音楽実演」として、上間昌光（沖縄出身者だが詳細は不明）の唄とサンシン演奏もあった。会場にサンシンや胡弓《こきゅう》などの楽器、楽譜、八重山の衣装なども展示して好評を博したといい、岩崎らの尽力も報われたのかもしれない。こののち田辺の研究地域はさらにひろがり、中国、新潟県・佐渡、樺太にもわたり、けっきょく啓明会の補助は延長され、総額一万円にのぼった。現在の貨幣価値にすれば二千数百万円になるだろう。

伊東忠太は、啓明会設立時からかかわりをもっていた。建築史、古社寺保存の第一人者であり、設立者の牧野とは叔父・平田東助の関係からもよく知る仲で、のちに伊東は会の評議委員をつとめる。

伊東は、琉球研究の機運がたかまってはいるものの、「琉球芸術」の分野は未開拓であり、鎌倉の研究をバックアップしたかった。じしんも琉球建築をぜひしらべてみたい。そこで、伊東との「共同研究」として啓明会に申請したのだ。とはいえ、中心的な調査・研究をするのは鎌倉であり、このあと伊東は鎌倉の研究の功績をたびたび語り、彼の「幇助」があって、琉球建築調査をすることができたと謝意を述べることになる。

鎌倉は天にものぼる気分だっただろう。伊東から話があったあと、すぐに正木校長に会い、推薦の書類をととのえてくれるように頼んだ。もちろん、正木はこころよく応じている。

大正十三年度の啓明会『事業報告書』によると、会創立いらい研究費補助の申請は二百三十二件におよび、評議委員会の審査をへて採用決定したのは四十二件、かなりの難関だ。この年に「完成セル補助事業」は七件。また新規事業もふくめた「進行中ノ補助事業」は四十四件。そのなかに、会の事業で初の女性研究者・黒田チカ（「紅色素ノ研究」）らとともに、伊東忠太・鎌倉芳太郎の「琉球芸術調査」もとりあげられた。一年間の研究補助費は、三千円。鎌倉の教師時代の月給の三十倍、現在の貨幣価値にして六百数十万円にもなる。

この『事業報告書』に、伊東とともに鎌倉のポートレートが掲載されている。ひげをたくわえた伊東は、フロックコート、ウィングカラーのシャツにネクタイの正装だ。鎌倉も、りゅうとしたスーツ、丸い襟先のラウンドカラーのシャツにネクタイをしめている。この年、二十六歳になる彼は、啓明会の研究補助を受ける研究者のなかで、とびぬけた若さだった。

鎌倉はこのときをふりかえって、こう書いている。

「私の運命に「つき」が現れてきた。することなすことが順調についてきた」

（「紅型とともに半世紀」昭和五十一年）

麦門冬と伊波の苦悩

大正十三年、二月から四月にかけて、『沖縄タイムス』に鎌倉の「八重山芸術の世界的価値」が四十五回にわたって連載された。

これは前年の夏に執筆した「八重山芸術論」をこのタイトルに変更して掲載されたものと

長大な原稿の掲載のタイミングをみはからって、この時期に連載をはじめたと思われる。麦門冬は、ノートに書いた論文のことだ。あのとき鎌倉はすぐに掲載されると期待したのだろうが、とノートに書いた論文のことだ。

思われる。関東大震災の日、「多分琉球では私のあの論文が発表になっただろう」とノート

けれどもこのころ、麦門冬が深い悲しみのなかにあったことを、鎌倉は知らない。

大正十三年二月二十六日、麦門冬の妻・真松《ままつ》が病気のため死去。享年三十七。

十九歳の麦門冬と十八歳の真松の結婚は明治三十八年だが、しばらくすると麦門冬は真松を沖縄に残してふたたび上京し、愛情あふれる手紙を新妻におくった。


われは実に妻を娶って初めて人情の門に入るを得た。（略）われは即ちお前に依って人情を解したのだ。お前だって又同じ思いだろうね。私は早くお前の手紙を得たい。何と云ってくるかその言葉を聞きたい。（明治三十八年十一月消印）

遠い故郷をなつかしみながら、「とんとんはたはた」という機の音を思い浮かべ、その音のなかに「お前」の顔が「見え候」という、すてきな手紙も残っている。

麦門冬は、この時代の男にしてはめずらしいほどストレートに愛を語った。結婚して二年目の真松のポートレートがある。カラジ（琉球女性の髪型）を結い、くるぶしまである表衣を身につけた伝統的な装いで、知的でしっかりした女性という印象を与える。

結婚二年目の真松
（左端　明治40年撮影　末吉家提供　沖縄県立図書館所蔵）

けれど、夫妻はいくつかの不幸に見舞われていた。ひとり東京に残った麦門冬の弟・安持が明治四十年にやけどを負い死去したことはすでに述べたけれども、明治三十九年に麦門冬夫妻に誕生した長男・安慶は、大正五年に十歳で死去。さらに明治四十四年に生まれた娘も、生後まもなく亡くなっていた。この娘の死後、四人の女の子がつぎつぎと誕生していた。

おおらかな性格で、たくさんの人に愛された麦門冬は、このような家庭生活をおくりながらも旺盛な執筆活動をし、鎌倉をはじめ多くの人たちに力を貸していたのだった。そんな麦門冬を陰から支えていたのが真松だった。夫が大量に買いもとめる書籍の代金を工面し、娘とともに図書館へもたびたび出かけて、本を借りたり返したりといった用事をこなしたという。麦門冬の収入はさほどでもなかっただろうから、機織りなどをして生活費をこしらえていたのではないだろうか。

麦門冬は妻をうしなってから、友人たちが心配するほど気落ちしてしまう。十三歳をかしらに四人の娘が残され、麦門冬は途方にくれる日々だった。

そしてまた、伊波普猷も苦悩のなかにあった。

四十八歳の伊波は、若いアナキストたちの激しい批判にさらされていたのだ。沖縄にも社会主義運動の潮流が芽生えていたが、その背景としては、大正九年いらいの「ソテツ地獄」と呼ばれる大不況がある。この言葉は、猛毒性のあるソテツの実を調理して食べ、ようやく飢えをしのぐという悲惨な状況をあらわしている。

沖縄は生産基盤がまだよわく、第一次世界大戦後の長期不況に耐えられなかった。給与の遅配、未払いが起き、税の滞納があいついで財政危機におちいり、銀行も破綻。こうしたなか労働力は県外へと流出していき、海外への移民も増大していた。とりわけ農村の状況は深刻で、欠食児童が続出し、少年少女の身売りも横行していた。

このような社会状況のなかで、「沖縄学」をつづける伊波の困難さがしのばれるが、伊波が「沖縄人としての自覚、つまり民族的自覚から宗教的自覚へ」と、温和主義的に説くことにたいして、アナキストたちは「民族的自覚から、階級的自覚へ発展させよ」と、つよく反発する。伊波は政治的矛盾を正面からとらえていないと彼らが批判するのは、沖縄の苦境が深刻さをましているゆえだ。だが、急先鋒のアナキストたちは、かつて「沖縄きっての文化、思想交流センター」の図書館にやってきて、伊波の影響をすくなからず受けた若者たちでもあったのだが。

そのうえ、伊波の恋愛が世に指弾されていた。

伊波は結婚しており、妻・モウシとのあいだに長男・国男（柳田に因んでの命名だろう）が生まれていた。けれど伊波にとっても、妻にとっても「不幸な」結婚だったようで、別居生活をおくってきた。伊波はクリスチャンであることから、遊郭に出入りしたり、愛人をもったりすることを拒絶していたといい、その態度が沖縄の進歩的女性たちを惹きつけていた。信奉グループができ、伊波の聖書講義や講演会のみならず、彼の私宅にまでやってくる女たちがいて、保守層はもちろんのこと、社会主義者たちも、伊波をこころよく思わなかった。やがて伊波は、グループのひとりで図書館につとめていた歌人でもある真栄田冬子《まえだふゆこ》と恋愛関係になる。二十歳年下の冬子も結婚していた身であり、この恋愛は一大スキャンダルとなった。

伊波は沖縄をはなれようと考えはじめている。このまま沖縄にいては研究をつづけるのはむずかしい。東京の柳田や折口からもさそいを受けていることもあり、図書館長の職を辞し、上京して研究に没頭したい。「一人の人が永く同じ位地にすわっていると、おしまいにはいきつまって来る。私にも局面を展開すべき時が来た」(『沖縄教育』大正十三年一月号)。

首里城取り壊し!

いっぽう東京の鎌倉は、琉球芸術調査のために準備にとりかかっていた。多額の助成金が出ることになり、研究期間も一年におよぶため、琉球芸術を広範囲にとらえたテーマを設定する必要があり、書籍を読んだり、研究者や沖縄出身者に会ったりしていた。

大正十三年三月末、鎌倉が会ったのが東恩納寛惇、四十一歳だ。東京における「沖縄学」の第一人者である。

東恩納は明治十五年、那覇生まれ。祖父が儒者であり、漢学の影響をつよくうけて成長する。伊波らの四年後輩として沖縄県中学校(尋常中学校を改称)に入学し、真境名安興が学校の雑誌に発表した論文に刺激され、歴史学を専攻する決心をした。熊本の第五高等学校卒業後、東京帝国大学文科大学史学科に進学。在学中から琉球研究の論文を意欲的に発表し、早熟な才能をみせた。歴史・地名・人名・医学・工芸・芸能など、多分野を網羅し、柳田國男とも密接な関係をもった。

東京府立第一中学校で教鞭をとりながら研究をつづけ、この時期は『尚泰侯実録』（大正十三年）が完成したばかりだった。琉球処分を体験した尚泰の生涯をつづった書だが、尚家が才気あふれる東恩納に依頼したもので、尚家から多数の史料が提供された。

鎌倉が東恩納と会った場所は、小石川区茗荷谷の「明正塾《めいせいじゅく》」である。明正塾は沖縄出身者の学生寮であり、東恩納は前年まで舎監をしていて、舎監をしりぞいたあとも、ここを連絡先にしていたようだ。

明正塾は、大正二年に尚家などの寄付によって設立された木造二階建ての建物である。塾生は東京で学ぶ若者たちが中心で、定員は二十三名。ここに暮らした塾生はのちに政財界で活躍することになる人物も多い。明正塾は、学生寮というばかりではなく、在京沖縄人の情報交換の場としても機能していた。沖縄から届く新聞もあり、いろいろな人たちが出入りしていたが、このころ、おもしろい人物が暮らしている。

空手家の船越義珍《ふなこしぎちん》だ。本土に空手を紹介し、発展普及につとめたことで知られる。第一回古武道体育展覧会（大正十一年五月）に参加したおり、演武を見た嘉納治五郎（講道館創始者）から型を教えてほしいと請われ、そのまま東京に残った。五十代半ばの船越は金がなかったらしく、明正塾で「寮の玄関番兼庭番」をしながら、道場をひらく。空手家としてよく知られた船越を訪ねてきた人が、庭掃除をする男が船越本人とわかり、おどろいたというエピソードがある。

鎌倉が明正塾に東恩納を訪ねたのは、伊東から手紙を託されたからだった。それは、東京の尚家を訪問したいのだが、仲介してもらえないかという打診だ。伊東は、沖縄で調査をはじめるにあたって尚家との人脈をつくっておきたかったのだろう。伊東の手紙は「謹啓、未だ拝芝不得候」とはじまり、このたび鎌倉芳太郎と「琉球芸術見学」のため沖縄に行くので、「種々御指導御教示を蒙り度切に御願申上候」（大正十三年三月二十三日付）という、はるか年下の中学教師にたいしてもていねいな文面である。鎌倉はこの手紙の日付の日に東恩納に手わたしたのだろう。

伊東は、三月二十四日から二十七日まで旅行に出てしまうので、尚家訪問は三月二十八日から三十日のあいだの、東恩納の都合のよい日にお願いしたい、と書いた。この「三月二十八日から三十日」、金曜日から日曜日にかけての三日間が、劇的な日となるのだ。

鎌倉が伊東の手紙を東恩納にわたした数日後の二十八日、もしくは二十九日にふたたび明正塾に行ったのは、本人の回想によると船越義珍に会うためだったという。そこで、沖縄から届いたばかりの新聞を見ておどろく。

記事に首里城正殿がちかいうちに取り壊される、とあったからだ。

首里城は、明治二十九年に熊本分遣隊が去ったあと、ようやく三十六年になって払い下げされ、四十二年に首里区の所有となった。その翌年の四十三年四月には正殿を取り壊し、ここに沖縄県社を創建する案が出ていた。「県社」とは県より奉幣を受ける神社であり、国家神道を浸透させようとする明治政府の方針にもとづく。県社創建案は、内務省神社局の要請のもと沖縄県庁が立案し、最終的な決定を内務省がくだすという流れである。

けれども明治四十四年六月、地震と暴風雨により正殿の屋根などが損壊したためか、最初の案は頓挫する。四十五年二月、県社創建案が再浮上するものの、七月の明治天皇の死によって計画は中止になった。さらに大正三年十一月、県社を首里城敷地ではなく、波上宮《なみのうえぐう》（那覇若狭《わかさ》・熊野三社権現を祀る社）に併置する案が沖縄側から出されるが、内務省は却下する。

内務省が、琉球王国の権威の象徴であった「首里城」跡地にこだわったことがうかがえる。

大正五年十月に四度目となる創建案が出る。祭神を、尚泰王と琉球開闢神話の神（阿摩弥《あまみ》姑《こ》・志仁礼久《しにれく》）とした案だが、内務省は「内地神を祭神にしていない」との理由で却下した。

さらに大正十一年になって、祭神を琉球歴代王のうち四王と、琉球渡来伝説がある「源為朝」の五神とする創建案が出されたのだった。

源為朝渡琉伝説は、曲亭馬琴の『椿説弓張月』（一八〇七―一一年刊）によってひろく知られるいぜん、十六世紀には本土に流布していたといわれる。保元の乱（一一五六年）に敗れた為朝が伊豆大島から琉球にわたり、島の実力者の妹とのあいだに子をもうけ、その子がのちに、琉球王統の開祖「舜天《しゅんてん》」となったという伝説だ。いうまでもなく史実ではないが、この伝説はさまざまに利用されてきた。島津氏侵攻（一六〇九年）のさい、琉球を攻める理由は「もともと琉球は日本の一部」だからであり、「舜天」の父が「為朝」だということからもあきらかだとしている。そののち馬琴によるたくみな長編小説は人気を博し、舞台化もされた。伊東忠太でさえ、琉球にかんする知識を『椿説弓張月』で得たといっているから、馬琴の影響力はすさまじい。明治の琉球処分にあたっても、政府はこの伝説をもちだした。さらには文部省が「沖縄県民の本土への一体感を涵養する」ことを目的として編纂した教科書『沖縄県尋常小学校読本』（明治二十九年）にも登場していた。

大正十二年三月、内務省は、源為朝をふくめた五神の県社創建案を許可した。同年九月、県は首里城正殿を取り壊すことを決定。けれども、すぐさま取り壊しては県民の反発が大きいことを考慮したのか、猶予期間がおかれ、首里城正殿「取り壊し式」は翌年、大正十三年四月七日と決まった。同時に首里城敷地内の県社社殿建設計画が立案された。

鎌倉が沖縄に赴任していた、まさにその時期に首里城正殿取り壊し計画は進行していたが、彼はその経緯を知らなかったのだろう。当時の沖縄県民も、ただこの決定を容認したのではなく、新聞にも反対意見がしばしば掲載されていて、麦門冬も取り壊しに抗議する記事を『沖縄タイムス』に掲載していたという。

沖縄人は「琉球処分」以降、目に見えて荒廃してゆく首里城を修復する資金もなく、もはやあきらめるしかない、という絶望感に打ちひしがれていた。琉球王国が崩壊した瞬間の「首里城明けわたし」は明治十二年三月二十七日。その日からちょうど四十五年がすぎていた。

走る、鎌倉

大正十三年三月二十八日、もしくは二十九日の午前中に鎌倉は明正塾に行って「首里城取り壊し」の新聞記事を見た。じつは、すでに二十五日には取り壊し作業にとりかかっていて、正殿屋根の瓦がはずされはじめていたのだった。

鎌倉は新聞を手に明正塾を飛び出す。

めざすは東京帝国大学の伊東忠太の研究室である。明正塾から本郷の帝大まで、直線距離にして二キロ弱といったところだが、鎌倉は走ってゆく。その日に明正塾に行ったのは背広を着るような用事でもないから、ふだん着に下駄だったのではないか。伊東に会うならば、きちんとした装いにしていたはずだが、そんなことにもかまっていられない。面会の約束もないけれど、とにかく、彼は走り、息せき切って伊東の研究室にたどり着いた。

首里城取り壊しの事態を前にして、なんとかしなければならない。彼は必死の形相だっただろう。

伊東は、三月二十七日まで旅行に出ていた。この日は帰京した翌日か、翌々日であり、多忙な彼が運よく研究室にいた。鎌倉は新聞記事を見せて、首里城がまさに危機にあることを訴える。

これから琉球建築研究をはじめるところだった伊東にすれば、首里城正殿取り壊しなど、とんでもない話だ。首里城は、鎌倉に見せられた写真でしか知らないけれども、大いに興味をそそられている。現地に行ってくわしく調査しようとしている矢先に取り壊されてはたまらない。

そこで伊東は権力を発揮するのである。

その日の午後に、内務省におもむく。もちろん伊東が、天皇を補佐する平田東助内大臣の甥だということを役人たちはよく知っている。東助はかつて内務大臣もつとめていたのだ。それよりも伊東本人が神社建築の第一人者であり、古社寺保存の権威として名をとどろかせているのだから丁重に迎えられただろう。伊東は、大海原重義《おおみはらしげよし》神社局長に面会し、取り壊し中止を要請する。

大海原局長は、この前年の十月に就任したばかりで、沖縄県社創建案を許可したのは前任者だが、経緯は知っている。だが、伊東のつよい要請にさからえるような立場ではなく、すぐに沖縄県庁に「取り壊し中止命令」を打電した。

内務省からの電報を受け取った沖縄県庁は、さぞあわてたことだろう。このときの県知事・岩元禧《いわもとき》は就任して半年だ。県知事といっても、内務省の中堅官僚のひとりでしかなく、じっさい岩元知事もこの日から三か月もしないうちに電報一本で休職を命じられてしまう。

電報を受け取った岩元知事は、すぐさま取り壊し中止を現場に指示した。

明治四十三年いらい、たびたび浮上していた首里城取り壊し案が、じつにあっけなく中止となったのである。

この取り壊し中止の最大の功労者は、やはり鎌倉だ。彼が新聞記事を目にして、すぐに伊東のもとへ駆けつけなければ、「取り壊し式」が予定されていた四月七日には、首里城はあとかたもなかった。

中止にいたったのは、さまざまな偶然が作用している。鎌倉が美校にもどり、伊東の知己を得ていたこと。啓明会の研究補助がほぼ決定し、沖縄での調査が具体化しつつあったこと。その調査の下準備として、鎌倉が沖縄の新聞がある明正塾に出入りしていたこと。そうした流れがあったのはたしかだが、それでも取り壊し中止に奔走したもっとも大きな理由は、首里城正殿に象徴される「琉球芸術」、琉球王国の文化と歴史に鎌倉と伊東が魅せられていたからである。とくに鎌倉は沖縄滞在の二年のあいだ、毎日、城をながめていたのだ。

さらにいえば、鎌倉が首里で出会った多くの人たちの「思い」を受けとめていたからこそ、彼を明正塾から帝大まで走らせたのだろう。かつて首里城がどのように美しかったのか、中国からの使者たちを迎えた華やかな宴のようす、首里城で活躍した先祖たちの仕事ぶりなど、首里の人びとに伝えられてきた城への思いを聞かされていた。このまま取り壊しを見すごしてしまっては、じぶんに優しくしてくれた首里の人びとを悲しませることになる、そう思ったからではないか。

取り壊しが中止となった翌日か翌々日の三月三十日、鎌倉と伊東は尚家（麴町区富士見町）を訪問する。彼らを迎えた東恩納と尚旦《しょうたん》（さいごの王世子・尚典の三男）とともに話し合ったのは首里城の一件である。すでに内務省から県庁あてに打電し、取り壊し中止になったことは伝えたが、尚家としても意思表示をするべきだということになり、首里市長あてに電報を打つことになった。この翌日、首里市長からの電報が尚家に届き、東恩納が鎌倉に手紙で知らせた。

鎌倉が伊東にあてたはがきがある。「東恩納氏より手紙ありて首里城正殿は瓦をはいだまゝ取り壊しを中止したる旨知らして呉れました。何分にもご尽力の程祈りあげます」（大正十三年四月七日付）

このあと東恩納は、『沖縄朝日新聞』（大正十三年四月十二日付）に「首里城正殿取壊事業の経緯」と題する文章を発表した。

これまで首里城正殿保存のために訴えてきたが、よい反応もなく「何の理解もない役人達の手に取り壊されることになったのである」。

然るに幸にも此のことが鎌倉芳太郎君によって伊東忠太博士の耳に入り、博士はこは由々しい大事件であると考えられて直に内務省に駆け付け当局の諒解を以って破壊事業中止の電報を発せられた。それが先月二十八日頃のことであったと思う。三十日に博士が鎌倉君の案内で尚侯爵家を訪問せられ――

鎌倉本人は取り壊しを知った劇的な一日がいつだったのか、年月日の記憶があいまいなのだが、その日を「たしか土曜日」と書いているため、二十九日（土曜日）の可能性も捨てきれない。けれども当時の役所は土曜日が午前のみの勤務（いわゆる「半どん」）であり、内

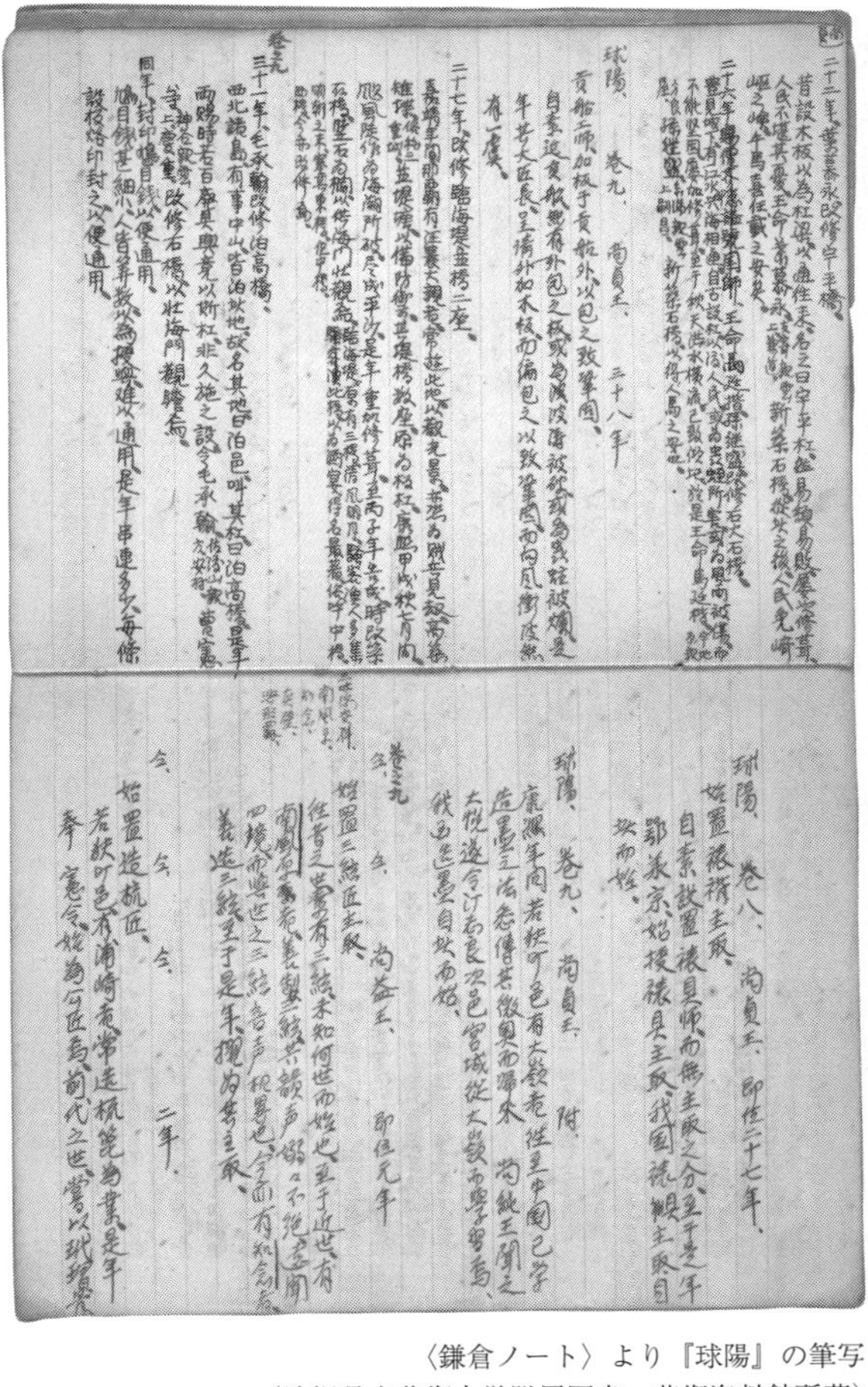

〈鎌倉ノート〉より『球陽』の筆写
（沖縄県立芸術大学附属図書・芸術資料館所蔵）

務省がすぐさま対応したことからしても、東恩納のいうとおり二十八日（金曜日）だと思われるが、断定はできない。

さらに、東恩納の「日記抄」の四月十八日にこうある。

「鎌倉君、学校〔東恩納の勤務先・府立一中〕に来訪、正殿、史蹟保存の名義にて保存されるの大略決定せし由」

伊東の「ツルの一声」で取り壊しは中止になったものの、保存するにはそれなりの法的根拠がいる。伊東はすばやく手を打っていた。

したしい国史学者の黒板勝美（東京帝国大学教授）と協議して「史蹟名勝天然紀念物保存法」（大正九年施行）を活用することにしたのだ。この法律は名勝（美しい景観）を守るという趣旨だが、黒板は調査委員のひとりだ。「名勝」の指定は、内務大臣の許可によるとされているが、「必要アルトキハ地方長官ハ仮ニ之ヲ指定ス」の条項がある。ようするに、沖縄県知事にすぐさま仮指定させればよいわけで、首里城一帯は即座に「史蹟名勝紀念物」となった。東恩納の日記はこのことをいっている。

この数か月後、黒板勝美は沖縄に行って調査をし、首里城は史蹟名勝紀念物として正式に指定された。

さきばしるが、首里城の「その後」を書いておこう。

最大の問題は、沖縄県社創建案である。伊東に県社創建計画そのものを中止させる考えはないが、正殿保存のためにウルトラCの案をひねりだした。

首里城正殿はそのまま保存し、沖縄県社の「拝殿」として流用する。その拝殿、すなわち首里城正殿を沖縄県社に寄付し、神社建築の一部とする。県社の社殿はべつにつくる——。

伊東の「神社設計方針提案」は、大正十四年三月、文部省古社寺保存委員会で可決。そのひと月後、沖縄県社拝殿（首里城正殿）は「特別保護建造物」（現在の「国宝」）に指定された。伊東が特別保護建造物指定の実質的な決定権をもっているのだから、ことはスムーズに運ぶ。首里城正殿を保存するとともに、県社創建をうながしてきた内務省神社局の面目もたてており、伊東のすぐれた政治的手腕を感じさせる。

つまり首里城は、どう見ても首里城なのだが、法的には「沖縄県社」の一部として保存されることになったのである。のちに昭和三年になってから「拝殿修復」の名目で、国費による大規模な修理事業がなされる。

ともあれ、すべては大正十三年三月末、鎌倉が茗荷谷の明正塾を飛び出して、本郷の帝大まで走ったことがきっかけだった。関東大震災の瓦礫がまだ残る街のなか、その二キロの道のりが、いま赤く輝く首里城へとつながってゆく。ひた走る大柄な鎌倉を、琉球の神さまが見守っていたのかもしれない。

第四章　夢のような宴——伊東忠太の沖縄

伊藤忠太肖像（日本建築学会建築博物館所蔵）

首里城取り壊し阻止のため動いていたさなかの鎌倉芳太郎に、うれしいできごとがあった。「東京美術学校助手を命ず　美術史研究室勤務」の辞令（大正十三年三月三十一日付）があったのだ。無給ではあるものの、これからはじまる沖縄での調査を美校が支援してくれるということだろう。彼はこののち昭和十九年まで美校に勤めることになる。

四月十四日付で「助手　鎌倉芳太郎」に「学術研究の為沖縄県へ滞在出張を命ず　但滞在一ヶ年の事」の辞令が発令された。

森教授の特訓「新即物主義でやれ」

沖縄行きがせまる鎌倉だが、「現地に赴いてやらなければならない仕事として、写真撮影は最も重要である」と考えた。

写真記録の重要性を認識していた鎌倉だが、伊東忠太の助言もあったにちがいない。伊東は明治三十五年から三十八年にかけての中国・インド・トルコなどの調査旅行や多くの国内外旅行では写真師を同行して撮影させているが、ときに本人もカメラをかまえた。残された写真は、建造物の全体像、ディテールがよくわかる貴重なものだが、伊東はそれらを鎌倉に見せ、とくに建造物の撮影ではなにが重要かを語ったはずだ。

けれども鎌倉は「写真について何等の知識をもたなかった」ので、正木直彦校長に相談する。

（正木校長は）即刻ベルを鳴らして写真科主任の森〔芳太郎〕教授を招き、一週間以内にその技術を鎌倉に伝授して欲しい、同教授は短気な人であるから真ッ赤になって、少なくとも三年はかかる、速成はできないと対立する一幕もあったが、結局それではということになり、翌日森教授に伴われて、写真材料店の浅沼〔商会〕に行った。

（「失われた沖縄」）

美校に「臨時写真科」（のちに「写真科」に改称）が設置されたのは大正四年である。それいぜんの明治三十八年から工芸化学担当教授・大築千里《おおつきちり》により、美校の化学室に写真のための設備、器具や機材がととのえられていた。大築は明治六年東京生まれ。東京帝国大学応用化学科を卒業後に京都帝国大学助教授となり、三十五年にドイツに留学して写真学、写真製版技術を学んで帰国。美校教授となり、彼を中心として美校校友会に写真部も誕生し、活発に活動していた。

日本での写真ブームは、明治三十年代初頭に小型カメラが普及するとともに各地にアマチュア写真愛好会ができ、写真技術指南書や写真雑誌が刊行されるなど、爆発的なものとなっている。けれども本格的に撮影技術を学ぶとなると、写真館につとめて写真師に弟子入りするしかないのが実情だった。写真専門の高等教育機関はまだなく、専門学校の東京高等工業学校（明治十四年、東京職工学校として創設。三十四年改称）があるのみだ。写真への関心がひろがるなかで、欧州にあるような写真術の学校や研究所を設けようという機運が高まった。

大正二年、東京写真師組合などから美校に写真科を設置するよう請願書が議会に出されたが、文部省は資金難を理由に躊躇する。けっきょく文部省は、写真館や写真材料商が寄付金を出すこと、写真師が無料で講義をするなどの条件を出し、写真師組合・写真材料商組合がこれを受け入れ、美校に「臨時写真科」が設置されたのだった。大正四年の第一回の入学生は十三名。そのなかに、戦前のモダニズム写真の中心的写真家となる中山岩太がいる。美校の写真科は当時最高峰の設備と講師陣、寄付金による潤沢な資金をほこったのである。

鎌倉の相談に応じた正木校長が「ベルを鳴らして」招いた森芳太郎は、明治二十三年大阪生まれ。京都帝国大学工業化学科を卒業した翌年の大正四年、美校の臨時写真科設置と同時に嘱託講師となり、写真技術、光化学などの授業を担当していた。森の京都帝大での恩師が美校における写真研究の下地をつくった大築千里（大正三年死去、四十一歳）だった。

鎌倉が会ったときの森は三十四歳になるところだが、写真技術の基礎と理論を詳細に説いた著書『最新実用写真講話　上巻』（大正九年）が版を重ねるベストセラーとなり、つづいて刊行する同中巻（大正十二年）は、美術写真についてくわしく論じている。

さっそく森は鎌倉をともなって「浅沼商会」に行く。浅沼商会は明治四年に創業した日本初の写真材料専門商であり、写真雑誌を創刊し、ガラス乾板の製造販売や児童用カメラの開発をするなど、写真界の中心的存在だった。美校臨時写真科創設のさいには多額の寄付をしている。森は浅沼商会の顧問をしており、『写真画のつくり方』（大正十三年）を浅沼商会から出版するなど、ちかしい関係だった。鎌倉は森のアドバイスにしたがって最高級のカメラレンズ、材料などをそろえることができた。

レンズは、ドイツ「ゲルツ」社のダゴールF6・8を三段引蛇腹のカメラに取り付けた。このカメラは四切乾板（二四〇×二九〇ミリ）用だが、キャビネ判（一二〇×一六五ミリ）乾板も使えるように枠をつくってもらっている。「イルフォード」社（イギリス）のガラス乾板、現像のための薬品などそろえることができたのは、啓明会からの資金援助があったからだ。

このころすでにフィルムがでまわっていたのだが、ガラス乾板は材質として安定しており、とくに広角撮影用の大判でも曲がったり、ゆがんだりすることがなく研究用品質としてはフィルムにくらべて圧倒的にすぐれていた。高温多湿の沖縄で建造物、絵画、工芸品など多数撮影するためにもガラス乾板しか考えられなかったのだろう。事実、鎌倉が撮影した千数百点のガラス乾板の大半は、約半世紀のあいだ鎌倉のもとに保管されることになるのだが、その鮮明な画像はみごとに保たれていた。

浅沼商会で機材をそろえた翌日から、森による特訓がはじまった。森は「新即物主義でやれ」といった。森が解説している。

（第一次大戦で痛手を受けたドイツでは）心から物への転向が必至的にはじまった。炎のごとくもえた表現主義〔作家個人の主観をとおして事象を表現する芸術運動〕の反動として、氷のごとくつめたいするどい写実主義が新たに登場した。それが新即物主義である。この運動は最近のドイツの全芸術部門にむかってあらたな嵐をまきおこした。絵画はもとより、建築、彫刻、詩歌、音楽にいたるまで、すべての芸術が大なり小なりこの運動の洗礼を受けた。

（『最新実用写真講話　上巻』）

新即物主義（ノイエザハリヒカイト）は、ドイツにおいて一九一八年（大正七）ごろ、そもそも文学の分野ではじまったとされるが、その主張は「現実の復権」であり、「人間主体の生きている環境のなまの意味を見出そうとすること」であった。風景や人物、事象をするどく、ドライな視線でとらえる表現方法であり、レマルクの『西部戦線異状なし』（一九二九年）も新即物主義の風潮のなかで生まれた文学だ。

新即物主義が定着するのは一九二〇年代末といわれており、日本では一九三〇年代、昭和初期になってからノイエザハリヒカイトにつよく影響された写真家が多く登場することになる。また近代的な写真論としては初といわれる『絵画・写真・映画』がドイツの「バウハウス叢書」の一冊として刊行されるのは一九二五年であるが、森が、大正十三年（一九二四）の時点で「新即物主義でやれ」とアドバイスしたとは、ドイツ芸術運動の最新の知識と写真技術をもっていたということになる。

鎌倉によれば森の「特訓」はつぎのようなものだった。

レンズをできる限り絞って光の露出に時間をかけろ、薄暗い所では何時間も開けっ放しにしておけ、露出の時間の標準一分間の明度を教えてくれた。これは何枚か撮るうちにすぐ覚えた。現像も自分でやらなければならないので、その簡便法として薬品の調合を記した第一液から第四液の用量を写させてくれた。これは同教授の暗室内に張ってあったもので、これは誰にも教えない秘伝だぞと笑っていわれた。この特訓は三日で終わったが、この写真技術こそは、当時として最高のものであったに違いない。

（『失われた沖縄』）

そのとおり、最高の写真技術を伝授されたことは彼の写真が証明することになる。写真家の木村伊兵衛はのちにこう評している。

大正年間に一学者の手で、技術的にも、記録的にもこれだけ完璧な写真が撮影されていたということは、まさにおどろくべきことである。写真は本来、このようなドキュメントとしての役割こそが第一義のものであるわけだが、（略）どこまでも学者の目で克明に撮られたものであることに、また格別の価値がある。もちろん、当時としては最高のダゴールのレンズやイルフォードの乾板を用い、撮影にあたっては沖縄の強い太陽光線を十分計算に入れ、影をうまく生かし、高い建物に対してはあおりの技術を使うなど、鎌倉芳太郎先生の写真家としての才能におどろかないわけにはいかないが、やはり、そうした技術の上に学術的なねらいが生かされたというところに深い意味がある。

（「魂のこもった貴重な写真展」昭和四十七年）

木村は昭和十年に沖縄にひと月滞在して撮影したことがあり、「沖縄の強い太陽光線を十分計算に入れ」ることの困難さをよく知るゆえの称賛だった。

対象物を精確にクールにとらえ「物質的世界の実在」をあらわす新即物主義による撮影技法は、完璧主義的傾向のある鎌倉の性格にも合っていたのだろう。木村のいうように「学術的なねらい」をぞんぶんに発揮できる表現方法でもあった。

それにしても短期間で技術を身につけた鎌倉に驚嘆する。もともと理数系が得意だったというけれど、現像用薬品の化学的知識や光学的知識を短期間で吸収していったのだ。彼の〈鎌倉ノート〉にも詳細な写真にかんするメモがびっしりと記されていて、その集中力はすさまじい。森の著書『最新実用写真講話　上巻』からの抜き書きも見えるが、沖縄にもこの本をもって行き、たびたびページをひらいたのだろう。

ちなみに森は、この翌年の大正十四年十二月からドイツ、アメリカへの二年間におよぶ留学をする。昭和三年に美校にもどったとき鎌倉と再会し、沖縄で撮影したガラス乾板を見て、「人間の眼では見ることのできない細密な自然が写されている、それが即物主義写真の価値である」といい、教え子の力量に満足したようである。

なお美校写真科は、東京高等工芸学校（現・千葉大学工学科）の新設によって大正十五年五月に廃止された。美校写真科の創設から廃止までの卒業生は三十六名だった。

鎌倉が沖縄へ出発するあわただしいなかではあったけれども、美校に廃止寸前の写真科があり、留学前の森が最先端の写真技術と理論を伝授した。最高の機材も手にした鎌倉は、かろうじてすがたをとどめていた「琉球の時代」をリアルに伝える写真を残すことになったのだ。やはり彼は、強運のもちぬしだと思わざるを得ない。

ふたたび沖縄へ

大正十三年五月初旬、鎌倉は沖縄に到着した。「朝起きると晴れていて気持がよかった、先ず東京の諸先生に到着を知らす郵便を出した」（五月七日）と〈鎌倉ノート〉にあるけれども、五月の沖縄の空はさわやかな水色で、陽の光もやさしく、もっとも美しい季節だ。風が吹きぬける五月の朝を鎌倉はとくべつな思いで迎えただろう。一年前、那覇港をあとにしたときには想像もできなかったが、いまや期待される研究者として、破格の環境を与えられ、ふたたびこの地にやってきたのだから。

その調査とは具体的にどのようなものなのか。

沖縄到着後のノートに、鎌倉と伊東が担当する調査項目が書かれている。それによると、調査地域は、沖縄本島、奄美大島、宮古島、八重山諸島としている。調査の分担は、伊東が

「琉球建築」であり、鎌倉は「琉球美術及工芸」である。鎌倉の担当項目はつぎのとおりだ。

「美術」　紋様、絵画、彫刻

「工芸」　漆工、陶工、染織工、染工、金工ほか

「そのほかの芸術」　舞踏、演劇、歌謡、音楽など

鎌倉は琉球王国の仏寺をはじめ、仏教美術に関心があったのだが、この分野は伊東の研究テーマなので、鎌倉は美術と工芸を集中的にしらべることになった。「自了」についての論文が評価されたということかもしれない。工芸や芸能の分野まで対象を大きくひろげているけれども、美術教師として沖縄に滞在していたころから関心をもっていたテーマでもあった。工芸にかんしては美校美術史研究室の大村西崖が「工芸品も絵画や彫刻とおなじ価値をもつ」と主張していて、彼の助言も受けたのかもしれない。このころ琉球の工芸品に注目する本土のコレクターもあらわれていたが、まだ本格的な研究はされていなかった。

芸能については、かつて下宿した座間味家でなじんでいたうえ、さまざまな人たちから民謡を聴かせてもらい歌詞を書きとめるなどしていてつよい興味をもっていたが、啓明会の研究補助を受けて琉球芸能を調査した田辺尚雄の研究成果も影響したのではないだろうか。

伊東が分担する建築は、彼が沖縄へ出発する前に書いたフィールドノートに沖縄での調査日程予定表とともに「寺院、城堡〔城の砦〕、廟、城址、墳墓、民家、工芸」などの項目が書きとめられている。

鎌倉のメモによると、この研究の目的は、「日本美術史に於ける琉球の本質的価値」をあ

きらかにすることであり、「琉球芸術の東洋芸術史上に於ける位置」をさだめることにあった。美校の美術史研究を背景にして東洋美術史、日本美術史のなかに「琉球」をとらえようとする壮大な構想だった。

沖縄に到着した鎌倉は、精力的に動いている。

首里城正殿取り壊し阻止の一件は、新聞報道によって沖縄にも知られており、そのうえ東京の尚家から首里の実力者たちにたいして調査研究をバックアップするよう要請もあって、鎌倉は首里市長から破格の待遇を受けることになった。

当時の首里市長は高嶺朝教《たかみねちょうきょう》である。高嶺は、首里城取り壊しの危機のさい「虎口〔きわめて危険なところ〕より救って貰ったのは伊東工学博士や鎌倉君等である」（『琉球新報』昭和六年十月十九日付）と語っており、鎌倉への全面的な協力を惜しまなかったが、それは内務省を動かす伊東の存在があったからにほかならない。鎌倉は沖縄に到着直後、写真現像のための暗室が必要だと申し出たところ、高嶺は了承し、すぐさま大工を呼んで首里市役所の一室に四畳半ほどの暗室をつくらせた。

高嶺朝教は明治元年首里に生まれ、旧王家を背景にした門閥の代表的人物として、沖縄の政財界で活躍してきた。尚順らとともに『琉球新報』を創刊し、沖縄銀行を設立（明治三十三年）して頭取となり、以後、沖縄県議会議員、衆議院議員を歴任し、大正十年に市制が施行されると初代首里市長に就任した。

さかのぼれば彼は、第一回「官費留学生」（明治十五年）五人のうちのひとりでもある。十五歳で上京し、学習院をへて慶応義塾に学び、沖縄にもどり華々しいキャリアをかさねてきた。この留学生制度は、琉球王国崩壊後三年目に若きエリートを育成するために発足している。一回目の留学生のうち、四人は士族出身だが、ただひとりの農民出身が謝花昇《じゃはなのぼる》（慶応元年・一八六五年生まれ）だ。近代沖縄の矛盾を背負った謝花の人生は、高嶺とは対照をなす。

謝花は帝国大学農科大学を卒業して明治二十四年に帰郷、エリート官僚の道を歩みはじめるのだが、のちに専横的な奈良原繁県知事一派が広大な土地を官有地とする土地政策に反発して激しく対立。官職を辞して農民層の立場に立った社会運動家として活躍し、参政権運動を展開した。

だが志なかばの明治三十四年、あらたな職を得てむかった神戸駅で精神に異常をきたして帰郷。闘病生活をおくり、四十一年、故郷の東風平《こちんだ》村（本島南部、現・八重瀬町）で死去する。四十三歳。つけくわえれば、参政権は本土では二十二年より行使されていたが、沖縄全域で行使できるようになったのは、じつに大正九年（沖縄本島は明治四十五年から）だ。

謝花亡きあとも農民層、平民層の苦境は変わらず、大正十三年当時も「ソテツ地獄」のただなかにあったのだった。こうしたなかで琉球芸術を調査しようとする鎌倉だが、王国いらいの伝統文化をになった人びとも経済的苦境に直面していた。

紅型紺屋を訪ねる

鎌倉が沖縄にやってきてまっさきに訪問したのは、紅型《びんがた》「紺屋」（染屋）の城間《しろま》家と知念《ちねん》家である。「カタツケヤー〔紅型を製作する家〕を尋ねることにした。二軒目の城間家で古いものにありつく、気持のよいものである。研究の糸口がひらけたのでいそいそする」と浮き立つ調子でノートに書いている。彼が本格的に紅型調査をするのはこのときがはじめてだが、紅型の世界に急速にのめりこんでいったようだ。紅型は、型紙を使って染めることから旧来「カタチキ」(「型付」もしくは「方付」と表記)と一般的に呼ばれていたが、「びんがた」の名称もふるくからあったといわれる。

琉球の工芸文化、なかでも染織品を代表するのは、やはり紅型だろう。その美しさは、楽園のなかを歩いているような気持ちにさせる。あざやかな黄色、淡い水色、藍色、うすい桃色、清潔な白──。さまざまに染められた布地に映える紋様は、鳳凰や龍、枝から垂れる桜や梅。咲きほこる花のなかを蝶が舞い、水辺の鳥たちのさえずりや羽ばたく音が聞こえてきそうだ。こうした図柄を大胆に配したものもあれば、竹や松、扇や貝、亀や鶴などをデザイン化した繊細な紋様で埋めたものもある。南国らしい、のびやかで明るい衣装だ。

琉球王国は、確固たる位階制のもとにあり、身分によって服制もさだめられていた。紅型は、基本的には王族、士族階級が身につけた衣装である。紅型衣装としてすぐに思い浮かぶであろう、黄色地に大柄の紅型衣装は、王妃や按司《あじ》(士族の最高位)夫人だけが着用することができた。紋様のなかでも鳳凰や龍は王権をあらわしていて、これも王族だけのものである。素材にも規定があり、とくに絹は上層階級しか身につけられなかった。もっとも多くもちいられたのは、芭蕉布や苧麻《ちょま》（カラムシ）布、のちになって木綿布などである。暑い季節は素肌に心地よく、冬には重ね着をして楽しんだ。

紅型はごく一部の階層のためのものであるとともに、王と治世を翼賛する役割をになった高級神女たちが祭式をつかさどるさいの衣装でもあり、さらに舞台衣装や、交易品としても使われたようで、中国への献上品のなかにも紅型衣装がみられる。

庶民には、多色を使った大柄模様はゆるされなかったが、藍一色で染める「藍型《あいがた》」や、小柄模様の紅型ならば長寿の祝いや死装束としてゆるされたということである。

紅型の技法が確立したのは、十八世紀なかごろとされる。

それいぜんにさかのぼり、紅型の祖形といわれるものが「浦添型《うらそえ》」（浦添の地は十四世紀なかごろまで王都だった）である。こまかい紋様の型紙を複数使い、顔料や雲母粉、金銀箔を布地に摺りこみ、接着剤として蒟蒻糊《こんにゃくのり》を使ったことから「蒟蒻型」ともいう。いまひとつの紅型のルーツは「唐紙型《からかみ》」と呼ばれたもので、中国にわたって技法を学んだ首里の役人が伝えたとされる。中国の印花布《いんか》、東南アジアの更紗、日本の友禅や小紋などの技術を採り入れて、琉球独自に消化して「紅型」は発展していった。

とくべつな意味をもつ紅型は王府の管理のもとにつくられてきた。

専門の役人が染色材料を管理したのは、中国からの輸入品など貴重な染料、鉱物性顔料もふくまれていたからだ。染料は、そのほか琉球産植物染料や動物性染料などが使われている。たとえば、あざやかな黄色の衣装の布地を科学的に分析してみると、黄色の顔料をぜんたいにほどこしたうえ、植物性染料などで染めている。琉球の陽の光のつよさに負けない地色は、絵画の地塗りと同じ技法が採られているのだ。

紅型の模様デザインは「貝摺奉行所」の絵師たちが担当した。紅型紋様は、中国的なものにくわえ日本的な意匠もあり、日本の動植物や、積もる雪などもモチーフとして使われた。貝摺奉行所の絵師たちは中国や日本に留学していたし、島津氏侵攻いらい義務づけられていた「江戸のぼり」のため「やまと旅」をする王国の役人たちは、生け花・茶道・能・歌舞伎など日本文化を学んで帰ることが必須とされていたことも、紅型の図柄に影響を与えた。

絵師たちが腕をふるった図案をもとに小刀を使って繊細な型紙をつくり、染色にいたるまでの一貫した作業をしたのが「紺屋」である。いわば、民間の工房だ。紺屋は首里に集中していたが、なかでも鎌倉が訪ねた「城間家」と「知念家」、のちに訪問する「沢岻《たくし》家」は、紺屋三宗家として名高く、士族に列せられて王家の御用を受け、技をみがいていった。

けれども王国崩壊によって、紺屋家系はつぎつぎと廃業を余儀なくされている。紅型衣装を身につけた士族階級は没落し、王家からの注文もほとんどなくなってしまったからだ。上層家系のための衣装であった紅型は、この時代でも一般庶民が着用するのは、はばかられる雰囲気があったため一般化しなかった。明治以降、沖縄では急速に和装が普及していたが、南島の風土に合う「琉服」は和服とは仕立てがことなることもあって着る機会はしだいにすくなくなっている。旧家に伝えられていた紅型衣装は、没落した家から売りにだされ、古着市場にでまわり、本土にもわたっていた。

鎌倉が「古いものにありついた」とよろこんだ城間家は、きびしい生活をしいられている。城間家の当主・松は、このとき七十歳。代々、首里当蔵に暮らしていたが、王国が崩壊した五年後に那覇に転居していた。経済都市として発展する那覇に期待をかけたのだが、ときおり注文があるのは庶民にも着用がゆるされていた「藍型」や、生年祝い用の小柄の紅型、祝儀用のウチクイ（風呂敷）や芝居用の幔幕だった。

ウチクイや幔幕は、型紙を使わない「筒引き」（糊筒でちょくせつ布に糊引きする技法）でつくられたのだが、風呂敷といっても苧麻布にあざやかな植物を大胆に配した美しいもので、結婚式や清明《しーみー》（一族で祖先を祀る行事）などで、ごちそうをつつむなどしてたいせつにされ、この当時も嫁入り道具のひとつだった。けれどウチクイの注文くらいでは城間家の家計を維持するのはむずかしかったようだ。

このころ、一家の長男・栄喜《えいき》（明治四十一年生まれ）と弟は、八重山に奉公に出て、石垣島の理髪店で働きながら、カツオ漁に出たり、材木運搬船で働いたりしていた。そんななかに鎌倉がやってきて、松に紅型技法などを尋ね、何度もかようちに、城間家が保管していた三百点の紅型型紙や裂地の一部をゆずってもらうことになった。松は、衰退してゆくいっぽうの紅型の技術をなんとしても伝えておきたかったのだろう。

知念家も紺屋の名家として知られていた。その元祖は「唐紙知念」と呼ばれ、紅型のルーツのひとつである技法を伝えているが、大正期にやはり那覇に居をうつしている。「当主五代績昌《せきしょう》氏は六十八歳、型紙等父祖伝来のものを天井裏に吊るしてあり、乞うてそれ等を全部譲り受け、また同家の染色技法についても詳細に説明してもらった」、「かくして知念伝は完全に私に伝えられた」と鎌倉は書いている。

さらに、沢岻家を鎌倉が訪れたのは大正十五年だ。沢岻家は紺屋家系のなかでもっともふるいといわれるが、やはり苦境におかれていた。鎌倉は沢岻家の本家や分家にかようちに、「永く家伝の技術で王家に仕えてきたので、その技術の秘事は決して他家の人には漏らさない」という沢岻家から、「秘法を微細に亘って」聞きだす。当主の沢岻仁王《におう》は当時六十一歳。王国時代末期、中国に留学して染色技法を学んだという。沢岻家には技法について書きとめた厚さ六センチほどになる文書が残っていたのだが、その一部は障子の紙に使われていて、鎌倉は「惜シムベキモノナリ」とメモしている。

鎌倉は沢岻家にかよい、史料や型紙もゆずられるのだが、なかに紅型祖形の「浦添型」の技法を伝えるものがあり、「その染色の糊の細線の巧妙さに驚くばかり」だった。この史料をもとに鎌倉は「浦添型」の研究をし、今日に「浦添型」を伝える手がかりを残すことになる。

三宗家の紅型紺屋は、それぞれ独自の技法があり、色差しのセンスもデザインもことなったが、鎌倉はくわしく聞きだした。染料や糊の成分を分析し、彼の理系的な興味と知識が発揮されたようである。文書、紅型型紙、裂地、衣装など、膨大な史料をあつめていったが、その視点は研究者ならではのものだった。紅型技法はどこから伝えられ、どのような経緯をへて発展してきたのかも探究している。この美しい布をとりまく琉球王国の交易史、中国・

日本・東アジア諸国との文化交流、琉球の祭祀研究、芸能、民俗、さらには島々の貢布《こうふ》（租税）制度までしらべあげていった。

当時、本土にも紅型コレクターがあらわれていたが、コレクターは好みの図柄を集中してあつめる傾向がある。けれども鎌倉は、主観や好みにこだわらず、そのときにあつめられるものをすべてあつめようとしており、紅型の世界ぜんたいをとらえようとしていたことがわかる。

紅型研究にくわしい與那嶺一子《よなみねいちこ》（沖縄県立博物館・美術館学芸員）は、鎌倉の蒐集史料と研究について「琉球王国の全容を知ったうえでの紅型研究であり、その深みとひろさは突出しています。残された型紙に創作者の名前、年代まではっきり記されているものもありますが、鎌倉は家譜を丹念にしらべてもいる。技法についても聞きだした時期がはっきりしていて、いつのころまで伝統的技法が残っていたのか明確にしています。鎌倉の調査研究があったために、現在の総合的な紅型研究へとひろがりました。まだ二十代の鎌倉が、なぜそこまでできたのかと驚嘆するばかりです」と語る。

鎌倉は、ゆずられた史料や型紙には対価を支払っていて、沢岻家では総額「三百円」だったと書きとめている。その金額が妥当なのか、判断はひかえるとしても、紺屋家系は苦境のなかで手ばなしたという事情を考えなければならないだろう。ながい伝統をもつ紺屋を廃業せざるを得ない人びとの心情を二十代の鎌倉がじゅうぶんに理解していたのかはわからないけれども、紺屋の人たちは熱心な彼に紅型の未来を託そうという気持ちになったのではないだろうか。いずれにしても、このとき鎌倉にわたったことにより、千数百点の型紙や裂地は沖縄戦の戦禍に巻き込まれることなく、東京でたいせつに保管されるのだった。

一年ぶりの再会

鎌倉が紅型の技法を詳細に聞きだすことができたのは、首里言葉がたくみだったからだと本人がたびたび語っている。敬語の使いかたがもっともむずかしい言葉だが、首里言葉で会話ができなければ、紺屋家系としたしくなることはなかっただろうし、紅型型紙を託されることもなかっただろう。敬意をもって相手に接したからこそ、紺屋の人びとは心をひらいたのだ。技法にかんする用語もただちに理解できた語学力は大きな意味をもつ。

沖縄ではいまもそうだが、ウチナーグチでなければ表現できない微妙なニュアンスがあり、相手がそれを解さなければ、どうしても壁ができてしまう。大正末期のこの時代の沖縄人はヤマトグチ（日本語）を使いこなしたけれども、どうしても「翻訳」をして語る言葉であり、もどかしいものだ。ウチナーグチ、それも正確な首里言葉は、紺屋家系の人びとのふところに飛びこむことができたのだった。

彼が首里言葉をおぼえることができたのは、かつて座間味家に下宿していたからだが、ふたたび沖縄にやってきてすぐに同家を訪ねたようだ。一年ぶりの再会だが、座間味家の「あやあ」（お母さま）のツルは元気でいた。長女・春は、結婚して東京に暮らしており、その妹や弟たちはすこし成長して元気に学校にかよっている。ツルは、鎌倉が琉球芸術研究の道を歩みだし、自信もつけているようすをわが息子のことのようにうれしく思っただろう。このころ座間味家では、学校の教師や学生たちなど、数人をつねに下宿させていたこともあり、鎌倉は「市役所の一室」で寝起きするのだが、時間を見つけては座間味家を訪問して、ツルにもいろいろと尋ねたことが〈鎌倉ノート〉からうかがえる。

滞在中、末吉麦門冬にもたびたび会っている。〈鎌倉ノート〉に「芭蕉布の沿革に就いて。莫夢〔麦門冬のべつのペンネーム〕氏」とあり、琉球における芭蕉布の歴史を史料とともに解説してもらった。

麦門冬は、中国の唐時代の歴史書に琉球人が芭蕉布のようなものをまとっていた記録があること、琉球の正史『中山世鑑《ちゅうざんせいかん》』(一六五〇年成立)に、琉球から中国への貢物として「生熟の夏布」の記述があること、このほか十六世紀なかばに琉球に漂着した朝鮮人の記録に琉球人の衣服について書かれていると、史料をしめしながら話している。またべつの日、「沖縄と鶴」について鎌倉が尋ねているのは、紅型模様によく使われる鶴が気になったからだろう。麦門冬は、もともと鶴が生息していない琉球だが、ときおり飛来した記録がある、と文献をもとに、一七二五年から一八七五年まで十三件の史実と飛来地まで教え、鶴にまつわる琉球の伝説も語っている。麦門冬の博識はおどろくべきものだ。

さらに伊波普猷にも会い、『おもろさうし』のなかに芭蕉布がうたわれていないか、尋ねたようだ。伊波は、一首を紹介し、解説している。それは、具志頭《ぐしちゃん》村(本島南部・八重瀬町)の高層士族のひとり娘が屋敷の菜園から「初幹」をえらび、井戸の水にさらして糸にし、みごとな布に織りあげた、そのとき首里からきた青年と知り合い、ふたりは恋仲になった——という美しい「おもろ」である。

いぜんから図書館で語り合っていた真境名安興の名も〈鎌倉ノート〉に見える。真境名は、この前年の大正十二年に『沖縄一千年史』を刊行。王家の歴史だけではなく、庶民の歴史・文化にも視野をひろげた出色の通史は、こののち長きにわたって版を重ねた。麦門冬、伊波、真境名の〈琉球学者三羽烏〉は、変わらずに鎌倉と語り合い、彼の調査を援助してくれたのだった。

ある日のこと、鎌倉は「首里停車場ニテ」のメモとともに、女性たちが着ていた絣の着物の紋様をスケッチし、停車場にいた女性に尋ねて、紋様の名を聞きだし、紋様の意味も教えてもらっている。彼は歩いているだけで、知りたいことがつぎつぎと湧きでてしまうのだった。

白紙答案事件、ハーリー

鎌倉はさまざまな人たちに教えられながら調査をすすめるかたわら、教える立場にもなっている。ふたたび「ひめゆり学園」の非常勤講師として美術史を教え、沖縄県師範学校（首里・男子のみ）にも請われて、週に二時間、教壇に立った。師範学校は彼が寝起きする首里市役所の前にあった。そのときの教え子との印象深いエピソードがある。その生徒は、のちに復帰運動の「顔」となる屋良《やら》朝苗《ちょうびょう》である。

屋良は明治三十五年、読谷村《よみたんそん》（本島中部）に生まれ、苦労して大正九年に師範学校に入学し、このとき二十二歳になっていて生徒たちのリーダー的存在だった。ある日の図画の試験が「白紙答案事件」と名付けられる騒動に発展するのだ。屋良は、実技だけで筆記試験がないものだと思いこんでいたらしく、とつぜんの試験だったため白紙のまま出してしまった。するとほかの生徒が屋良をまねてぞろぞろと白紙を出し、屋良は「白紙同盟の首謀者」と目され、大問題になった。

鎌倉は「本人が反省してわびなければ退学だ」とつよくいい、けっきょく屋良は謝罪し、鎌倉は「お前はやればなんでもできるが、増長しては将来のためによくない。お前だからつよく出たのだ。がんばりなさい」といったという。琉球美術史についての試験問題であり、これから教職につく者が琉球文化をないがしろにするとはなにごとだ、という怒りもあったのだろう。

屋良は翌大正十四年に広島高等師範に進学し、卒業後は台湾、沖縄などで教師をつとめる。戦後は教職員組合のリーダーとして早期沖縄返還を訴え、運動を牽引した。昭和四十三年に琉球府行政主席公選に出馬して当選を果たし、日米の思惑がからむ困難な返還交渉の折衝にあたる。苦渋の表情の屋良主席は、復帰にゆれる沖縄のシンボルでもあった。このころに屋良本人が執筆した自伝で「白紙答案事件」についてもふれていて、鎌倉のことがよほど印象に残っていたようだ。沖縄の本土復帰後、沖縄県知事（昭和四十七年）になる。

沖縄にきていらい、鎌倉は連日歩きまわり、琉球古典芸能家に会ったり、染色、工芸や絵画にかんする古文書を筆写したりして、いそがしい毎日をおくったが、六月五日、夏の到来を告げる競漕行事「ハーリー」を見物する機会があった。

ハーリーは、十四世紀ごろ中国から伝来した行事といわれ、旧暦五月四日前後に泊（那覇）の港でおこなわれる。長さ約十五メートルの「爬龍船《はーりー》」は、舳《へさき》に龍頭、艫《とも》に龍尾の彫りものを飾り、赤や青などあざやかな色で波紋様が描かれている。かつて王国時代には国王の観覧があり、中国から使節団がやってきたときには首里城の下にひろがる池、龍潭でも催されたという。

いくつかの地区の対抗形式でおこなわれてきたのだが、このころは、泊、久米、那覇の三地区の競漕である。一隻の乗組員は、鉦打ち、舵取り、旗振り、前乗り、中乗り、漕ぎ手で構成された四十二人。ハチマキをしめ、伝統的な衣装を身にまとった。

競漕の前に、「アシビクージ」（遊び漕ぎ）というセレモニーがあり、それぞれの船が鉦の調子に合わせながら、「ハーリー歌」を唱和して港内を回遊するならわしだが、泊、久米、那覇それぞれのハーリー歌がある。なかの久米のものは中国渡来集団の末裔が暮らす地区らしく、中国語である。「サン　リユン　チュー　エ　チチュン——（三隻龍船是兄弟）」と、うたわれるけれども、この久米村に、あの『歴代宝案』がひっそりと守られていることを鎌倉はまだ知らない。

この日はあいにく雨模様だったが、港のまわりは見物客と応援団でにぎわっていた。漕ぎ手たちの勇壮なすがた。しぶきをあげてするどい刃のように走る船。ひるがえる旗。鉦や太鼓を鳴らして応援する声。かちどきをあげてカチャーシーを舞う老若男女——。鎌倉は「心ゆくまでゆたかにほほえんだ」。

伊東忠太がやってくる

六月末、沖縄県知事が交代する。内務省からの電報を受けて首里城正殿取り壊し中止を現場に指示した岩元禧知事の在任期間は、わずか八か月だった。

あらたに着任した第十七代県知事は、亀井光政（四十二歳）である。亀井は東京帝国大学卒業後、茨城県警察部長や福島県内務部長などを歴任したが、彼の知事赴任について、『東京朝日新聞』（大正十三年九月十四日付）にコラムが掲載された。亀井の知事就任は、政界の実力者の庇護によるものだと揶揄し、「余り希望者の少ない沖縄県」にひろいあげられたのであり、「都の迎船なぞ夢にも心せず、せっせと琉球文化の開発に努力するが彼の生くる唯一の道」とある。当時の中央政界が沖縄へむけた視線がわかろうというものである。

亀井光政は、宮城県知事、貴族院議員などを歴任した亀井英三郎の婿養子だ。英三郎は、伊東忠太の叔父・平田東助内大臣ともしたしく、そんな関係からか光政は学生時代に平田邸に書生として暮していた時期があり、伊東忠太は、亀井英三郎、光政ともによく知っていた。

鎌倉と伊東の琉球芸術調査は、亀井知事着任とほぼ同時にはじまるわけだが、「元書生」の亀井は、万全の態勢をととのえるよう各方面に指示しただろう。

そうして伊東が那覇にやってくる。

彼は旅立つまえに沖縄に行ったことのある「識者」数人に会っていたのだが、ある人は「琉球は貧弱な孤島で格別見る所もない、古建築など恐らくないだろう」といい、ある人は「琉球は非常に熱い、食物もマヅい、水が悪い、用心しないと健康を損ずる」といった。伊東は「芸術上の話は一つも聞くことが出来なかったので、悉く失望した」けれども、沖縄調査に希望をもっている。三月末、東京の尚家を訪問したときに、王国時代からの美術品を見せてもらっていたし、東恩納寛惇などから琉球のゆたかな歴史文化についての概略を聞いていたのだ。書籍にも目をとおしていて、真境名の『沖縄一千年史』、漢文で書かれた琉球王国の正史『中山世譜』などをあげている。

伊東の旅程は、「記録魔」の彼のおかげでつぶさに知ることができる。彼が愛用していた丸善のノートに「琉球」と題され（伊東忠太「野帖」・二十二巻）、旅行中の記録、水彩のスケッチなども多数描かれていった。

伊東は七月二十五日に東京を出発し、二十八日に鹿児島に到着。ここで大信丸（大阪商船）に乗船し、トカラ列島を通過して奄美大島へとむかう。船上の伊東を感激させたのは、雄大な海原の美しい光景だった。

ひろびろとして果てのない海。東の空から暮れはじめ、輝く太陽が波のなかにかくれるころ、西の空にわきたつように雲があらわれ夕陽に彩られてゆく。血のように赤く染まり、炎のようでもある。けれど一変して、みどり色になり、さらには瑠璃色に変わり、しばらくすると紫色、紺色となり、やがて夜の闇のなかに消えていった――。

その色の美麗なる、その光の鮮明なる、その変化の玄妙なる、その規模の壮大なる、何と形容する言葉も無い。余は今まで世界の各地方に於いて未だかつてかくの如き美しい彩雲を見たことがない。（略）余は琉球に於いて必ず此の天象を詠じた偉大なる詩が生じたであろうと想像したのである。

（『琉球』、以下伊東引用は同出典）

沖縄への旅に胸をふくらませる伊東の想像どおり、美しい海原、空の色の微妙な変化、光のさま、風のそよぎ、星降る夜をうたった「詩」は、『おもろさうし』のなかに、あまた収録されている。

七月三十一日午前八時、大信丸は那覇に到着した。伊東の沖縄訪問は、すでに新聞報道されており、埠頭には、県庁や首里市役所の役人、尚家の関係者、新聞社社員、鎌倉もふくめ十数人が迎えにきていた。荷をほどいた「楢原旅館」（那覇西新町）は、沖縄でもっとも豪華な旅館で、経営者は料亭もいとなむ岡山出身の楢原嘉平だ。

伊東来沖の知らせを受け、つぎつぎと訪問者がやってくる。県庁の役人、高嶺首里市長などなど。県庁は自動車を用意して伊東の滞在中に便宜をはかってくれたが、沖縄に自動車が入ったのは大正初期であり、台数もすくないはずだが、伊東のために一台が提供されたのは亀井知事の指示によるのだろう。

旅館には麦門冬、真境名、伊波もそろってあいさつにきた。伊波と伊東の交友はこれをきっかけにはじまり、ながくつづくことになる。

さっそく那覇の町に出た伊東は、「一物をも見逃さじと八方に眼を配って」歩く。

彼の興味をまず惹いたのが赤瓦の屋根がつらなる町並みである。家の軒先がかすかに上に向かって反っており、屋根ぜんたいの流れが凹曲線を描いていて、瓦が白漆喰でかためられているのがおもしろい。家をとりかこむ石垣は漆喰もモルタルも使わず、石だけで積みあげられていて、そこにガジュマルの根がからまっているさまは、風情がある。家屋はみな似ているけれども、ほかに目立つような大きな建物はなく、それがかえって平和的気分をあらわしている――。

那覇市役所、沖縄県庁を訪問したあと首里にむかうが、滞在中は鎌倉がすべて同行した。首里市役所で高嶺市長に面会したあと「中城御殿」に行き、門をかまえた御殿を「古代の大名屋敷のよう」だと感じた。それから、尚順の屋敷「松山御殿」（首里《しゅり》桃原《とうばる》町）に行く。座間味家にもちかい松山御殿は、苔むす石垣と鬱蒼とした樹木にかこまれた広大な屋敷だ。

尚順は、このとき五十一歳。爵位は男爵。明治六年、さいごの琉球国王の四男として生まれ、王国崩壊の瞬間、首里城を去った日を鮮烈に記憶していた。一時、父とともに東京に暮らしたのち帰郷して二十一歳で『琉球新報』を創刊。尚家の資本を運用しながらさまざまな事業をおこし、政財界で力を発揮して「旧支配層の頂点」とうたわれた。沖縄の産業振興にも尽力したが、ちょうどこの年、屋敷内に「桃原農園」を設立している。熱帯・温帯果樹、香辛料、観賞用植物をそだて、沖縄の地に合った品種の栽培方法の確立をめざし、沖縄にはじめてパイナップル、メロンなどを導入したのは彼だといわれる。
尚順は教養人、趣味人としても知られ、沖縄にやってくる要人や芸術家を屋敷に招いた。大正十二年に松山御殿に招かれたドイツ人遺伝学者、リヒャルト・ゴールドシュミットは書いている。

邸宅はその大きさと材木の豪華さで他の琉球の家屋とは異なっていた。古い石灯籠のある美しい庭をもつ第一の内庭には接待館があり、その建物は和風と中国の折衷で、裏庭にある住宅や管理事務所とは完全に分離されている。中央の間は畳が敷かれた大きな和風の部屋であるが、壁は非常に美しく、美しい化粧張りがほどこされ、とてつもなく大きな床の間で飾られている。
その部屋で会食が行われたのだが、土地の料理の中から特別にえりすぐった琉球料理が素晴らしい中国の食器に盛られ、三百年もの泡盛が添えられていた。

（『大正時代の沖縄』）

昭和十三年初夏には画家・藤田嗣治が夕暮れの松山御殿を訪れた。
浅い池に囲まれた茶寮には、すでに籐椅子が並べられ、蚊取り線香が足許から煙をあげている。三日月は梢にかかり、螢は左右に飛び交い、突然食用蛙が手風琴さながらの低音で鳴きだしたのには驚かされた。南島の宵は蒸暑いが、又と忘れ得ぬ夜である。ハワイやフィリピンの王宮を思い浮かべて去り難い気持ちであった。（「首里の尚順男爵」）

藤田を招いた夜、尚順は客人が興味をもつだろう紅型衣装を客間に飾り、ピカソの画集を用意して、ピカソ談義に花を咲かせた。尚順は、招待客にあわせて部屋をしつらえ、その場にふさわしい会話をする知性をそなえていた。彼は食通としても知られ、食にかんする随筆を多く書いたが、客をもてなすさいにはみずから台所に立って采配をふるい、琉球の伝統的料理を味わってもらうのをよろこびにしていた。尚順は王家の血をつぐ者として、琉球文化を伝える役割をつよく自覚していた。本土からの重要な客人は、ほんらいならば中城御殿でもてなすべきなのだろうが、当主の尚昌が若くして他界してしまい、尚順がその任を果たしたのだった。

もっともゴールドシュミットや藤田のように、首里の旧王家の宴会の正客となるのは、それにふさわしいと判断されたかぎられた人間である。高い地位や財力をほこっても正客になれるというわけではなく、尚順は本土からきた政治家や実業家の訪問をたびたび断ってもいる。

伊東は、尚順が文学や美術に精通しており、みごとな書画骨董を所蔵しているとすでに聞いていたが、じっさいに会ってみてすぐに意気投合し、再会を約束した。

辻、デング熱、台風

沖縄にきて二日目、伊東らは首里城に行く。

　伊東は、城をかこむ門の建築様式、ディテールをこまかく記録し、実測もしながら歩き、正殿にたどりつく。日本と中国の要素をミックスして、琉球独特の様式になったといい、正殿取り壊し阻止の一件について述べている（「琉球紀行」・『科学知識』連載）。「九死に一生を得た」城だが、つぎにするべきことは、いかにして「瀕死の患者」を救うべきかである。じぶんは琉球研究者としてだけでなく「首里城正殿診療の医師」としても迎えられたので、首里城保存のために力を尽くしたい。これはじぶんひとりの私情ではなく、沖縄だけの問題でもない。「実に我国の…否世界の学術の為の重要問題であると思う」。首里城はまことにこころづよい応援者を得たのだった。

　その後も精力的に動く伊東のおもな関心は、やはり宗教建築だった。滞在中に見てまわった神社は、波上宮（那覇若狭）、沖宮（真和志村）、末吉宮（首里末吉）などである。それぞれ建築様式をこまかく書きとめ、由来や伝承を聞きとった。仏寺は、円覚寺（首里当蔵《しゅりとうのくら》）、崇《そう》元寺《げんじ》（那覇崇元寺）、天王寺《てんのうじ》（小禄村《おろくむら》）、天界寺（首里金城《しゅりかなぐしく》）などを見学している。

　とくに尚家の菩提寺である円覚寺は「最も美しい建築物である」といい、日本の鎌倉室町時代の様式が残っていると指摘している。本尊の須弥壇《しゅみだん》のうしろに描かれている仏画は中国絵画の影響が濃い、高さ約四メートル、幅二・五メートルの大作を「琉球第一の傑作」と称賛した。すでに鎌倉が模写にとりかかっている。

伊東は、ほかにも中国から渡来した人びとにより建立された道教の神を祀る天尊廟《てんそん》（那覇若狭）などを見る。さらに琉球古来の宗教にもつよい関心をもち、首里城ちかくにある聖域、園比屋御嶽《そのひやんうたき》（首里当蔵）は、そのぜんたいが「得も云われず美しい。殊に石を以て垂木、唐破風、懸魚、棟飾り等一々精確に造り出した技量は大いに見るに足る」と書いた。墓のなかでは、尚家の陵墓である「玉陵《たまうどうん》」が「実に堂々たる構え」であるといい、「獅子の如き怪獣」、「不思議な動物」の彫像に「神秘的な魔力」をおぼえているのは、伊東の怪獣好きのせいかもしれない。

四日目の夜、亀井知事と高嶺首里市長による伊東の歓迎会が「見晴亭」（那覇辻）でひらかれた。

総勢八十人があつまり、泡盛、琉球料理が供され、芸妓による舞踊なども披露された。宴会がひらかれた見晴亭は、王国時代からの遊郭・辻にあり、本土からの客をもてなすさいによく使われた料亭だった。

辻の発祥は一六二七年にさかのぼるが、近代以降も沖縄社交界の中心地であり、あらゆる階層の客が出入りした。辻は、遊郭ではあるのだが、大きなかまえの料亭も軒をつらね、宴会といえば辻でひらかれるのがつねだったのだ。

ちなみに辻は女性のみの自治組織で成り立っていて、「アンマー」（お母さん＝女将）が、年季奉公の「ジュリ」（娼妓）をかかえ、生活をともにした。ジュリたちは「辻売り」（身売り）によって辻で生きることになった女性も多く、「ソテツ地獄」のこの当時は、農村の窮状と切りはなせない。ジュリたちは幼少時より徹底して芸をたたきこまれたが、王国時代いらい芸能は男性のものであり、辻の女性はただひとつの例外だった。沖縄で女性芸能家が本格的に登場するのは昭和初期になってからだが、辻の芸妓は近代以降、本土からの客の好みにこたえ、さまざまな芸能を生みだしていった。王国に伝わってきた芸能をアレンジし、あたらしい民謡や舞踊を採り入れるなどした、華やかなものだった。

辻の宴会の翌日も調査に出かけた伊東だが、その夜、足に痛みを感じた。ひと晩寝ても痛みはおさまらず、高熱を発してしまう。さっそく医師の診察を受けたところ「デング熱」（ウィルス性疾病）だと診断された。三日間、床についてようやく熱もおさまったとき、大型台風がやってくる。暴風雨は「百五十時間ブッ通し」となり、外出もままならない。けれども台風を体験したことにより、琉球の家屋が低く造られ、周囲を石垣でかこむことや、石造の建造物が多いわけを肌で実感したのだった。

沖縄の自然環境はきびしい。このような大型台風にたびたび見舞われ、旱魃にたたられることもある。そのたびに農民たちは作物をうしない、苦しい生活をしいられてきた。

伊東は首里付近の農家も調査している。茅葺の屋根、竹で編んだ壁、一室もしくは二室に土間という簡素なつくりだ。士族屋敷とはあまりの落差であり、琉球王国が階級社会のうえに発展してきた事実をつきつける。それでも彼は、どの農家にも先祖の位牌壇がかならずあることに気づき、「美しい気風」だと感じた。のちに伊東は鎌倉に、村落の成立と構造、さらに宗教についての調査をすすめるように指示するのだが、王家や士族を中心とした琉球文化だけではなく、民衆の暮らしと歴史、宗教の調査の必要性をこのとき感じたのだろう。

台風がいっこうにおさまらないなか、伊東は講演をする（女子師範学校大講堂）。演目は「本県の建築について」。建築とは「社会文化の反映」であり、歴史をものがたっているが、琉球建築は、さまざまな土地の「エレメント」（要素）が混合し、調和している、調査した建造物のなかには日本の奈良時代の度量衡によるものもあった、と建築史家ならではの指摘をし、ぜひとも古建築を保存してもらいたい、壊れてゆくままにするのは「社会的自殺」だと訴えた。

料理と芸能、贅をつくした首里の宴会

講演会のあった夜、首里で宴がひらかれた。

高嶺首里市長が主催し、伊東を正客として、首里当蔵の尚琳《しょうりん》邸（宜野湾御殿）が会場となった。尚琳（尚泰の孫）は、琉球音楽研究をする音楽教師でもあり、鎌倉のかつての同僚でもある。

伊東はこの宴会に大感激した。受けたもてなしは、「冊封使《さくほうし》に対する饗応と同じ待遇」であったと書いている。

中国皇帝の使者・冊封使の来琉は、一三七二年から一八六五年まで、二十二回におよんだ。正・副使、兵役、従人、舟人、諸技術者など数百人が四か月から八か月滞在し、そのあいだ

にさまざまな式典と、七回におよぶ華やかな宴会がおこなわれ、冊封使滞在中、那覇の町は中国風に飾りつけられた。琉球王国は交易事業を存続するためにも国をあげて歓待し、冊封体制の一員にふさわしい国であることをアピールし、琉球文化のレベルの高さを見せなければならない。そのため、冊封使の来琉にそなえ、王府は芸能の専門官「踊《おどり》奉行」や、料理にかかわる部署「料理座」の役職「包丁人」を日本、中国に派遣して学ばせ、琉球芸能や琉球料理のかずかずは冊封使を迎えるなかで洗練されていったのだ。彼らの好みを徹底的に研究し、琉球ならではのもてなしをした。ちなみに冊封使に供した「御冠船《うかんせん》〔冊封使が乗る船のこと〕料理」は、フカヒレ、なまこ、鹿肉、豚足、水亀などを食材にした中華料理であった。

伊東が「冊封使」とおなじ待遇というのは、あながちおおげさでもないのだが、これほど歓待されたのにはわけがある。首里の人びとは、首里城取り壊しを阻止した伊東への感謝とともに、このさき琉球文化のよき理解者として、ひろく知らしめる役割をになう人物として伊東に期待をかけたのだ。そのためにも、この一夜の宴で琉球文化の粋を見せなければならなかった。

この夜、招かれたのは、亀井県知事、県庁・首里市役所の幹部、尚順ら尚家関係者、岸本賀昌衆議院議員など十余名。そうそうたる名士が招かれたが、そこに伊波普猷や末吉麦門冬の顔はない。

宴は、日の暮れるころからはじまり、市長のあいさつ、料理の説明、芸能の解説のあと、料理が運ばれてくる。日本風の「本膳料理」といわれる形式で、一の膳、二の膳、食膳の構成である。漆の塗りものの膳、琉球の器などに盛られた料理を伊東は書きとめている。

〈一の膳〉
御長皿　焼鳥、みぬだる〔豚の黒ゴマ蒸し〕、いりこ蓑付、かばやき鰻、粕漬けひらめ焼き、氷はんびん、花生丸
御小皿　天水寒
同　耳皮刺身
同　鴨上味噌いりき
同　甘煮（蒸花草豆腐）
同　鯉でんぶ
お吸い物　中味煮鳥
〈二の膳〉
お吸い物　蒸豚肉
御小皿　豚肉、鳥、浜焼き鯛、玉子、きゅうり、カラシ汁
〈御食膳〉
御皿　桜鯉、小海老、三島のり、岩茸、蓮根、金柑
御汁　薄鳥、ツミハ（魚）、松茸、薄ごぼう、ユメ菜、チンピ（金皮）

御箏寒　豚肉蒲鉾、イリコ、二色はんぺん、竹の子、茸、マトウ、川茸、竹糸瓜、柚子
御飯
〈御膳後〉
丁子餅、西国米《しーくーみー》〔砂糖水に浮かべたタピオカ〕

いくつか、どんな料理なのかわからないものもある（誤記もあるようだ）けれど、日本料理をベースにして、なかに琉球料理をくわえている。えらばれた食材を見ると、伊東が山形の生まれだということもしらべたうえで、メニューを考えたと思われる。伊東はこう書いている。

この料理は材料の蒐集と割烹に少なくとも一週間前から準備しなければ出来ないそうで、最善最美を盡したものである。余りの豊富さに余はその一部に箸をつけたばかりで、あとはただ眺める外に途がなかったが、流石に味も甚だ珍美である。泡盛も二百年前の醸造にかかるもので、得も云われぬ風味である。

伊東が沖縄に到着して、すぐに準備がはじめられたのだろう。冷蔵庫もない時代、しかも夏の盛りであり、魚、豚肉などは綿密なスケジュールをくんで調達したにちがいない。野菜、

きのこなどの種類も多く、本島各地からあつめられたのではないだろうか。「二百年前の醸造」という泡盛は「古酒《くーす》」といわれるもので、歳月をかさねると黄金色になり、トロリとして、深い味わいになる。もちろん、古酒はとくべつな客にしか出されない。泡盛も王国時代は王府の管理のもとにつくられていた。

それにしても豪華な料理だが、このころ「ソテツ地獄」の沖縄で、首里の人びとが日々こんなごちそうを食べていたわけではなかった。グルメで知られた尚順の娘の回想では、家庭での夕食は、もやしやゴーヤのチャンプルーに焼肉が二枚ほど、もしくは冬瓜《とうがん》の汁とジューシー（豚や昆布入りの炊き込みご飯）というメニューだったといい、一般的な首里の家庭では白飯が出ることとさえまれで、ふだんは芋と汁だけだったという。

さて、宴の食事のあいだは、ゆったりとした会話がくりひろげられる。こうした場でなまなましい話はご法度であり、料理のいわれを話したり、伊東に尋ねられるままに王国の歴史を語ったりしたのだろう。伊東の講演を糸口に話をふくらませたのかもしれない。相手を敬いながら会話をすすめるのがマナーであり、知識をひけらかし、えらそうにふるまうことは、もっともはしたないことだとされた。伊東をもてなすにあたって彼の著作には目をとおしていたはずだ。それでも会話はかたくるしいわけではなく、ときに愉快な話をまじえて、笑い声がさざめく。宴席にいるすべての人が話す機会をもてるようにも気をくばる。それが首里の宴会の作法だ。

おなかもいっぱいになり、泡盛の酔いも心地よくなったころ、いよいよ芸能が披露される。

板敷きの間にろうそくの火が灯り、夜の闇が濃くなってゆき、ときおり涼風がそよそよと吹く――。

王国時代の衣装を身にまとった「一流の名家」（すべて男性）が中央に静かに座り、サンシンをもち姿勢をととのえる。牛角でつくられたバチが弦をはじき、一音ひびく。しぶく、枯れたような声はやがて高音となり、のびやかにひろがってゆく。宴席のはじまりにかならずうたわれる「かぎやで風」だ。

今日《きゅう》ぬ誇らしや　何にじゃな譬《たてぃ》る
蕾《ついぶ》でぃ居《お》る花の露《ついゆ》ちゃたぐとぅ
（今日のうれしさを何にたとえよう　蕾の花が朝露のなか開くようなうれしさだ）

みなさまにこうして会えたことがうれしい、とうたう。このあと、古典楽曲が二曲。さらに舞踊の楽曲、それから「二才踊《にーせーおどり》」という若きサムライの舞踊がはじまる。黒の着流し、角帯を前でしめ、縦縞模様の脚絆に白足袋。首里を出立し那覇港へ、さらに薩摩までの船旅をうたいあげるリズミカルな「上り口説《くどうち》」である。青年らしく、きりりと舞い、足のさばきも力づよい。

つづいての「女雑踊《おんなぞうおどり》」（明治・大正期に創作された舞踊）は、「花風節《はなふうぶし》」。踊り手は、帯をしめずに紺絣を着付け、藍で染めた傘をもつ。

三重城《みいぐすく》に上《のぼ》て手巾《てさじ》持ち上《むちや》げれば《ざれば》
速舟の習《なれ》や一目《ちゅみ》ど見ゆる
(三重城にのぼって、手巾を振りつつ見送っていると　船足ははやく、一目見ただけで、
もう海のかなたに消えてしまう)

辻遊郭の遊女が愛しい人の船出を見おくって別れを惜しむ情景を舞う。「手巾」は、手ぬぐいにも似ている布で、女たちが兄弟の旅のぶじを祈り、また愛する男への思いをこめて織る美しい布である。つづいて「述懐節《じゅつかいぶし》」(女雑踊)。

ふたたび、にぎやかな「二才踊」があり、クライマックスを迎えた。琉球古典舞踊の白眉である「諸屯《しょどん》」と「伊野波節《ぬふあぶし》」である。

「諸屯」の衣装は、あざやかな紅型、あしもとは赤の足袋。髪を琉髪に結い、紫色の長い布をしめてうしろに垂らし、ひたいの上に花を飾る。「諸屯」は三つの楽曲で構成されていて、満たされぬ恋心を極度に抑えた振りと手や目の動きで表現する。

思事《うむくとう》ぬあても　与所《ゆす》に語られめ
面影《うむかじ》とつれて　忍《しぬ》で拝《うが》ま
(心にお慕いすることがあっても他人に語ることができましょうか　あなたの面影を抱

きしめて、忍んでお会いしたいのです）「仲間節」

枕ならべたる　夢《いみ》ぬつれなさよ
月や西下《いりさ》がて　冬の夜半《やふぁん》
（あなたと枕をならべて寝た夢からさめたときの何とつれないことでしょう　月は西にかたむき夜半のさびしさが胸にしみます）「諸屯節」

別て面影の　立てば伽《とじ》めしやうれ
馴れし匂袖《にういすでぃ》に　移ちあもの
（別れたあとに私の面影が立ったなら、この着物をそばにおいて話しかけてください　馴れしたしんだ匂いを移してありますから）「しやうんがない節」

つづく「伊野波節」の紅型衣装の踊り手を伊東はスケッチしている。伊野波節もゆったりとした振りで深い愛情を表現する美しい舞いである。

さいごに「組踊」（伝統楽劇）のひとつ「大川敵打《おおかわかたきうち》」が演じられた。主君の仇討ちをテーマにしたものだが、ぜんたいは四段構成の長編であるため、もっとも盛りあがる一場面が演じられたのだろう。

演目は、伝統的琉球芸能と近代以降のものもバランスよく構成していて、よく練りあげられているという印象だ。若きサムライの道行き、遊女の恋の舞、そして「女踊」の双璧を見せ、さらにサムライの忠君劇はたくみなせりふまわしが聞きどころだ。伊東はどう感じたのだろうか。

その音曲は箏、蛇皮線、笛、鼓の合奏で、囁く如く訴えるが如く、巨鱗の深潭に躍るが如く、鳳凰の碧空に翔けるが如し。その謡歌は或いは娓々《びび》として絶えざること蓮の糸を引くが如く或いは凜々として冴ゆること清泉の迸《ほとばし》るが如く、静かに澄めば寂として秋水の如く、高く揚がれば朗として春日に似たり。その舞踊は全身ゆたかなる旋律で、手足先の局部的運動ではない。悠々たるその態度はわたつみの波のうねりか、天つみ空の雲のたなびきか。妙技にあこがれてや、忍びやかに寄り添うて舞の裳裾《もすそ》に戯るる夕風、妬ましや眦《まなさき》をば叩きて明滅せんとする燈火――。

舞踊のなかでもっとも感嘆したのは「諸屯」と「伊野波節」だといい、芸術の奥義はここにきわまっている、と大絶賛した。彼がこの優美な芸能の魅力を見ぬくことのできる教養人の証拠だが、そこを見込んで演目を構成した首里の人びともさぞうれしかっただろう。残念なことに芸能家たちの名前が記録されていないけれども、当代最高峰の芸能家が招かれたはずだ。演目から推定すると、音楽家、舞踊家、役者、地方（楽曲演奏）ふくめて二、三十人をかぞえたのではないだろうか。

また、この宴席で使われた漆器、焼き物、酒器、そして踊りの紅型衣装などが、琉球工芸の技をアピールしていた。伊東はいう。

琉球芸術の大体の輪郭を知り得たことを自覚したので、これを世に紹介することが義務でもあり、又権利であると信じた。

伊東に琉球文化の紹介者として力を発揮してほしいとねがった首里の人びと。そのもくろみはこの夜の宴によって、みごとに果たされる。伊東はこののち、首里城保存のために精力的に動き、琉球建築にかんする書籍を執筆し、講演をするなど、期待にこたえた。首里人は数百年におよんで蓄積した外交儀礼のノウハウをいかんなく発揮し、一夜にして彼を琉球文化の虜にしてしまったのである。

伊東とともに鎌倉も同席していたにちがいないのだが、彼のフィールドノートにこの夜のことは記録されていない。夢のような一夜にメモをとる暇もなかったのか、それとも「調査」ではないので書かなかったのか、わからないけれども、遊びなれていないカタブツの鎌倉がおどろく顔が宴席のすみにあったのではないか。

ロシア文学者・昇曙夢

ところで、この宴席には、おりから沖縄訪問中のロシア文学者・昇曙夢《のぼりしょむ》も招かれていた。

このユニークな人物について書きそえておきたい。

昇は、その生涯に約百八十冊の翻訳・著作などを刊行し、先駆的なロシア文学紹介者として知られるとともに、出身地の奄美の島々の歴史と民俗研究でも大きな足跡を残している。このとき四十六歳。

宴会がひらかれた当日午後の講演会で、伊東のあとに登壇し二時間にわたって琉球文化について講演したのが昇だったのだが、伊東は彼の書いたものを読んでおり、よく知っていたようだ。

昇曙夢（本名・直隆）は明治十一年奄美諸島の加計呂麻《かけろま》島生まれ。幼少時に、商用で島にやってきた大阪商船の社員からキリスト教（ロシア正教）を教えられたのがきっかけになったといい、鹿児島にわたって「ハリストス正教会」にかよい、洗礼を受けた。明治二十八年に上京して、「ニコライ堂」（東京復活大聖堂・神田駿河台）の寄宿舎に入り、一年後に附属の神学校（七年制）に入学。「ロシア語漬け」の日々をおくり、ロシア文学を原書で読みはじめる。

神学校在学中の明治三十三年、雑誌『新聲』に応募した懸賞論文（「日本国民の性質」）が一等当選し、卒業後は神学校の講師に就任。同時に『日本』（明治二十一年創刊）の嘱託となり、ロシア事情の記事を執筆。三十七年、二十六歳で『露国文豪ゴーゴリ』を刊行。翌年、『大阪朝日新聞』の嘱託となり、二葉亭四迷の面識を得た。日露戦争のさなかであり、ロシアの新聞・雑誌記事を翻訳したという。

明治四十年刊行の『露西亜文学研究』は、まとまったロシア文学紹介の嚆矢《こうし》といわれ、つづく『露西亜現代代表的作家　六人集』（明治四十三年）は、とりわけ青年層の反響を呼び、日本近代文学に影響をもたらしたといわれている。昇は精力的にトルストイ、ドストエフスキー、ゴーリキーなどをはじめとして近代ロシア文学を多数翻訳したが、ロシアの民俗、民話、ロシア・アヴァンギャルドなど芸術にかんする著作も多く執筆し、大正四年から陸軍士官学校、早稲田大学などで教鞭をとった。日本にロシア文学を普及させた功績はいまも高く評価されている。

ロシア革命の二年後の大正九年にロシア極東地方を旅行。翌十年、内務省の命により駆逐艦に乗船して、樺太、ニコラエフスク（一九二〇年〔大正九〕におきた赤軍パルチザンによる住民虐殺事件「尼港事件」の地）を視察。十二年の夏から秋にかけてもロシアを訪問していて、ロシアの地をじっさいに知るかずすくない文学者だった。

彼は、奄美の歴史・民俗研究者としても先駆者であり、神学校在学中の講演「薩南大島の話」が『人類学会雑誌』（明治三十五年六月号）に掲載されている。柳田國男が主宰した「南島談話会」にも参加し、伊波普猷、東恩納寛惇との親交もあった。昭和二年に『奄美大島と大西郷』を刊行。民俗研究の雑誌『旅と伝説』（昭和三年創刊）にもたびたび寄稿し、奄美諸島の歴史概説書の古典的名著といわれる『大奄美史』を刊行するのは昭和二十四年。「東京奄美文化協会」会長に就任し（昭和十五年）、戦後は奄美諸島の本土復帰運動の先頭に立つことになる。

首里の宴会にくわわった大正十三年の夏に、昇ははじめて沖縄にきたのだが、ちょうどこのときの那覇市長は奄美大島・名瀬出身の麓純義《ふもとすみよし》であり、彼からさそわれたのかもしれない。この夜、昇がどんな話をしたのかは記録されていないのだが、このスケールの大きな人物の話にみなが聞き入ったのではないだろうか。

伊東が感嘆した舞踊「諸屯」は、昇の故郷・加計呂麻島の地名であり、諸屯節の歌詞は琉球から派遣された役人と島の女性の恋をうたったものだとされる。諸屯は、白い砂浜がひろがり、デイゴの並木がつづく美しい地だが、ここに琉球兵との戦いの伝説が多く残っていた。

十六世紀に琉球と奄美の島々の隣交関係は服属関係に転じ、琉球からやってきた役人たちは統治を徹底させたが、奄美側はたびたび反乱を起こす。一六〇九年の島津氏侵攻によって奄美諸島は薩摩の直轄地となり、さらに困難な歴史を歩んだ。奄美から琉球を見るまなざしは批判的なのも事実だが、近代以降、民俗研究などで沖縄の研究者との交流もさかんになっていた。

昇は若きサムライの舞「二才踊」をとくに楽しんでいたといい、みずから「郷里の俗踊一番」を手振りもかろやかに踊り、座を大いににぎわせたそうだ。奄美の宴のおわりにかならず舞われる「六調《ろくちょう》」だろうか。場がぱっと華やぎ、明るい余韻を残して、客人はそれぞれ帰路についていった。

首里の一夜を楽しんだ伊東だが、それから数日間、台風はいっこうにおさまらないなか、連日調査に出かけた。今帰仁《なきじん》（本島北部）に自動車でむかうものの、まだ道路が整備されておらず、浦添《うらそえ》付近で立ち往生してしまい、徒歩に切り替えて浦添城跡と「浦添ようどれ」（王陵）にたどりついた。べつの日、伊東いわく「速力の鈍いことでは恐らく日本第一流」の沖縄県営鉄道・嘉手納線（大正十一年開業）に乗車して大山駅（宜野湾村）で降り、それから旅客馬車に乗って普天間、北谷《ちゃたん》（本島中部）に行く。かぎられた日数だが、本島内を精力的に調査した。

伊東は沖縄を去る前日、中城御殿や、尚順邸などに別れを告げに行き、「家宝」や「幾百点の書画骨董」を見せてもらった。こうして、約三週間の沖縄滞在をおえた彼の旅行鞄は、おみやげでいっぱいになった。尚家から染織品や漆器。尚順から古瓦、陶磁器、染織品や工芸品。首里市役所から地図や多数の書籍類、石碑の拓本――。とくに伊東をよろこばせたのは、県立一中教師の坂口総一郎（和歌山出身）からおくられた、エラブウナギ、蛇、巨大な蜘蛛、蛙、ヤモリ、貝、蝶などの標本だった。八月二十日、伊東は那覇港を発つ。

余は近き将来に於いて是非今一度琉球に行かねばならぬ。そして今回見残した沖縄島の各地方、宮古八重山一帯、奄美大島の一群も視察しなければならぬ。そして幾多の新しい知識を得て、今回の遺漏又は誤謬を訂正しなければならぬ。斯くて余の琉球研究に一段の改善が加えられなければならぬのである。

けれど、残念なことに伊東が沖縄に行く機会は二度となかった。それでも首里城一帯を国宝指定させ、首里城正殿修理工事にかかわり、弟子たちに本格的な琉球建築調査を指示するなど、伊東と沖縄のかかわりはながくつづく。

龍樋の水に洗われて

伊東が沖縄を去ってから、鎌倉は写真撮影に集中した。寺院、王家、旧家を連日訪問して、建造物、仏具、絵画、工芸品、陶磁器など、一日で数十点の撮影をこなすこともあった。工芸品などは対象物を精確に写そうと、背景に白い布地を置くなど工夫をしていて、光線もじゅうぶんに計算されている。対象のモノを撮るとき、それがどのような構造なのかをあきらかにするための注意が払われているのは、彼が絵を描く人だったからだと思われる。漆塗りの箱ひとつにしても、蓋とどう組みあわされているのか、装飾はどの位置にほどこされているのか、などこまかく目をくばっているのは、デッサンによって培われた感覚だろう。また建造物は、何時ごろの光線がもっとも効果的なのか、何度かかよってたしかめてから撮影にのぞんだと思われ、ぜんたいの構造、木や石の組まれかたなどがよくわかるように撮影している。工芸品などはこまかく実測し、寸法をノートに記録していて、その緻密なことにおどろく。記録としての写真であると同時に、写真作品としてもすばらしい完成度だ。

鎌倉は約一年間の沖縄滞在で「千五百点」、あるいは「二千点」の撮影をしたという。撮影したガラス乾板は寝起きしている首里市役所の暗室にもち帰り、夕方から夜まで現像作業に没頭した。首里市役所前にある師範学校の寄宿舎の風呂場に「龍樋《りゅうひ》」（首里城・瑞泉《ずいせん》門左下に湧出する泉）から引いてある水が流れていて、この水を乾板の洗浄に使った。龍樋の水は清冽で、冊封使が滞在していたおりには飲料水として供されたといい、「水の都」首里がほこる水だ。

美校の森芳太郎教授の「特訓」を受け、最新の技術をみずからのものとした鎌倉。夜も深まっていくなか、こんこんと湧きでる龍樋の水を産湯として、ガラス乾板に浮かぶ画像。二十六歳の彼はどんな思いで見つめたのだろうか。このとき写された王国時代の建造物、美術品の大半が沖縄戦でうしなわれることになるとは、だれも予期していない。

夏の首里は、ほたるが飛び交う。汗びっしょりになった彼を癒すように、ほたるの光はやさしく瞬いただろう。

やがて沖縄に秋がやってくる。

十八代尚育王御後絵
（撮影：鎌倉芳太郎　沖縄県立芸術大学附属図書・芸術資料館所蔵）

第五章　さよなら麦門冬《ばくもんとう》

雨の首里の坂道

首里の町は雨のなかにけむっていた。大正十三年十一月十八日、午後六時すぎ。南国とはいえ、風はつめたく、空は暗い。首里の坂道をおおう木々も雨に打たれ、ざわんとゆれる。石畳の道は雨水が走り、歩くのもこころもとないほどだ。あたりの屋敷の高い石垣が坂道一帯をいっそう暗くし、ざあざあという雨音がわびしさをいっそうつのらせる。

雨をななめに避けながら、ふたりの男が寄りそうように坂道を歩いている。末吉麦門冬と、彼を兄と慕う比嘉朝健《ひがちょうけん》だ。

朝健は、麦門冬の十二歳年下の二十六歳。那覇有数の裕福な貿易商の息子として生まれ、実家が絵画の名品や、王国時代からの工芸品を多く所蔵していたこともあり、美術への関心が深まっていった。大正七年、二十歳のころに東京の雑誌『文章世界』に投稿して文才を見せているが、このころ新聞や雑誌で健筆をふるう麦門冬と知り合ったと思われる。大正九年に麦門冬が『沖縄タイムス』に入社すると同時に朝健も同紙の記者となり、のちに琉球美術史研究の道へとすすむ第一歩となる。朝健は、鎌倉芳太郎と同年生まれだが、鎌倉は朝健の家にも数度訪れて、比嘉家所蔵の絵画、漆器などを見せてもらっているのは、麦門冬の紹介によるのだろう。

雨の夕暮れ、麦門冬と朝健がめざすのは首里桃原町《しゅりとうばるちょう》の尚順屋敷だ。ふたりの気が重いのは、天候のせいばかりでなく、尚順へ頼みごとをしなければならなかったからだ。

それは県立図書館館長の人事についての用件だった。すでに伊波普猷の上京は決定的となっていて、その後任はだれがなるのか、とりざたされている。伊波は、図書館でともに語り合った麦門冬と真境名安興にまかせることを期待しており、新聞でもこのふたりが適任だろうと論じられてはいるが、もうひとり、麦門冬の先輩格のジャーナリスト・太田朝敷《おおたちょうふ》が図書館長を希望しているとのうわさもあった。

そこで、政界に力をもつ尚順を訪ねて、図書館長後任として麦門冬を後押ししてほしいと頼むことにしたのだった。けれど、麦門冬はかつて尚順と激しく対立した仲だ。麦門冬は首里生まれではあるものの、ジャーナリストとしては〈平民派〉の「那覇派」として歩んできた。かつて尚順らが創刊した〈首里派〉の『琉球新報』に一年半在籍したこともあるが、けっきょく「閥族打破」を訴え、旧支配層を批判して退社した経緯がある。その相手に頼みごとをしなければならないのだから、重い気持ちになるのはむりもない。

そんな麦門冬の心情をさっして同行したのが朝健だった。朝健の父・次良《じろう》は那覇士族の出身で、中国・福州から茶の輸入をしたり、砂糖販売をしたりするなど活躍した実業家であり、尚順らとともに海運会社を設立してもいる。比嘉家所蔵の美術品のなかには、かつて尚家が所蔵していた品もあり、尚家との関係も深い。その父は大正八年に死去していたが、朝健は父としたしかった尚順を訪ね、麦門冬の館長就任には反対の立場であろう彼の「頑なに閉ざされた心を叩いて見よう。そうすれば開かれん事もなかろう」と、麦門冬の背中を押したのだった。

ふたりが静まりかえる邸の応接間で待っていると、尚順があらわれ、二日後に上京をひかえていて忙しいけれども、せっかく那覇からきてくれたのだから「今晩は遅くまでお互いに話をしよう」といってくれた。対立する立場ではあっても、尚順は「系図座」をつとめた麦門冬の父、そして王府の高官を輩出した末吉の家系をよく知っており、麦門冬が琉球・沖縄へのあつい思いがあって記事を執筆していることを理解していた。尚順邸を訪問する客は多数いたが、尚順は文学や芸術の話をできる相手をえらんでいたという。

麦門冬は「静かに郷土研究の立場から諄々としかも熱情の籠った話」をする。それを聞きおえた尚順は、麦門冬の館長就任の件を「まあ安心していたまえ」と請け合い、そのあと、料理と酒をふるまい、もてなしてくれた。夜も深まるなか語り合い、十二時ちかくなって辞去するとき、尚順はふたりのために、よほどの客でなければ開けない正門を開けさせている。麦門冬らを正客として遇したのだった。

いとまを告げたふたりは真っ暗な坂道をくだってゆく。ふりむけば尚順家の下僕がかかげる提灯が見える。その道すがら、若い朝健は尚順に頭をさげたことがなんだか悔しくて「政治家の訪問みたいで嫌なこった」との言葉を吐き出す。すると麦門冬は、身にそぐわないことをした気持ちを「くすぐったぁねえ」とひとことでいった。内心は「閥族打破」を訴えた血気盛んな若いころとはちがうじぶんを自嘲したのかもしれない。

首里の停車場で、麦門冬は路面電車（沖縄電気軌道）の最終便で那覇に向かい、朝健は人力車に乗って別れた。――それが、朝健がさいごに見た麦門冬だった。

つめたい海の底に

それから十日ほどたった日、麦門冬は小橋川南村《こばしかわなんそん》を訪ねる。麦門冬を新聞記者にさそった南村は、親しい文学仲間であり、縁戚でもあるが、このころ那覇市議会議員をつとめ、砂糖委託商組合の常務理事の職にもあった。

麦門冬が南村を訪ねたのは、借金の申し込みのためだった。妻・真松をその年の二月に亡くしていらい、ひどく気落ちしていた麦門冬は友人のすすめもあり、再婚を決意。娘が四人も残されていて、どうしようもなかったのだろう。図書館長の件で尚順に面会したのも、生活を立て直さなければという思いもあったはずだ。すでに再婚相手もきまっていたのだが、新妻を迎えるためにもお金が必要であり、南村に借金を頼んだのだった。

砂糖委託商組合の事務所は、那覇港北岸の通堂町《とんどうちょう》にある。王国時代は、冊封使がさいしょに上陸し、歓待のセレモニーがおこなわれた場所だが、大正期になると人と物があつまるにぎやかな地区に変貌していた。銀行、商工会議所、新聞社などがあり、沖縄の基幹産業である砂糖の倉庫がならんでいる。沖縄各地で生産された砂糖は砂糖樽に詰められ倉庫街まで沖縄県営鉄道（通称・軽便鉄道）で運ばれ、本土への船便に積みかえられた。通堂一帯は鉄道のゴトゴトという音がひびき、周辺は荷馬車や人力車が行き交う。さまざまな仕事に従事する者たちを相手にした安い飲み屋、さらに商人や役人が使う料亭なども軒をつらねていた。

夕方ちかく麦門冬を迎えた南村は、借金の件を快諾し、今夜は一杯やろうということになった。事務所のすみで南村の仕事がおわるのを待ちながら、麦門冬は呑みはじめる。五時半ころには陽が落ちた。南村は、事務所の戸締りをするので、すぐに行くから通堂橋で待っていてくれと麦門冬に声をかけた。

さきに事務所を出た麦門冬を追った南村が通堂橋に着くと、彼のすがたが見えない。どうしたのだろう、と思いつつも、待ちくたびれてどこかで呑んでいるのかもしれないと考えた。長い付き合いになる南村は、気落ちしていた彼を今夜はそっとしてあげようと気遣ったのだろう。

ところが、数日しても麦門冬は自宅にもどらなかった。

十二月に入り、南村ら友人たちは不安をつのらせる。そのとき、警察署からの知らせが届く。三日ほど前に、那覇港内で水死体を発見したが、身元がわからず無縁墓地に埋葬したというのだ。南村は、麦門冬の長女（生後まもなく他界した姉がいるので、事実上は次女になる）・初枝（十三歳）とともに警察署に駆けつける。

亡きがらをたしかめると、変わりはてた麦門冬だった。

あの夜、酔った足取りで南村を待ちながら、足をすべらせたのかもしれない。近代的風景と騒音にかこまれた通堂町。町のざわめきのなかで、ひとりつめたい海の底に沈んでしまったのか。

おおらかな人柄で、だれにでもにこにこと笑いかけた。書籍にかこまれた部屋で読書にあけくれ、琉球の歳月をいきいきと語った。人に愛され、人を愛し、多くの人たちに力を貸した。その人が三十八歳の若さで世を去ってしまうなんて。

十二月十一日。『沖縄タイムス』に告知が掲載された。「本社主筆　末吉安恭君逝去　一昨日葬儀相営候」。同紙に二週間にわたって麦門冬への追悼文が掲載され、なかでも伊波普猷の文は痛切きわまる。

末吉君は実際死んだのか。今にも何処からか帰って来るような気がしてならない。
あれだけの知識が一朝にして消失したのは耐えられない。ことにそれが彼の頭の中に醞醸《うんじょう》して何物かを創造しようとしていたかと思うとなおさら耐えられない。
末吉君は私が蒐集した琉球史料を最もよく利用した人の一人だった。十五年間の私の隠れ家であった郷土資料室を見棄てるに当たって、私は君と笑古〔真境名安興〕兄に期待する所が多かったが、突然君に死なれて、少なからず失望している。（略）
彼の急死を目撃して、大なるショックを感じた。実際自分の事業を完成しないで墳墓に這入るのは耐えられない。ただ生きているということは、生きながら墳墓に這入っているのも同様だ。（略）
私は死にたくない。どんなことがあっても、生きて行こう、自分の生命の成長するまでは、そして死ぬ時分には、たとい郷里の墳墓に葬られなくとも、郷里の人たちの頭の中に葬られるようにしよう。

末吉君の死は私に大いなる刺戟を与えた。遠からず放浪の旅に上ろうとする私は感慨無量である。


伊波は、この追悼文を、麦門冬とともに論じ合い、笑い合った県立図書館でしたためた。ひっそりとした図書館に差しこむ冬の淡い光のなかで、涙を流す彼がしのばれる。

伊波が沖縄を去るのは、先述したようにさまざまな理由がある。けれど五十歳を目前にした伊波が「私は死にたくない」といい、研究を成就させる決意を決定的にしたのは、麦門冬の死だろう。このころきびしい批判にさらされていた伊波は、「郷里の墳墓に葬られ」ないことを覚悟した。それでも、いつか「郷里の人たちの頭の中に葬られ」ることをのぞみとして、伊波が上京するのは、翌大正十四年二月のことだ。

県立図書館館長は、真境名が就任した。真境名は麦門冬の死の三週間ほど前に彼の住まいを伊波月城（普猷の弟・ジャーナリスト）とともにおとずれ、「清談に夜を更かし」ていた。麦門冬の死による損失はあまりに大きいと嘆く追悼文を寄せた彼は、沖縄で研究をつづけ「書物を愛して、一生送った学徒」として生き、昭和八年に没する。五十八歳。

東京にいる東恩納寛惇は、麦門冬と顔を合わせたのは帰郷したおりの一度きりだが、つよく印象に残り、東恩納らしいあざやかな言葉で追悼した。

末吉麦門冬（右）と小橋川南村（左）（末吉家提供）

麦門冬に対する自分の印象は、向日葵を連想させる。黙々として垣根の裏に力強く咲いている花、輪郭の大きいボッとした花、満州や蒙古の荒原にでも咲きそうな花。併しながら彼は遂に床の間の飾りとはならなかったのである。

彼の生涯は障子の陰を通った大人のような気がする。素通りではあったが影は大きかった。開けて見るともういない。

（「野人麦門冬の印象」）

折口信夫は二度の沖縄訪問で麦門冬の協力を得たが、彼を「島の旧伝承の生きた大きな庫」であるといい「私たちが幾らも其知識を惹き出さない間に、那覇の入り江から彼岸浄土《ニライカナイ》の大主神《ウフヌシ》が呼びとって了うた」（「若水の話」）と、死を惜しんだ。

多くの人に鮮烈な印象を残した麦門冬の追悼会が、十二月十四日、那覇の真教寺でいとなまれた。参列者は「各方面を網羅し」て百数十人にのぼり、「心からの哀悼」をささげた。

麦門冬の死を鎌倉はどのように受けとめたのだろうか。葬儀や追悼会に参列しているはずだが、死の直後のことを書いた文章はみつかっていない。

彼の〈鎌倉ノート〉は、調査研究のメモ、古文書の筆写などが大半で、私的な思いをつづったものはほとんどなく、例外的といえるのが関東大震災のさなかに書いた文章だ。おそらく、このフィールドノートのほかに、鎌倉は日記を書いていたか、感情を吐露するようにしたためたノートがあったと思われる。「白樺派」に傾倒した大正期の多感な青年として、書いていないとは考えられないけれど、そうしたノートは現在残されていない。戦争末期、東京の鎌倉の自宅が空襲にあい、大量の史料、書きためた数千枚の原稿がうしなわれたが、そのなかにあったのかもしれないし、若き日のなまなましい記録を鎌倉じしんが処分した可能性もある。

けれども、麦門冬の死は、鎌倉にとって激しい衝撃であったのはまちがいない。彼と会わなければ、琉球芸術研究の道を歩むことはなかったし、文献や多くの人と出会うこともなかった。このさきも、彼に教えを受けながら調査研究をつづけられると信じていただろう。

鎌倉の麦門冬への深い思いをしのばせるのは、彼の死から約半世紀をへた昭和四十七年である。この前年に、鎌倉が大正末期の沖縄で撮影していたガラス乾板の存在があきらかになり、琉球政府立博物館、サントリー美術館（東京）で大規模な展覧会が開催される。それにさきだち『沖縄タイムス』（昭和二十三年創刊。麦門冬が主筆をつとめた同名紙とはべつのもの）紙上で、鎌倉の写真と文による「五十年前の風物詩」の連載がはじまった。

その第一回目に鎌倉がえらんだのは「那覇の松並木」である。那覇の丘の上からのアングルで、下にひろがる赤瓦の家と松並木をとらえた写真だ。

そのころ沖縄タイムス社の近くに主筆の麦門冬末吉安恭氏の書斎があって、時々遊びに行って、ちょっぴりお酒を飲んでから二人でよくこのあたりを散歩したものである。そこから見る松並木は美しかった。麦門冬はどちらかというと無口で膚で感じあう人であった。秋のころ、この墓地のある丘のあたり、すすきが白い穂をなびかせ、ポツンと妻をもらうといってこちらを向いた丸い大きな顔は今も忘れない。彼が海に落ちてこの世にいなくなってしまってからは、この松並木にはその顔が二重写しになって、そんな気持ちでこの写真を撮った。

（昭和四十七年一月二十九日付）

麦門冬が世を去り、伊波も上京した。このとき沖縄はひとつの時代の区切りを迎えたのかもしれない。

比嘉朝健と鎌倉

あの雨の日、尚順邸を麦門冬とともに訪問した比嘉朝健は、その夜のことをくわしく書き、『沖縄タイムス』に追悼文として寄せ、その後は麦門冬の遺志をつぐかのように琉球美術研究をつづける人生を歩んだ。二十八歳、昭和元年ごろ上京し、東京帝国大学史料編纂所掛となる。美術雑誌『アトリエ』、『国華』、『塔影』、『美術研究』などに琉球の絵画、彫刻、陶器などの論考を昭和十三年まで発表しているのが確認されていて、論考に「家譜」をもちいるなど麦門冬の影響が読みとれる。けれど、そののちの足取りは不明だ。一時沖縄に帰郷したようだが、ふたたび上京し、昭和二十年に奈良で病死。四十七歳。東京の沖縄研究者との関係をほとんどもたず、独身であったという。

どこか孤高の翳におおわれている朝健は、麦門冬とおなじく、まとまった著作を残さず、東京での活動時期が長かったことから評価がさだまるまでに時間がかかったけれども、近年、もっとも初期の「琉球芸術研究者」として沖縄での再評価が高まり、人物研究がすすめられている。

その朝健の甥にあたるのが、画家・脚本家・作家として活躍した山里永吉（明治三十五年生まれ）だ。上京し、日本美術学校に学んだが、大正十三年に中退。このころ、村山知義（画家・劇作家・ダンサー・建築家など多彩な表現活動をした）らが結成した先端的美術グループ「MAVO」同人となっている。帰郷後の山里は琉球美術、琉球史研究者としても知られたが、小説家、劇作家としても活躍し、とりわけ二十七歳のときに執筆した史劇「首里城明渡し」（昭和五年初演・那覇大正劇場）の戯曲が名高い。

朝健の才気の血脈をこの甥がついだのかもしれない。山里は昭和十年代末、尚順の家に週に四日も招かれて夕食をともにしながら骨董談義に花を咲かせ、尚順の晩年をつぶさに見ることになる。

ところで気になるのは、朝健と鎌倉の関係だ。

ともに麦門冬を慕った同年齢のふたりだが、鎌倉の美術教師時代、そして麦門冬の死の三か月後にも、鎌倉は比嘉家を訪問して絵画や工芸品の調査をしていた。それなのに、たがいのことをほとんど書いていないのは、おなじ研究テーマをもつからこそのライバル心があったのだろうか。

麦門冬の死からまもない大正十四年一月、鎌倉は『琉球新報』で「円覚寺壁画再考」の連載をはじめた。それまで麦門冬の支援があって『沖縄タイムス』に執筆してきた鎌倉だが、旧支配層による〈首里派〉の新聞にも書くようになったのである。また同月、〈那覇派〉の『沖縄朝日新聞』も彼の調査を大きく報道している。その見出しは「偉大なる琉球芸術の価値を世界に紹介する　啓明会の事業と鎌倉氏の努力」。記事は、鎌倉がとりくんでいる「琉球文化史の根本体系」の内容を紹介し、調査終了後に啓明会から『琉球芸術大観』として刊行される予定だとあるけれども、この本が刊行されることはなかった。

ふたつの新聞への登場は、鎌倉が沖縄でひろく認知されだしたことをしめしている。伊東忠太の来沖が契機となって、首里城取り壊し阻止のいきさつが知られ、伊東の共同研究者である鎌倉が注目されたのだった。二月末には「古琉球の美術」展（首里市教育部会主催）が開催され、鎌倉撮影の写真数百点の展示とともに講演もした。さらに鎌倉は郷土研究会のメンバーとなり、このほか県庁でひらかれた首里城保存の協議会に参加するなど、その活躍は華々しい。

そんな鎌倉を朝健はどのように見ていたのだろう。麦門冬の死の衝撃から立ち直れなかっただろう朝健は、麦門冬の死後、琉球芸術研究の第一人者と目されるようになった鎌倉との距離をとるようになったと思われる。王国時代からの美術品にかこまれてそだった朝健。鎌倉が麦門冬に会ういぜんから兄のように慕ってきた彼にとっては、琉球美術を真に理解するのはじぶんだという自負もあっただろうし、潤沢な資金をもち、伊東の権威を背景に王家の調査も可能になった「ヤマトンチュー」をこころよく思わないのもいたしかたない感覚だとも思える。それでも、ふたりとも亡き麦門冬の研究を発展させたいという気持ちではおなじだったはずだ。鎌倉のノートには朝健執筆の新聞記事が貼りつけられているのだが、麦門冬の死から時をへてしたしく語り合うこともなくなったようだ。

民芸運動との距離

鎌倉が注目されはじめた大正十四年一月から三月にかけて、沖縄に滞在していたのが陶芸家の濱田庄司《はまだしょうじ》で、鎌倉はこのとき濱田に会っていた。

「白樺派」を母体とした「民芸運動」の中心的人物となる濱田だが、「民芸」（民衆的工芸）という言葉が誕生するのは、大正十五年春、柳宗悦《やなぎむねよし》、河井寛次郎《かわいかんじろう》（陶芸家）との伊勢旅行の汽車のなかだとされるので、このときはまだない。けれどもすでに濱田は沖縄の陶芸に魅せられていた。

濱田は明治二十七年生まれ。実家は東京・芝明舟町だが、母親の里の神奈川県・溝の口で出生。絵の好きな少年は府立一中に進学し、在学中に銀座の画廊でバーナード・リーチの陶芸作品に接したことが陶芸にすすむきっかけになった。

リーチは一八八七年（明治二十）英国人の両親のあいだに香港で生まれたが、母の死去により母方の祖父（京都で英語教師をしていた）にひきとられ、日本でそだち、シンガポールに転居。ロンドンの美術学校在学中、留学していた高村光太郎と知り合ったのをきっかけに明治四十二年に再来日した。柳宗悦ら白樺派のメンバーと親交をもち、大正五年、柳、志賀直哉、武者小路実篤らがコロニーを形成していた千葉県・我孫子の手賀沼のほとりに暮らし、作陶生活をはじめた。

濱田は一中在学中に陶芸の道にすすむことを決め、東京高等工業学校窯業科（蔵前）に進学し、上級生の河井寛次郎としたしくなる。卒業後の大正五年、河井がいた京都の陶磁器試験場に入り四年をすごすが、このあいだの大正七年の夏、河井にさそわれて沖縄を旅し、琉球陶器の一大生産地・壺屋《つぼや》（那覇）を訪れたときのことをのちに書いている。

早速、壺屋の新垣栄徳《あらがきえいとく》〔陶工・明治二十四年生まれ〕氏へ案内された。壺屋の道は古風な石垣に囲まれ、曲り角には今も残る熔樹《ガジュマル》があって、今と同じように子供達が登っていた。小さな池もあって、白い家鴨が泳いでいたが、赤いとさかが珍しかった。細工場の前は見渡す限り砂糖黍畑が拡がっていた。

私達は細工場に立ち入り、縁側に腰かけ、台所を覗き、女達の候う文体の会話を耳にして、裏も表もないありのままの暮らしに強くうたれた。京都の陶家のように技法を隠して守ろうとする匂いは少しもない。蹴轆轤《けろくろ》の形作りでも、釉の合わせ方でも何という爽やかさで片付けられているのだろうと羨ましかった。（略）

幸いなことに壺屋の人達はみな仕事が好きだ。指図を待たず実によく働く。子供達まで小学校帰りの一群が、そのうちの誰かの仕事場に入ってきて、鞄を投げだしたまま頼まれもしないのに年嵩の者が輪郭を彫ると、次の者が細部を足し、一番幼いのが絵を浮かすために余分の土を取りさる。見ていて私はほほえましかった。仕事の根になる暮しが、私達とは較べものにならないほど強く生きているのを想わせる。　（『無盡蔵』）

琉球・沖縄の陶器は肌ざわりがあたたかく、独特のかたち、紋様がいかにも南国ののびやかな空気をあらわしている。淡いグレーの皿に描かれた朱色やブルー、茶色の魚、唐草。酒器のカラカラ、抱瓶《だちびん》のかわいらしいフォルム。こぶりのどんぶり、まろやかなかたちの水差し――。王国時代の琉球陶器は、じつに繊細で美しく「民芸」とくくられるには違和感があるし、濱田が目にした壺屋の陶工たちも素朴さをかたちにしたのではなく、やはり「美」への探求心がつよくあったはずだ。

壺屋は、十七世紀末、琉球国内の各地にあった窯場を王府が統合して操業がはじめられた。ここで琉球の焼物の歴史をふりかえってみる。

琉球諸島の土器文化は紀元前四七〇〇年にさかのぼり、九州との人的、物的交流のなかで発展したといわれる。十二世紀には海外の陶磁器が琉球にもたらされたといい、十四、五世紀、琉球王国の交易がもっともさかんな時期は東アジア屈指の焼物集積地となった。海外製のみごとな焼物にかこまれた琉球では十六世紀末まで土器を中心につくり、沖縄本島各地に窯場があった。

琉球窯業史の変革は、一六一六年に薩摩から招聘した三人の朝鮮人陶工による技術指導が「湧田窯《わくたよう》」(那覇)でおこなわれたことである。文禄・慶長の役(一五九二―九八年・豊臣秀吉による朝鮮出兵)に出陣した薩摩藩主・島津義弘は朝鮮人陶工数十人を連れ帰り、藩の保護のもと「薩摩焼」を生みだしたが、琉球にやってきた朝鮮人陶工はこの流れをくむ。

こうして琉球でも陶器が生産されるようになり、こののち琉球人陶工が薩摩、中国に留学して技をみがき、さらには東南アジア諸国の技術も採り入れていく。

湧田窯のほかに、知花窯《ちばなよう》(沖縄市)、宝口窯《たからぐちよう》(首里儀保)などがあり、これらが壺屋に統合されて技術が引きつがれ、十八世紀なかばに、「登り窯」(連房式の窯)の技術が伝えられた。琉球王府の美術・工芸の専門部署「貝摺奉行所」のなかに陶器や瓦の製作部門「瓦奉行」がおかれ、絵画や染織と同様に作家の保護・育成をはかった。

壺屋では専門陶工がはばひろい層にむけた焼物を生産した。琉球国内で消費される一般雑器として、碗や鉢、水甕、保存用壺などを大量生産するいっぽう、士族層や富裕層むけの焼物、さらには宗教儀式にもちいられる祭具や酒器もつくられた。琉球王国崩壊後も壺屋は陶器生産地として存続し、大正期には本土にも壺屋陶器のコレクターもあらわれていた。

柳宗悦は大正五年と九年に朝鮮旅行をし、朝鮮陶磁研究家・浅川伯教《あさかわのりたか》との出会いをつうじて朝鮮美術への関心を深め、十三年に京城(ソウル)に朝鮮民族美術館を設立。関東大震災をきっかけに京都に居を一時うつしたが、しだいに日本国内の地方にも目をむけていくのは、

「浅はかな西洋化」をきらったリーチの影響も濃いだろう。白樺派は「ハイカラ趣味の啓蒙的文明論」を牽引したが、やがて「東洋の美」「純粋の美」「生活の美」を称揚するようになり、そのまなざしのなかに「琉球の美」もあった。

リーチは大正九年に帰国するとき、濱田をさそい、ともにイギリス西南端コンウォール地方の港町、セント・アイヴスに陶房をかまえた。濱田は渡英三年目にロンドンのギャラリーで個展をひらくなどして大正十三年に帰国。まもなく、柳、河井らとともに京都の道具屋などを歩き、日用の皿やそばちょこなどをあつめだす。

初めのうち私たちは、こうした品々を下手物と呼んでいた。もともとは一般に芸術品として尊重されている上手物に対する言葉で、庶民の生活具としての工芸という意味であった。

(『窯にまかせて』)

この「下手物」をあたらしい言葉で表現したのが「民芸」だ。

大正十三年末、濱田は見合い結婚をしたが、実家は関東大震災で焼失しており、「どうせ家がないのだから、暖かい沖縄に行って正月を過ごそう」と、十四年一月に新妻とともにふたたび沖縄・那覇にやってきて、家を借り、壺屋の窯を見て歩いた。当時三十歳。

鎌倉は濱田の沖縄滞在を知って訪ねたのだろう。彼の調査項目のなかには琉球陶器もふくまれており、前年の秋に集中的に琉球陶器調査をしている。尚順家や首里や那覇の旧家や寺を訪ねて、土器や陶器、仏具をスケッチし、多数の写真撮影もしていた。

濱田には技法にかんすることなどを尋ねたと思われる。鎌倉は、濱田の妻に手料理をふるまわれたといい、また、紅型宗家の知念家からゆずられた紅型型紙を彼に分けたとも書いているので、数回におよんで会ったはずなのに、それ以上のことはくわしく書き残していない。

鎌倉は、柳らの「白樺派」に影響を受けたひとりなのだが、「民芸運動」にかんしては一貫して冷ややかな態度だった。

「柳氏が人間の生活と自然の関連において、文化発祥の原点に立ち、日用雑器にまで用の美のあることを説いたのは正しい」としながらも、「(柳らは) 伝統技法にもとづく工芸を上手物といい、貴族的芸術として否定的立場をとっている」。だが、「琉球王国時代、染織工芸をふくめて、諸工芸は王国の一国統制経済体制下に計画的な産業企画の下に生産されたものである。この点から見ても、これはまったく柳氏説くところの民芸ではない」といい、柳らによる「下手物尊重の民芸的影響」が沖縄の染織品、漆工芸などの「巧妙精緻な技法」の衰退を招いた一因だと批判もした(「紅型とともに半世紀」昭和五十一年)。

鎌倉は、歴代琉球陶工を「家譜」などをもとにしらべたことが〈鎌倉ノート〉からもわかるが、のちに沖縄各地で中国製もふくめた陶磁器の発掘調査をし、「昔日の海外交易の繁栄を物語る陶磁、殊に青磁の破片」などを写真で紹介し、王国の史料を駆使しながら、琉球王国の交易史を解きあかす『南海古陶瓷《なんかいことうじ》』(昭和十二年)を刊行。「古琉球」時代の土器も探究しており、民芸運動とはまったくことなるアプローチで琉球の焼物をとらえようとした。

民芸運動の全国的組織「日本民芸協会」は昭和九年に設立され、柳は民芸協会同人らと十三年から十五年にかけて四回にわたり沖縄を訪問し、「民芸」品の調査・収集、史跡・文化財の視察、芸能鑑賞などをした。柳は雑誌『工芸』第百号（昭和十五年十月）に「琉球の富」と題する文章を書いた。その冒頭の「序」は、沖縄はすばらしい島なのに、よく知られていない、「沖縄に於いてほど古い日本をよく保存している地方を見出すことは出来ません。粗忽にも沖縄を台湾の蕃地〔未開の地〕の続きの如く思ってはなりません」といい、こうしめくくられる。

人々は今迄余りにも暗い沖縄を語り過ぎていたのです。私達は優れた沖縄を語りたいのです。それは私達を明るくし島の人々を明るくさせるでしょう。私達は実に多くの富に就いて語り合いたいのです。沖縄に就いて嘆く人々の為に、又此の島に就いて誤った考えを抱く人々の為に、又自国を余りに卑下して考える土地の人々の為に、そうして真理を愛する凡ての人々の為に、此の一文が役立つことを望んで止まないのです。

沖縄には「古い日本」があるという視点、台湾への差別的まなざし、そして沖縄人がじぶんたちの文化を「卑下」しているという指摘――。やわらかい言葉ではあるけれど、彼らのどこか高慢な匂いと「啓蒙」的姿勢を感じずにはいられない。

柳は、染織品や古典舞踊、首里の町、墳墓、また琉球言葉、琉球文学などに驚嘆するけれども、なかには柳が否定する「貴族的芸術」に属するものもすくなくない。彼らは尚順にも会っているのだから、そのことはよくわかったはずだ。柳は独立国であった琉球王国の歴史にほとんどふれておらず、島津氏侵攻以降、幕藩体制に組み入れられたことも、暴力的であった「琉球処分」も語られることがない。工芸、芸能のみごとさを語るならば、王国の交易史、王府の工芸専門部署「貝摺奉行所」、「踊奉行」についても記述するべきだが、書かれておらず、琉球王国の階級社会にふれることもなかった。

昭和十五年、沖縄県学務部が「標準語励行県民運動」を展開していたことを柳らは批判し、一年におよぶ「方言論争」となった。それも「沖縄が日本の古語を数多く保有する随一の地方語」であるからであり、「県庁は率先して県民に沖縄語が日本語の最も価値ある地方語であるという誇りを与えねばならぬ」、「国民精神の振興は地方文化の否定を伴ってはならぬ」（柳、前掲記事）という主張だった。しかし、ウチナーグチは単一ではなく、地域、島々によってことなるという認識も彼らにはなかったのではないか。

沖縄県学務部は柳への反論を地元紙に発表する。「ソテツ地獄」以降、本土や海外へわたった沖縄人が標準語を話さないために差別されており、日本との「同化」をめざすことは沖縄県民の苦境を脱する方策であると訴えた。両者の論点は整理されないまま、「方言論争」となったが、沖縄側の反発の根に、「本土知識人」の優越的な態度への嫌悪感があったことは否めない。

民芸運動の面々は「琉球文化」全般をはじめてとらえ、本土に紹介したという自負があったようだが、すでに多くの沖縄人研究者、鎌倉らが調査研究をすすめている。次章でくわしく述べるけれども、大正十四年九月、東京美術学校での大々的な「琉球芸術展覧会」(啓明会主催)で多数の工芸品が展示され、沖縄人研究者とともに鎌倉は「琉球美術工芸に就いて」の講演をし、これはパンフレットとしても刊行されている。さらには昭和三年にも啓明会がふたたび展覧会をし、鎌倉が紅型についての講演をしていた。

沖縄では昭和二年に「沖縄工業指導所」が設置され、窯業・漆器・染色・機織の四部門で、技術・販路開拓指導がおこなわれた。それが功を奏したのか、このころから都内の有名百貨店では紅型、琉球陶器の展覧会がひんぱんに開催され、紅型の本も話題をあつめた。また東京などで琉球芸能公演がたてつづけにもよおされ、ラジオでも放送されていた。大正末から昭和初頭、大々的な「琉球ブーム」は民芸運動が沖縄に着目する十年前におこっていたのだ。

柳宗悦を中心とした民芸運動は、昭和十年代に大ブームを巻きおこす。学習院出身の柳(学友に尚泰の孫・尚昌がいた)がもつハイソサエティな雰囲気もブームの一因だろう。もっとも、「民衆的工芸」を発掘するという姿勢そのものが、一種の「貴族的趣味」、都会的センスだともいえるのだが、民芸協会が発行する洗練された文章とデザインの出版物はひろく受け入れられ、展覧会の開催、映画(「琉球の民芸」「琉球の風物」)製作もした。柳の立場はけっきょくのところ、琉球文化を「見る者」であり、それにたいして鎌倉の関心は、琉球文化が生まれるところ、生みだす人びとにあったといえるのではないだろうか。

もっとも民芸運動のメンバーが蒐集した染織品、工芸品は沖縄戦を逃れて、いまも「日本民芸館」（東京・駒場）に美しいまま保存され、展覧会を開催してきた。戦後の琉球・沖縄文化復興の機運のなかで、彼らが精神的支柱となったのも事実である。

鎌倉は、研究を深めながら論考を発表しつづけたが、やはり文章はかたくるしく、人びとに訴える魅力に欠け、研究者をのぞけば一般的に鎌倉の存在が知られることはほとんどなかった。そのうえ、民芸運動による琉球工芸ブームが盛りあがった時期の彼は、著作を刊行することもかなわず、啓明会の援助も終了していたために沖縄調査さえできずにいる。やがて戦争の時代になってゆき、私生活ではすでに結婚し、子どももいて、琉球芸術研究から一時はなれざるを得ない状況におかれていた。彼は琉球史の観点から民芸運動にたいして指摘したいことは多かったはずで、華やかな彼らに複雑な感情をもっていたのもわからないではない。

いっぽう濱田庄司は、益子（栃木県）で作陶生活をおくり、「私の陶器の仕事は、京都で道を見つけ、英国で始まり、沖縄で学び、益子で育った」といい、壺屋にその後もたびたび滞在して琉球陶器の伝統技法を採り入れた作品を生みだした。またバーナード・リーチも戦後、二度の沖縄滞在をし、壺屋で作陶をしている。

さらに染色家の芹沢銈介（明治二十八年生まれ・静岡出身）も民芸運動をになったひとりだ。芹沢は昭和二年に柳宗悦と知り合い、交流をつづけたが、翌三年、博覧会会場（大礼記念国産振興東京博覧会・特設館「民芸館」）で紅型にはじめて接したという。十四年、沖縄に滞在して紅型技法を学んだのち独自に発展させ、モダンなデザインの染色作品を発表。三十一年、紅型研究に没頭する鎌倉にさきがけて「人間国宝」（型絵染）となる。

鎌倉が晩年に精力をかたむけて執筆した『沖縄文化の遺宝』（昭和五十七年）を担当した高草茂（元・岩波書店編集者）は、十年にわたって週に一度、原稿を受けとりながら語りあったが、「鎌倉先生が民芸運動について話したことは、ただの一度もなかった」と話した。それは、あの比嘉朝健が、つよく意識していたはずの鎌倉についていっさい言及しなかった態度とどこか似ているようにも思える。

王の肖像画・御後絵の撮影

濱田と会った直後、鎌倉は琉球の「貴族的芸術」の頂点ともいえる絵画と対面した。大正十四年三月六日、首里大中の「中城御殿」におもむいた。

歴代琉球国王の肖像画「御後絵《おごえ》」の写真撮影がゆるされたのだ。

御後絵は、十六世紀初頭から十九世紀なかばにいたる約三百年にわたって描かれてきた、タテ・ヨコともにおよそ一・五メートルから一・九メートルの肖像画である。

画面の中央に「皮弁服《ひべんふく》」（国王の大礼服・中国皇帝から下賜される服）、「皮弁冠《ひべんかん》」（王冠）の国王が正面を見すえ、曲彔《きょくろく》（椅子）に腰掛けている。王のすがたは巨大で、左右に中国風衣装をまとった家臣団がひかえる。上部左右に、緞子がかかっており、香炉などの什器類がならべられた足もとには美しい紋様の敷物。

なんといっても、王の皮弁服の壮麗さに目をうばわれる。

たとえば、第十七代王・尚育（一八一三―四七年）の御後絵は、短い生涯を閉じた王の肖像画だが、あざやかな朱色の絹地に刺繍がほどこされた皮弁服をまとう。どっしりとした絹の質感、すべるような手ざわりさえ感じられる。金糸銀糸の華麗な刺繍。頭上の皮弁冠は宝石がびっしりと縫い付けられ、両耳に緋色の紐が垂れている。王の表情は、やわらかく、瞳はいきいきとしていて、その皮膚、赤みをおびた頬、眉、口もとから胸もとにかかる長いひげの一本一本が繊細に描かれ、ひげの下から衣装が透けて見える。

王の背景には細かく切った金箔が星くずのように散りばめられた。家臣団の顔は、ひとりひとりの個性が描きわけられ、さらにはていねいに描かれた足もとの香炉は金色、絨毯のような敷物の紋様――。王のまわりを彩る、雲、龍は躍動的だ。

絵のぜんたいに朱色、ミントグリーン、紺色、緑色、黄色、ブルーなどさまざまな色が使われていて、華やかでありながら落ち着きがある。琉球王国の美が御後絵にこめられているといってもいい。

御後絵は、王の死後に描かれた。記録によれば、王が死去した直後、首里城内の王のプライベートスペース「御内原《おうちばる》」に絵師が入ることがゆるされ、遺骸の顔をデッサンし、そのあと「御所院」で本制作にとりかかったという。御後絵を描いた絵師たちの名もあきらかになっている。「貝摺奉行所」に所属する絵師たちで、近世琉球絵画の名だたる絵師ばかりだ。御後絵の制作は最高の名誉なのだろう。御後絵は歴代の絵師によって何度かの修復もおこなわれており、ながく守られてきたのだった。

王国時代、御後絵はどのような意味と役割をもち、どのような場にかかげられていたのかは今後の研究をまたなければならないけれども、多くの研究者が指摘するように宗教画の匂いが濃い。

琉球王国崩壊後は、王家の菩提寺の円覚寺（首里）と、中城御殿で保管されていたが、一般の目にふれることはなく、年に一度の虫干しのさいに王家関係者が見ることができたといい、その数は二十点以上といわれる。虫干しの日は中城御殿の大広間に吊るされ、御後絵を閲覧することを「御後絵御拝《うぐいうがみ》」といったが、そのときには正装をし、ひざまずいて見るとさだめられていたといい、緊張した空気があったようだ。

御後絵の研究は、末吉麦門冬、真境名安興らが先鞭をつけていて、麦門冬の新聞連載「琉球画人伝」（大正十一年）、真境名の『沖縄一千年史』（大正十二年）にも記述があり、真境名の著書には御後絵のちいさな写真も掲載されている。その写真がどのような経緯で真境名に提供されたのかは不明であるけれども、はじめて世に紹介された御後絵だった。

鎌倉は、麦門冬、真境名らとの交友のなかで御後絵の存在を知ったのだろう。啓明会の補助による調査をはじめてから、たびたび中城御殿に行き、絵画や漆器の撮影をしてきたが、御後絵の撮影を熱心に尚家に依頼したと思われる。三月六日に実現した撮影は、年に一度の虫干しなどの機会だったのではないだろうか。王家の人間でさえ「ひざまずいて」閲覧する御後絵を、鎌倉ひとりのために用意するとは、とうてい考えられない。

その日、中城御殿で撮影することができた御後絵は十一点である。このほか王家の菩提寺・円覚寺にも御後絵があったというが、寺の住職が「信仰上絶対に他見を許さずという態度であった」ため、見ることができなかった。

中城御殿での撮影は、とくべつな意味をもつことになる。そののち沖縄戦で御後絵のすべてがうしなわれてしまい、いまに伝えるただひとつの画像となるからだ。撮影のようすを鎌倉が書いている。

この大幅の画像を写す場合、普通の室内ではどうしても上方が暗くなるので、考えて、南面する明るい室の障子をしめ、白い布を窓側に吊るして室内の光景を均質化し、多少暗くはなるが、それだけシャッターを閉じるまでに時間をかける。結果は上々であった。
（「失われた沖縄」）

タテ・ヨコ一・五メートル以上の御後絵を十一点。その撮影をたった一日でこなした鎌倉の撮影技術はみごとだ。四切（二四〇×二九〇ミリ）のガラス乾板に残された御後絵は、まったくブレがなく、ディテールのすべてがはっきりとわかる。刻々と変化する自然光のなかで十一点もの撮影をこなしたわけで、一点の撮影にかけた時間は数十分だったのではないか。このときの撮影メモを残しているが、残念なことに色彩についての記述がほとんどない。それを記録する余裕もなかったということだろう。こうして王のすがたはモノクロの世界におさめられた。

鎌倉に触発されたのか、このあと比嘉朝健らによって御後絵研究がすすんだ。鎌倉の撮影から約半年後、朝健と真境名安興が御後絵を閲覧し、朝健が『沖縄タイムス』紙上で「尚侯爵家御後絵に就いて」を連載（大正十四年十一月―十二月・全十八回）した。すでに帰京していた鎌倉だが、彼の御後絵写真が連載記事に掲載されているから、このころはふたりの関係がまだつづいていたのだろう。朝健は、上京後も雑誌『国華』、『美術研究』（昭和十年・十二年）に御後絵と、絵師たちについての論考を発表する。

鎌倉は、『世界美術全集』（昭和四年）で御後絵の写真を解説とともに紹介した。さらに戦後、昭和四十六年に彼のガラス乾板史料の全容があきらかになったことから、『沖縄文化の遺宝』の刊行へとつながってゆき、御後絵がひろく知られることになるのだが、その堂々たる王の肖像画のモノクロ写真は、圧倒的な存在感をはなつ。

大正十四年、沖縄にふたたび初夏がめぐってきた。この一年の調査・撮影は鎌倉にとって、なにより琉球・沖縄にとって、まさに「奇跡の一年」と呼ぶべき時間だった。――だけれど、末吉麦門冬は、もういない。

八重山大阿母前の神事正装
（撮影：鎌倉芳太郎　沖縄県立芸術大学附属図書・芸術資料館所蔵）

第六章　島々をめぐる旅
——八百キロの琉球芸術調査

琉球芸術展覧会

東京美術学校校長の正木直彦は、『十三松堂日記』と題する日記をつけていた。関東大震災から一年半がすぎた大正十四年五月は、朝から自宅に来客があり、さまざまな会議、公務が連日ある。美校にも彼を訪ねてくる人がひきもきらず、その合間に展覧会にでかけ、夜は芸術家や著名人たちとの会合があり、地方への出張も多い。

この日記に鎌倉芳太郎の名がたびたび出てくる。正木は鎌倉を気にかけており、琉球芸術調査にはなみなみならない関心をもっていた。大正十四年五月五日、前日に帰京したばかりの鎌倉と学校で会い、その日からたてつづけに「琉球研究の報告」を受け、「琉球にて蒐集せる染物類」や「陶器類」を見たり、「琉球花布〔紅型〕の研究談」を聞いたりしている。

鎌倉が美校入学当初、教授たちは奨学金を得られるようとりはからってくれ、なかでも図画師範科の平田松堂《ひらたしょうどう》は奈良への見学旅行の資金を援助してもくれた。ひとりでとりくんでいた琉球芸術調査を高く評価し、啓明会の研究補助への道をひらいたのも美校の後押しがあったからだ。美校がさまざまな援助の手をさしのべてくれたことに鎌倉は深い感謝の念をもちつづけた。今回の沖縄滞在中もたびたび正木に手紙を送り、調査が順調にすすんでいることを知らせていたようだが、ぶじ帰京し、その成果を興奮した口調で語ったのだろう。

じっさい、この一年で鎌倉が調査した内容は、それいぜんの二年間の沖縄滞在とはくらべものにならないほど、濃密、かつ広範囲だった。「中城御殿」に連日のように訪問することがゆるされ、絵画、工芸品の調査をはじめとして、秘匿されていた御後絵の写真撮影までできた。染織や陶器の調査もし、紅型技法を伝授され、琉球王国の工芸文化の背景をさぐるために古文書調査もこなした。

たとえてみれば、遠くからながめていた美しい森のなかに足を踏み入れ、木々の一本一本を知り、花々を手に取り、匂いを嗅ぎ、さらには森のなかを舞う蝶や生き物たちのすがたに接したようなものかもしれない。もしくは、海面しか知らなかった碧い海のなかをもぐり、カラフルなサンゴ礁や、魚たちを間近で見たような興奮だったのではないだろうか。正木にみじかい時間で語りつくせるものではなかっただろう。正木は、鎌倉が美校、啓明会の期待以上の成果をあげたことをよろこび、これまで全容が知られなかった琉球王国の芸術が世に知られるきっかけになることを確信していた。

鎌倉が沖縄で蒐集した資料は、絵画・彫刻・染織・陶器・漆芸・芸能にかんする文書類、また「実物」など「三千点」にのぼったという。紅型型紙、衣装、古裂、陶器、漆器などは、紅型紺屋から買いとったものや、首里や那覇の骨董店、市場などで買いもとめた品のほか、尚家や旧家から贈られたものもふくまれていた。

啓明会から与えられた三千円の研究補助費は、教師時代の月給の三十倍の金額ではあるものの、一年間の滞在費、交通費、工芸品などの購入費、写真機材・ガラス乾板などの諸費用、大量の工芸品やガラス乾板の郵送費、さらには伊東忠太の沖縄調査の経費などに費やした。

鎌倉は美校にもどってすぐに写真科の一室で写真現像作業にとりかかる。翌六月、柳田國男邸（成城）を訪問した。沖縄調査を知った柳田からのさそいなのか、鎌倉が面会をもとめたのかはわからない。のちに柳田が主宰した「南島談話会」に参加し、柳田がかかわった「郷土科学研究会」が刊行した『郷土科学講座』の一冊に「衣服装具の民俗的考察」（昭和六年）を寄稿するなどしていて、彼との関係はあるものの、さほど深いものだとは考えられないのは、柳田に言及したものがあまり見られないからだ。おそらく、琉球芸術の全体像をとらえることで手一杯で、とても民俗学の領域にまで踏み込む余裕がなかったということなのだろうが、柳田の著作を熱心に読んだことが鎌倉の論考などからうかがえる。

伊東にも帰京後すぐに面会した。伊東は前年の沖縄調査を雑誌『科学知識』に「琉球紀行」と題して連載中（大正十四年四月―八月）だが、六月に帝国学士院会員となり、多忙な日々をすごしていた。

鎌倉の報告を受けた伊東は、正木校長とともに鎌倉の研究成果を発表する場をつくることにした。大正十四年九月五日から七日にかけて、啓明会主催による「琉球芸術展覧会」を美校で開催することが決まる。これが琉球芸術の世界を大々的な規模で紹介する日本初の機会となるのだ。この開催時期、上野公園一帯では「院展」、「二科展」も開催されるため、上野はいつにもましてにぎやかになる。そこをねらって企画したのは正木のセンスなのだろう。

鎌倉の蒐集品を中心に展示し、各分野の研究者による講演もすることになり、実行委員会がつくられた。伊東、鎌倉、美校職員三名のほか、東恩納寛惇にも実行委員就任を依頼する手紙（七月九日付）を伊東が送っている。

伊東は、沖縄調査にむかう前に東恩納に会い、首里城取り壊しの一件で連絡を取り合うようになってから、しばしば手紙のやりとりをしていた。沖縄調査からもどってまもなく、帰京の報告と「御援助」への礼状を出し、その後も琉球の「倉」について、度量衡について、十八世紀に編纂された説話集『遺老説伝』などについて尋ね、東恩納が返答しているが、ふたりの手紙のやりとりは昭和十二年までつづいていたことが東恩納の遺品によってわかっている。

展覧会と講演会の概要が決まり、展示品は鎌倉の蒐集品のほかに、沖縄の「中城御殿」の美術品や工芸品が東京に運ばれることになった。のちに沖縄戦によって中城御殿は炎上し、所蔵品をうしなってしまうのだが、この展覧会に出品するために東京の尚家に運ばれ保管された品が、かろうじていまに残ることになるのだ。

三日間にわたる講演会の演題と講演者はつぎのとおり。

「琉球史概観」東恩納寛惇
「南島研究の現状」柳田國男
「古琉球の歌謡に就きて」伊波普猷
「琉球美術工芸に就きて」鎌倉芳太郎

「琉球芸術の性質」伊東忠太
「琉球の音楽に就きて」山内盛彬《せいひん》

琉球研究の最高レベルの講演者がつどったが、鎌倉はもっとも若く、翌月二十七歳を迎えるところだ。沖縄の県立図書館で教えを受けた伊波普猷とともに講演することになるとは、思いもよらないことだっただろう。

伊波はこの年、大正十四年二月に上京し、小石川戸崎町で真栄田冬子との同居生活をはじめていた。上京してすぐに、柳田、折口信夫、金田一京助などが彼のために激励会をひらき、伊波はあらたな気持ちで『おもろさうし』研究にとりくもうとしていた。沖縄ではじめて会っていらい、伊東との手紙のやりとりもつづけられている。

琉球音楽について語る山内盛彬は、八重山で音楽調査をした田辺尚雄の東洋音楽学校の教え子であり、田辺の琉球古典音楽研究のきっかけをつくった首里出身の音楽家・研究者で、当時三十五歳。このころは帰郷していたはずだから、沖縄から招いたのだろう。盛彬は昭和四年に再上京し、日本大学で国文学を学んだのち、京橋音楽学校に勤務した。伊東が東恩納に送った手紙によると、当初は田辺に講演を依頼する予定だったが、けっきょく演奏家でもある盛彬が適任ということになったようだ。美校の講演では盛彬による唄と演奏、さらには沖縄人舞踊家も出演して古典舞踊十曲も披露されることになったのは、柳田からのつよい要請もあったからだ。柳田は琉球音楽にすっかり魅せられていた。

『東京朝日新聞』（大正十四年九月五日付）に「けふ〔今日〕から展覧　珍しい南国芸術」と

題し「琉球芸術展覧会」の紹介（五段記事）があり、伊東と鎌倉が現地調査し、すばらしい琉球芸術が衰退のきざしにあることを憂慮して展覧会開催にいたったいきさつを紹介した。展覧会の出品点数は三千。風俗、宗教、建造物、工芸品、生物などがテーマ別に十六室に展示され、とくに染織品は「見事なもので伊東博士をして『現代においてここにこれだけの美術品があるか』と叫ばしめたほどである」。このほか『読売新聞』（大正十四年九月十日付・三段記事）は、「珍しい琉球本　上野の秋を賑わしている琉展」の見出しで、東恩納所蔵の書籍・古文書が展覧会に出品されたことを報じた。

講演会二日目、鎌倉は伊波につづいて登壇し、琉球絵画、首里城や陵墓、仏教寺院の彫刻、さらに漆器や陶器などの工芸品について述べ、紅型などの染織品について、その歴史的背景、技法についても語った。さいごにこうしめくくり、およそ一時間の講演をおえる。

> 絵画、彫刻に、或は漆工、陶磁工、染工、刺繡工、金石工に、一糸乱れぬ調和があって、互いに其の美を発揮しているようでございます。この美しさこそ、琉球王国が醸した永き歴史の精華であろうと、憶うのであります。
>
> （『啓明会第十五回講演集』）

鎌倉の講演は琉球工芸の全体像をはじめて紹介したものだった。展覧会の準備に追われながらも、文献を読みこんで講演にのぞんだのだろう。

伊東は琉球芸術の世界を概観して語った。みずからの世界大旅行の体験をふまえて、芸術とは、その土地だけで成立するものではなく、「他の感化を受け」、「受け入れる能力」があってこそ発達するものであり、琉球芸術は中国、東アジア諸国、日本の影響を受けたのち、「独立」した「一種の美しい特色」をもつにいたったのだと指摘し、その「保存」を援助してほしいと訴えた。

三日間の展覧会は「大入り盛況」(『読売新聞』)で、来場者は五千人にたっし、後藤新平(政治家。内務大臣などを歴任)、水野錬太郎(前内務大臣)、細川護立(侯爵。『白樺』発足時の同人でもあった)らも顔を見せ、正木をよろこばせた。正木は『東京美術学校校友会月報』で展覧会の成功とともに、鎌倉が蒐集した史料や工芸品が「観者をして同君〔鎌倉〕の努力の非凡なるに驚嘆せしめたり」と書いている。

琉球芸術展覧会は予想以上の反響を得て幕を閉じた。

啓明会は琉球芸術調査の続行のため、大正十四年九月、鎌倉に二千円の研究補助費支給を決定した。

伊波の覚悟

それからまもない大正十五年三月に啓明会は、伊波の「琉球古典『おもろさうし』研究」に千五百円の補助を決めている。伊東らのバックアップがあったのだろう。

さかのぼれば、伊波の『おもろさうし』研究のはじまりは明治三十六年、東京帝国大学に入学したころに再会した尋常中学校在学中の若い国語教師・田島利三郎(新潟出身)から研究資料のすべてをゆずられたことだった。

伊波と田島のその後をたどっておこう。

ふたりが東京で再会したあとしばらくして田島は台湾にわたり、当時台湾にいた教え子で、伊波の親友でもある照屋宏《てるやひろし》（台湾総督府の鉄道技師）と会う。田島は伊波の『おもろさうし』研究がすすんでいることを新聞などで知っていて、「僕がわからなかったところを伊波君が解釈している」とうれしそうに照屋に語ったという。そののち、放浪癖のある田島は中国にわたってしまい、漢口（湖北省）で雑誌を発行するなど出版活動をはじめたが、しばらくして伊波が居所を知り、手紙を交わすようになった。やがて伊波が中心となり、田島が新聞や雑誌に発表していた論考をまとめた本を出版する計画がすすみ、大正十三年、田島の唯一の著作となる『琉球文學研究』が那覇の出版社から刊行されたのだった。けれど、ふたりはちょくせつ会うことはなく、手紙のやりとりのみだったようだ。

この本に序文をよせた伊波は田島への謝意を述べ、みずからの決意をしたためた。「オモロの研究は流行と何等の関係もない。人が読もうが、読むまいが、私の関係するところではない。田島先生に対する義理ででもこれだけはどうにかして完成させたいと思っている」。伊波は上京してから精力的に執筆活動を展開し、『校訂　おもろさうし』（大正十四年・全三冊）、『琉球古今記』『孤島苦の琉球史』（ともに大正十五年）を刊行。

田島への恩義を抱きつづけた伊波だが、このときの彼が見すえていたのは、その生涯では会うことがかなわない未来の沖縄人だったのではないか。いつか、じぶんが世を去ったあと、

『おもろさうし』に出会う人びとのために、手がかりを残しておきたい、そう覚悟しての仕事だったと思えてならない。人は五十歳をすぎるあたりから残された時間を意識しはじめるものだ。研究したいテーマは尽きないのに、どこまですすめられるのだろうか、という不安にもさいなまれる。そんなとき、じぶんをふるいたたせるのは、いまとりくんでいる研究が、未来の誰かに手わたされることを信じるしかない。それは、田島が資料のすべてをゆずったときの心情でもあったことを、伊波は身にしみていたはずだ。

『琉球文學研究』出版後も漢口にとどまっていた田島は、当局をきびしく批判した記事（「漢口暴動事変ノ真相」大正十四年七月）をきっかけに活動を封じられ、帰国を余儀なくされてしまった。

けれども、そのことを伊波は知らず、それからの田島のゆくえをつかめないまま時がすぎていく。――昭和四年、田島は愛知県豊橋で五十九年の波乱の生涯を閉じた。晩年は読書にあけくれた田島の蔵書のなかに、伊波の『孤島苦の琉球史』があったという。「田島先生」は遠くから教え子をずっと見守っていたのだったが、みずからの功績を語ることさえなく、伊波が恩師の死を知るのは、その数年後のことだ。

伊波の上京は傷心のなかの決断だった。沖縄をはなれる寸前の末吉麦門冬の死は衝撃となり、「自分の事業を完成しないで墳墓に這入るのは耐えられない」という痛切な言葉を吐かせた。伊波は、沖縄の墓に葬られなくとも、「郷里の人たちの頭の中に」葬られる日をねがって東京での研究生活をつづけ、彼の沖縄学はいっそう深まってゆく。

美校の琉球芸術展覧会で再会した伊波と鎌倉は亡き麦門冬について、せつせつと語り合ったのではないだろうか。

伊東から課せられた調査

啓明会の決定を受け、「第二回琉球芸術調査」がはじまることになった。第一回目の調査では沖縄本島が中心だったため、つぎは宮古、八重山など離島をふくめた調査をすることになった。

さらに、もうひとつ大きなテーマがくわわる。伊東の発案によるもので、「琉球固有の宗教」の発生とその組織、さらには王国と村落の構成を解きあかし、そのうえで宗教と芸術の発生にせまる、という調査だ。

伊東は沖縄調査をしたさいに、本土とはことなる宗教・信仰につよい関心をもった。日本伝来の仏寺や神社があり、中国伝来の廟もあるが、歩けば各所に見られる御嶽《うたき》（聖域）、「アシャギ」と呼ばれる村落にある祭祀の場などに興味をおぼえ、琉球王国の最高神女「聞得大君《きこえおおぎみ》」や、祭祀をつかさどるノロ（祝女）、村落の人びとが頼りにするユタ（巫女）などのことを知り、宗教にかかわるさまざまな神話や伝説も聞きだした。

琉球王国は、地域支配をつよめた十六世紀初頭、国王の権威を支える基盤として神女組織をととのえていった。最高神女である「聞得大君」は、王女、王妃、王母などが代々その職につき、その下に「三十三君」と称される高級神女組織、さらに地方神女、各地にノロ（祝女）などがおかれ、奄美から宮古・八重山にいたるまでの王国支配を補強する役割をになった。琉球の神の観念は、霊威信仰であり、天上の霊力が神女に憑依すると考えられているが、王に任命された神女たちは、王とその治世をたたえ、祭式儀礼を演じた。

聞得大君の宗教的権威は絶大であり、その力をたたえた「おもろ」が『おもろさうし』のなかに数多くおさめられている。

一　聞得大君ぎや
　降《お》れて　遊《あす》びよわれば
　神てだの
　守《まぶ》りよわる按司添《あんじおそ》い
又　鳴響《とよと》む精高子《せだかこ》が
又　首里杜《もり》ぐすく
又　真玉杜ぐすく

（聞得大君さま　神が天から降りて　おもろを舞い謡えば　太陽神も　王も　この世を平和に守ってくださることでしょう　霊力ゆたかな聞得大君さまが　首里城におられます）

伊東の琉球の宗教への興味は、建築的関心だったのだろう。琉球の祭祀空間にいわゆる

「神殿」が存在しない。聖域に神女のための場はつくられるが、本土の神殿に類するものがないことなど、本土とのちがいの背景を突きとめたかったのではないだろうか。

もっとも、伊東が当時の宗教建築の第一人者であり、国家神道を浸透させたい政府の最前線にいた建築家という事実を考慮するべきかもしれない。

内務省神社局が沖縄にも国家神道を根づかせたいとやっきだったのは、沖縄県社創建の経緯にも見てとれるけれども、伊東の建築的関心とはべつに、神社局は鎌倉の調査をなんらかのかたちで活用しようとしていたとも考えられる。じっさい、戦中期に沖縄各地の祭祀空間や御嶽は、神社化が進行することになるのだ。

そうした国のおもわくはさておき、鎌倉は与えられた課題にひたむきにとりくんだ。

彼のフィールドノート〈鎌倉ノート〉から、琉球王国の祭祀体系をつかもうと膨大な古文書を筆写し、奄美大島、沖縄本島各地と周辺の島々、宮古、八重山諸島を歩き、島人たちに聞き書きをしたことがわかる。島の祭祀行事、祭祀空間、祭具、祭祀衣装、うたわれる古謡を記録し、村落調査をして集落構造を図にし、アシャギや民家などを実測して見取り図にし、「火《ひ》ぬ神《かん》」を祀る台所のかまどや、信仰の対象でもあるガー（井戸）など多数の緻密なスケッチと写真を残してゆく。彼は知るほどに、歩くほどにテーマが深まり、ひろがっていった。二十代の体力と朴直な人柄、貪欲な知識欲、強靭な精神が、ほかに類を見ないフィールドワークをなしとげることになる。

その成果のひとつとして、調査中の大正十五年、雑誌『沖縄教育』（十、十一月号）に「琉球神座考断章」を発表。文献を駆使し、各地の聖域をじっさいに見て歩き、王府による祭祀空間の構造を読みとこうとした。太陽の運行と、首里城の位置、周辺の御嶽の関連性などを考察している。

いっぽう、資金を提供した啓明会は論文にまとめることを彼にもとめたが、結果をいえば、完成させることはできなかった。

年に一度発行される『事業報告書』は、大正十三年度以降、なんと約二十年間にわたって伊東・鎌倉の「琉球芸術調査並同報告書ノ作成出版」を「進行中ノ補助事業」の項目に掲載しつづけることになる。このあいだに鎌倉が琉球芸術調査の成果として単行本をまとめたのは、陶磁器にかんする『南海古陶瓷』（昭和十二年）一冊のみである。

鎌倉がこの沖縄調査からもどった翌年の昭和四年度の同報告書の鎌倉紹介欄に、論文「琉球固有芸術ノ発生的考察ニ於ケル琉球固有村落体ノ宗教ト芸術」および「村落体ノ構成ト琉球王国ノ基礎宗教」を「起草中」とある。それから十四年後、十八年度の報告書では、前記二本の論文のほかに「琉球固有宗教の性質と固有芸術の基礎」、「琉球固有宗教の組織と其芸術」もくわえた四本の論文が未だ「起草中」と記載されている。啓明会の報告書は、戦時体制にある「十八年度」をさいごに発行されることはなかった。

論文タイトルを見ただけでも、どこから手をつけてよいものなのか、苦悩しつづけた鎌倉の顔が浮かぶようだけれど、宗教にかんしての研究はつづけていたようで、じつに五十数年後、最晩年に刊行した『沖縄文化の遺宝』にくわしく記述されることになる。

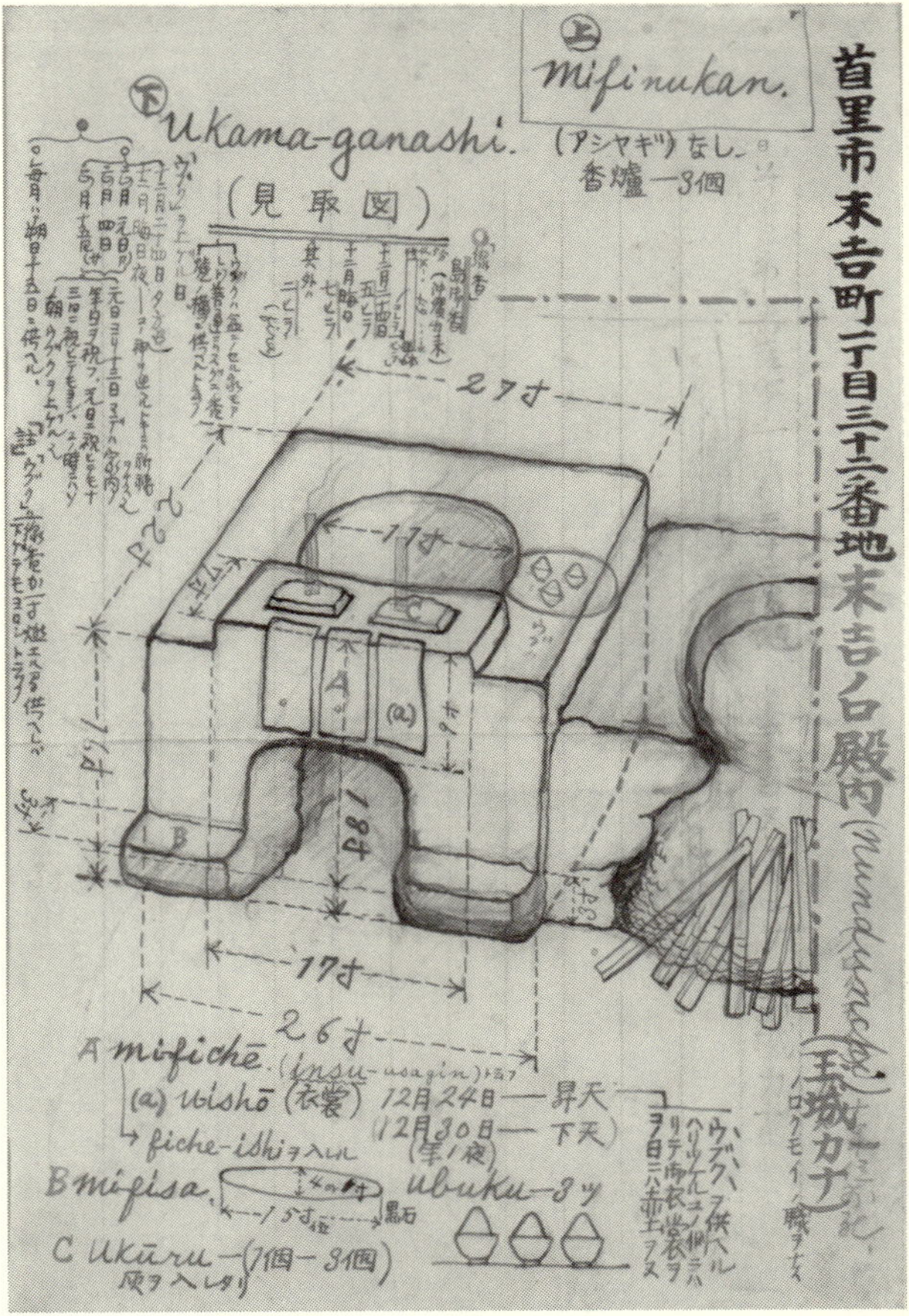

〈鎌倉ノート〉より末吉ノロ殿内御竈加那志の見取図
（沖縄県立芸術大学附属図書・芸術資料館所蔵）

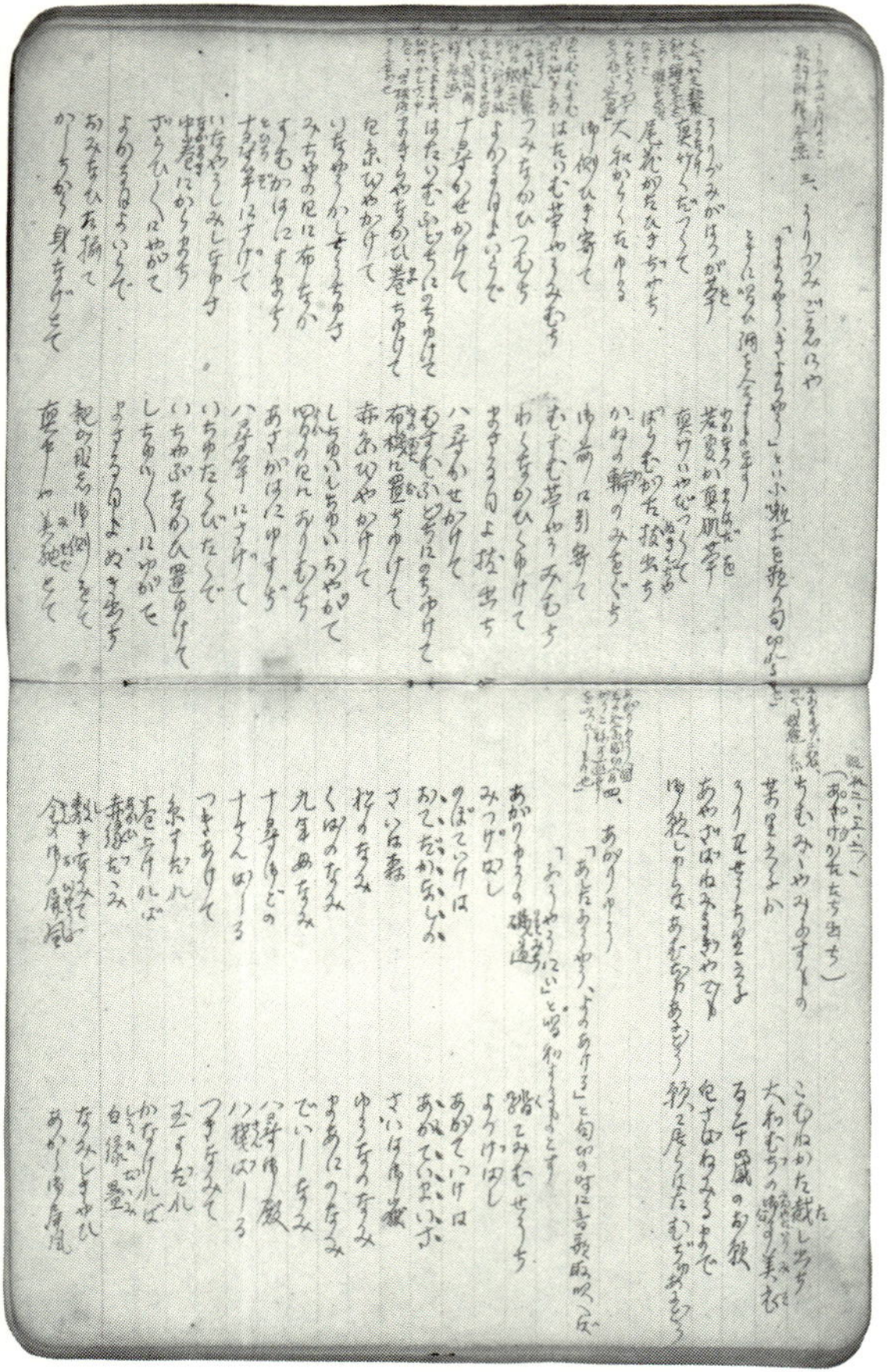

〈鎌倉ノート〉より古謡の聞き書き
（沖縄県立芸術大学附属図書・芸術資料館所蔵）

啓明会に提出する論文はまとまらなかったものの、伊東が鎌倉に課した調査は、のちに重要な意味をもつことになる。中城御殿所蔵をはじめとして、あまたの古文書を筆写したが、そのなかにきわめて貴重な文献が多くあり、なかに、半世紀以上へた首里城復元の決定的史料もふくまれていたのだ。

とりわけ島々の村落調査をしたことは、ほかのだれもなしえなかった貴重な記録となっていまに伝わる。鎌倉は伊東に課せられた調査に精力をかたむけつつも、じしんがもっとも関心のある工芸や美術の調査も熱心にこなすのだが、伊東に与えられた課題がなければ、これほどまで島々を歩くこともなかったのかもしれない。そのテーマはあまりに壮大だったが、それゆえに多くの宝物を発掘したのだった。その旅を追ってみる。

島々へ

琉球芸術展覧会から三週間後の大正十四年九月末、鎌倉は正木宅を訪ね、沖縄にむかうと告げた。その数日後には美校の職員辞令が発令され、「助手　鎌倉芳太郎」に「学術研究ノ為沖縄県へ滞在出張を命ス　但滞在一ヶ年の事」とある。けれども、この調査を終えて彼が帰京するのは、当初の予定をおおはばに超えて、昭和二年九月だ。

沖縄に到着した鎌倉は、前回の調査とおなじく首里市役所の一室に起居して調査にとりかかることになった。まずは王国の古文書をしらべることに没頭する。島々の宗教、信仰、祭祀については尚家「中城御殿」の文書の調査からはじめた。

首里の中城御殿には、首里城明けわたしを予感したさいごの琉球王・尚泰の指示により大量の文書が運びこまれていた。その一部は明治期に東京の尚家に移されたものもあるが、文書の大半は中城御殿内の三室に保管されていたという。湿度の高い沖縄での文書保管は細心の注意がはらわれ、日々の風通し、定期的に曝書《ばくしょ》もおこなわれていた。壁一面に天井までとどく書架が配置され、漆塗りの蓋つきの箱におさめられた文書がぎっしりとおさめられていたといい、文書専門の係がいて詳細な目録がつくられていた。それを鎌倉はノートに書き写しており、千六百点以上にのぼっている。尚家は王国崩壊後も文書や宝物を守りぬくため、莫大な費用を使ったといわれる。

鎌倉が自由に文書を見られるように便宜をはかったのは、尚祥子（出身の名家の姓から「野嵩御殿《のだけうどぅん》」と尊称された。このころ六十四歳）である。夫・尚典は尚泰の長子だが、大正九年に五十六歳で死去、その三年後に尚典との長子・尚昌（三十四歳）もうしなうというなかで、中城御殿を守りつづけていた。

彼女は鎌倉が首里城取り壊しを阻止したことをことのほかよろこび、彼の研究にたいして「絶大なる援助」を与え、文書の閲覧、撮影、模写をゆるしてくれたほか、「古い時代からの儀礼や慣例、またそれについての故実にも明るく」、鎌倉の質問にも詳細に答えてくれたのだった。ひじょうに聡明な人で、伊東の雑誌連載「琉球紀行」をすでに読んでおり、なかに誤りがあると指摘してもいる。つけくわえれば尚祥子は昭和九年九月二十日に死去するのだが、その三日後に首里城正殿修理工事が竣工した。よみがえる首里城正殿を人生のさいごに見とどけることができたのは、彼女にふさわしい終わりだったように思えてならない。

〈鎌倉ノート〉には多数の文書が筆写されているけれども、さいしょに読みこんだのは『琉球国由来記』（一七一三年成立）だろう。

全二十一巻におよぶ文書で、王府時代の最大かつ最古の体系的地誌である。王城の公式行事、官職制度、諸事の由来、王城と首里の御嶽・祭祀、王陵、寺院・権現などについてのほか、泊村、那覇、唐栄（久米村）の由来記などとともに八重山、宮古をふくめた地域や島々の御嶽と祭祀などについても詳細に記述されている。

『琉球国由来記』の編集事業は一七〇三年にはじまった。それまでの各種の旧記由来を整備することを目的として、王府に専門部署「旧記座」が設置され、「旧記奉行」という役職を任命し、各地から旧記・由来記の提出をもとめ、まとめられた。一六〇九年の島津氏侵攻によって打撃を受けた琉球だが、そののち半世紀をへたころから王国の立ち直りを賭け、王国のかたちを鮮明にしようとさまざまな施策を打ちだす。琉球独自の工芸・芸能の奨励とともに、さまざまな修史事業にも着手したが、『琉球国由来記』の編集もその一環にあった。

この文書集の特色は琉球古来の祭祀にくわしいことだが、そのほか各地の歴史や、鎌倉が探究する染織や工芸などの由来も詳細に記述されていて、いわば琉球百科全書ともいうべきものだ。いまも「琉球の伝統的な社会を理解するためのもっとも基本的な文献」とされる。

連日、中城御殿にかよいつめ、数か月以上にわたって筆写しながら読みこんだ鎌倉は、首里を中心に調査にとりかかり、那覇、つづいて沖縄本島の北端から南端まで丹念に歩き、さらには島々へとわたってゆく。彼の行動範囲のひろさにはおどろくばかりだが、行った島々でさまざまなテーマに出会った。

大正十五年一月、那覇から西方百キロに位置する久米島に行く。そこは灌漑が発達し、田んぼがひろがる美しい島だ。おおむね平坦だが、北側に高さ三百メートルほどの山があり、ふたつの集落が形成されている。

鎌倉の調査の目的は、島に伝わる暦法をしらべることにあった。琉球古来の信仰の根幹には太陽崇拝があり、さまざまな神事が執りおこなわれてきたけれども、久米島に「ウティダ石」（太陽石）と呼ばれる自然石があって、この石の上面に線をきざみ、日の出の移動を観測し、これによって農作物の種まきの時期や航海に適した日を決めたといわれる。こうした観測をもとに、かつて琉球には冬至から冬至のあいだを一年とする暦法があり、それが久米島に伝承（「堂の比屋日拝み」）されていて、鎌倉はこの文書を筆写し、神事にかんする聞き書きなどをした。

鎌倉の興味は久米島が「久米島紬」として知られる紬を織る島でもあることで、この調査もしている。十四世紀ごろ、島に養蚕技術が伝わったとされるが、いまも久米島の集落を歩くと機の音が聞こえてきて、吹きわたる風のなかで耳にとどくカッターンとひびく音は、旅人のこころをなぐさめてくれるのだ。

大正十五年七月は沖縄本島北部の国頭村《くにがみそん》一帯を調査し、最北端の辺戸《へど》にいたった。辺戸御嶽の水が王府の重要な祭祀にもちいられたと『琉球国由来記』に書かれており、一帯の霊域をしらべた。おそらく、その足で北部の港から船に乗って北上し、奄美大島にわたったのだろう。

おりよく、奄美大島・名瀬には美校図画師範科の同期生であった永田元（鹿児島出身）がいた。永田は図画教師として奄美に赴任していたと思われるが、この島の生まれなのかもしれない。美校を卒業してからも連絡をとっていたのだろう。永田の案内によって、旧家を訪ねることができ、祭祀衣装をしらべ、紅型技法の源流をさぐっている。

さらに奄美大島で、彼をとらえたのは、女性たちの手にほどこされた入れ墨だった。十五歳ごろから結婚直前までに完成させる、いわば人生儀礼であり、南島全域に見られる習俗だ。針をたばねたもので墨を突き入れることから「針突」、沖縄ではハジチ、奄美大島ではハヅキと呼ばれる。多種多様な紋様が組みあわされ、紋様ひとつひとつに意味がこめられている。すでに明治三十二年、「入墨禁止令」が施行されていたのだが、昭和初期までこの習俗は残っていたという。鎌倉は、首里などでも入れ墨の紋様を多くスケッチしたノートをつくっていて、奄美では名瀬の女性たちや、名瀬にいた喜界島や徳之島出身者のハヅキをスケッチした。また、島の北部の笠利《かさり》村や龍郷《たつごう》村、宇検《うけん》村（西南部）へも行ったことがノートからわかる。奄美の言葉も書きとめ、さらに大島紬の歴史と技法もくわしくしらべた。

島のひとつひとつがすべてちがう、島にはひとつの世界がある。鎌倉はそんなおどろきの連続だったと思う。海によってへだてられている島は独自の世界をなし、それとともに海に

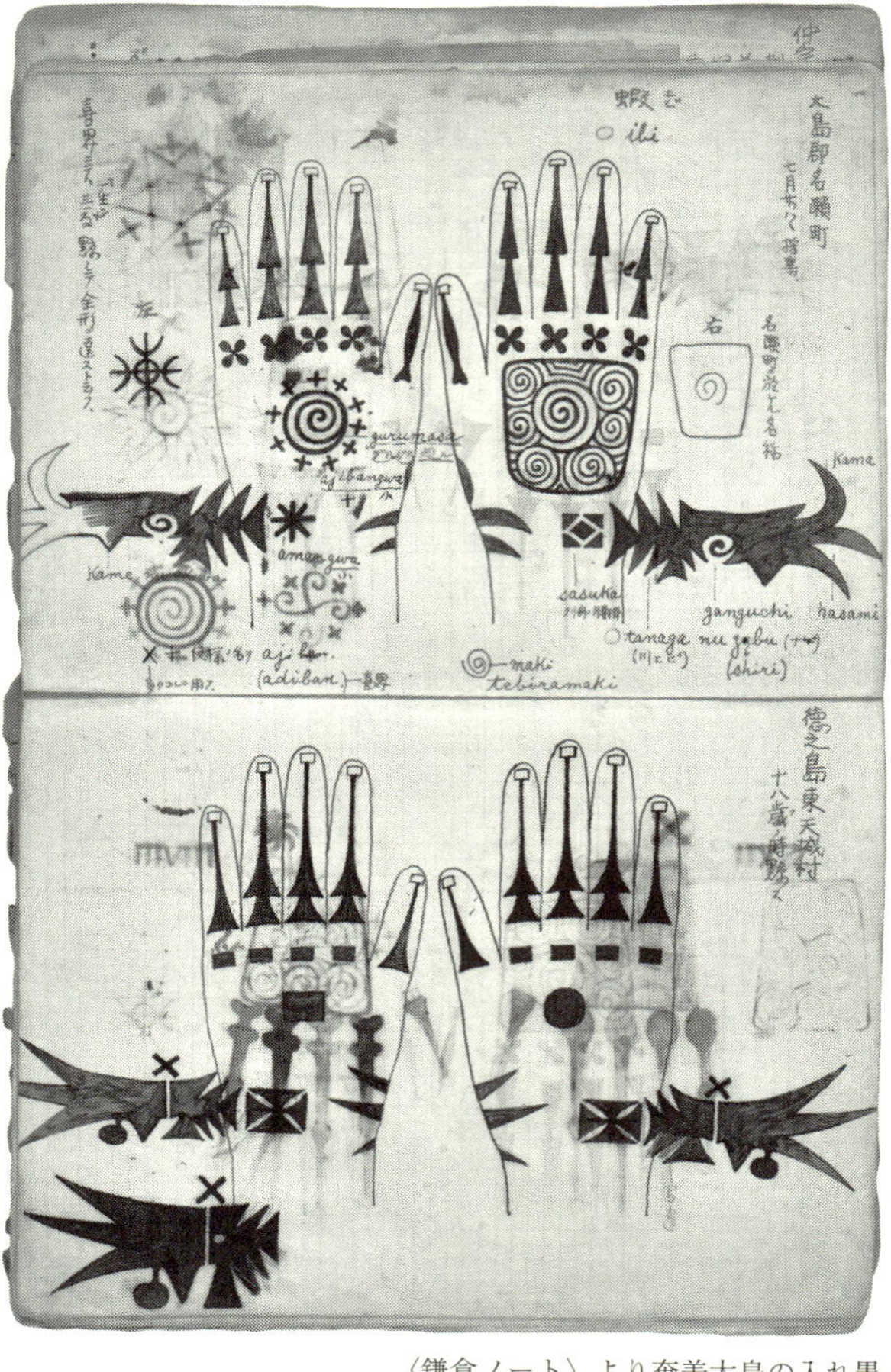

〈鎌倉ノート〉より奄美大島の入れ墨
(沖縄県立芸術大学附属図書・芸術資料館所蔵)

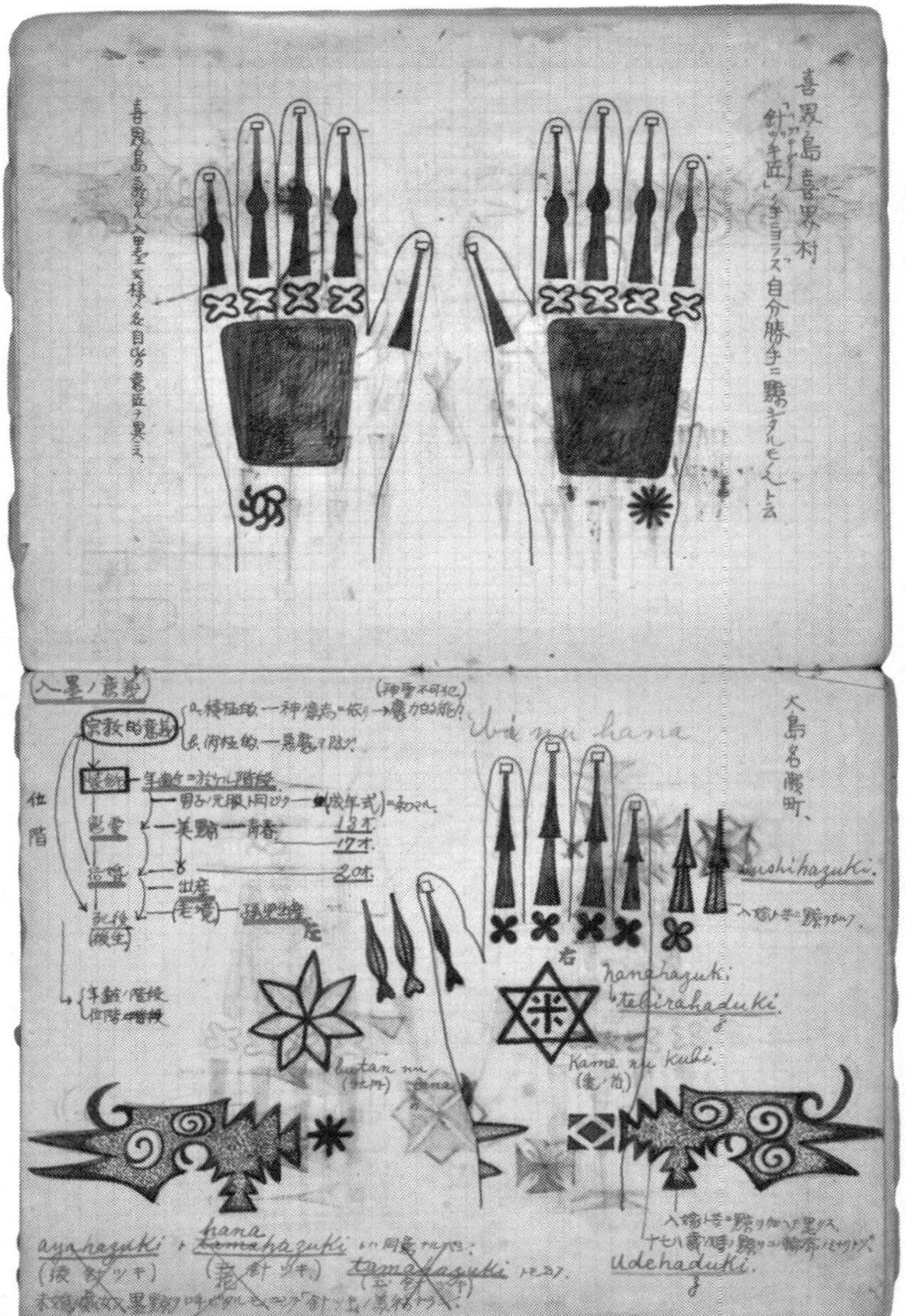

喜界島喜界村
入墨ノ意義
宗教的意義
年齢ニ於ケル階級
美點
13才
17才
20才
年齢ノ階級
大島名瀬町
Udi nu hana
ushihazuki
hanahazuki
tebirahaduki
Kame nu kubi
(亀ノ首)
ayahazuki
udehaduki

よってつながっている島々は、彼方からとどけられるものを受け取ってもいる、そんな思いにふけって海原を見つめた彼がいたのではないだろうか。

大正十五年十二月二十五日、天皇の死去による大正の終わりを首里でむかえた。夜更けにひとり、円覚寺の鐘の音を聞きながらすごしたとノートにメモしている。琉球の時代に身をひたしていた彼には、大正の終わりも昭和のはじまりも、歴史のなかの一点のようにしか感じられなかったのかもしれない。彼のすぐそばに、古代からの琉球人たちがすがたをあらわし、語りかけているのだから——。

けれど、わずか一週間というあわただしい昭和元年が象徴するように、そののち日本は戦争の時代へとのめりこんでゆくのだ。

短い昭和元年となった十二月三十日は、伊是名《いぜな》島にむかう船のなかにいた。伊是名島は、十五世紀の王・尚円の生誕地であり、さまざまな伝説が残っていて、この島もじつに美しい。いま歩いても、ふるい集落のかたちを残した島の道端に丹精こめられた花々が咲く風景は、この島の人びとのこころのゆたかさを感じさせるし、すれちがう島人もどこか高貴なふんいきをただよわせる。鎌倉は四日間滞在して昭和二年の正月を迎え、となりの島、伊平屋《いへや》島へとわたる。ここでも祭祀空間、神衣装、神具、集落の地形図などのスケッチをし、聞き取りをし、古文書を筆写した。

伊東への手紙

昭和二年四月、鎌倉が首里から伊東におくった手紙がある。

その内容は、「研究は一歩一歩確実を期して遂行」しているので、ご安心ください。三月末までの滞在予定でしたが、中城御殿で貴重な文書を発見したので、その模写のためひと月延長することにしました。このあと、慶良間《けらま》諸島や、知念村・勝連《かつれん》城跡・豊見城村《とみぐすくそん》（ともに本島南部）などをまわって調査する予定です。琉球固有の宗教芸術と日本との比較は「必ず学会に波紋を送りうるものと信じ居申候」。中城御殿において神事にかんする文献はほとんど全部筆写しました。これはもちろん、伊波普猷、東恩納寛惇、柳田國男も研究していません――。

と、調査の進行をアピールしたうえで、台湾の先住民族と琉球の宗教は関連があるらしいと聞いたのでぜひとも調査をしたいのです、宮古、八重山をへて台湾にむかい、中国にわたって帰国する船に乗る計画をたてています、と書き、こうつづけた。

右に就き厚き御教示給り度御相談申上候。
費用は五百円ばかり都合相つき申居候。
色々と宜敷く御願申上候。

さいごに、琉球文化の遺跡の調査は古代日本と密接な関係があり、さらには中央アジアの文化とも類似点があるようです、「エジプト、バビロン、アッシリア」などの文献をあつめていただきたく、お願いいたします、と書いている。

当初の一年間の予定をすでに半年超えていたが、つぎつぎと調査したいことが思い浮かんでしまったようだ。伊東が世界旅行で訪れた「エジプト」などと琉球の関連となると、収拾がつかなくなってしまうだろうが、沖縄滞在中も鎌倉は伊東にしばしば手紙を書いて「御指導」を受けていたので、伊東に感化されたのかもしれない。この手紙で興味深いのは、資金の件だろう。

前回の調査では一年間で三千円だったが、今回は二千円であり、鎌倉はやりくりをしながら調査をすすめたと思われる。今回の調査では紅型紺屋の沢岻《たくし》家の型紙を「三百円」で買いとっていて、ほかにも資料蒐集のための費用はかさんだだろうし、各地への交通費と宿泊費などを計算すると、二千円はぎりぎりだったはずだ。「五百円」をどう工面したのだろうか。前回調査にくらべると撮影した写真の点数が極端にすくないのも、高価なガラス乾板を購入できなかったためだと思われる。

ちなみに「二千円」は当時の総理大臣給与の二か月ぶんである。現在のそれは月額二百五万円であり、これをもとに換算してみると現在の四百万円ほどで一年半の調査をしたということになる。とぼしい懐具合のなかで、のちの沖縄戦でうしなわれた中城御殿の文書を筆写し、紅型史料をあつめ、村落調査をした鎌倉の功績ははかりしれない。

ところで、この年の伊東は、代表作となる建築作品をつぎつぎと完成させていた。東京商科大学（現・一橋大学）兼松講堂、大倉集古館、入澤達吉邸（のちの荻外荘《てきがいそう》）、大倉喜八郎京都別邸（真葛荘）などがあり、そんな多忙なか鎌倉の調査のアドバイスをしていたのだった。

八百キロの旅の終わり

鎌倉は、昭和二年七月、宮古島へとむかう。大正十二年二月に行っていらい、四年ぶりだ。前回は美術教師としての出張だったが、宮古島の寺や寺院を見て歩き、島人たちに古謡を聞かせてもらったことがつよく印象に残っている。今回は「太陽崇拝神事と伝説」に焦点をあて、調査した。

狩俣村《かりまたむら》の大城御嶽をはじめ、いくつもの御嶽を歩いてスケッチし、聞き取りをするのだが、ノロが神事についてくわしく語ろうとしなかったのは、「神威をおそれて」であり、それは尊重すべきだ。島の神事は島人たちのためにつづけられているのであり、部外者の調査に協力する理由はないということを、鎌倉はたびたび指摘されていたはずだ。

それでも鎌倉は男性神職などの協力を得て、祭祀の場に立ち会うことができ、伝説や神歌を聞き、祭祀空間や民家の見取り図も描いているのは、島人たちの理解を得られたからだと考えたい。染織についても文献などをしらべている。

宮古島のほか、その周辺の伊良部島、池間島などへも行き、集落の光景を写真におさめた。

たぶん、手持ちがすくなくなったガラス乾板を宮古、八重山の撮影のために残しておいたものだろう。

それから八重山に行く。

石垣島の四か村（登野城《とのすく》・大川・石垣・新川《あらかわ》）を中心に調査し、竹富島、さらには「鰹漁船に便乗して月明の夜」に波照間《はてるま》島へもわたった。島の漁師に頼みこんだのだろう。こうして八重山でも村落と民家の調査、御嶽《うたき》などの祭祀空間と祭祀行事などをしらべて歩いた。大正十二年、宮古につづいての八重山調査のときには島の写真師・崎山用宴に撮影を頼んだ場所を再訪して写真に残した。

桃林寺の門前には前回の調査のときにはなかった電柱が写っている。八重山の電気事業は、この年に業務が開始されたばかりで、ようやく石垣島にも電気の灯りがもたらされたことを鎌倉は感慨深く見たのではないだろうか。桃林寺の仁王像の撮影では背景に白い布を張って仏像をよりわかりやすくするための工夫をしていて、鎌倉の完璧主義がうかがえる。このとき、前回の調査で鎌倉のために尽力した岩崎卓爾や喜舎場永珣と再会を果たしたのかどうかは、フィールドノートからはわからないけれども、今回も彼らの協力を得たのではないだろうか。

石垣島滞在中の七月末、西表島《いりおもてじま》に足をのばしている。この島の西部一帯に県内唯一の炭坑があり、県の役人たちが視察する機会に同行した。西表炭坑は、明治期から三井物産や大倉財閥が採掘を開始。大正期、第一次世界大戦と日本国内の重工業化の影響を受け、同地に複数の炭鉱会社が設立されたが、琉球炭坑（大正十年創立）もそのひとつである。

炭坑労働者は、「ソテツ地獄」のさなか職をもとめた沖縄各地の出身者、九州出身者や中国人や台湾人など、数千人におよんだが、低賃金、重労働に苦しめられ、二十四時間監視されたといい、その労働の過酷さは近代沖縄労働史上、例をみないほどだといわれている。鎌倉は炭坑夫たちの顔色がひどく悪いこと、マラリヤに罹患している炭坑夫が多い現実を苦しげに書きとめ、そのあと、琉球炭坑が設立した私立琉球炭坑尋常小学校を訪ねた。校舎といっても茅葺の小屋であり、二十坪に満たないところに生徒が八十六人、教師はただひとり。教室では炭坑夫の子どもたちが、算数の授業を受けていた。鎌倉は「マラリヤと戦い乍ら労働に従事する我友の子弟の教育事実」に愕然としながら、生徒たちを写真に撮る。

近代沖縄の矛盾のすべてがここにあった。琉球王国の栄華をとどめる首里と、島々の現実にはあまりの落差がある。けれどもそれは近代にかぎってのことではなく、琉球王国は階級社会のもとに成長をとげてきたのだった。島々を旅する鎌倉は、遠い琉球の時代と対話をしながらも、沖縄の現実を見るうちに混乱することもあったにちがいない。それでも彼は調査をつづけるしかなかった。

西表炭坑は、戦争の時代に入ると軍需産業の好況とともに活況を呈したという。私立琉球炭坑尋常小学校の生徒たちが、その後どんな人生をおくったのか、記録には残っていない。

八月末、石垣島から台湾・基隆《キールン》行きの船に乗る。それから台北州文山郡の「ウーライ（烏来）社」と呼ばれた地区にむかった。その地まで単独で行くのは不可能だと思われるので、この地に知人がいたか、紹介者がいたのだろう。国勢調査（昭和五年）によれば、在台日本人は約二十二万人。うち沖縄出身者は約七千五百人。鎌倉は在台沖縄人のつてをたよったのかもしれない。

ウーライ社は「タイヤル族」が多く暮らしている山岳地域だ。もともと焼畑農業と狩猟などによって暮らし、独自のゆたかな文化をもつ台湾先住民族は、日本統治（明治二十八年）以降、地区に日本人警察官が駐在し、学校では日本語が教えられた。台湾各地で先住民族による抗日運動もおきつつある。

鎌倉は琉球古来の文化との接点をさぐろうとしたようだが、けっきょく、タイヤル族への聞き取りもできず、彼らの文化や歴史についてもしらべることはできなかったことが〈鎌倉ノート〉から推測できる。ただひとつ、駐在所が管理していた先住民族の「戸口簿」から、地区の住民の氏名と生年月日を筆写した。タイヤル族への聞き取りを日本人警察官がはばんだのかもしれない。

けっきょく、琉球との接点をさぐるのはむずかしかったのだろうが、タイヤル語、アニミズム、伝統的建築、みごとな織物の衣装など、彼が目にしたはずのタイヤル族の文化をノートに記録していないのは惜しまれる。台湾先住民族の伝統的文化と信仰が台湾を支配した日本人の武力と抑圧によって否定されていることを鎌倉はどう感じたのかもわからない。

台湾に数日間滞在したあと、基隆・上海航路の船に乗り、上海から日本へと帰る。

こうして、奄美大島、沖縄本島、宮古、八重山、そして台湾、直線距離にして約八百キロの海をわたっての約二年間の調査がようやく終了したのだった。

昭和初期の琉球ブーム

昭和二年九月、大量の史料をたずさえて帰京した鎌倉は、さっそく正木校長の自宅を訪ね、調査の報告をした。話は深夜にまでおよび、その夜から日もおかず正木に面会して、「琉球芸術調査報告書」の計画案などを相談している。一回目、二回目の広範囲な調査から、多面的なテーマをまとめようと意気込んでいた。

けれども、やがて三十歳を迎える鎌倉には生活の不安もあったようだ。半年後の昭和三年四月に正木を訪ね「琉球芸術にては成業の見込みなく芸道にても身を立てしめんとて余の意見を求め」(『十三松堂日記』)た。たしかに琉球芸術研究だけでは生活できない。「芸道」というのは、絵画か工芸などの創作活動を考えていたようだが、正木は研究一本にしぼるよう励ました。

この相談をした直後、正木の力があってか、啓明会は調査報告書の作成と出版を条件として、「四千円」の追加補助を決定。これまでもっとも多額の補助費だが、今後の沖縄での追加調査、出版にかかわるすべての費用にあてなければならない。こうして啓明会の補助費は総額「九千円」にたっした。

鎌倉を案じた正木は、鎌倉を美校の有給助手にし、じしんが担当する「東洋絵画史」の講話を筆録させることにした。鎌倉は琉球にかんしてはだれよりもくわしいが、研究を深めるためにも東洋絵画史の全体像を知っておくことがたいせつだと考えたのだった。

美校での「琉球芸術展覧会」（大正十四年九月）は大きな反響を呼んだが、そのあと「琉球ブーム」といえるものが東京を中心に起こりつつあった。

昭和三年に入ると、本格的な紅型ブームが到来する。

一月に東京銀座松屋呉服店、四月に京都四条大丸呉服店で大々的な紅型展覧会が開催された。洋画家・岡田三郎助（美校教授）、浮世絵師・山村耕花、日本画家・菊池契月などの紅型コレクションが展示された。なお、菊池契月は同年に沖縄旅行をして、沖縄女性をモデルにした「南波照間《パイパテローマ》」（京都市美術館所蔵）などを描いていた。

この展覧会に出品された紅型を収載した豪華本『紅型　古琉球』（昭和三年）も刊行され、伊波普猷が解説を書いている。なかに紅型コレクターの名があり、富永朝堂《とみながちょうどう》（彫刻家）、福《ふく》原信三《はらしんぞう》（資生堂初代社長・写真家）など、当時の芸術家たちに紅型ブームがおこっていたことがわかる。コレクターのなかに沖縄をじっさいに訪問した人はすくなく、東京や京都の市場に紅型がでまわっていたのだろう。

都市において、紅型をひろく知らしめる役割を果たしたのは百貨店だった。百貨店はあたらしいライフスタイルを提案し、さまざまな流行をつくりだし、文化事業を企画して消費者を惹きつけていったが、とくに服飾にかんしては流行の発信源だ。このころの女性たちの装いは和服が主流であるが、多くの百貨店の前身が呉服店であったこともあり、和服柄のあたらしいデザインを募集して商品化し、日本画家や文化人が審査員をつとめている。そのなかで、あざやかな紅型が注目され、関連する展覧会がつぎつぎともよおされた。

上野松坂屋「琉球美術工芸品展覧会」（昭和四年十月）、日本橋三越「琉球展覧会」（昭和五年一月）、上野松坂屋「琉球古今美術工芸品展覧会」（昭和五年十一月）など、琉球工芸全般を紹介する展覧会がひらかれている。このうち、日本橋三越の「琉球展覧会」は大規模なものだった。その展覧会目録にこうある。

琉球は鎮西《ちんぜい》八郎為朝〔源為朝〕の伝説や芳醇な泡盛の名によって、吾々都会人にも可なり親しみ深い国であったけれど、位置が余りに南に遠く離れて居る為め、之を深く識る機会とては少なかった。

今迄琉球紅型や陶器に就ての小展覧会は縷々試みられたけれど、琉球文化全般に渉っての展覧は兎に角、今回の此催の他になかったと断言して差支ないと思う。

日支両国の文化は豊かに流れ寄る黒潮に乗って南島の情緒と相融和して、爰《ここ》に燦然たる琉球文化の起ったことは、この展覧会を一瞥された方の容易に首肯される処であろう。

琉球は今猶お其経済的方面にも孤島の不便を忍んで居る。幸に此展覧会と物産陳列によって今後琉球の発達に幾分なりとも貢献し得るならば望外の喜である。

展覧会の企画には那覇出身の画家・我部政達《がぶせいたつ》（大正十四年、美校西洋画科卒。のちに都立日比谷高校美術教師）がかかわり、沖縄県、尚家、啓明会などの協力を得て、琉球絵画、漆器、古文書、紅型衣装、鎌倉撮影の写真などが展示された。開催中、東恩納寛惇「琉球の歴史と地理に就て」と鎌倉「琉球の文化に就て」の講演会、「琉球民謡と舞踊」の公演もあった。これは二回にわたる公演で、古典楽曲、雑踊り、古典舞踊、八重山民謡まで多彩な演目だ。美校の「琉球展覧会」の形式が踏襲されたようだが、日本橋三越は琉球文化を「商品化」できると見込んだのだろう。

このころ琉球芸能も脚光をあびはじめ、昭和三年四月に大規模な公演がおこなわれた。柳田國男が企画した「第三回郷土舞踊大会　八重山公演」（日本青年館・明治神宮外苑）だ。日本青年館は大正十四年に開館し、「郷土舞踊及芸能」公演をはじめているのは同館顧問の柳田の意向だ。柳田は八重山訪問のさいに知遇を得た喜舎場永珣に公演監督を依頼し、八重山の芸能のかずかずが披露され、成功をおさめた。このとき八重山から多数の演者が上京し、その一行には岩崎卓爾、写真師・崎山用宴もいる。用宴は公演の模様を写真撮影した。この公演出演者たちは、公演翌日、本格放送開始（大正十四年）からまもない東京中央放送局のスタジオで民謡などをうたい、放送されているけれども、ラジオで流れたはじめての琉球民謡だったのではないだろうか。

琉球芸能公演は、その後もつづき、折口信夫らの「民俗芸術の会」主催により、昭和六年八月「琉球舞踊・古典公演会」（日本青年館）、さらに日本民俗協会（昭和七年設立。折口が監事）が主催して十一年五月「琉球古典芸能大会」（日本青年館）、十二年七月「琉球古典舞踊と講演の夕」（電気倶楽部）などがおこなわれ、いずれも沖縄のトップクラスの芸能家たちが出演した。

ルネッサンス様式の那覇市公会堂（大正八年落成）から「琉球のたより」が全国放送されたのは、昭和十一年十二月。夜八時というゴールデンタイムに、にぎやかな「エイサー」、木遣り唄「国頭《くんじゃん》サバクイ」、競漕行事にうたわれる「ハーリー」のほか、古典楽曲の「かぎやで風」、「上り口説」、このほか八重山の「安里屋《あさどや》ユンタ」や「豊年節」もうたわれ、当日の『東京朝日新聞』に歌詞の意味などを解説する記事（五段）に古典舞踊家の写真も掲載された。

商業演劇も琉球芸能に着目しだした。

昭和十一年七月には東宝劇団が琉球古典楽劇「執心鐘入《しゅうしんかねいり》」を翻案して上演（「情熖賦」有楽堂）。つづく十四年七月から八月にかけて、日劇ダンシングチームによる「琉球レヴュウ」（東京・日劇ほか、名古屋・京都公演）が話題をあつめた。

稀代のプロデューサー・秦豊吉《はたとよきち》の企画によるもので、日劇の演出家たちを沖縄に派遣して作品を練っている。原案を石垣島出身の詩人・伊波南哲《いばなんてつ》が担当、島々の情景を織りこみながら民謡や舞踊を大胆にアレンジした華やかな舞台で、装置に色彩ゆたかな紅型のモチーフが効果的に使われた。もっとも、このレヴュウは賛否両論の評が出ている。琉球ほんらいの芸能とはあまりにちがうという評もあり、すなわち、東京に琉球芸能の見巧者がいたということとでもあろう。それでも多くの観客を動員して幕を閉じ、このあとも秦豊吉は、日劇ダンシングチームによる「琉球おどり」（昭和十五年二月）、「八重山群島」（同年四月）、「琉球と八重山」（同年九月）などをたてつづけに企画・上演するのだ。

昭和十二年には映画も製作・公開されている。十五世紀末の八重山のヒーローをテーマにした「オヤケ・アカハチ」（豊田四郎ら監督）で、原作は伊波南哲の長編叙事詩『オヤケ・アカハチ』（昭和十一年）。監督、俳優ら撮影隊一行が沖縄にやってきて撮影し、大きな話題になった。

レヴュウ公演や映画撮影の背景には沖縄観光ブームの到来もある。沖縄航路を独占していた大阪商船が昭和十二年に大型新造船を導入し、パックツアーを企画。「観光処女地」への旅は人気を博し、ガイドブックや紀行エッセイなどがあいついで出版されていた。柳宗悦ら「民芸運動」グループの沖縄訪問（昭和十三年から十五年）は、それいぜんから琉球文化への関心はあったにせよ、こうしたブームのただなかにあったのだ。

けれども「琉球ブーム」の時期は、皮肉なことに戦争の時代とかさなってゆく。昭和六年、満州事変。十二年、盧溝橋事件を契機に中国への派兵が決定され、全面的な戦争へと突入し、翌年、国家総動員法が発動。十六年、太平洋戦争がはじまり、十九年、沖縄守備軍の第三十二軍が創設され、首里城に日本軍司令部壕がつくられることになる。

いっぽう学術研究の立場にある啓明会は、さかのぼって昭和三年九月六日から八日まで、創立十年を記念して大々的な展覧会（会場・美校）を開催した。開催委員長に、同年帝大を定年退官し名誉教授となった伊東忠太がつとめ、鎌倉は委員に名をつらねた。展覧会は琉球、朝鮮、ペルシャ、中央アジア、および一般事業の五部構成によるもので、三千点の美術品・工芸品などが展示された。その「第一部」、もっとも注目をあつめた展示が「琉球」である。展示の中心はやはり紅型だった。首里と東京の尚家の所蔵品、また鎌倉がもち帰って啓明会所蔵となった紅型衣装、型紙が多数展示され、秩父宮来場のさい、正木と伊東が案内役をつとめた。

鎌倉は会期中に「琉球染色に就きて」と題した講演をし、琉球の染色工芸は「東洋芸術の系統」のなかにあり、紅型の誕生、位階制のもと紅型衣装がどのようにもちいられたかを解説し、さらには王国の交易の歴史、染料、技法などについて語り、日本文化の影響にも言及した。紅型の歴史的背景もふまえた、はじめての総合的な講演となり、その内容はほどなく啓明会のパンフレットとして刊行された。『東京日日新聞』（九月四日付）は「青年学徒鎌倉氏が探究した琉球染色の大展観」と題し、三段記事を掲載した。

こうして、紅型研究の第一人者として認知されつつある鎌倉だったが、東京における琉球ブームに戸惑ったかもしれない。たったひとりで島から島へとわたり、黙々と調査をすすめていたとき、ただ新鮮なおどろきだけが彼をささえていた。八百キロにおよんだ島々の旅は、当時の沖縄人研究者でさえなしえていない。

琉球の美の全体像を、その歴史的背景をつぶさに語ることができるのはじぶんだと思ってはいても、琉球の世界はあまりにひろく、とらえどころがさだまらない。彼は琉球のぜんたいに魅せられていて、ポイントをしぼることができなくなっている。要領よくやれば、この琉球ブームにのって名をあげることもできたのかもしれないが、そうはできない朴直な性格だ。はたからみれば不器用な人間に映っただろうけれど、その不器用さゆえに、ブームに流されることもなく、ひとり地道な研究をつづけ、貴重な史料を手ばなさずに後世に伝えることになった。

このときの啓明会の展覧会には伊波普猷は関係していない。ちょうどおなじ時期の昭和三年九月末、伊波はハワイ在留の沖縄県人会に招かれて旅立っていった。沖縄からハワイへの移民は明治三十三年にはじまったが、「ソテツ地獄」以降に急増し、このころ約二万人の沖縄人がハワイに暮らしていた。伊波はハワイ諸島各地で講演をし、そのあとアメリカ本土にわたり、沖縄人移民がいるカリフォルニア、メキシコを巡遊するのだが、ロスアンゼルスで会った沖縄人のなかに宮城与徳《みやぎよとく》という二十五歳の青年がいる。

名護（本島北部）生まれの宮城は、大正八年、さきに移民した兄の招きで渡米し、美術学校で学んだが、やがて社会運動に参加。昭和六年にアメリカ共産党に入党し、のちに日本で「ゾルゲ事件」の諜報活動に関与した。十六年に東京で検挙され、十八年、宮城は巣鴨拘置所で結核のため死去するという悲劇的な運命をたどることになる。だんだん、そんな重苦しい時代がちかづいていた。

座間味家炎上

　東京で琉球ブームが起こりつつある昭和三年二月、首里城正殿の修理工事がはじまる。あの大正十三年の春、鎌倉が伊東のもとに駆けつけて首里城取り壊しの危機を訴えたことが、きっかけだ。伊東の肝いりで特別保護建造物（昭和四年、国宝）に指定され、大正十四年に本山庄市（沖縄県建築技師・鹿児島出身）による工事設計、昭和二年に工事費査定などの手続きが完了し、七万円の予算が組まれたのだった。伊東は、昭和四年に「国宝保存法」が制定されると国宝保存委員に就任し、首里城修理工事の特別顧問としてもかかわった。

　くずれかかっていた首里城。その修理工事着工を、首里の人びとはどれほどよろこんだだろう。なかでも鎌倉がかつて下宿した座間味家は、首里城正殿の修理を心待ちにしていたはずだが、このころ一家は一大危機に直面していた。

　昭和三年、首里大中町の座間味家には一家の「あやあ」のツルと、中学校在学中の次男の朝永《ちょうえい》、三女のきよ、四女の菊子とともに、お手伝い、そして三人の下宿生が暮らしていた。長女の春は上京して結婚し、次女の静子は、東京に暮らす長男・朝安《ちょうあん》（三十四歳）と磯子（小学校教師）夫妻と同居しながら貯金局で働いていた。朝安は鉄道省につとめ、高等文官試験にも合格してツルをよろこばせた。

　昭和三年三月二十日の深夜三時ごろ、座間味家でさいしょに火の手に気づいたのはお手伝いだった。台所から炎があがっていて、家族全員が飛び起きる。ツルはまっさきに「お位牌！　お位牌を出して！」と叫んだ。金龍の紋様をあしらった座間味家に伝わる赤い漆塗りのトートーメー（位牌）をツルはなんとしても守ろうとした。そのあいだにも火の勢いはましてゆく。横幅一メートル以上にもなる立派なトートーメーは、十二歳の末娘・菊子が運びだし、一家全員と下宿生はぶじ屋敷を出る。けれども首里の高台にある座間味家は、おりからの強風にあおられ、消防隊が到着しないうちに全焼してしまうのだ。家財のほとんどをもちだすことができなかった。

王国時代からの屋敷が一瞬にして消えさってしまった。五十代後半になっていたツルはさぞ気落ちしただろうが、それからの決断がいさぎよい。屋敷の再建はむずかしいと判断し、土地を処分して、長男がいる東京への転居を決めた。何代にもわたって暮らした首里大中町をはなれるのはつらかったにちがいないが、ツルは子どもたちの将来を優先することにしたのだった。

東京の長男・朝安はすでに二女にめぐまれており、妹の静子も同居して家族はふえている。首里の座間味家の火災がきっかけとなったのか、家を新築することにし、まだ武蔵野の面影を残す荻窪が気に入って、二階建ての家が昭和四年一月に完成した。すぐ近所に井伏鱒二邸もある閑静な住宅街だ。その年の八月、ツルは上京し、つづいて次男・朝永（東京帝大に進学）、三女・きよと四女・菊子がやってくる。こうして首里の座間味家の全員が沖縄をはなれることになった。たいせつなトートーメーは守られたので、ご先祖さまもともに上京したということになるだろうか。けれど鎌倉は、一家が東京にいることを知らずにいたのだった。

鎌倉が沖縄を再訪するのは、第二回調査から六年がすぎた昭和八年である。そのころ座間味家との手紙のやりとりは途絶えていて、案じながらも首里の座間味家をたずねたとき、石垣を残して屋敷のあとかたもないことに愕然としたはずだ。母のようにやさしくしてくれたツル、彼女が首里言葉を教えてくれたことが調査のはじまりだった。深い恩義を感じていた鎌倉はツルを探したにちがいないが、行方がわからないまま、時がすぎていった。

山内静江との結婚

鎌倉は美校の有給助手としてつとめるかたわら、『東京美術学校校友会月報』の編集を正木校長から任された。この時期、啓明会や百貨店で講演をしているが、そのなか『世界美術全集　第二十一巻』(昭和四年・平凡社)に、伊東忠太の「琉球芸術総論」とともに「琉球美術各論」を執筆した。建築、絵画、彫刻、工芸について記述し、鎌倉撮影の写真が多数掲載され、なかに御後絵もある。

この『世界美術全集』は全三十六巻、昭和二年から刊行が開始されたもので、廉価版・豪華版など三種類を刊行し、総数十二万数千部という破格の売れゆきだった。同時代の世界の美術が一冊でわかるという画期的な編集方針がとられ、図版も豊富で、美術の大衆化に貢献したといわれる。鎌倉が執筆した二十一巻は、十七世紀の南欧北欧、サラセンと日本の「近世」をあつかったが、そのなかで「琉球」を独立した項目にしたのは、初のこころみだった。

琉球芸術研究者として鎌倉は認められ、美校での立場もようやく安定しつつあった。だが、すでに三十一歳になっている。沖縄の調査の日々もひと段落し、あとは報告書の執筆に全力をかたむければよい。このころ、結婚を真剣に考えるようになった。

香川から上京し美校に学んで卒業したあとは、琉球の魅力にとりつかれ、熱に浮かされたような九年間をすごしたが、ひと息ついて、そろそろ彼じしんの人生も考えなければならない。もちろん恋愛の経験はあったのだろうけれど、独身のままだ。幼少時に実母と死別し、叔母にそだてられた鎌倉はさみしい思いもしたし、父親の再婚で生まれた弟たちと同居することもかなわなかった。だからこそ、じぶんの家族をもちたいという思いはつよい。

そんな彼に、自宅に寄宿している女性画家との結婚をすすめたのが、美校・助教授の田辺孝次（東洋絵画史・工芸史）である。

田辺は明治二十三年、金沢に生まれ、美校彫刻科を卒業し、大正七年に美術史研究室助手となり、翌年、助教授となった。大正十三年から二年間にわたって欧米留学をし、帰校。鎌倉がもっともしたしくした先輩の研究者であり、さきの『世界美術全集』の編集委員のひとりでもある。

田辺の住まいは、下谷区谷中天王寺町。広い庭と茶室もある大きな家だが、竹垣をはさんだ隣家は、彫刻家・美校教授の朝倉文夫邸だ。昭和二年に田辺一家はここに転居してきたのだが、この家の前住者は詩人の北原白秋。田辺は、馬込に引っ越すという白秋とも相談して、家を借りることになったという。

田辺家に寄宿していたのが、二十六歳の山内静江である。明治三十六年、愛知県豊田に生まれ、地元の高等学校を卒業後に上京して東京女子師範学校に進学、卒業していた彼女は、先駆的女性画家としてよく知られた人だった。

名古屋に洋画グループ「サンサシオン」（フランス語で「感覚」）が誕生したのは、大正十二年。鬼頭鍋三郎、中野安治郎、加藤喜一郎、松下春雄によって結成され、同年に第一回展を開催。翌年に「サンサシオン自由洋画研究所」を開設し、そこで学んだのが静江で、その画才は早くから注目された。サンサシオンの第三回展（大正十四年）に窓辺で毛糸編みをする少女を描いた「無聊」、翌年の第四回展に「雪江ちゃん」（名古屋市立美術館所蔵）を出品し、大正十五年に初の女性会友に推薦されている。その年に静江は第七回帝展に「夏休み」を出品して入選を果たした。淡い陽光につつまれた木の下でワンピースの少女と、帽子をかぶった少女がトランプをしているさまを描いたモダンな絵だ。翌昭和二年に「裏庭にて」、六年にも「少憩」で帝展入選を果たす実力派だった。やわらかなタッチ、独特の色彩表現がとても魅力的だ。

静江が田辺一家に寄宿したいきさつはわからないけれども、彼女の実力を田辺は高く評価していたのだろう。田辺家の茶室に寝起きして絵を描いていたが、小学校の美術教師としてもつとめている。そうして鎌倉を紹介された静江は、誠実な人柄の彼との結婚を決めた。彼女が描く少女たちのように、モダンな顔立ちですらりとしたスタイルの静江は、じぶんの考えをはっきりという女性で、そんなところに鎌倉は惹かれたのかもしれない。

昭和五年一月にふたりは結婚する。静江との結婚は、鎌倉にとって大きな意味をもつ。琉球美術研究という、およそ収入を見込めない研究に打ち込むことができたのは、静江の理解と協力があったからにほかならない。結婚を機に静江が創作活動から身を引いてしまったことは周囲からも惜しまれたが、ふたりの子どもをそだてながら、戦中の苦しい時期にも夫を励まし、膨大な琉球芸術史料を自宅に保管した。のちに鎌倉が染色作家となってからの創作活動は、夫妻の共同作業でもあったのだ。

結婚したふたりは、田端に暮らす。その年の四月、鎌倉はようやく美校講師となったが、彼の月給は四十五円、静江は九十円だったというから経済的な大黒柱は妻だ。それにしても、鎌倉が美術教師として沖縄に赴任していたときの月給が百円だったことを思いかえすと、美校講師はなんとも薄給である。

結婚した月に、鎌倉は田辺孝次との共著『東洋美術史』を刊行。これは玉川学園出版部から出版された。玉川学園は昭和四年に創設されたばかりで、創始者は、鎌倉の香川師範の恩師・小原國芳《おばらくによし》である。小原もながきにわたって鎌倉を見守ったひとりで、鎌倉はたびたび相談をし、助言を受けていたという。このあとも鎌倉は玉川学園出版部から単著『南画と北画』（昭和七年）を刊行しているし、『児童百科事典』（昭和八年）の「東洋彫刻史」の項目を執筆しているのは、小原との関係があったためだろう。リベラルな教育方針を掲げた小原は、九十歳で他界（昭和五十二年）する数か月前まで教壇に立ったといい、生徒たちに慕われた。英語の新人教師として赴任した香川師範で、坊主頭の十五歳の鎌倉に会い、それから約六十年後に「人間国宝」になるのを見届けることもできた小原は、教師冥利に尽きるというべきではないだろうか。

昭和五年十月、鎌倉夫妻に長男が誕生。のちに日本画家となる秀雄である。この秀雄が、座間味家との再会をもたらすことになった。

『歴代宝案』、あらわれる！

一児の父親となった鎌倉は、ようやく得たおだやかな家庭を楽しんだ。子煩悩な父親で、秀雄の回想によれば、しばしば秀雄をおんぶしてあたりを歩き、そのとき沖縄民謡を口ずさんでいたという。なにかふしぎなメロディーだったというその唄は、宮古島の子守唄「東《あがず》里真中《ざとんなか》」だったのかもしれない。田端の坂道を歩く若い父親の幸福なようすが目に浮かんでくるようだ。そのころ美校の講師としても充実した日々をおくっている。「風俗史」を担当することになって、彼の研究熱がこの分野にもそそがれた。

だが昭和七年三月、正木校長の退官とともに、鎌倉にとっての美校の「黄金期」は終わりを告げてしまうのだ。

代わって校長に就任したのは西洋画科教授の和田英作。これまで官僚がつとめた校長職だが、和田ははじめての美校卒業生で実作者だった。就任早々、美校改革に着手し、美校規則を改正するのだが、その第一の柱が「図画師範科」改革である。じゅうらい教員育成に重点がおかれていたが、「当代一流の作家が集まっている美校の図画師範科である以上技術の優秀性を期待されるのは当然である」という考えから、実技指導をさらに充実することになった。

昭和七年七月、図画師範科の主任は平田松堂から、日本画科教授の結城素明《ゆうきそめい》に代わり、松堂は十一月に退官する。松堂は、鎌倉が美校を卒業するときに奈良旅行の資金を用立て便宜もはかってくれた恩師である。いとこである伊東忠太に連絡をとって、鎌倉が伊東に面会する機会をつくった人だった。

西洋画科出身の和田の就任について、日本画家の横山大観（美校一期生）がはげしく非難している。美校は日本の伝統の創造的復興を目的として出発したにもかかわらず、「洋画家を校長とし洋画に力をそそぐは笑止至極ではありませんか」といい、いぜんからくすぶっていた「西洋画」と「東洋画」が対立する論争に発展。和田校長は、融和をはかろうと「西洋画科」を「油絵科」に名称変更するのだが、大観の主張は、たんに日本画擁護ではなく、その根本に国粋主義的思想があった。やがてファシズムの興隆を背景にして、美校でも「国体観念」、「日本精神」を掲げた教育刷新が進行していき、四年後に和田は去ることになる。

就任直後の和田校長は、「校友会」（職員、学生、卒業生、旧職員で構成）を「統制のとれたものへと整備し、正規の教育と課外活動を一体化させよう」とし、同時に鎌倉が編集をまかされていた『東京美術学校校友会月報』（明治三十五年創刊）を終刊させ、代わって『校友会会報』を創刊するが、鎌倉は新雑誌の編集からはずされた。

正木、松堂、と鎌倉の琉球芸術調査を支援した恩師が去り、彼はしだいに孤立していったのかもしれない。美校の空気は変わりつつあったけれど、やり遂げなければならない仕事は「琉球芸術調査報告書」の執筆と刊行である。あまりに多岐にわたった調査と研究のため、なかなかまとまらない。ひとつの疑問があらたな謎を生んでしまうという、完璧主義の彼ならではの苦悩だった。しかし、またもや鎌倉を沖縄にむかわせるニュースが飛び込んできた。

ちょうどそのころ沖縄では、『歴代宝案《れきだいほうあん》』の存在があきらかになっていた。一四二四年から一八六七年までにいたる琉球王国の外交文書集であり、王国の外交・交易の全容を知ることができるきわめて重要な史料である。首里城で保管・管理されていた『歴代宝案』を明治政府が接収し、内務省に保管されていたが、関東大震災により焼失した経緯は第三章で述べたとおりだ。

『歴代宝案』は、フルセットで二部作成されていた。一部は首里城に保管されたが、もう一部は、外交文書作成をになった中国渡来集団の末裔が暮らす久米村（唐栄）に保管されていたのである。この文書も接収されてしまうことをおそれた久米村の人びとは、きびしい箝口令をしいて秘匿していた。

王国時代、久米村の『歴代宝案』は「天妃宮《てんぴぐう》」（天妃廟ともいう）に保管されていた。中国からの渡来者が増加した十四世紀末ごろに創建されたといわれ、航海安全の守護神として信仰される媽祖《まそ》（天妃）を祀っていたのだが、明治になって、天妃宮の敷地に学校が設置されたため、『歴代宝案』は流浪の歳月をおくったようだ。

天妃宮から「明倫堂《めいりん》」（一七一八年、久米村人によって創建された教育機関）に移管されたあと、久米村内の旧家を転々としたが、そのあいだ、所在を問われても火災でうしなわれたと答えていたという。昭和六年になって、久米村の長老たちの協議により、「天尊廟」（那覇若狭。道教の神を奉祀する）の事務所にうつされたのは、琉球王国崩壊から半世紀をへて、接収のおそれもなくなったので、未来のためにきちんと保管しなければならないと判断したからだ。

けれども天尊廟移管いぜんから久米村の『歴代宝案』の存在はささやかれており、すでに伊波普猷が久米村の旧家にあるはずだと指摘してもいた。昭和七年十二月、伊波のあとをついで県立図書館館長になっていた真境名安興が天尊廟にあることをつきとめ、どうにかして図書館に移管してひろく研究に役立てたいと懇願する。真境名はこの翌年に死去してしまうのだが、移管の件を島袋全発《しまぶくろぜんぱつ》に託していた。

島袋全発は、このころ五十二歳。伊波、真境名、東恩納寛惇につづく「沖縄学第二世代」というべき沖縄研究者だ。明治二十一年、那覇に生まれ、京都帝国大学法学部を卒業後に帰郷。『沖縄毎日新聞』記者となり、のちに那覇区役所書記、さらに教職につき、県立第二高等女学校校長などを歴任。末吉麦門冬ともしたしくしていて、彼の死が沖縄の地にとどまって研究をつづける決意をさせた。昭和二年に真境名らと「南島研究会」を設立して機関誌『南島研究』を刊行したが、島袋には『那覇変遷記』（昭和五年）などの著作もあり、真境名亡きあと、図書館館長に就任した。

ちょうどおなじ時期、昭和七年十二月に東恩納が帰省し、二十日ほど滞在したおりに島袋から『歴代宝案』が天尊廟にうつされていることを聞かされ、彼といっしょに天尊廟におもむいて一部を筆写した。東恩納はさっそく「秘書『宝案』によって確かめられた尚巴志王《しょうはし》〔統一王朝としての琉球王国を成立させた王。一三七二―一四三九〕の墓」と題した記事を発表し〔『琉球新報』昭和八年一月四日付〕、これが『歴代宝案』の存在をおおやけにしたさいしょの記事になった。東恩納は沖縄滞在のあといったん帰京し、八年一月から東南アジア、中国、台湾への調査旅行に出ることになっていて、帰国するのは同年十二月だ。そのため、島袋に一部分の筆写を依頼していた。

鎌倉は東恩納の記事によって、『歴代宝案』を知ったのだろうか。いぜんからその存在を伊波に聞いていたのだろうと思われるが、ながく秘匿されていた文書集を閲覧できることがわかり、さっそく沖縄にむかう。このとき美校から出張命令は出ておらず、夏休みを利用した私的な沖縄行きだったようだ。昭和八年八月、島袋の協力を得て、天尊廟の『歴代宝案』を青写真におさめることができた。数日間かけて「数十冊」を複写したというが、すべてではない。それでも快挙というべき青写真複写だが、それを評価する人物は美校にいないのだ。

鎌倉の複写から三か月後の昭和八年十一月、久米村の長老会議の結果、『歴代宝案』の県立図書館への移管が正式に決定した。その条件として、委託者〔久米村〕の請求があれば返還すること、原本は厳重に保管し写本を作成して一般研究者に閲覧させること、とした。図書館移管は天尊廟でひらかれた会見で発表されたが、すでに「連日『宝案』拝見を申し込んでくる学徒軍が殺到」(『沖縄日報』昭和八年十一月十四日付)しており、「(移管は)まさしく近来の快挙」と報道されている。

こうして原本は県立図書館に移管されたのち、昭和十二、三年ごろまでに写本が作成された。琉球王国の対外関係史の全容をつぶさに語る『歴代宝案』は、こののち複数の写本がつくられ、鎌倉の青写真複写を聞きおよんだ東恩納も、島袋に委託して青写真に複写させ、研究をすすめた。約一年におよんだ東南アジア諸国での調査も踏まえ、琉球と諸外国の通交貿易を論じた『黎明期の海外交通史』(昭和十六年)にまとめることになる。

伊波普猷は『おもろさうし』を読みときながら、宗教・政治・文化など琉球王国の内面を探っていったが、東恩納は『歴代宝案』を中心に王国の対外関係や交易関係を実証的に描こうとしたのだった。

だが、東恩納の青写真は鎌倉のものと同様に完全なものではなかった。もっとも重要な写本は、「台湾本」といわれるものである。

台北帝国大学助教授の小葉田淳《こばたあつし》(歴史学)が、昭和十年に沖縄をおとずれて『歴代宝案』の一部を筆写し、その成果を雑誌『史林』(昭和十年七月)に「旧港及び其の日琉両国との交渉に就いて」を発表。『歴代宝案』が学会に紹介された初の論文だろう。

台北帝大(昭和三年設立)は琉球・沖縄研究の拠点でもあった。昭和十一年、小葉田のはたらきかけで、台北帝大が県立図書館に依頼し原本から写本が作成され、その全容をもっともちかいかたちで今日に伝えることになる。これをもとに小葉田は著書『中世南島交易貿易史の研究』（昭和十四年）など、琉球海外交易史研究の先鞭をつけるのだ。

小葉田は明治三十八年、福井県に生まれて京都帝国大学を卒業。昭和五年、二十五歳で台北帝大助教授となった。台北で発行された沖縄研究の雑誌『南島』（昭和十五年創刊）に参加するなどし、二十一年まで台湾にとどまるのだが、戦争末期に妻子を米軍の爆撃によりうしなうという悲劇にも直面することになる。

「台湾本」のほか、昭和十六年に東京帝国大学史料編纂所が県立図書館に依頼して『歴代宝案』を部分抄写したものなどもつくられるのだが、もっとも重要な県立図書館所蔵の『歴代宝案』の原本と写本は、沖縄戦でうしなわれてしまうのだ。

戦火がせまるなか、図書館職員は蔵書を羽地村《はねじむら》（本島北部）に疎開させるものの、米軍の進攻により職員らは山中への避難を余儀なくされ、そのあいだに図書館蔵書の大半がうしなわれてしまった。関東大震災、沖縄戦によって、王国時代から守られてきた『歴代宝案』原本はこの世から消えてしまうのだが、それでも、昭和初期に写本、青写真が残されていたことがせめてもの救いといえるのかもしれない。

戦後しばらくして、旧台北帝大（昭和二十年、台湾大学に改称）の写本、さらに鎌倉複写の青写真、東恩納の青写真と写本などをもとに編集・校訂作業がすすめられ、『歴代宝案』は、今日、琉球王国の交易史の全容を知る基礎的な文献となった。

ツルとの再会、首里城修理工事

田端に暮らしていた鎌倉一家が中野区沼袋に転居したのは、昭和九年十二月。かつての農村地帯だが、関東大震災以降、宅地化がすすめられていた。鎌倉は土地を購入し、家を建て、香川から、老いた父・宇一とその妹（鎌倉をそだてた叔母）も呼びよせて同居することになった。おなじ中野区内の塔山《とうのやま》（現・中野区中央）に伊波普猷が前年から暮らしている。

昭和十一年春、長男・秀雄が区立桃園第三小学校に入学したある日、秀雄の小学校のようすを楽しく聞いていた鎌倉は、おどろいた。秀雄が「ザマミという若い女の先生がいる」というのだ。もちろん秀雄は、父が首里の座間味家に下宿していたとは知らずにいたのだが、その話を聞いた鎌倉は、すぐに小学校に走っていった。昭和八年に『歴代宝案』複写のため、沖縄に行ったときに訪ねた座間味家は、石垣だけを残してあとかたもなく、一家のことをながく案じていたのだった。

秀雄が話した「ザマミ先生」とは、なんと座間味家の三女・きよだった。

幼いきよが病気になったとき、鎌倉が背負って首里の坂道を急いで下りて医者まで連れて行ったことがあった。きよは沖縄県女子師範を卒業後に教職につき、昭和五年に上京して荻窪の座間味家に暮らし、昭和十年から桃園第三小学校に勤務していたのだが、十二年には転勤してしまう。そのあいだに秀雄が入学したとは、ひろい東京で、こんな偶然があるのだろうか。

鎌倉はきよに会い、座間味家全員が東京にいることを知り、まもなく、行方を探していたツルと再会し、それから鎌倉は荻窪の座間味家をたびたび訪問してツルとよく語りあっていたという。彼が琉球研究をつづけていること、それが高く評価されていることをツルはわがことのようによろこんだ。このころ六十代なかばになっていたツルだが、おだやかな表情は変わらず、美しい人だった。座間味家の仏間に首里から運んだトートーメー（位牌）が祀られているのを鎌倉はなつかしく見たのではないだろうか。

ツルの孫たちは、たびたび鎌倉の家にお使いに出されたと記憶している。研究に役立つような資料を届けさせたのだろう。ツルは東京でも鎌倉を見守る「あやあ」でありつづけるのだ。

東京にいるツルは見ることがかなわなかったが、昭和八年九月に首里城正殿修理工事が完了した。王国末期の一八四六年いらい、約九十年ぶりの修理だった。

昭和三年からはじめられた工事は、当初の予算（七万円）を大きく超え、九万八千円（現在の貨幣価値にすると二億円ほどだろう）に増額されたものの、予想以上の老朽化や白蟻による被害がみつかり、資金不足に苦しんだ。工事中、台風災害などで頓挫しかけたこともあり、困難をきわめたが、市民の期待は高く、一万二千六百人から総額三千円の寄付金がよせられている。

修理工事は、文部省神社局から派遣された技師・阪谷《さかたに》良之進《りょうのしん》（美校図案科建築教室卒）と、文部省建築技師で現場監督をつとめた柳田菊造《やなぎだきくぞう》（工手学校卒。古建築修理の経験が豊富だった）が中心になった。阪谷は父を早くにうしない、叔父の阪谷芳郎に育てられた。大蔵大臣、東京市長などを歴任した芳郎は、明治神宮造営事業の中心人物でもあり、伊東忠太とのかかわりが深い。良之進の登用は伊東の推挙によるものかもしれない。阪谷らは首里城修理工事で「素屋根」（建物ぜんたいを覆う仮設物）を採用するなどし、かぎられた予算で最善を尽くした。瓦はじゅうらいのものをできるだけ使用して必要に応じて補い、内部の柱を入れ替え、また床板を張り替えるなどしている。

けれどもこのときの修理は「沖縄県社拝殿」としての工事のため、外観修理が重視され、正殿内部の玉座や間仕切り壁、建具などは取り払われている。阪谷らは中城御殿に保管されていた王国時代の首里城重修工事の古文書などはしらべていたようで、正殿の外観は忠実に再現された。

しかし、予算不足のためなのか、神社としてそぐわないと判断したためか、外壁を赤い漆で塗ることはせず、新材の木材に古色塗（墨塗）をほどこしている。正殿正面の龍柱の欠損部分の修理もかなわなかった。赤く輝く外壁や、正殿内部の装飾や調度品などがよみがえるのは、一九九二年（平成四）の復元工事にあたって広範な琉球工芸品の調査がすすめられるのを待たなければならない。

県社拝殿としての修理ではあっても、多数の図面、書類、青写真、ガラス乾板の写真などが残された意義は大きい。けれど、ようやくよみがえった首里城の命は、十二年にも満たな

座間味ツル（座間味家提供）

いのだ。

国宝保存会の幹事でもあった阪谷が、沖縄滞在中に県内の建造物を調査してリストアップしているのは、同会委員の伊東忠太の要請だと思われる。首里城修理工事の特別顧問でもある伊東は、工事のアドバイスをしていることが書簡からわかっており、阪谷と伊東はたびたび連絡をとっていた。阪谷が提出したリストのうち、「守礼門」など十九件がただちに国宝指定（昭和八年一月）されたのは、すでにそれらを現地で見ていた伊東の力によるのだろう。

昭和十一年七月、首里城北殿に「郷土博物館」が開館した。大正末期から準備がすすめられていた、王国時代の書画、拓本、染織品、漆器、彫刻、陶磁器などを収集した、沖縄初の博物館である。

琉球を愛した人たち

首里城正殿修理工事と並行して、琉球建築の本格調査がはじめられていた。

修理工事が進行するさなかの伊東は、早稲田大学で教鞭をとりながら、「築地本願寺」（昭和九年竣工）の設計と工事にとりくんでいる。昭和五年から設計にとりかかり、インド仏教様式と純日本風を融合した異様な建物だが、中央にアジャンター式のドーム、左右に仏舎利塔（ストゥーパ）を配し、妖怪や奇妙な動物がそこかしこに彫られた。明治三十五年から三十八年にかけて、世界大旅行をした伊東ならではの作品だが、昭和五年にも中国調査をし、巨大石仏で知られる雲崗石窟《うんこう》（山西省）を再訪していた。

築地本願寺工事に没頭するなか、沖縄行きの日程がとれない伊東は、琉球建築の本格調査を教え子である田辺泰《たなべやすし》（早稲田大学建築学科教授）に託した。田辺は大正十年に早大に入学し、伊東（当時帝大教授）の日本建築史の講義を受けていらいの弟子だ。昭和五年の雲崗石窟などへの旅にも同行している田辺は、伊東に琉球建築調査をすすめられ、「日本学術振興会」（昭和七年設立）の資金援助を得て、昭和九年と十年、それぞれ夏に二か月ほど沖縄滞在をして調査をすることになった。

早大研究室に在籍する巌谷不二雄《いわやふじお》（当時二十二歳）とともに、県庁、尚家の協力のもと、首里や那覇など沖縄本島、宮古、八重山をまわり、寺院、城跡、民家、庭園、御嶽などを体系的にしらべ、測量図やガラス乾板写真を残す。建築の専門家である田辺・巌谷は建物の詳細を建築的観点からしらべており、とくに首里城の配置図「旧首里城殿舎復原配置図」は、のちの首里城復元で重要な史料となる。田辺は沖縄で、伊東の名をあちらこちらで聞いたという。伊東が琉球建築のすばらしさを認めてくれたこと、国宝指定に尽力してくれたことをよろこぶ人たちに会い、「私はその〔伊東の〕弟子だというので、大いに優遇されたものである」と書いている。

田辺らの調査は『琉球建築』（昭和十二年・限定三百部）にまとめられ、その序文を伊東が書き、琉球建築の全容が本格的に紹介された本として『東京朝日新聞』の連載記事にもなっている。琉球の工芸や芸能がブームとなっていたさなかであり、注目されたのだろう。『琉球建築』に掲載された写真は建造物のぜんたい、ディーテール、さらには集落の全景などをみごとにとらえており、建築を学んだ者ならではのものだ。撮影したのは、助手をつとめた巌谷不二雄だ。

巌谷は、沖縄調査の翌年、昭和十一年に出版社「相模書房」を設立して雑誌『東洋建築』を刊行し、琉球建築にかんする論考も発表するのだが、十二年十月に召集され中国へ出征。十五年一月ぶじ帰国し、その年十一月に結婚している。けれど、十六年九月に再召集され、十八年五月二十三日、ビルマ・ラングーン戦線で戦死。三十一歳。

巌谷らが沖縄調査をしていたときの写真が残っている。王国時代に中国使節団を歓待した庭園が美しい「識名園《しきなえん》」（那覇真地《なはまあじ》。尚家別邸）で撮られたもので、白いシャツの袖をまくった若い彼がほほえんでいる。

巌谷がおこした「相模書房」は、結婚生活わずか十か月の妻・定子が引きついだ。巌谷らの調査から約半世紀がすぎ、首里城復元プロジェクトメンバーが彼女を探しあてたとき、定子は夫の沖縄土産のお盆をずっとたいせつにしていて、沖縄に返してほしいと託している。短い結婚生活だったけれど、夫が語った沖縄の日々は定子の胸のなかにも生きつづけていたのだった。

田辺・巌谷の調査が終了した翌年の昭和十一年、国宝に指定されていた「守礼門」の解体修理工事が着工し、文部省技官の森政三《もりまさぞう》が工事を担当した。

当時四十一歳の森は北海道生まれ。大正十四年に美校建築科を卒業し、国宝や重要文化財の修理工事の専門技官になった。守礼門の構造、部材の寸法などを徹底的にしらべ、沖縄の宮大工・知念朝栄《ちねんちょうえい》（明治十四年、首里儀保生まれ。首里城正殿修理にも従事）らとともによみがえらせるのだ。森は「守礼門は、意匠的には中国のものだけれど、純粋な模倣ではなく、沖縄風に消化しています。技法的には、全く日本の室町時代そっくりのやり方ですが」といい、こうした工事では技術理論とともに重要なのが建造物の「感じ」や「気分」をつかむことだと語っている。

行ってみて非常に興味をひいたわけです。琉球の芸術とは一体どんなものだろうか、気分がわからないと修理できませんからね。それで踊りや音楽や、それからいろいろな工芸をみてみたわけです。
（「不思議なくに　沖縄」）

守礼門の修理工事は一年弱かかり、そのあいだに森は首里周辺の建造物を調査して写真撮影をした。すっかり琉球の魅力にとりつかれたようで、六年後の昭和十七年一月に沖縄を再訪し、玉陵《たまうどぅん》（王家の陵墓）と中城御殿の調査と写真撮影をする。この滞在中に、親交をむすんだ沖縄の画家・名渡山愛順《などやまあいじゅん》から王国時代の寺院の梵鐘などを軍に金属供出すると聞かされた森は、県の幹部と交渉して供出を阻止するために力を尽してもいた。
森は沖縄滞在中に染織品、工芸品などをあつめ、とくに琉球陶器のコレクションをしている。「あれだけの多彩な文化を持っている国というのは、不思議な国ですよ」と語った森だが、沖縄とのかかわりは戦後もつづき、戦災文化財の実態調査と復元計画（昭和三十年）を立案し、守礼門復元工事の設計監督をつとめた。このとき戦前の修理をした宮大工の知念朝栄が戦争をくぐりぬけて生存しており、彼らとともに復元（昭和三十三年）するのだ。森は、じしんのコレクションを琉球政府立博物館に寄贈するなど、ながきにわたって沖縄とかかわった。彼の遺品のなかから、中城御殿新築工事（明治六年竣工）の図面を撮影した写真が発見されるのは、撮影から六十数年後。その一葉が中城御殿復元へとつながることになる。森もまた、琉球を愛し、琉球に愛されたひとりだったのだろう。

戦前さいごの沖縄訪問

首里の町が修理工事や調査で活気づいていた昭和十一年末、鎌倉が三年ぶりに沖縄にやってくる。

今回は陶磁器にテーマをしぼった調査だ。きっかけは、昭和十一年の夏に美校図画師範科出身の洋画家・山尾薫明《やまおくんめい》がインドネシア・スラウェシ（セレベス）島のマカッサルで発掘した古陶磁器をたずさえて帰校し、鎌倉が目にしたことだった。山尾は、鎌倉より四歳下だが同郷の香川出身であり、したしかったようだ。山尾は昭和十年から十五年にかけて、当時の東インド諸島を旅し、芸術研究をしながら民族美術品を蒐集したのだった。

スラウェシ島マカッサルは小王国として栄えたが、十七世紀初頭からオランダ支配下におかれ、香辛料、陶磁器貿易の中継地として東南アジア有数の貿易港となり、十七世紀には日本船が立ち寄り、わずかだが日本人も居住していたという。山尾がもち帰ったのは、マカッサル産の陶器のほか、中国製、ベトナム製陶磁器などだった。それを見た鎌倉は、すぐさま那覇壺屋での調査や首里であつめた陶磁器のかけらなどを思い浮かべたのだろう。琉球王国も東南アジア諸国の陶磁器の交易地であり、すでに交易品をつぶさに記録する『歴代宝案』を読みこんでいた彼は、琉球王国と東インド諸島をかさねた海外交易史を、陶磁器を糸口にして解明したいと考えた。

昭和十一年十二月末、鎌倉は那覇に到着する。今回は各所を発掘調査するため、美校校長（和田の後任の芝田徹心・文部官僚出身）が沖縄県庁に依頼し、県庁から各市町村に連絡がまわるなど、ことがスムーズに運んだのは文化財調査の機運が高まっていたからだ。発掘調査の協力をしたのが、守礼門修理工事中の森政三だ。鎌倉より三歳上の森も美校出身であり、いぜんから知る仲だと思われる。守礼門工事にさきだって鎌倉からアドバイスを受けていたのではないだろうか。森は琉球陶器に魅せられていたので、鎌倉の調査を歓迎しただろう。鎌倉は到着してすぐに首里の郷土博物館を訪ね、開館をよろこんだ。

二週間にわたった鎌倉の発掘調査は人手もあつめられ、つぎの場所でおこなわれた。

首里城・京の内（城内最大の信仰儀式の場）、西《いり》のアザナ（物見台）付近
照屋城址（糸満。琉球王国統一いぜんの対外交易品の倉庫だったという伝承がある）
浦添城址（浦添。十三世紀から十四世紀に創建と伝えられる）

南山城址（糸満。十四世紀ごろに築造とされる）

発掘の結果、中国・朝鮮・琉球製の瓦、琉球の古窯で生産された陶器、中国製の陶磁器、タイ・ベトナム製の壺や陶器などが大量に発見され、そのなかにはスラウェシ島の出土品と共通するものもあることが判明した。鎌倉は琉球王国が交易品で満ちた時代に思いをはせながら、『歴代宝案』のほか、多数の文献を参考にして、出土品の年代を検証していった。

調査からわずか十か月後、『南海古陶瓷』（昭和十二年）が刊行された。鎌倉は、スラウェシ島の出土品をもとに文献をもちいて考察した「スラウェシ出土報告」と、「琉球発掘報告」を執筆する。出土品陶磁器の図版を百二十一点掲載し、「琉球南海交渉史料」として、『歴代宝案』を四十六ページにわたって紹介した。なお、沖縄の発掘調査は「啓明会」の研究補助事業の一環であるため、『南海古陶瓷』は伊東忠太との共著として刊行されているが、じっさいの執筆者は鎌倉ひとりだ。

昭和十一年は鎌倉が教師として沖縄に赴任した大正十年から十五年の歳月が流れている。三十八歳になった彼は遠い日を思いかえしただろう。

座間味家で首里言葉をひとつひとつ教えられたこと。ひとり首里の坂道を歩いていたころ。白い朝にさえずる鳥の声、照りつける真昼の日差しのなかに咲く花々、海に落ちる陽があたりを染める時間、散らばる星の下をさまよい歩いた深い夜——。いにしえの琉球に思いをはせれば、琉球の時代をいきいきと語る人たちに出会ったことがよみがえる。ぶあつい手で握手をしてくれた末吉麦門冬との出会いと、別れ。彼と出会ったころ、「琉球芸術」という言葉もなかった。何もわからなかったけれど、その世界をつつむもの、あたりにただよう時間、そこにつながるながい道のり、そのすべてを美しいと思った。

美校や啓明会の後押しと、それにつづく琉球ブームもあって、いぜんにくらべれば、研究環境はととのえられ、彼はこの分野にもっともくわしい人物として認知されている。けれど、なぜ、琉球の美に魅かれてしまうのか、じぶんさえもわからなかったころの情熱をいまももっているのだろうか――。

首里の坂道は、変わらないままだ。

坂の上から人がやってきて、あいさつを交わし、鎌倉は坂をのぼってゆく。そのかたわらに碧い海がきらめく。木々の緑の葉がそよぐ。坂の上には美しくなった首里城がそびえている。守礼門もかつてのすがたにもどった。王国崩壊から時がすぎたけれど、思いをこめて、じっと見つめていれば、そこに琉球人たちのすがたはあらわれる。

東京に帰ったら、座間味ツルに首里城が修理されたことを話して聞かせよう。妻の静江や息子の秀雄にも、沖縄で出会った人たちや、調査と研究にあけくれた日々をひとつひとつ語ろう。このさきも、王国時代の建物の修理がなされるだろうし、やがて琉球の時代がすこしずつ息を吹きかえしてゆくにちがいない、そう思ったのではないだろうか。

海からの風にのって、さまざまな唄が聞こえてくる。座間味家の踊合、宮古島のクイチャー、暴風の海をさまよった多良間の島人が聞かせてくれたせつないシュンカニ、八重山のユンタ――。

鎌倉の沖縄訪問は、これが戦前さいごとなる。彼がふたたびこの地を踏むのは、三十五年後だ。

昭和十二年七月、日中戦争がはじまる。

沖縄戦

第七章　なちかさや沖縄《うちなー》、戦場《いくさば》になやい

戦時下の美校

日中戦争開始とともに、東京美術学校の空気はすこしずつ変わっていった。その変化を用意したのは、大正十四年の「治安維持法」制定にさかのぼる。昭和六年に文部省は「学生思想問題調査委員会」を設置、左翼思想活動の駆逐にのりだしていた。このころプロレタリア美術運動の影響を受け、美校でも積極的に活動する学生たちが「校内民主化」などを訴えていたが、昭和七年に民主化運動のリーダーの学生が検挙され、こののち「特高」(特別高等警察)が学内に踏み込んで学生を連行する事態もみられるようになった。学校当局は思想問題を理由に数名の学生に放校、除名、退学の処分をくだすなどしたが、警察の干渉に対し美校は「無抵抗」であり、教官たちは「無力な存在」であったと、『東京美術学校の歴史』は伝えている。

学校当局に抵抗する学生たちも多かったのだが、昭和十年に「プロレタリア美術家同盟」が解散すると同時に美校での活動も衰退していき、さらに十二年の日中戦争開始以降は共産主義者とその同調者があいついで検挙され、美校の学生数名も検挙された。同年、文部省は「教育審議会」を設置し、「国体観念」を植えつけ「国粋主義的思想および国防観念」を徹底させるための教学刷新を打ちだした。

昭和十一年春には上野一帯で開催された展覧会が例年のようににぎわい、夜はぼんぼりの下で夜桜見物もあったというのに、十二年になると美校関係者が出征し、校内で送別会がひらかれるようになった。画材は高騰し、やがて不足していき、作品を制作することさえむずかしくなっていった。

鎌倉芳太郎は、美校がしだいに重苦しい空気につつまれるなかで琉球芸術研究をつづけようと、『歴代宝案』の青写真複写（昭和八年十一月）や、陶磁器調査（昭和十一年末）をし、啓明会に提出する予定の論文の執筆をしていたのだった。けれども正木直彦校長の退官（昭和七年）とともに、彼の研究を援助する美校での態勢はうしなわれている。思い描いていた研究生活が急激な環境の変化にさらされてままならなくなり、社会がどんどん暗くなっていくという不合理に彼はなす術もなかった。

美校講師の鎌倉は、小学生の息子・秀雄がいて、父と叔母も同居していたこともあり、経済的には苦しい。

昭和十三年三月、『伊豆長八』と題された本が刊行されている。江戸末期から明治中期に活躍した左官職人・伊豆（入江）長八の人生と仕事を詳細に追った著作であり、著者は美校日本画科教授・図画師範科主任の結城素明となっている。けれども、この本のじっさいの著者は鎌倉だった。鎌倉によれば、昭和九年五月ごろ、漆喰細工や鏝絵《こてえ》ですぐれた技をみせた長八作品を知った結城が調査研究を彼に依頼し、調査費「三百円」をわたしたという。その年の夏、鎌倉は長八の出生地・静岡県賀茂郡松崎町でひと月におよぶ調査をし、さらに三年をかけて東京とその周辺をしらべたのち、書きあげたのだった。執筆者を結城の名で刊行したのは、彼の助手としての立場だったからだとのちに述べているけれども、つまりはゴーストライターとしての仕事だったのである。ほかにも生活のためにこのような仕事をしていたのかもしれない。

この『伊豆長八』も鎌倉らしく、あらゆる文献をひもとき、関係者への取材も丹念で、充実した内容になった。当時の左官職人などに熱心に読まれ、伝説的人物となっていた伊豆長八がひろく知られるきっかけとなったといわれる。鎌倉が、執筆したのはじぶんだと名乗りあげたのは、『伊豆長八』が復刻された昭和五十五年だ。

昭和十三年八月、「日独防共協定」の締結（昭和十一年）にともない、日独青少年親善事業の一環として、「ヒトラーユーゲント」（十歳から十八歳のドイツの青少年全員の加入が義務づけられた団体）が来日した。靖国神社参拝をはじめとして、東北、北海道、関西、九州などを巡遊し、十一月まで滞在した。日本は歓迎ムードにつつまれ、国民歌謡「万歳ヒットラー・ユーゲント」（北原白秋作詞）がレコード発売されるほどだった。

ヒトラーユーゲントは、日本各地の学生たちと交流したが、美校にもやってきた。そのときの学生の反応はふたつにわかれた。図案科の学生を中心にハーケンクロイツの旗を描いて歓迎しようとする者と、それに異議をとなえる者が衝突し、けっきょく、歓迎派が押し切って旗がかかげられたのだが、図案科教授の和田三造が即座に撤去を命じたという。和田は美校西洋画科選科出身で、ヨーロッパ留学ののち日本画制作もはじめ、戦後には映画『地獄門』（昭和二十八年）で、アカデミー賞・衣装デザイン賞を受賞したことでも知られる。ヒトラーユーゲントの美校来校にさいして和田は多くを語らなかったが、このころは彼の見識が受け入れられる雰囲気がまだあったのだろう。

やがて戦時体制強化とともに、美校での軍事教練は厳格さをましてゆき、校内を闊歩する配属将校が学生の服装や長髪を取り締まるようになった。この時代状況は学生たちの作品制作にも影を落とし、昭和十四年春の卒業制作品陳列会に出品されたポスターでは「防諜ポスター」、「銃後奉公」、「防空」などのタイトルがならぶ。ちょうどこの年に設立された「東京美術学校同窓会」は会報を発行し、鎌倉が編集発行人をつとめたが、その会報に、応召会員百七名、戦死者十一名と記されており、このあと美校出身の戦死者はぞくぞくふえていった。

鎌倉の家庭には昭和十四年二月に長女・恭子《きょうこ》が誕生し、美校では「東洋彫刻史」など三つの講座を担当するなど教師としても充実していたが、戦時色はいっそうつよまるのだった。

戦争の時代は、世相が一気に黒一色に塗りつぶされるわけではないが、時の経過とともに身動きができない状態になってゆく。いつのまにか灰色の日常に慣れ、しだいに黒色がましていることに気づいても、こらえ性ができてしまう。目や耳をつきさす勇ましい言葉にさえ慣れるものだ。恐怖が支配する社会を生きるために、姿勢をひくくして、口をつぐみ、この異常な日々をやりすごすしかない、それが当時のおおかたの日本人だったが、二十一世紀のいま、そうなったとしても、そんなふうにはならないといいきることができるだろうか。

そうしたなか、昭和十五年三月、鎌倉の琉球芸術調査をまっさきに支援した美校校長であった正木直彦が他界した。長期にわたって校長をつとめ体制の基盤を確立するとともに、国の美術行政の中心的存在だった。死去する五年前に美校校内に彼を顕彰する正木記念館が建てられている。鎌倉は正木退任ののちも、自宅を訪ねてよく語り合ったことが正木の日記からわかるけれども、美校の空気が変わっていることをどのように伝えていたのだろうか。

昭和十五年十月に「大政翼賛会」が発足すると、表現に対する国の統制はきびしさをましていった。美校では十六年一月、「東京美術学校報国団」が結成され、文部省の教育統制により、校長指揮下、教官たちは任務を分担して「教練」の先頭に立つよう命じられた。その指導精神は「自我功利」の思想を排除し、「報国精神」に一貫する校風を樹立することがもとめられ、鎌倉は、報国団「団報班」の一員にくわえられた。

とはいえ、美校生たちすべてがこの空気に呑みこまれたというわけでもなかったようで、「報国団」の存在さえよく知らなかった者もいたといい、校内では「真面目派」と「デカダン派」が衝突し、デカダン派は「事あるごとに酒を飲み裸踊りをして警官に咎められ」たというから、自由な校風はわずかながらも残っていたようだ。けれどもその酒は質が悪く、苦い酔いだっただろうし、裸踊りをする体にはアバラ骨が浮いていただろう。

昭和十七年には画材がすべて配給制となった。十八年に「学徒戦時動員体制確立要綱」が閣議決定したことにより、繰り上げ卒業させられて学徒出陣し、二十歳以上の在校生たちも出征していった。上野一帯は応召軍人を見送る人であふれ、美校にも高射砲台が設置され、校舎内には航空機関係の工場がつくられた。

すでにそのころ、米軍の東京への爆撃がはじまっている。

昭和十七年四月の「ドーリットル空襲」により、荒川・王子・小石川・牛込などが被害を受け、八十七名の死者がでた。米軍による初の本土攻撃となったこの空襲が、東京住民の不安を一気につのらせた。灯火管制がしかれ、男たちの服装はカーキ色の国民服、女たちはモンペ姿。家々の窓ガラスは爆風から守るためのテープが貼られ、灯りが漏れないように黒い遮蔽幕でおおわれ、東京の風景ぜんたいが、人びとの気持ちとおなじく、暗く、重くなっていった。

そのなか、昭和十七年九月に鎌倉は助教授に昇任する。有給助手となってからじつに十五年の年月が流れ、彼は四十三歳になっていたが、このあいだに後輩たちが昇進していく悔しさをいくどもあじわったはずだ。

助教授になったものの、戦時色がますます濃くなるなかで学校業務に追われ、琉球芸術研究などできる雰囲気ではなかったと想像できる。けれども、前章でのべたように「琉球ブーム」でわいていたのは、つい数年前だ。昭和初期の紅型ブームにはじまり、首里城正殿の修理工事の完了（昭和十一年）、華やかな日劇ダンシングチームによる「琉球レヴュウ」（昭和十四年）につづき、「琉球おどり」と「八重山群島」の公演があったのは、十五年。わずか数年で「琉球」をめぐる状況は一変してしまった。

美術界そのものも大きく変質している。昭和十八年五月、大政翼賛会や文部省の指導のもと、「日本美術報国会」が結成され、会長に横山大観が就任した。大観は、これまでも西洋画が主流をなしてきた美術界を激しく攻撃してきたが、日本画壇内部の抗争をも乗りこえ、美術界の指導者となりつつあった。すでにムッソリーニやヒトラー、汪兆銘（南京政府主席）に大観作品が贈られるなど、国策と密着した彼は存在感をしめし、こののち「彩管報国」のスローガンをかかげ、「国威発揚」、「戦意高揚」のための日本画を描き、大規模な展覧会がひらかれる。

昭和十八年九月、美校に隣接する東京府美術館で「国民総力決戦美術展」が開催され、出品されたのが藤田嗣治の大作「アッツ島玉砕」だ。藤田はおかっぱ頭を五分刈りにし、国民服を着て作品の横に立っていた。そこに賽銭箱が置かれ、入場者が賽銭を投げると丁寧にお辞儀をしたという。「藤田は自ら描いた戦争画に国民を鎮魂する宗教画の役割を与えたのである」（柴崎信三『絵筆のナショナリズム』）。

藤田が沖縄旅行をしたのは、昭和十三年四月から五月だ。沖縄の画家たちと交流し、首里の尚順屋敷に招かれたとき「ハワイやフィリピンの王宮を思い浮かべ」、楽しく語り合った。色彩にあふれた沖縄を楽しみ、遊郭の女性をモデルにした「那覇の女」、沖縄独特の墓、亀《かめ》甲《こうばか》墓のそばにしゃがむおばあさんと孫を描いた「孫」など、多数の作品を描き、帰京直後に日動画廊（銀座）で展覧会「琉球作品発表会」を開いていた。

それからわずか五年後、藤田は壮絶な戦闘場面を重い褐色で描いたのだった。いまあらためて「アッツ島玉砕」を見れば、凄惨な戦場をなまなましく語りかけ、「戦争賛美」の匂いは感じられない。けれど戦後、藤田は戦争画を描いたことを激しく非難され、傷心のうちに日本を去り、フランスで死去（昭和四十三年）。横山大観は戦中の責任を問われることもなく、戦後も美術界の頂点に君臨した。

美校退職

日本軍の戦局は日ましに悪化していった。

昭和十八年二月、ガダルカナル島から撤退開始。四月、連合艦隊司令長官・山本五十六の搭乗機が撃墜されて山本は戦死したが、報道されたのはひと月後だ。五月、アリューシャン列島・アッツ島の守備隊全滅。十一月、ギルバート諸島のマキン島、タラワ島の守備隊全滅。十九年二月、マーシャル諸島のクェゼリン守備隊、ブラウン諸島守備隊が全滅――。詳細は国民に知らされることもなく、おびただしい命がうばわれていった。

鎌倉の著作『東洋の彫刻』が出版されたのは、昭和十八年九月。美校で講じていた日本と東洋の彫刻通史を記述したもので、「序」に「我が国文化を東亜諸地域諸民族に光被《こうひ》〔光がひろくゆきわたること〕せしむれば――」とあるのも、この時代に出版許可を得るための文言だろう。

もはや日本軍の敗退は決定的だったが、陸軍省はあくまで戦争を遂行する戦略を策定し、昭和十九年三月、大本営直属の第三十二軍（沖縄守備軍）が創設された。

北は奄美大島から、南は西表島、東方海上の大東島にいたる広域に多数の飛行場を建設して、「不沈空母」とする構想だった。大本営は沖縄戦を当初から「本土決戦のための一前哨戦」、もしくは「本土決戦を遅らせるための捨て石作戦」と位置づけ、沖縄戦は本土防衛の準備が完了するまでの、防波堤的な戦闘と認識されていたのだ。そこに生き、暮らす人びとの生命など、なにも考えられてはいなかった。

昭和十九年五月、突如として文部省による「美校改革」が断行され、助教授となって二年の鎌倉は美校を去ることになる。

文部省のもくろみは、芸術統制政策をすすめるなか、美校の教師陣を刷新することにあった。このころ美校は学徒出陣があいつぎ、在校生六百六十人のうち二百四十二人が兵役による休学（昭和十九年四月一日付）になっている。残った学生も勤労奉仕にかりだされ、作品制作をしようにも物資がないという状況ではあったが、教師や学生のなかに軍事教練の教官への反感をもつ者もすくなくなく、さまざまな対立が生まれていた。この機をとらえた文部省は「美校の現状は戦時下の体制に合わない」という理由をもって、教授、助教授、講師、助手にいたるまで辞職をせまった。その背後には横山大観の力が働いていたともいわれる。

文部省の辞職勧告にたいして、教師陣は「何の抵抗も示さずに」辞表を提出したといい、鎌倉もそのひとりだった。もはや、かつての自由な空気がうしなわれた美校にとどまるべくもない、そんな無力感におおわれていたのではないだろうか。ハーケンクロイツの旗を撤去させた和田三造もふくめ、教師の大半が美校を去った。『読売新聞』（昭和十九年五月二十六日付）は「戦う美校・陣容を一新」と報道している。

大正七年に美校に入学してから二十六年間におよんだ鎌倉と美校とのかかわりは、これで終わることになるのだが、彼は沖縄で収集した大量の「紅型型紙」と沖縄調査のさいのフィールドノート、それから石垣島の絵師にゆずられた「画稿」などを美校の文庫（資料室）に残していった。鎌倉は退職直前に文庫科主任をつとめていて、自宅よりも堅牢な建物の美校に保管するほうが安全だと考えたのだろう。「画稿」は一点ずつていねいに裏打ちされていた。彼の判断は結果として正しく、美校は空襲の被害から逃れ、千数百点の紅型型紙などが今日に残されることになる。

防空壕のなかで守られるガラス乾板

四十五歳にして美校を去り、無職となった鎌倉だが、このころから一家は中野区沼袋の自宅につくった防空壕で生活するようになった。

東京への空襲は、昭和十七年四月の「ドーリットル空襲」がはじまりだが、その後はしばらく途絶えていたものの、十九年十一月にB29七十機が「中島飛行場」（北多摩郡武蔵野町）を集中攻撃し、これ以後東京への空襲が本格的にはじまる。

鎌倉の長男・秀雄は立教中学にかよい、すでに日本画家をめざしている。長女の恭子はまだ五歳だが、身の安全のため学童疎開の一員となった。溺愛する娘が遠くはなれた地に行くとき、鎌倉は手づくりの道具箱をもたせて見送った。沼袋に残った鎌倉夫妻と秀雄、鎌倉の父親・宇一とその妹の五人が、防空壕のなかで息をひそめ、不安におびえる毎日を生きる。

その防空壕に、鎌倉は沖縄で撮影した大量のガラス乾板を保管したのだった。大正期から昭和初期にかけて撮影したガラス乾板は、展覧会などで展示したもののほか、千数百点があったが、一点一点のあいだに紙をはさみ、何重にも布でつつみ、いくつもの茶箱（内側にブリキ板が貼ってあり湿気をさけるのに適していた）におさめられた。これを防空壕に入れると、そのぶん家族の居場所もせまくなるが、何としても貴重な史料を守らなければ、というう鎌倉のつよい意思、それを理解した妻・静江によって、王国時代の面影を残す写真が守られるのだ。

そこには、鎌倉じしんの、ひとすじの「希望」も感じられないわけではない。この戦争が終わったら、いつの日か琉球文化がふたたび評価される時代がきたら――、この茶箱をあけることもできるだろう。生きなければ、そんな思いがあったにちがいない。それとともに、茶箱のなかの品はじぶんひとりのものではないと考えたからこそ、守ったのだろう。沖縄の人びと、啓明会の援助、さまざまな協力を得ての調査だったのだから、これらを守る義務がじぶんに課せられていると考えていた。「琉球」と「沖縄」をむすぶもの、それがガラス乾板に残されており、これを守らなければ歴史が断ち切られてしまう、そんな悲痛な思いであったのかもしれない。

鎌倉は職をうしなっていたのだから、すでにおそくはあるけれども一家で疎開することもできたはずだ。香川にもどるのは無理だとしても、たとえば美校関係者のつてをたよって東京近郊への疎開も可能だっただろうが、沼袋にとどまった。そうしたのは、ガラス乾板などが気がかりでならなかったからだとも思えるのだ。

昭和二十年は元旦から空襲がはじまった。断続的に空襲があるなか、三月十日には最大の「東京大空襲」が下町一帯を標的にして展開される。下町は軍需工場の密集地域であるが、米軍は関東大震災における被害状況を徹底的に検討しており、木造住宅が櫛比《しっぴ》するこの地区が火災被害によわいことを熟知していたのだ。一夜の空襲で、東京三十五区のうち三分の一が焼失、死者・行方不明者は十万人以上といわれる。

「東京大空襲」の被害からはのがれた中野区だったが、ついに激しい空襲に見舞われてしまう。四月十三日、深夜十一時から約三時間にわたってB29二百機が広域にわたって攻撃し、中野区も約八百戸が焼失、都内の死者は四千人にたっした。さらに五月二十四日の深夜一時半からはじまった無差別攻撃は、二十五日夜十時からの「山の手大空襲」となり、これまで空襲被害に遭わずにいた区域もふくめ、東京市街の大部分が焼失。中野区内では五割が焼失し、数千名の死亡者がでたとされる。

鎌倉が暮らす沼袋一帯もこのとき被災し、彼の家も全焼してしまい、三千冊の蔵書とともに、書きためていた琉球芸術研究の原稿などもうしなわれた。防空壕のガラス乾板の一部は消火活動のさいに水にひたってしまったが、大半は無傷のまま残った。さいわいに家族は全員ぶじだった。

同時刻、この空襲の被害に遭っていたのが、鎌倉の家から直線距離にして二キロほどはなれた中野区塔山《とうのやま》（現・中野区中央）に暮らしていた伊波普猷だ。伊波も、田島利三郎からゆずられた『おもろさうし』の史料をちいさなカバンに詰めて防空壕のなかに保管していたが、自宅は焼失し、大量の原稿、史料や書籍がうしなわれた。

七十歳の伊波は深夜の空襲のなかを逃げまどい、明け方になってちかくの学校にたどりつく。おおぜいの避難民のなかにまじって、「小さな風呂敷包みをかかえて」しゃがんでいたのをみつけたのは、彼を案じて探していた沖縄出身の山城善光《ぜんこう》（伊波に師事した当時三十三歳。大宜味村生まれ、農民運動のリーダーとして活躍。戦後、立法院議員）だった。伊波がかかえた風呂敷包みにはたいせつな草稿が入っていたのではないか。

東京から遠くはなれた那覇の沖縄県立図書館で、大正十一年に出会った伊波と鎌倉。あれから二十二年の歳月が流れ、ふたりはそれぞれ空襲後の瓦礫の町で、ぼうぜんと立ちすくんでいた。わずか二キロしかはなれていないとは、たがいに知る由もない。伊波が死守した田島利三郎の史料は、後日、焼け跡のなかから掘りだされた。

また気になるのは、鎌倉と再会を果たした杉並に暮らす座間味家の安否である。

一家は、前年の昭和十九年七月から長野県上田の鹿教湯《かけゆ》温泉に疎開していた。「あやあ」のツルが、知人をとおして疎開先をみつけたという。すでに座間味家の長男夫妻に初の男児・朝雄《あさお》が誕生（昭和十四年）しており、ツルは孫を見守りながら、温泉宿のはなれを借りて日々をおくっていた。養蚕がさかんな地であり、ツルは養蚕家で蚕を移す作業を手伝ったことで地元の人と仲良くなったといい、ここでも苦しい状況にめげず、ときに機織りをしながら、帰京する日を待ちつづけたのだった。首里大中町で暮らしていたときのように、雪深い信州の地にもカッターンという機の音がひびいていた。七十歳をこえたツルの機織りのすがたが、困難ななかにあっても生きようと語りかけているようだった。日々成長してゆく五歳の朝雄の笑い声が一家に希望をもたらした。

そのころ、碧い海にかこまれた沖縄は、壊滅状態に追いこまれようとしていた。

沖縄戦

昭和十九年三月の「第三十二軍」の創設は、「沖縄守備軍」とされるものの、沖縄に災厄をもたらすはじまりでしかなかった。

のちに陣容の強化がはかられたが、日米の戦力の差は歴然だった。日本軍の沖縄本島地区の最終的な兵力は、約十一万六千四百人、現地編成の補助兵力（「防衛隊」と俗称される）が、約二万人である。これに対し、沖縄戦を「アイスバーグ（氷山）作戦」と名づけた米軍の兵力は、のべ五十四万八千人にたっする。当時の沖縄の人口は四十五万人弱である。

第三十二軍創設からふた月後の昭和十九年六月、沖縄に配置される守備軍将兵を乗せて鹿児島を出航した「富山丸」が徳之島東方海上で米潜水艦に撃沈され、約四千六百人の乗員のうち約三千八百人が死亡したといわれる。富山丸の乗員は、沖縄での飛行場建設を指令されていたが、この被害により飛行場設営がおおはばに遅れるのだ。

さらに同年八月、沖縄から本土にむけて出航した学童疎開船「対馬丸」が、トカラ列島・悪石島北西十一キロの海上で米潜水艦に撃沈され、学童約八百人をふくむ乗客約千七百人のうち、約千四百人が死亡する。

当時、沖縄師範学校生徒の外間守善《ほかましゅぜん》（大正十三年、那覇生まれ）は、のちに『おもろさうし』の研究者として知られることになるが、昭和十八年春ごろから軍作業に動員されるようになった。そのなか、十三歳の妹・静子が対馬丸に乗船することになる。あわただしく決まった学童疎開船出航の日の朝、外間は妹の着衣につけるための名札を書き、貴重品だった黒砂糖を弁当箱に詰めてもたせ、那覇港まで見送りに行った。狭い船内まで送りとどけると、熱気がたちこめ、すでにぐったりした子どももたちもいた。それが妹との別れだった。

後日、どういういきさつかは不明だが、静子の荷物がひとあしさきに宮崎県に疎開していた家族のもとに届き、弁当箱の黒砂糖がそのまま残されていたという。家族の心づくしの甘いものを口にすることなく、十三歳の少女は真夜中の海に投げだされたのだった。

富山丸事件、対馬丸事件は、戦時下、戦意喪失につながると極秘扱いされ、新聞報道もされていない。

沖縄守備軍は、民間人への安全対策をとることなく、「軍官民共生共死」をさけぶばかりだった。対馬丸事件のひと月まえに緊急閣議がひらかれ、南西諸島の老幼婦女子・学童の集団疎開を決定し、本土へ八万人、台湾へ二万人の疎開命令がなされていたが、ひそかに伝えられていた対馬丸事件の衝撃が沖縄の人びとの足をにぶらせたといわれる。

昭和十九年十月十日、米軍は南西諸島にたいする初の大空襲をする。

その前日の九日夜、第三十二軍の牛島満司令官はじめ、旅団長や軍参謀全員が那覇の沖縄ホテルで大宴会をひらき、二次会が那覇の料亭「松の下」で深夜までつづくなど、日本軍は状況をまったく把握していなかった。

十日朝六時から十時間、奄美大島・徳之島・沖縄諸島・宮古島・石垣島・大東島などを艦載機グラマンが攻撃。米軍は各地の飛行場、港湾施設を主要な攻撃目標とし、死傷者は軍民あわせて約千五百人にのぼった。

五次にわたる攻撃で、昼から午後にかけては那覇市が集中攻撃された。この日、来襲した米軍機はのべ九百機にのぼり、大量の爆弾投下、機銃掃射をくりかえすという無差別攻撃だ。港湾にちかい一帯は二日間にわたって燃えつづけ、那覇市街の九割が焼失した。家屋の全壊・全焼は約一万千五百戸、航空・船舶基地にくわえ、琉球王国時代の建造物ものきなみ損害を受けたうえ、米、麦約三千八百トンをはじめとして貴重な食糧がうしなわれ、このあと住民に餓死者が続出する要因となった。

『朝日新聞』がこの大空襲を報道したのは六日後。「那覇殆ど灰燼に帰す」（昭和十九年十月十六日付）の見出しで、「死傷二百人」と伝えている。朝刊の三面に掲載されているが、那覇大空襲より大きくあつかわれたのは、靖国神社に参拝して「勝関《かちどき》に大いなる祈り」をささげたという記事や、兵器工場労働者が「入魂の兵器」製造にはげんでいるという記事だ。けれども、このころの日本人は、新聞が大きくあつかう記事を額面どおりには受けとらず、いま沖縄がひどい攻撃にさらされていることを察知していた。東京など本土にいる沖縄人は、新聞に書かれた故郷の地名のひとつひとつをどれほど悲痛な思いで読み、家族や友人を案じただろう。

米軍は冷徹な作戦を巨大な武力をもって確実に実行していったが、判断を誤りつづける日本軍は昭和十九年十一月、第三十二軍の三分の一の兵力をフィリピンに転用することを決定し、のちに台湾に転用された。だが台湾への転用が決定した時期、米軍は台湾攻略の中止を決定している。

沖縄守備軍首脳は補充部隊派遣を大本営にもとめたが、約束は守られなかった。このため、水際での迎撃作戦は困難となり、持久作戦に切り替えられ、その防衛力の不足を地元住民が補塡することになった。昭和二十年一月末から、十七歳以上、四十五歳未満の沖縄住民を召集し、戦闘部隊を編成して配備。沖縄県民は最終的に約八万人が県外に疎開したが、疎開しようにもできず、沖縄にとどまらざるをえない住民を根こそぎ召集していった。沖縄守備軍が守ったのは、住民ではなく、軍隊だったのである。

それればかりではない。守備軍将兵は沖縄住民にスパイの嫌疑をかけ、「沖縄語ヲ以テ談話シアル者ハ間諜〔スパイ〕トシテ処罰ス」と軍会報（昭和二十年四月十日付）で報じ、じっさいに殺害した事例がある。さらに、彼らは壕に避難していた住民を追い出したり、殺害したりもした。連鎖した沖縄住民の「集団自決」とされるものも、その多くは、老人や幼児、婦女子であり、日本軍によって集団自殺をしいられたとするべきだ。

だが、「日本兵」とは何者なのか、とも考える。軍人をめざした人をのぞけば、兵士の多くが徴兵制のもと戦場におもむくことをしいられた人びとだ。戦争の時代でなければ、働き者の農夫や実直な職人であり、サラリーマンとして、学生として、家族を愛したごくふつうの日本人として生きたはずだ。戦争の時代がながくつづき、爆音ひびく戦地に行かされ、恐怖にとりつかれて、精神的な異常をきたし、残虐な行為をした。

その根底には日本が、琉球・沖縄を理解しないまま暴力的にあつかってきた歴史があり、戦場で噴出したともいえるのかもしれない。昭和初期の「琉球ブーム」も、けっきょくのところ、一部の趣味人が遠い南国へのエキゾチシズムをふくらませていたにすぎなかったと思うほどだ。

日本人が沖縄人をどう見ているのか、米軍はすでに研究をすすめていた。一九四四年（昭和十九）十一月に米海軍省作戦本部が発行した『民事ハンドブック』（Civil Affairs Handbook, Ryukyu Islands）は、人類学者のジョージ・P・マードックらが海軍軍政学校で編集したもので、一九三〇年代から四〇年代の日本語の出版物をもとにして書かれたといわれる。沖縄の歴史的背景から、政治・経済・社会・産業・風俗・習慣・祭祀、終戦後に利用できる沖縄人のリストにいたるまで網羅的に記述し、要約された冊子が米軍の沖縄上陸兵にひろく配布されている。なかで「人種的特徴」の項目にこうある。

日琉間の緊密な関係と言語上の類似にもかかわらず日本人は琉球人を人種的に同等とは

みなしていない。琉球人は、いわば独特の田舎くさい風習をもつ遠い親戚であるとみられており、したがっていろいろな方法で差別されている。ところが沖縄の島民は日本人に対して劣等感をもつどころか、かえって彼らの伝統と中国との長い文化的絆に誇りすらもっている。（略）ほとんど確実にいえることは、島民の間には軍国主義や熱狂的な愛国心はほとんど根を下ろしていないということである。

沖縄のあらゆる政治機構が日本本土人によって占められていることから、両者にあつれきが生じており、この「あつれき」はアメリカが政治的に利用できるものだ、とも書かれており、すでに終戦後に米軍が実施する沖縄占領政策がしめされていた。

沖縄戦では多くの民間人が犠牲になるが、生徒たちも駆りだされ、男子生徒は学校ごとに「鉄血勤皇隊《てっけつきんのうたい》」が組織されて約千八百人が戦場に投入され、その約半数が戦死した。女生徒も従軍させられ、学徒隊が組織された。

そのひとつ、鎌倉がかつて教鞭をとった「ひめゆり学園」と称される沖縄県立第一高等女学校（昭和三年改称）と沖縄県師範学校女子部（昭和十八年改称）は、昭和十九年十二月に沖縄陸軍病院より看護要員として動員を要請され、「ひめゆり学徒隊」を編成。生徒たちは鎌倉の教え子の娘たちの世代である。このなかには母親が鎌倉の美術の授業を受けたという女生徒もいたのかもしれない。母と娘、ふたつの世代が生きた沖縄は、あまりにちがう。二十年六月、ひめゆり部隊の職員・生徒二百十人が本島南部の洞窟で悲劇的な死を迎えた。
妹を対馬丸事件でうしなった外間守善の師範学校ではすでに校舎の一部が軍司令部にあてられていたが、昭和十九年春ごろより首里城を中心とする大規模な陣地構築作業に彼も動員された。

やがて首里城下は一角から他の一角へと深く崩され、四通八達した軍司令部壕が作られた。軍司令官、参謀長、高級参謀ほかの個室には畳が入れられ、電気もつけられるようになっていった。美しかった王城や古都のたたずまいが事もなげに崩されていくのを見て、一抹の感傷を覚えないわけではなかったが、わが国の存亡がこの島にかかっているのだというおぼろげな自覚が私たちの全てであり、行く末のかすかな不安が表しようのない緊張を強いていた。

（『私の沖縄戦記』）

昭和九年、首里城正殿の修理工事が完了してから、わずか十年しかたっていないのに、首里城は第三十二軍の司令部壕となり、大きくすがたを変え、そこにつめた将兵千人余が無謀な戦争を続行しようとしていた。

廃墟と化す首里

首里の住民たちは本土などへ疎開した者も多かったが、身動きできないまま、空襲におびえる日々をおくる人たちが残されていた。

尚順も、そのひとりだ。「松山御殿《まちやまうどうん》」と称された広大な屋敷に暮らす七十歳をすぎた彼は、かつて多くの本土からの来客をもてなし、琉球文化について語ったものだが、このころは灯火管制がしかれるなか、暗い屋敷となっていた。日本軍の兵士たちが屋敷の一角に常駐し、大型トラックが出入りし、屋敷内の大広間を第三十二軍の長勇《ちょういさむ》参謀長が宿泊所にしている。すでに尚家の使用人のうち男たちは召集され、女たちしか残っておらず、敷地内の「桃原農園」は荒れはてていた。

尚順と親交が深い山里永吉（劇作家・琉球史研究者）は、昭和十二年ごろから週に何度か夕食をともにし、語り合ってきた。十六年の日米開戦で日本がわきたっていたころ、尚順が「イギリスとアメリカを相手にして、戦争に勝てるわけがないじゃないか」といったことが忘れられなかったといい、ふたりは戦争がはじまってからもたびたび会ったものの、戦争の話題はさけていたという。だが尚順の六人の息子たちはつぎつぎ召集され、三人の息子が戦死した。

山里は昭和十九年八月、那覇が大空襲を受ける直前に京都に疎開しており、同年十二月に尚順から那覇大空襲の模様を伝える手紙を受けとった。尚順は「今回の空襲には在那覇の美術品並に古織物等の喪失は実に大きい筈で、私は時々夫《それ》を想うて暗然といたします」と書き、古美術品がうしなわれたことを惜しんでいるのは、まだすこしは気持ちに余裕もあったのだろうか。彼のコレクションが「尚順男爵家御所蔵品展観」と銘打ち、大阪高島屋で展覧会が開催されたのは、わずか四年前、昭和十五年十一月だ。この展覧会は尚順所蔵品二百点の売り立てを目的としていた。尚順は経済的苦境にあったにもかかわらず、客人をもてなしたのだった。高島屋のパンフレットで「夢幻の国、琉球」と紹介された地は、いま爆音におおわれていた。山里への手紙で尚順は、那覇への大空襲のさい屋敷にも銃弾が数発落ちたが、「首里に幸い兵火が来なかった丈は僥倖でした」とつづっている。これが、京都の山里に届いたさいごの手紙になった。

尚順屋敷のすぐちかくの「中城御殿」も、第三十二軍の兵士たちが常駐していて、長野英夫作戦補佐参謀の宿泊所だ。中城御殿の男たちも召集されてしまい、女たちが守っていたなか、昭和二十年三月に中城御殿の宝物は大金庫や壕にうつされたが、まもおかずすべて炎上する。

沖縄は、まさに時々刻々、地獄と化していく。

昭和二十年三月二十三日から、米軍はのべ二千機を出撃させ、南西諸島一帯に猛烈な爆撃を開始。戦艦五隻などが本島南部を艦砲射撃する。三月二十六日に慶良間諸島に上陸し、月末までに同諸島を制圧。

四月一日に米軍は本島中部西海岸から上陸したが、このとき日本軍は水際作戦を放棄しており、同日、米軍は読谷《よみたん》・嘉手納《かでな》の飛行場を占拠するなどし、かねてからの作戦どおり沖縄本島を南北に分断することに成功した。

日本軍は四月七日ごろから首里の防衛陣地を死守するため反撃に転じ、嘉数《かかず》台地（宜野湾）や前田高地（浦添）周辺で激しい戦闘をくりひろげるあいだにも、首里は砲撃にさらされた。四月六日、中城御殿は炎上。この火災をかろうじてのがれた王の肖像画「御後絵」を四月八日ごろ、御嶽岩のうしろにかくしたが、のちに焼失してしまった。その数日後、日本軍は中城御殿敷地に機関銃陣地を設置して敵襲にそなえた。

いっぽう本島中部をすでに制圧した米軍は、首里をめざして南進し、四月二十五日に首里北方に到達した。

師範学校生の外間守善も三月に現地召集され、前田高地の激戦に投じられていた。弁ヶ岳（首里汀良町・かつて琉球国王の祈願所だった）における四月二十六日明け方の戦闘をなまなましく書いている。


弁ヶ岳附近は照明弾がひっきりなしにあがって、昼間のように明るかった。紐のようなものを吊り下げて照明弾はゆっくりゆっくり降りてきた。艦砲は間断なく炸裂して松の大木が吹きとばされ、山肌は弾痕だらけだった。加えて米軍から近いらしく迫撃砲が撃ち込まれていた。迫撃砲というものは頭上で炸裂して破片が飛び散るものだということも初めて知らされた。山頂でヒュルヒュルッと音が聞こえていたがいきなりグヮグヮーンという音と光と爆風に吹っ飛ばされて山肌に叩きつけられた。（『私の沖縄戦記』）

米軍は、五月十三日の天久《あめく》（那覇）の攻防戦をへて、安里《あさと》（那覇）を攻略。同二十一日に首里寒川にまで突入するが、日本軍は、洞窟作戦、夜間斬り込みに終始しており、もはや敗退は決定的だった。五月二十二日、第三十二軍は本島南部への撤退を決定し、五月二十五日に撤退を開始した。島田叡《あきら》沖縄県知事（兵庫県出身）は、住民保護の立場から守備軍に首里にとどまるよう要請したが、受け入れられなかった。

五月二十九日、米軍は司令壕をふくむ首里城一帯を完全に占領。首里市内に打ちこんだ砲弾はおよそ二十万発、投下した爆弾は一千ポンド、数千発の迫撃砲がアーチ型をなして首里に落下した。米国陸軍省の『日米最後の戦闘』は、戦闘終了後の首里をこう記録している。

　首里は、完全に廃墟と化していた。琉球のどの市町村も、これほどまでに完膚なく破壊されたところはなかった。（略）

　汚れた狭い舗装道路は、高爆発性爆弾でこなごなに砕かれ、どんな車両も通れぬほど、爆弾の穴でいっぱいになっていた。たくさんの屋敷の石垣がくずされて散らばり、瓦礫やくだかれた屋根の赤瓦がうず高く積もった。建物の枠は、マキ材のように散らかっていた。日本兵のぼろぼろになった軍服の切れはし、防毒面、ヘルメット帽（これがいちばん多く見られた）や、沖縄の民間人の、暗い色の衣服が無数にとび散っていた。この、まるで月の噴火口のような光景を呈しているところに、なんともたとえようのない腐った人間の屍臭が、いつまでも宙にただよっていた。

首里城は米軍艦砲十四インチの砲弾でたたかれ、満足なかたちで残っていたのは二、三か所、城内はくだけ散った。そこに星条旗がひるがえった。廃墟のなかから、かつて首里城正殿にかかげられ、当時は城内の郷土博物館にあった「万国津梁《しんりょう》の鐘」（一四五八年鋳造）がみつかる。銘文に〈琉球国は南海の勝地であり、蓬萊の島である。海船をもって、万国の津梁（架け橋）となり、異国の宝物が国じゅうに満ちている――〉と謳った、あの鐘だ。アメリカ建国より三百年以上まえにつくられた鐘の銘文の意味を米兵がわかるはずもない。

首里は、文字どおりの廃墟となった。中城御殿も、尚順の屋敷も、人びとがおだやかに暮らしていた家も、琉球王国いらいの建造物も、すばらしい工芸品のかずかずも、鎌倉芳太郎がガラス乾板に残した「御後絵」もすべてうしなわれた。

米軍機が首里一帯を撮影した航空写真のなかに、炎上する直前の首里城、中城御殿が写っている。撮影の日付は、〈一九四五年四月二日〉。首里進撃をはじめるひと月ちかく前に、米軍は首里の地形を完全に把握し、周到に準備していたのだった。琉球王国の栄華をとどめる首里城や中城御殿の文化財的意味もじゅうぶん認識していたうえで、攻撃した。そこに第三十二軍がいたからだ。すでに国際条約「陸戦の法規慣例に関する条約」（一九〇七年・ハーグ）では「建設物、歴史上の紀念建造物」を棄損することは禁じられているが、無視された。

だが、沖縄戦は首里の戦闘以降、さらなる激戦となる。

南部の惨劇、さまよう尚順

首里を放棄した日本軍は、本島南部への撤退作戦を実行するものの、沖縄住民への配慮はまったくなされなかった。沖縄住民の戦争犠牲者は四人にひとりといわれるが、その大半は南部に撤退する軍とともに戦闘に巻きこまれたのだ。約十万人以上の住民がさまよい、砲弾の犠牲になった。米軍は前掲書でこう書いている。

彼らは長い隊列をつくって、前線後方へ歩いていった。女の人はたいてい赤児を背に、衣類を束ねたものや、食料品、食器類、なべかまなど、もてるだけの財産を頭に、とぼとぼ歩いてきた。（略）幾千という民間人の死体が、みぞのなか、キビ畑、荒廃した部落内に散乱し、あるいは壕のなかに、そのまま入口を密封されて生き埋めになっていた。

米軍は当初より、日本軍を南部に孤立させるばかりではなく、壊滅させる計画だった。彼らも、日本兵と民間人のちがいに注意をはらっていたとはいえない。沖縄戦における十万人以上といわれる民間人の死者は、その大半が米軍の砲弾による犠牲者であることは冷厳な事実だ。米軍が残した記録フィルムには住民を保護したシーンが多くあるけれども、彼らによって殺された住民が圧倒的多数なのだ。すでに日本軍は戦争遂行に必要な物資が尽き、部隊間の調整や連絡がきかず、兵器もじゅうぶんに利用できず、抗戦力がすでにないことを把握していたが、残忍な筆でこうしるす。

（南部の）戦場は火炎砲戦車隊があばれまわるには、あつらえむきにできていた。戦車隊は洞窟、岩のさけ目、あるいは灌木の生い茂ったところを求めて、火炎を放射、あるいは日本兵を見つけては、これを殺したり、または機関銃弾の河のなかに彼らを追いやった。五日間の戦闘で、第七一三火炎装甲車隊は、三万七千ガロン以上の〝燃えるガソリン〟を日本軍陣地にめがけて流しこんだ。（『日米最後の戦闘』）

七十三歳の尚順は、屋敷の一部を提供していた長勇参謀長のすすめにしたがって五月二十日に南下をはじめ、尚順夫妻と娘たち、使用人ら総勢二十数人が屋敷をあとにした。王家の陵墓「玉陵」に参る時間もなく、道端から全員であたまをさげるしかなかった。そこからすこし行った首里金城町《しゅりかなぐしくまち》は、砲弾によって石垣がくずれ道がふさがっていて、尚順が娘たちにおぶわれてすすむと、識名《しきな》坂にさしかかるあたりに兵士たちの遺体が多数置き去りにされていた。それから、ひとけのなくなった集落で休みながら、高嶺《たかみね》（豊見城村《とみぐすくそん》）の戦闘司令部の壕にやっとのことでたどりつく。そこには負傷兵がつぎつぎと運ばれてきていた。

高嶺の壕に尚順が避難していると知った王家一族のひとりが訪ねてきたという。末娘の弘子がその場面を書いている。

（訪問者が）土の上にちゃんと手をおつきになり、「松山御殿のアジーメー〔お父さま〕にはご機嫌うるわしく……」と御殿でなさったようなご挨拶を傍で見ておりますと、とっても悲しくなりました。絹づれの袴の音と共に長い廊下を次々と叔父様方が入って来られる情景を思い出したからでございます。
（「沖縄戦と尚順家の人々」）

だが六月に入ると、尚順らは壕を出るよう軍に命令され、摩文仁《まぶに》（糸満。沖縄戦終焉の地）にむかうことになった。

摩文仁の集落付近で、艦砲射撃に見舞われ、尚順の娘の米子が片腕に大けがを負ってしまう。そこで第三十二軍司令部の壕に救護をもとめ、米子と、姉に付き添うため弘子がここにとどまり、尚順夫妻らは別行動をとることになった。

尚順らは米軍の偵察機におびえながら歩き、米須《こめす》（糸満）で壕をみつけ、そこにかくれることにした。すでに食糧もなく、尚順は自生するフーチバー（よもぎ）を泥がまじる水に入れて飲んだという。本土からの来客にごちそうをふるまった彼がさいごに口にしたものがこれだった。

六月十六日、尚順は米須の壕で妻・真子に体をあずけたまま衰弱死した。弾の落ちたあとのくぼみに、尚順がたずさえてきた桃をかたどった硯といっしょに埋葬され、彼の遺骨が首里に帰るのは戦後しばらくたってからだ。

首里城明けわたしを幼少のころ体験し、激動の近代を生きた彼は、さまざまな顔をもっていたが、琉球文化の紹介者としての功績は大きい。炎がせまり、轟音ひびく暗い壕のなかでのいたましい死だった。尚順の死の四日後、妻の真子や付き添った者たちは安全な場所をもとめて壕を出るが、その直後、迫撃砲の集中砲火をあび、全員死亡。

いっぽう第三十二軍の壕にとどまった米子と弘子だが、米子は軍医による手術を受け、腕を切り落とされた。大雨がつづき、壕のなかは水びたしになり、米子の傷口はひどく化膿した。極度の栄養失調から毛髪が抜け、ついに死を迎える。あたりは珊瑚礁の岩ばかりで埋葬する場所はなく、米子のなきがらを毛布にくるんだだけで岩陰に葬ったという。手向ける花さえ、咲いていなかったと弘子は書き残している。

六月二十三日、第三十二軍司令官の牛島満とともに長勇も、摩文仁の軍司令部で自決。六月二十五日に大本営は沖縄本島における組織的な戦闘の終了を発表した。沖縄戦の犠牲者は、沖縄住民約十万人、日本軍の戦死者約九万人、米軍の戦死者約一万二千五百人とされる。

その翌日の『朝日新聞』（昭和二十年六月二十六日付）は一面トップに「沖縄　陸上の主力戦最終段階」の記事をかかげ、「状況詳かならず」としながらも「皇軍真髄発揮　米、戦史類なき出血に呻く」と見出しをうった。同日の社説は、沖縄戦における主力の作戦は終了したものの、これを教訓として「本土決戦」にのぞめ、と訴えた。八月、広島、長崎に原爆が投下される。

姉をうしない両親の死も知らずにいた尚順の末娘・弘子は、八月に入ったころ、空襲や艦砲射撃がなくなり静かになったのに気がついた。どこからか「出てこい出てこい」と「変な日本語」が聞こえてくるのを聞いた。八月十日に米兵にみつかり、壕を出て、米軍が建設した知念村の収容所に収容された。

米軍は沖縄戦を総括し、こうしるしている。


沖縄の軍事的価値は、すべての期待をしのぐものだった。それは大軍隊を収容することができ、日本本土近くに多数の飛行場を建設でき、日本の入口で作戦を遂行できるような艦隊基地をあたえた。

（『日米最後の戦闘』）


沖縄本島上陸後ただちに布告した、米国海軍軍政府布告第一号（ニミッツ布告・布告月日は不明）は「日本帝国政府すべての行政権の行使の停止」を宣言、沖縄を日本統治からきりはなし、二十七年間におよぶ米軍統治がはじまることになる。彼らは「沖縄の軍事的価値」をわがものとするのだ。

激戦を体験した外間守善は、沖縄戦の組織的戦闘の終了を知らないまま、所属する隊の一員として山中にひそんでいた。八月十五日に中城湾（本島中南部）に停泊している米艦船から砲声が聞こえたが、それが終戦の祝砲とはわからなかった。だが隊長はひそかに米軍と折衝をしていたといい、九月三日、武装解除ののち、本島中部の集落・金武村屋嘉《きんそんやか》の捕虜収容所に収容された。

米軍は民間人保護の名目のもと各地の「捕虜」収容所に住民を収容し、その数は総数三十二万人にたっする。七千人を収容した屋嘉収容所で生まれ、戦後沖縄でひろくうたわれた民謡が「屋嘉節」である。

なちかさや沖縄《うちなー》　戦場《いくさば》になやい　世間御万人《うまんちゅ》ぬ流す涙
あわり屋嘉村の闇夜の鴉　親うらん我が身　泣かんうちゅみ
(なつかしい沖縄は戦場となり、あまたの人たちが涙を流したのです／哀れなのは屋嘉村の闇夜のカラスです、親をなくした私が泣かないでいられましょうか)

サンシンをうしなった人びとは、米兵が捨てたおおぶりの空き缶を使って「カンカラ(缶)サンシン」をつくり、この悲哀にみちた民謡をうたった。

屋嘉収容所の外間は、軍作業をしたり、収容所内に設置された学校で教師として子どもたちに教えたりしていたが、九州に疎開していた母と連絡がとれず、安否が心配でならなかった。

昭和二十一年十一月、日本兵の復員船に名前を偽って乗船したのは、沖縄人の本土への渡航が制限されていたからで、いわゆる「密航」だった。宮崎で母と再会できたのだが、半年ほど前に、みずからの戦死公報が母のもとに届き、すでに葬儀もいとなまれていたと聞かされておどろく。

そうして一度はあきらめた生を、とりかえそうと思う。上京し、苦労のすえ國學院大学国文科に入学して琉球語の文法研究にとりかかり、やがて『おもろさうし』研究を深め、伊波らの「沖縄学」をつぎの世代へとつなぐ任をになうのだ。のちに法政大学教授となって、昭和四十八年に『沖縄文化の遺宝』の執筆にとりかかろうとする鎌倉芳太郎と会い、親交をかさねることになる。

対馬丸に乗った十三歳の妹の遺体はついにみつからず、県庁につとめていた兄も戦死していたと知るのは、戦後しばらくたってからだ。彼は沖縄学に身をささげた理由を「うしなわれた故郷をたしかめるためだった」としばしば語っている。

昭和二十一年、二十二歳の外間が密航した船から見た沖縄の海は、どんな色だったのだろう。おだやかな海だったのだろうか。だが、島は地形が変わるほど荒れはて、戦車や銃器の残骸があちらこちらに散らばっていた。

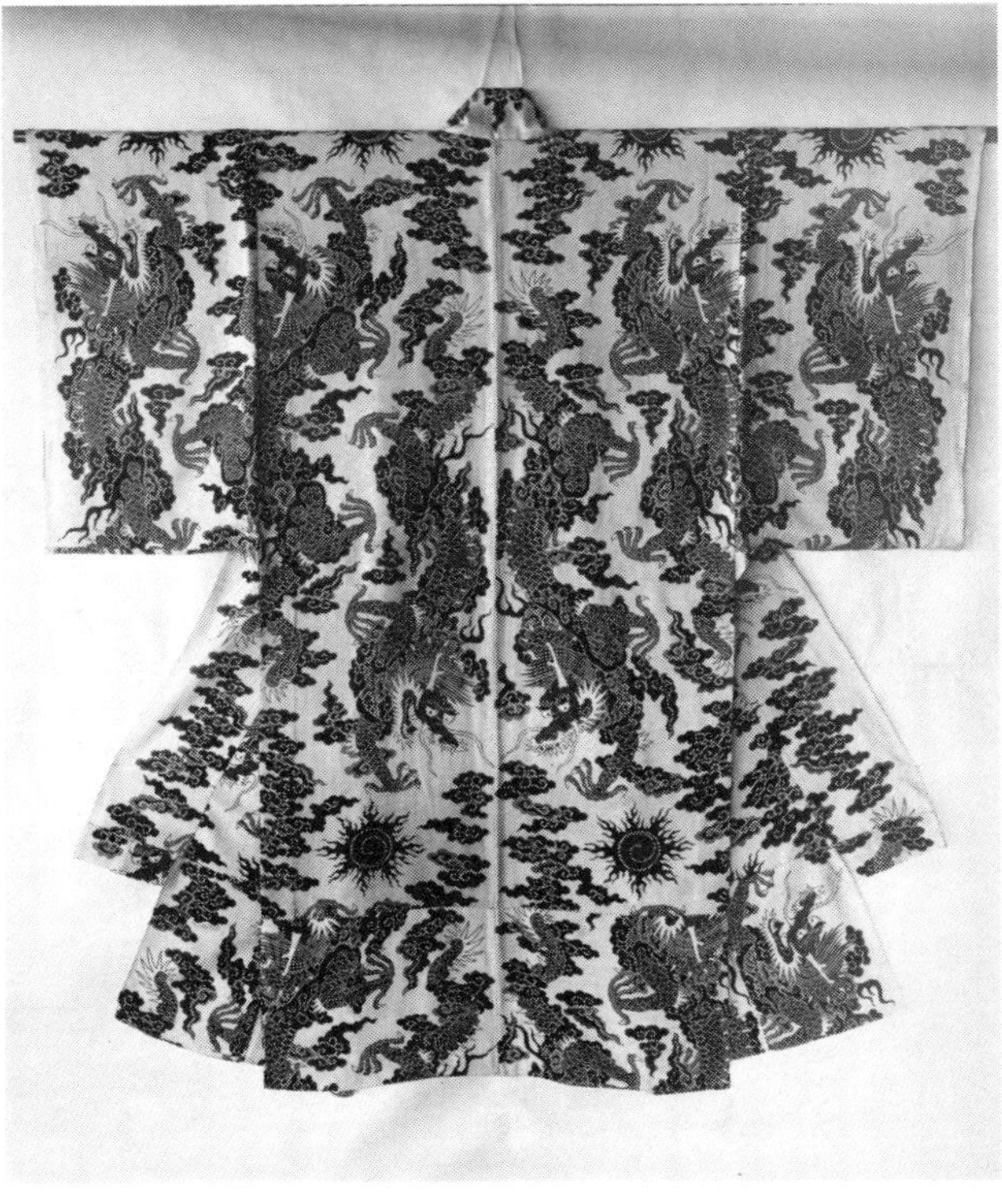

雲龍火炎宝珠文様紅型絽襴衣
（撮影：鎌倉芳太郎　沖縄県立芸術大学附属図書・芸術資料館所蔵）

第八章　紅型がふたたび「生まれる」

紅型研究をはじめる

昭和二十年八月、東京。戦争がようやく終わったこの年の夏の空は、いつにもまして青く、高い。爆撃機の影も轟音もなく、しずかに青空がひろがっていたけれど、あたりは一面焼き尽くされ、焦げた臭いが鼻をついた。

鎌倉芳太郎は、その年の四月の空襲によって焼失した沼袋の自宅敷地に、とりいそぎ廃材をあつめてバラックを建てた。もう空襲におびえる夜もないと思えば、バラックの家でもやすらぐことができたのかもしれない。

だが終戦とおなじ月、父・宇一が死去した。防空壕での起居をしいられた生活で衰弱がすすんでいたようだった。かつて事業に失敗して息子に苦労をかけた宇一であったけれど、文学好きでハイカラな父親を鎌倉は愛していた。結婚して三年目に沼袋に土地をもとめ家をかまえたのも、落ち着かない人生の宇一におだやかな老後をおくらせたかったからだろう。宇一の納骨のため、鎌倉が香川に帰省したのは翌二十一年の夏。そのとき同行した長男の秀雄には忘れられない記憶がある。

ぶじ納骨をすませ、帰京のため岡山から大阪に向かう車中は、ひどく混雑していた。このころはどこもそんなふうだった。連結器までぎっしりと人と荷物で立錐の余地もないところに、闇物資をはこぶ一団が乗りこんできて、乗客に体当たりしながら場所を確保しようとする。わがもの顔のふるまいは、どうやら「素人」ではないらしく、乗客たちはじっとがまんしていたのだが、鎌倉の顔色が変わり、彼らをどなりつけた。すると相手の男がいきなり殴りかかってきて、鎌倉の眼鏡が割れ血が流れた。だが彼はひるまず「次の駅で降りろ」といい、ホームでこうもり傘を武器に男と対決し、ついに男は逃げだしてしまったという。このとき鎌倉は四十六歳である。めったに見せないつよい怒りだった。

眼のけがをてあてするため、その地に一泊することになってしまったのだが、そのときとつぜん奈良・京都の古寺を見てまわろうといいだした。

日本画を描き出した息子に、奈良の古典を知らなければ駄目、いい仏像を見せようと考えたのだろうが、日本を目茶目茶にされ家まで焼かれてしまった忌まわしい戦乱、そして道徳心のうせた人達、とくに闇屋に一発くらったいやな気分を一掃させ、自分も平安な気持になろうと仏像見学を思いついたのではないだろうか。（鎌倉秀雄「父の思い出」）

眼帯をつけた鎌倉は秀雄と連れだって、夏の陽射しのなか、奈良の興福寺、東大寺戒壇院、法華寺や、京都の知積院などで仏像や壁画を見てまわった。鎌倉が美校につとめていたころ、学生たちの修学旅行を引率するためになんども歩いたところだけれど、鎌倉にとっても奈良・京都は、ざわつく心をしずめさせてくれる地だ。

はじめておとずれたのは、大正十年、未知の沖縄へ赴任する直前だった。関東大震災で美校が閉鎖されたときにも奈良に行っている。ながい戦争からようやく解放されたこのとき、鎌倉はかくべつの思いでおだやかな仏像をみつめたのだろう。かたわらにいる秀雄は、十六歳から日本画家・安田靫彦《やすだゆきひこ》に師事し、画家への道を歩みだそうとしている。ようやく、若者の将来の夢が描ける時代になったのだ。

鎌倉は息子の夢を応援しながら、みずからも長年とりくんでいる「琉球芸術調査」をかたちにしたいと考えはじめていた。「啓明会」に提出するため書きためた草稿は、すべて焼失してしまったので、一からの出直しだ。

その啓明会の活動は昭和十八年ごろから休止状態となっていた。終戦直後、事務所がおかれていた東京海上ビルディングがGHQに接収されたため、啓明会事務所は規模をおおはばに縮小して移転した。戦後のインフレや物価高騰で会の資産は激減してしまったが、それでもこれまでの研究調査のなかから収益の見込めるものを探しだし、出版物として再刊して印税を得るなどの道を模索しはじめていた。戦前から会の幹事や理事をつとめた笠森伝繁《かさもりでんはん》が力を尽くし、戦後も数件の研究補助をつづけたが、ほどなく終了した。学術財団としての啓明会は平成二十二年（二〇一〇）まで存続したが、実質的な活動は終戦までだった。

鎌倉の調査を後押しした伊東忠太のその後について述べておく。戦争末期の昭和二十年六月に評伝『建築学者・伊東忠太』（岸田日出刀著）が出版されている。きびしい物資統制のなか、上質の紙が使用されていることからも伊東の存在感がわかるが、戦後になると彼への評価は一変した。

公職追放からはのがれたものの、国策に沿って日本各地、植民地の神社建築を多く設計したことなど、大日本帝国の盛衰ともっとも軌を一にした建築家として、ほとんどかえりみられない存在になった。晩年は西片町の自宅で絵を描きながらすごしたが、大学院卒業論文でテーマにした法隆寺金堂の火災（昭和二十四年）はショックだったようだ。昭和二十九年、八十六歳で死去。葬儀はみずから設計した築地本願寺でいとなまれる。伊東の先駆的建築史論、建築作品やスケールの大きな世界旅行の最中に雲崗石窟を発見したことや、古建築の保存に尽力したことなど、彼の業績が再評価されるのは死後二十年ちかくたってからだ。

鎌倉は沖縄調査が啓明会から多額の援助を受けたものであり、じぶんじしんのため、これからの沖縄のためにも成果をださなければならないと考えている。

彼にそう思わせたのは、沖縄戦の実情がすこしずつ知られるようになったこともあるのだろう。このころ沖縄の米軍は、本土からのジャーナリストが立ち入ることをゆるさず、広大な米軍基地を建設中だった。それでもＧＨＱの発表や外電などから沖縄のようすが断片的に伝えられていた。――鎌倉が沖縄にさいごに行ったのは昭和十一年。あの美しい島が壊滅的な打撃を受け、おびただしい命が奪われたという情報に暗然としただろう。

とはいえ戦後直後の彼の経済状態はきびしかった。美術品を売りはらって生活費にあてたり、どこからか材料を調達して自宅で固形石鹸を製造し、売った。鎌倉のことだから、実験をくりかえして完璧な真四角の石鹼をつくったはずだ。昭和二十二年になって、東京女学館（広尾）で非常勤講師の職を得たが、このころ自宅を新築したこともあり、苦しい生活がつづいた。

それでも、沖縄戦が破壊しつくした琉球の美を、いま、つぶさに伝えられるのはじぶんしかいない。さいわい、美校に残しておいたためぶじだった紅型型紙やフィールドノートを手がかりにして、いぜんからもっとも熱心にしらべていた紅型にしぼって研究してみようと決意したのだった。

昭和二十四年に創刊された美術雑誌『スケッチ』に「若き世代と芸術」と題した鎌倉のエッセイが掲載されている。

今までの日本人の心構えは、武士は食わねど高楊枝式であったがそれではいけない。しかし腹がへって地面にへばった時にも、足もとに今まで気のつかなかった草や花を見出し、一瞬でもその美しさに胃袋のひだるさを忘れることが出来る心構えは大切である。

（略）

今はいかに乏しくても前途に光明がある。過去は逝き去り寂しくとも、あらゆるものを現実の焦点に集中し煮つめ焼きつめ打ち込む一点に心の窓を開かねばならぬ。

若い世代へのメッセージというよりも、じぶんを鼓舞しているようだけれども、死んでいった人たちを忘れてしまったように復興のかけ声がかまびすしく、ついさきごろまで「鬼畜米英」と憎んでいた米兵が闊歩しても平然としているいっぽう、日本人のだれもが必死の形相をしてギスギスと暮しており、なかには殴りかかってくるような連中もいる。そんな混乱する社会だからこそ、鎌倉は琉球王国の美にむきあいたかった。

そうしてとりかかったのは、紅型研究である。大正期に沖縄に滞在していらい、もっとも熱心にしらべていたテーマだ。いわば原点に立ちかえろうとしたのだ。美校に保管していた型紙や裂地を自宅に引きとり、紅型研究にとりかかるのだった。

伊波普猷の最期

戦争末期、鎌倉が空襲の被害に遭った同時刻、おなじ中野区内で罹災した伊波普猷は、避難民のなかでしゃがみこんでいるところを助けだされていた。家を焼失した伊波夫妻に住まいを提供したのは、沖縄出身の郷土史研究者であり、出版人である比嘉《ひが》春潮《しゅんちょう》だ。伊波と比嘉、ふたりの出会いは明治末の那覇にさかのぼる。

比嘉は明治十六年、那覇に隣接する西原で生まれ、伊波より七歳年下だ。二十三歳で沖縄師範学校を卒業後、小学校教員となったころにキリスト教と出会い、のちに社会主義思想にちかづいていった。二十八歳、当時沖縄県立図書館にいた伊波と知り合い、たびたび図書館を訪れた。

官吏や小学校校長をへて、大正七年、三十五歳で、伊波の弟・月城のすすめにより『沖縄毎日新聞』に入社、つづいて『沖縄朝日新聞』記者となるのだが、同僚に末吉麦門冬がいた。その翌年には沖縄県庁に転じ、大正十年に沖縄にやってきた柳田國男と知り合ったのは、宮古島にわたる船中だ。いらい柳田に師事し、大正十二年、四十歳にして上京。沖縄人の友人の紹介で出版社「改造社」に入社し、林芙美子、火野葦平ら多くの作家たちと親交をもった。火野は比嘉にすすめられて戦前と戦後に沖縄旅行をしていて、『琉球舞姫』（昭和二十九年）など、沖縄をテーマにした小説や舞台脚本を執筆している。

やがて上京してきた伊波、柳田とともに「南島談話会」の活動を展開した。多くの研究者（なかに鎌倉芳太郎もいる）がつどうことになるのだが、比嘉は彼らの研究をささえる事務局長的役割に徹した。在京の沖縄人研究者の多くは、琉球・沖縄をひろく知らしめたいと意欲的に研究や論文執筆に励むものだけれど、裏方を引き受けた比嘉はめずらしいタイプだった。比嘉は上京してくる沖縄青年たちを下宿させるなどし、彼の援助を受けた人はかぞえきれない。

じぶんは研究者ではないといいつづけた比嘉が、初の著作『沖縄の歴史』（昭和三十四年）を刊行したとき、じつに七十六歳になっていたのだが、その知識の深さ、構成力、叙述力の高さはみごとだ。比嘉は史料を丹念にあつめて、多くの人にひろく提供し、次世代の研究者をそだてることにも力を尽くした。柳田とともに民俗学の雑誌『島』（昭和八年創刊）を刊行しており、柳田や折口信夫らの琉球研究のインフォーマント（情報提供者）としての功績が大きい。柳田はもっともしたしくした沖縄人として、比嘉の名をあげている。

その人柄は温厚で人情味があつく、面倒見がよく、多くの人に慕われたが、昭和十九年五月に空襲で焼け出された伊波夫妻を、戦災からまぬがれた杉並区西田町の自宅に招いたのだった。

私のところにお迎えして、共同生活をするようになりました。〔伊波〕先生の大事にしておられた研究資料入りの小カバンは焼け跡の壕から無事に掘り出すことが出来、先生も大いに元気を回復されました。そのうち八月十五日終戦となったが、食糧状態がわるく、社会は混乱、しばらくはおたがい虚脱状態になりました。

それで先生の気を引き立てるために毎朝『おもろさうし』の読合わせをはじめました。これで先生の気分も大分落ちつき、数年前から手をつけられていた「おもろ覚書」の原稿を少しずつ書かれることになりました。

（比嘉春潮「伊波先生の思い出」）

玉音放送は伊波夫妻とともに聞いた。その夜、灯火管制のため照明にかけていた布をはずすと、「ふだん薄暗くした生活にならされているものだから、はてこれでよいのだろうかと、不思議なような、現実ではないような妙な気分がした」と比嘉は日記にしるしている。戦争が終わったことをにわかに実感できないけれども、それにもまして惨状が伝えられる故郷の実情がほとんどわからず、案じる日々がつづくそのころ、「沖縄人がスパイをしたから戦争に負けたのだ」とのデマが流れていて、比嘉は激しく憤った。

沖縄の窮状をすくうべく、昭和二十年十二月に結成されたのが「沖縄人連盟」（事務所は比嘉宅）だ。連盟は、本土在住の沖縄出身者が郷里にいる現存者と連絡をとれるようにすることと、金銭や救援物資を送付できるようにすることをもとめ、さらには沖縄戦の実相を追及することにも連盟の使命はあった。伊波、比嘉ともに発起人代表となり、伊波が会長をつとめた。沖縄人連盟はＧＨＱにたいして請願をするなどし、機関紙『自由沖縄』を発行するのだが、しばらくして主導権あらそいなど複雑な問題が起きてしまい、一年後に伊波は会長をやめている。

伊波は昭和十八年に着手した「おもろ覚書から」の原稿を執筆中だったが、沖縄人連盟の要請を受けて、『沖縄歴史物語』（昭和二十二年）の執筆にとりかかり、二十二年の七月九日に脱稿した。そのひと月後。

八月十三日、先生は急逝されました。前日までは何ともなかったのに、朝、足がたたなくなり、舌も回らなくなりました。医者を迎えて診てもらうと脳溢血でありました。しばらくしてイビキをかいてスヤスヤと眠られ、午後の三時ごろ、そのまま息を引きとられました。七十二歳でありました。

（「伊波先生の思い出」）

伊波は、こうして波瀾に満ちた生涯を閉じた。明治の末から、つねに敬意をこめたまなざしでみつめ、ずっとそばにいた、心やさしい比嘉春潮に看取られて。比嘉はこう述べている。

私の今までに接した幾多の人々の中で先生は最も心の美しい方であったと思っています。先生にも勿論欠点もありました。しかし先生は人間としてまことに立派な人であったと思います。

（「伊波先生の思い出」）

伊波の生涯は近代沖縄の矛盾を背負いつつ歩んだものだった。琉球・沖縄とはなにか、その問いの誕生こそが、近代沖縄の出発点だったともいえる。文献や伝承を探求し、最新の研究にふれ、ひろい視点に立って琉球の世界をとらえようとした。その根幹にあったのは、琉球への深い愛だ。老いてなお「また大きな発見をした」とよろこんだ彼の文章は詩的なみずみずしさに満ちている。彼の思想や、とりわけ政治的言動においては「ぶれ」も生じているけれど、そうした矛盾こそが、琉球・沖縄の総体ともいえるのではないだろうか。

貧しい暮らしだったけれど、訪ねてくる人たちとの対話を楽しんだ。伊波との対話は、彼亡きあとも「沖縄学」というゆたかな場でいまもつづけられている。

伊波の枕もとにはつねに『おもろさうし』があり、夜中でも飛び起きて灯りをともし、ページをめくることがよくあったといい、急逝により絶筆となった「おもろ覚書から」の草稿は原稿用紙百七十枚になっていた。伊波がもっとも愛し、よく口にした「おもろ」がある。感嘆詞「ゑけ」がつらなる美しい一首だ。

一　ゑけ　上がる三日月や
又　ゑけ　神ぎや金真弓《かなまゆみ》
又　ゑけ　上がる赤星や
又　ゑけ　神ぎや金細矢《かなままき》
又　ゑけ　上がる群《ぼ》れ星や
又　ゑけ　神が差し櫛《くせ》
又　ゑけ　上がる貫《の》ち雲や
又　ゑけ　神が愛《ま》なゝ帯

（あれ、天にのぼる三日月　神さまの弓のようにみごとな弧を描きます　あれ、夕空にまたたく宵の明星　神さまがはなつ矢のように輝きます　あれ、夜空にきらめく群れ星神さまが髪にさす花櫛のよう　あれ、たなびく美しい雲　神さまお気に入りの帯のようです）

夏の海を航海する琉球人が、淡い水色の夕暮れ空を見上げるすがたが浮かんでくる。

伊波の葬儀は、沖縄人連盟葬として芝・青松寺でいとなまれた。

伊波の没後、比嘉春潮、東恩納寛惇、仲原善忠《なかはらぜんちゅう》（沖縄学研究者。明治二十三年久米島生まれ。

成城学園教師）らが中心となり、琉球・沖縄研究の組織「沖縄文化協会」が設立（昭和二十三年）され、比嘉編集による機関紙『沖縄文化』が創刊される。その巻頭言には「祖先の文化的能力・業績を闡明《せんめい》し、内外人の認識を求めるとともに、沖縄人の能力にたいする正確なる展望的資料を提出したい」（文・仲原善忠初代会長）とあるように、沖縄戦以後の琉球・沖縄研究にとりくむ悲壮な決意がこめられた協会設立だった。

まぶやー、まぶやー

沖縄文化協会には在京沖縄人がつどい、活発な研究会がひらかれ、『沖縄文化』に多彩な執筆陣の論考が発表されたが、二十四号から二十六号（昭和二十六年―二十七年）に掲載されたのが、「人間一生の行事――首里の民俗」だ。

冒頭にこうある。「人が生まれてから死ぬまでの間に行われるいろいろの行事について書く事にした。これは座間味ツルという今年八十歳になる私の義母の話をもとにして書いたもので、旧藩時代の首里の民俗である」。執筆者は座間味ツルの長女・春の夫、見里朝慶《みさとちょうけい》（首里出身・琉歌研究者）だ。

長野に疎開していた座間味家は、昭和二十年十二月にツルもふくめ全員ぶじに帰京していた。荻窪の家は戦災に遭わずにすみ、戦後の生活をはじめた。座間味一家はおなじ杉並区内ということもあり、いぜんから比嘉春潮としたしく、見里は沖縄文化協会の研究会に自宅を提供し、のちには会長をつとめるなど、会の中心的人物でもあった。

見里が執筆した「人間一生の行事」は、誕生・お食い初め・元服・婚礼・生年祝い（生まれた干支がまわってきた年の祝い）・葬式・洗骨（改葬儀礼）などが、首里の高層士族の家庭ではどうおこなわれていたのか、くわしく描かれていて座間味ツルの記憶力のよさにおどろくばかりだ。

ツルはふたたび静かな暮らしをとりもどしていた。首里にいたときとおなじように、日々、トートーメー（位牌）をおがみ、先祖供養の行事をとりしきり、そなえる料理の采配をし、やがて社会が落ち着いてくると、「踊合」（旅に出た男のぶじを祈り、女たちがうたい、踊る風習）を娘たちや、在京沖縄人に伝授する会をひらいていた。

そのときのようすが録音テープに残されている。娘や婿たち、孫にかこまれたツルが、おだやかに笑い声をあげ、おばあさん、ひとつ歌を、とうながされると、やさしい南の風に吹かれているような、やわらかなツルのうたがひろがる。ツルに教えられた人たちによる「踊合」は、「沖縄諸島の古謡と舞踊の会」（昭和二十六年・早稲田大学）にも招かれた。ＮＨＫが録音のため座間味家にやってきたことを孫の朝雄が記憶している。

家督をつぐ男児をたいせつにする沖縄社会だが、嫡子の朝雄をとりわけかわいがったツルは、彼のからだの具合がすこしでも悪いと、「まぶいぐみ」（人のからだから遊離した「まぶい＝生魂」をもとにもどす儀礼。子どものまぶいは遊離しやすく、まぶいが遊離すると元気をなくしたり食欲不振になったりすると考えられている）の、となえごとをしたと朝雄が語っている。

まぶやー、まぶやー、むどぅてぃきみそーりー
（まぶいよ、まぶい、どうかおもどりください）

そのとなえごとは、沖縄にむけての祈りの声でもあったのかもしれない。砲撃と炎と、凄惨きわまる多くの人びとの無念の死が、島の「まぶい」をさまよわせているのではないだろうか——。

焦土のなかから

米兵にさえ、「あらゆる地獄をひとつにした」といわせた沖縄戦。その戦後もあまりにきびしい日々だった。一面の焼野原。村は廃墟となり、不発弾や武器の残骸や、戦車などがころがったままだった。そしておびただしい遺骨——。

各地の収容所には三十二万もの人びとが収容され、せまいテントのなかでの暮らしをしいられていた。当初収容所からの外出は原則として禁止されたが、飛行場や道路の建設など、多岐にわたる米軍基地労働に従事しながら生活する住民も多かった。昭和二十年、米軍が沖縄に上陸した年に確保した軍用地は沖縄本島全面積の十四パーセントにたっし、さらに拡大していった。

収容所内に学校や病院なども設置されたが、食糧や物資は不足し、困難な生活がつづく。

経済体制も混乱しており、「通貨なし経済」が昭和二十一年四月までつづき、生活物資を手にいれるのも物々交換だった。こののちも、複数の貨幣の流通、つづいて「B円」(軍票)の流通、三十三年五月から「ドル」へと移行する。

住民たちが、旧居住地にもどることがゆるされるようになったのは、昭和二十年十月末からだが、地区によって帰還が制限され、那覇や本島中部の軍事施設周辺地域にもどれるようになったのは、それから一年後。収容所からすべての住民が解放されたのは、二十二年になってからだ。住民たちは居住地にもどると、遺骨を収集し、墓を建て、慰霊塔をつくることからはじめた。けれども、もどるべき土地が米軍の軍事施設となり、故郷をうしなった住民が多数続出した。

さらに県外の疎開者や、海外に移住していた人たちが引き揚げてきた。昭和二十一年八月の疎開者帰還第一陣にはじまり、その年末までの本土からの引き揚げ者は約十万四千人、台湾から約七千六百人、サイパンから約三百人などとなっている。

食糧難、物資不足のなかで沖縄の戦後がはじまった。食糧の八割を米軍が補給し、二割を県内生産品で充当するという建前であったものの、じゅうぶんではない。そこで住民たちは米軍物資集積所にしのびこんで食糧や生活用品を抜きとっていった。この行為を日本軍の用語を使って「斬り込み」と称し、品を得ることを、「戦果アギヤー」(戦果をあげる)といっている。「戦果」は沖縄人が生きぬくために必要でもあり、米軍も当初は黙認していたばかりか、米軍内部の協力者も存在したのだが、のちにきびしい取り締まりがおこなわれる。

けれど、「戦果アギヤー」とは、住民四十五万人にたいし、のべ五十四万人以上の兵力と圧倒的な戦力を投じて住民の四分の一を死に追いやった米軍への怒りの爆発であり、ひとつの抵抗であった。これまでの体制がすべて崩壊したことをまのあたりにした沖縄人にはニヒルな感情が支配していたのだろう。

政治機構についていえば、アメリカは沖縄上陸してまもない昭和二十年三月に「軍政府」を設立し、沖縄占領と同時に日本の行政権停止を宣言。二十五年十二月に軍政府は廃止され「米国民政府」となり、強大な権限をもって長期にわたり統治していった。東西冷戦下において、沖縄を軍事戦略上の拠点として確保するためであった。

昭和二十七年四月、「対日講和条約」および「日米安全保障条約」が発効し、北緯二十九度以南の奄美や沖縄と日本の行政分離が国際的に決定された。

米軍の対沖縄文化戦略と芸能の復活

米軍による統治機構が確立するとともに、沖縄人の自治機構も組織された。

さかのぼって昭和二十年八月十五日。日本が終戦を迎えたその日、米軍政府は石川（本島中部）の収容所に、各地区の収容所から百二十四人の住民代表をあつめ、米軍政府と沖縄住民の意思疎通をはかる諮問機関の設立にとりかかった。住民代表から十五人の委員が選出され、それから五日後に「沖縄諮詢会《しじゅんかい》」が発足。米軍政府は委員選出にあたって、専門的な知識・技能をもつこと、各階級社会の代表であること、日本の軍部や帝国主義者と密接な関係をもたないこと、などを条件としていた。

このあと、沖縄住民の自治機構は、「沖縄民政府」（昭和二十一年四月設立）、「琉球政府」（昭和二十七年四月設立）と変遷しながら、本土復帰まで存続する。

住民自治機構といっても、地方公共団体とは性格がちがい、米軍統治機構の下に位置付けられ、米軍政治機構の「布告、布令及び指令に従う」との条件が付されており、占領者と被占領者の関係であった。住民機構の代表者は米軍が任命し、琉球政府行政主席の公選が実施されるのは、昭和四十三年十一月。本土復帰を三年半後にひかえた時期になってからだ。

このころの住民の立場を端的にあらわすのは、本土への渡航にさいして「琉球住民」と書かれたパスポート（旅行証明書）を携行しなければならなかったことだ。発給権限は統治責任者（民政長官、高等弁務官）がもち、アメリカにとって思想的に好ましくない住民の渡航、たとえば沖縄の政治家や復帰運動の中心にいた人物は本土への渡航を拒否される事例があいついだ。本土から沖縄への入域も同様で、首里出身で東京在住の『毎日新聞』記者、古波蔵《こはぐら》保好《ほこう》は、昭和二十五年に貨物船に「密航」して故郷に入り、沖縄人の生活を活写したルポを同紙に発表したため、それから十四年にわたって沖縄への入域を拒否される。

そのいっぽう、米軍の沖縄政策の特徴のひとつとして、伝統文化を奨励し、支持したことはよく知られている。

前章でも述べた米海軍省作戦本部が戦中に発行した『民事ハンドブック』は、沖縄住民を独自の文化をもち、それを誇りとしている、と分析していたが、その根底にあるのは「沖縄人は日本人ではない」という認識だ。これをもとに、戦前、日本がほどこした皇民化教育の呪縛から沖縄人を解放する、という意図にもとづいて、沖縄を日本から切りはなした「離日政策」と呼ばれる教育文化政策が積極的にすすめられていった。

昭和二十年五月、本島北部の石川の小学校校庭で「米琉親善演劇大会」が開催された。南部では戦闘が激化していく時期だが、米軍は南北分断に成功していた。この演劇大会は、米軍政府文教部長ウィラード・ハンナ海軍少佐の発案によるものだが、彼は学者出身で、「アジア通」として知られていた。一年間の文教部長在任のあいだ、沖縄の教育や文化の復興、文化財保護に尽力したが、教養主義一辺倒というわけではなく、大衆文化にも理解をしめしたといわれる。

「米琉親善演劇大会」は本島北部各地の収容所から役者たちがあつめられ、ドラム缶をならべて板をしいた舞台で上演された。演目は、琉球王国時代に創作された組踊《くみおどり》（楽劇）「花売りの縁」、会場を一万八千人の観客が埋め尽くしたという。

組踊の名作として知られた演目で、そのストーリーは、首里の士族が落魄してしまい、妻子と別れてひとり大宜味《おおぎみ》（本島北部）に暮らしたものの生活はうまくいかないまま十数年がすぎ、案じた妻子が訪ねてゆくと男は花売りに身をやつしている。親子三人、涙ながらに再会をはたして首里にもどる、というものだ。

つまり時代情況のなかで一家が離散し、やがて家族の再生へといたるという筋立てであり、戦禍のなかで家族をうしない、収容所暮らしをしいられている住民たちには胸にせまるものがあっただろう。この組踊を演じた役者たちは、苦しいなかにあってもなんとか生きていこうというメッセージをこめたと思う。定番のストーリーの結末はハッピーエンドであることがわかりきっている。明日をも知れぬ戦争の日々をすごした人たちにとって安心して観られるストーリーこそが、なによりのなぐさめになった。

その年の十二月二十五日には、戦前に活躍した沖縄芝居（大衆演劇）の役者たちが勢ぞろいして「クリスマス特別慰安演芸会」がひらかれ、このときも多数の住民があつまった。米軍政府は、住民たちが芸能を熱狂的に受け入れている光景をみて、住民たちに一体感をもたせるのに芸能公演は効果的だと判断したのだろう、島内各地に散らばっていた役者をあつめ「沖縄芸能連盟」を組織させた。

さらに昭和二十一年四月、沖縄民政府・文化部芸術課は直轄の劇団を編成するため、芸能者資格審査をし、役者や音楽家など約五十人、舞台装置制作の美術家などをふくめ約七十名を選定した。そのなかには戦前の沖縄芝居興隆期に活躍して人気を博した名優、平良良勝《たいらりょうしょう》、宮城能造《みやぎのうぞう》、玉城盛義《たまぐすくせいぎ》、伊良波尹吉《いらはいんきち》や、音楽家の幸地亀千代《こうちかめちよ》など、そうそうたる名がつらっており、沖縄人をよろこばせた。

この役者たちによって、「松」、「竹」、「梅」の三つの移動劇団が編成され、彼らは沖縄民政府文化技官として給料も支払われた。当時、沖縄民政府の事務官だった川平朝申《かびらちょうしん》が公演のようすを書いている。

彼らの仕事は地方巡回公演であった。文化部が巡回日を各市町村に予告、市町村ではそのスケジュールに合わせて仮設舞台を用意、そこへ民政府陸運課さし回しのトラックに乗った劇団員がほこり一杯かぶって衣装や道具とともに乗りつける。

一九四七年〔昭和二十二〕一月二十二日までは各地区間の往来は禁止されていたから公演は昼間である。ほかに娯楽はないし、何年かぶりで見る郷土芝居だから、どこでも熱狂的に歓迎されて大入り満員。空缶三線に合わせて舞う役者たちに歓喜の涙がそそがれ、松劇団の初演では具志川村川田で観客七千人を集める空前のレコードをつくった。

（『終戦後の沖縄文化行政』）

公務員の肩書きをもつ俳優たちによる「松」、「竹」、「梅」の活動期間は一年間だった。昭和二十二年四月から、劇団は自由開業となったのである。このころ、本土などに疎開していた役者たちが引き揚げてきたこともあり、沖縄芝居の劇団がぞくぞくと旗揚げしていった。

米軍政府の文化政策は、日本との分断を推進するため琉球文化の保護・育成につとめたのであり、芸能の復活は彼らの支配・管理のもとにおこなわれたのにすぎない、との指摘もある。けれども戦後沖縄における芸能の復活は、米軍の施策に乗せられただけという単純なものではなく、もっと精神性の深いところに根ざしている。沖縄芝居は戦前から、史劇だけではなく、現代劇も演じられており、社会批評や風刺といった要素も盛り込まれてきた。

沖縄芝居の「喜劇の女王」とうたわれる仲田幸子《なかたさちこ》（昭和八年、那覇生まれ）は、昭和二十二年、十四歳で「南月舞劇団」（玉城盛義主宰）に入団した。戦前の那覇は芝居小屋が建ち並んでいて、幸子は幼少のころから役者にあこがれていたのだが、戦中は苦しい生活をおくっている。彼女が学童疎開船「対馬丸」に乗らなかったのは、家がまずしく、十円の費用が工面できなかったからだ。対馬丸に乗る友人や親戚の子たちを見送りに那覇港に行ったのが、彼らとのさいごの別れとなってしまった。本島北部に疎開し、終戦を迎えた。幸子は語っている。

「芝居が自由開業になってから劇団は何十とできたけど、どこに行っても大入り満員だった。木戸銭として芋を持ってくる人もいたけど、ありがたく受け取った。テントを張った露天の劇場だけどね。観客のなかに、家族全員が死んでたったひとり残ったという人も多かった。人情劇や喜劇、いろいろやったけどね、ある人がこういったのが忘れられない。〝じぶんが、泣いたり、笑ったりする感情をもった人間だったことを何年かぶりに思い出したよ〟って。サンシンの音、役者のウチナーグチ、しぐさ、ひとつひとつがみんなの胸にしみていったんだと思うよ」

米軍政府は、指令や布令によって、言論・出版・映画などの文化活動にかんして規制や禁止条項をもうけ、検閲もしている。けれども、台本がなく口立てでセリフのやりとりをする沖縄芝居は、アドリブも多く、事前検閲をしようにも不可能だった。戦後、多数誕生した劇団はあまたの新作を生み出してゆくのだが、庶民にむけた芝居は、だれもが共有する戦争体験をとりあげたものが多く、小説化、映画化される「ひめゆり学徒隊」はまっさきに沖縄芝居で演じられていた。

沖縄芝居のセリフには当局への批判もたっぷりとこめられ、観客たちの拍手喝采を浴びた。このころ大活躍したのが「沖縄漫談の開祖」である小那覇舞天《おなはぶーてん》（本名・全孝）で、歯科医でありながら漫談家というユニークな人物だ。戦中から、ウチナーグチで日本軍をやり玉にあげる漫談で人気を博していたのだが、戦後は気が沈む沖縄人に「生き残ったお祝い」をするべきだと、明るく軽やかな漫談で収容所をまわって元気づけていた。

戦後沖縄の情況をうたった民謡もかぞえきれないほど生まれ、口から口へと伝えられてゆく。沖縄にようやく、唄がもどってきたのだった。

壺屋再興、美術家たちのアート・コロニー

戦争で家財をうしなった人びとは、茶碗さえなかった。かつて生活雑器を大量に生産した琉球王国いらいの那覇の窯場「壺屋」地区は、昭和十九年十月十日の大空襲で壊滅した。戦争が終わっても、那覇の住民は昭和二十一年秋までもどることがゆるされず、収容所生活をしいられていたので、陶工たちは収容所内にちいさな窯をつくり陶器生産をはじめる。

戦中、陶工たちは日本軍用に携帯用茶碗、電柱にとりつける碍子《がいし》、バッテリーケースなどの生産を命じられ、物資不足のなか、「ウトンモー」と呼ばれる簡易ランプ（廃油を入れて火を灯すもの）をつくったりしていた。

収容所ではじまった生活雑器の生産だが、とても需要にこたえる量をつくることができない。米軍政府は、住民の壺屋地区への帰還をしぶったものの、陶工の城間康昌らが「壺屋に帰ればひと月で立派なものをつくることができる」と、米軍政府を説得して、昭和二十年十一月、百三人の「陶器製造先遣隊」が壺屋にもどり、一か月のち戦後はじめて陶器をつくりだした。そのときにつくられた小型のどんぶりが残っているが、伝統的なフォルムと紋様が美しい。釉薬すらとぼしいだろうに、こんな時代だからこそ美しいものを生みだしたいという陶工たちの熱意が伝わってくるようだ。

当初壺屋への帰還は技術をもつ者のみゆるされたが、翌昭和二十一年一月に陶工たちの家族ももどり、その年の末には八千人の住民が壺屋に帰り、那覇復興の礎となる。周辺に市場もできはじめた。

コップなどのガラス製品も生産されはじめている。沖縄のガラス工芸品は、小規模ながら戦前からつくられていたのだが、戦後は米軍がもちこんだコーラやビール瓶などを色別に分類して再利用した。ほかにも薬莢《やっきょう》を叩いてつくった洗面器や、米軍の野戦服（ＨＢＴ）をほどいて洋服にしたり、パラシュート地（絹）をウェディングドレスにしたりするなど、沖縄人たちはそれぞれの技術と知恵でさまざまな品をつくりだしていった。

芸能家たちとおなじく、「技官」の職名が与えられたのは、美術家たちである。美術家たちも、収容所から戦後の一歩をあゆみだしていた。

画家の大嶺政寛《おおみねせいかん》（明治四十三年、那覇生まれ）は、戦前から美術教師をしながら油絵を描き、「春陽会展」に初入選（昭和八年）するなど活躍し、藤田嗣治が来沖（昭和十三年）したおりにはアドバイスも受けたことが楽しい記憶だ。大嶺は、沖縄の風景をおもなモチーフにしてきたが、戦中は壕を転々としながら避難していた。昭和二十年五月、米兵にとらえられ、越来《ごえく》（本島中部）の収容所で終戦を迎えている。

その年の八月、「沖縄諮詢会」が設立され、文化部芸術課が発足してまもなく、沖縄の美術活動をたかめるために、大嶺ら美術家たちが石川にあつめられて、九名が「美術技官」となり、給料が支払われる。このメンバーには山田真山《やまだしんざん》、大城皓也《おおしろこうや》、山元恵一《やまもとけいいち》、金城安太郎《きんじょうやすたろう》、安谷屋正義《あだにやまさよし》など、高名な美術家が顔をそろえた。彼らの任務は、各地での展覧会の開催、米軍むけのクリスマスカードの作成などがおもだったものだが、個々の創作活動も保障されていた。大嶺は、首里の竹藪にかくしていた油絵具を掘りだして創作活動をはじめているが、米軍のPX（売店）でも仕事をしていて、PX店舗の装飾や看板描き、米兵やその家族の肖像画描きにも追われたという。

昭和二十一年十二月に美術技官にくわわったのが、疎開先から引き揚げてきた画家の名渡《など》山愛順《やまあいじゅん》である。彼は明治三十九年、那覇の琉球絣の問屋の長男として生まれた。昭和二年、東京美術学校西洋画科に入学、鎌倉芳太郎（当時助手）の講義を受けていた。鎌倉は第二回目の琉球芸術調査を終えてまもない時期であり、「琉球ブーム」がおこっていたころだから、沖縄出身の名渡山にはとくべつな思いで接したのではないだろうか。

名渡山は美校入学の翌年に「帝展」入選を果たすなど、その才能は高く評価された。昭和七年に帰郷し、沖縄県立第二女学校で教鞭をとっている。美術授業に紅型を採り入れ、女生徒たちに紅型デザインをさせたり、裂地《きれじ》を収集させたりするなどしているのは、美校在校中に「琉球ブーム」を肌で感じ、琉球文化への自信を深めていたのだろう。

翌昭和八年に彼を中心とした絵画グループ「南島美術協会」を結成し、旺盛な創作活動を展開した。紅型や絣などの琉装の女性たちをモデルにした情緒ゆたかな作品を多く創作し、光風会展、文展などにも出品したが、那覇大空襲によって自宅とともに作品を全焼してしまい、九州へ疎開。二年ぶりに沖縄に帰ってくる直前の昭和二十一年十月、「日展」に「首里追憶」を出品し、入選している。

沖縄諮詢会が沖縄民政府に移行したのちも名渡山ら美術技官の画家たちは、コンセット（かまぼこ型兵舎）で創作活動をつづけ、展覧会や絵画教室などをひらいたが、米軍政府・沖縄民政府の機構改革によって文化部芸術課は消滅し、美術技官制度も廃止された。

そこで美術家たちが沖縄民政府に要請して資材提供を受け、昭和二十三年四月、首里儀保町の通称ニシムイ（北森）に誕生させたのが、アート・コロニー「ニシムイ」である。名渡山愛順ら九人の美術家たちとその家族が移り住んだのがはじまりだ。当初は米軍むけの絵画、お土産品などを制作したが、しだいに多彩な画家や工芸家、さらには紅型の創作者と交流をすすめ、戦後の美術・工芸復興の拠点となっていった。

さきの大嶺政寛、名渡山愛順としたしく交流し、紅型復興に力を尽くしたひとりが、末吉安久（明治三十七年生まれ）だ。あの末吉麦門冬の十八歳下の弟である。鎌倉が大正十二年、沖縄をはなれる直前に首里一帯を写真撮影してまわったときに同行したのが当時十九歳の彼だ。

安久は県立第一中学校卒業後、教員となり昭和初期より画家としても活躍した。戦争末期に学童疎開引率のため宮崎に行ったままになり、昭和二十一年に沖縄にもどると、首里高等学校（旧・沖縄県立第一中学校、昭和二十一年改称）の美術教師になる。彼の家は先祖代々暮らした首里儀保町にあり、「ニシムイ」の入口に位置するのだが、安久の長男・安允《やすちか》（陶芸家）によれば、安久が敷地を紹介してニシムイが建設されることになったのだという。

兄、麦門冬とおなじく琉球文化に造詣が深い安久は、幼少のころより近所にあった紅型紺屋の仕事を身近で見ながらそだった。のちの昭和三十三年に首里高校に工芸課程（現在は染織デザイン科）が設置されると、安久は紅型技法を教えて若い人材をそだて、退職後は紅型工房を設立して創作活動にはげんだ。温厚な人柄であり、ひかえめな性格だったという彼は、声高に語ることはないものの紅型への情熱はなみなみならないものがあった。文献をよく読みこんでいるところなども麦門冬をしのばせる。

安久は沖縄の紅型とは、「つくる」ものではなく、「生む」ものだといい、こう語っている。

沖縄の光のもとで着るから、生命を生むのです。それを育て、永遠に生かしつづけていくのは、私たち、沖縄の人間なのです。

（「紅型の色彩と沖縄の風土——末吉安久」『紅型』所収）

よみがえる紅型

壺屋の陶器が復興しつつあり、「つぎは紅型だ」との機運が、美術家たちのあいだからもりあがっていった。

大嶺、名渡山、安久らが中心となって首里に「琉球紅型研究会」が発足したのは、昭和二十五年。会発足のいきさつを大嶺が書いている。

私たちが絵や画材をすべて失ったと同様に、紅型の型紙や道具もことごとく戦火のなかで灰と化していたのである。そのなかでただ一人、城間栄喜《しろまえいき》氏は紅型をよみがえらせようと苦心なさっていた。私は城間氏の情熱を目の当たりに見て、ぜひお手伝いしなければという気持ちになった。城間氏の姿のなかに〝沖縄の心〟を見た私は、何か共通するものを感じ取っていたのかもしれない。

（「私の戦後史」）

城間栄喜（明治四十一年生まれ）は、鎌倉が大正十三年に訪問した紅型紺屋三宗家のひとつ、城間家の当主・松の長男だ。鎌倉は城間家をたずね、技法を教えられ、三百点の紅型型紙や裂地をゆずってもらっているけれども、このとき城間家は苦しい生活をしいられており、栄喜は八重山に奉公にでてカツオ漁や材木運搬船で働いていたのだった。

昭和三年に八重山からもどると、父・松は栄喜のために二千枚の型紙を残していた。その七か月後に松は他界してしまう。栄喜は父の仕事をつぎ、紅型の創作にはげむのだが、十七年に大阪に染料を仕入れに行ったさいに召集されて長崎・佐世保に配属された。

昭和二十二年、沖縄に引き揚げ、首里山川でテント小屋を建てて暮らしはじめるとともに、ふたたび紅型製作にとりかかる。大阪に行くときにたずさえていた型紙五十枚と、わずかな染料が手もとにあるだけで、道具づくりからはじめなければならなかった。


（栄喜は）型彫り用の小刀（シーグ）の刀は米軍使用〔ずみ〕の金切鋸の破片でつくり、柄は竹や竹箸でつくった。砂糖きびのきびからを束ねて染め刷毛とした。米国製レコードのかけらで糊引用ヘラをつくった。筒描きの筒は米軍使用の厚手の布地で、筒先は銃丸でつくった。型紙は、日本軍使用の軍用地図や米軍使用の厚手のハトロン紙で代用した。布は米軍使用のメリケン粉袋をほどいて使ったり、サラシ木綿を使った。

染料や顔料も少ない。赤瓦片をすりつぶし、水に溶かして橙色をつくり、米国婦人の口紅で赤、口紅と夜光貝の薄片をつぶした粉をまぜてピンクの色をつくった。

（渡名喜明「戦後びんがたのあゆみ」）


ほんとうにモノのない時代、栄喜の執念ともいえる紅型復興への道のりだった。首里に住民がもどりつつあっても、石垣や道路にも砲撃のあとがなまなましく、家屋や建造物はくずれたままだ。栄喜はその光景を「砂漠だった」と表現している。布地を洗う水の確保でさえ困難であっただろうけれど、紅型制作にとりくみ、昭和二十五年に「国画会」が主催する展覧会「国展」（東京）に、首里風景をモチーフにした紅型作品を出品し、入選を果たした。

この出品は、那覇出身の画家で国画会会員の南風原朝光《はえばるちょうこう》（明治三十七年生まれ）の推挙によると思われる。南風原は、昭和四年に日本美術学校を卒業し、東京と沖縄、台湾でも活躍した画家だが、藤田嗣治を沖縄旅行にさそったひとりでもあった。戦前から戦後にかけて、画家たちのアトリエ村「池袋モンパルナス」を拠点にし、多くの画家たちと交遊したが、美校在学中の名渡山愛順とは「二人展」（昭和四年、那覇）を開催するなどしているし、大嶺政寛、末吉安久ともしたしい。名渡山らのアート・コロニー「ニシムイ」は池袋モンパルナスの影響を受けての建設だったのではないだろうか。南風原は「琉球紅型研究会」の一員でもあり、戦後の工芸復興に力をそそぎ、陶芸家の金城次郎や、芭蕉布織の平良敏子などの作品を積極的に国展に推挙した。城間栄喜の国展初入選はうれしいニュースとして沖縄にも伝えられたといい、二十七年まで国展に出品して入選をかさねる。

沖縄でも、昭和二十四年に「沖縄美術展覧会」、通称「沖展」（沖縄タイムス社主催）がはじまり、第六回（昭和二十九年）より工芸部門が新設された。沖展は文化活動の拠点ともなったが、主催する『沖縄タイムス』は、二十三年に創刊された新聞で、大正期に末吉麦門冬が主筆をつとめた同名紙とはべつのものだ。また、明治二十五年に尚順らが創刊した『琉球新報』は戦時中の昭和十五年、「一県一紙制度」によりすがたを消した。沖縄戦終結後、米軍政府の機関紙として発足した『ウルマ新報』が昭和二十六年に『琉球新報』と改題されてあらたなスタートをきる。『沖縄タイムス』、『琉球新報』ともに、琉球古典芸能、工芸、文学など多彩な分野のコンクールの開催、各部門の賞の創設など、戦後の文化復興を牽引していった。

やがて栄喜のもとに、名渡山、安久ら画家たちや、紅型作家をこころざす人たちが学びはじめ、昭和二十八年、「琉球紅型技術保存会」が結成される。戦後ならではと思えるのは、この会から女性紅型作家が誕生していることだろう。だれもが生活は不自由ではあったけれど、「紅型をふたたび」と、ともに手をたずさえ、笑い声がたえず、女性たちは歌を口ずさみながら仕事に励んだという。明るい人柄の栄喜の工房からは、遠く碧い海をのぞむことができて、それだけが、むかしと変わらなかった。

紅型紺屋三宗家のもうひとつ、「唐紙知念《ちねん》」と称された知念家をつぐ知念績弘《せっこう》（明治三十八年生まれ）も昭和二十一年に疎開先の国頭村《くにがみそん》（本島北部）から那覇にもどっていた。彼も那覇大空襲ですべてをうしなっていたが、父祖から受けついだり、じぶんで考案したりした紅型デザインを米兵が使いふるしたノートに描きとめ、時計のゼンマイで小刀をつくって型紙を彫り、払下げの木綿布に筒描きで染めることからはじめている。日中は米軍の軍作業で賃金を得て、夜に紅型制作にとりくむ日々が二十年もつづいた。

城間栄喜と知念績弘が、王国時代いらいの伝統的な紅型技法を継承していることは重要な意味をもち、戦後の紅型復興はふたりの存在が原動力となった。けれども、紅型作家や画家たちによる個々の活動では資金的にも限界がある。紅型復興は、戦後沖縄の産業復興の足がかりにもなるというわけで、「琉球紅型技術保存会」の名称を「紅型振興会」と変え、琉球政府に補助金をもとめたところ、すぐに十五万円の支給が決定した。

紅型復興をめざす人びとにとって、なによりの痛手は紅型の「生命」である型紙が戦火でうしなわれていることだ。大嶺が書いている。

私たち〔紅型振興会〕は型紙探しを始め、柳宗悦や岡村吉衛門〔染織家・民芸運動メンバー〕から、東京の鎌倉芳太郎氏が持っていることを聞いた。そして「大嶺が春陽会に絵を持って上京するから、コピーをとってもらおう」と決まった。（略）鎌倉氏の家を訪ねて訳を話すと「沖縄のためになるのなら」と快く貸してくださった。（「私の戦後史」）

時期は昭和二十八年春。大嶺が「第三十回春陽会展」に出品し、「琉球の墳墓」、「首里風景」が入選したときのことだ。五十四歳になっていた鎌倉は沖縄からやってきた大嶺をどのように迎えたのだろうか。

鎌倉がさいごに沖縄に行ったときから、二十年ちかい歳月が流れている。沖縄戦の様相を沖縄住民の視点から描いた、沖縄タイムス社編『鉄の暴風』（昭和二十五年、朝日新聞社刊）が刊行され、沖縄戦の実相が知られはじめていたが、鎌倉は沖縄の現在の様子などを大嶺にいろいろと尋ねただろう。大嶺は、戦中、型紙を美校に残しておいたために被害からのがれたという話を鎌倉から聞きだしているから長いこと語り合ったのだろうが、くわしいことをふたりとも書き残していない。

　ふたりが熱心に語ったのは、いま、沖縄で紅型復興にむけて動きだしていること、城間家の長男が工房を再開していることだったのではないだろうか。鎌倉の脳裏には、大正十三年に城間家や知念家を訪問したときのことが、まざまざとよみがえったはずだ。あのとき、八重山に出稼ぎに行っていると聞かされた長男・栄喜や、知念家の績弘が紅型復興にとりくんでいることを知って、胸をつかれたにちがいない。

　大嶺は、鎌倉から借りた百点ほどの型紙を青写真で複写し、型紙そのものは鎌倉にかえして、複写したものを沖縄にもち帰った。紅型型紙は、いにしえの琉球人が中国やアジア諸国、日本と交流し、洗練された美意識を布にこめた琉球文化の「まぶい」（たましい）のひとつであるともいえる。

　沖縄という身体から一時はなれてしまった「まぶい」は、まず、複写されてもどってきたのだった。昭和二十九年八月、「琉球紅型型紙展示会」（那覇高校か）が開催され、大きな反響があった。これをきっかけにして、沖縄に型紙をもどそうという声があがってくる。

首里城跡地に琉球大学が建つ

　首里につどう紅型作家や美術家たちが紅型復興への道をあゆみだしたころ、あたりは戦争の跡がなまなましく、荒れはてたままだった。その首里のなかで一変した地区がある。かつて首里城がそびえていた敷地に、昭和二十五年、琉球大学が創設されていたのだ。

なぜ、首里城の敷地がえらばれたのだろうか。琉球大学創設のいきさつからたどってみる。沖縄に高等教育機関を設立しようという運動は、県議会を中心にして昭和十年代にあったというが、実現していない。当時の日本政府は、植民地であった台湾の台北帝国大学に「南方」の教育機関としての役割を負わせており、沖縄に高等教育機関を設置する必然性はないと判断していた。台北帝国大学が、琉球・沖縄研究の拠点でもあったことは『歴代宝案』の写本が作成された経緯にもみてとれる。

戦後、沖縄に大学を設置しようという運動の中心人物は、山城篤男《あつお》と仲宗根政善《なかそねせいぜん》のふたりだ。山城は明治二十一年、糸満の生まれで、広島高等師範卒業後に沖縄県立第二中学校の教師となり、県立第三中学校（昭和三年創立）校長をつとめるなどした教育者である。戦後は、沖縄諮詢会委員、沖縄民政府文教部長を歴任した。

もうひとりの仲宗根は明治四十年、今帰仁《なきじん》生まれ。東京帝国大学文学部国文科に入学し、在京中は伊波普猷、比嘉春潮、柳田國男と親交をもった。帰郷後に第三中学校教員となり、昭和十八年から女子師範に勤務。「ひめゆり学徒隊」の引率者として、多くの生徒をうしなう悲劇に直面した。戦後は山城のすすめで沖縄民政府文教部の編集課長となっていた。

山城と仲宗根は、上級学校への進学をのぞむ沖縄の若者たちの声の高まりを受け、「大学設置期成会」を結成して、五学部からなる総合大学案を作成、昭和二十一年秋、米軍政府の文教部長に検討を依頼する。同時期に、明治末から沖縄人が多く移民したハワイでも沖縄に大学の設置をもとめる運動がおきていた。

こうした沖縄人たちによる運動を受け、昭和二十二年八月、米軍政府当局は沖縄に大学を設置する意思を公式の場で表明する。とはいえ、その背景にはGHQのマッカーサーが沖縄人の本土留学を歓迎しなかったことがあげられるだろう。本土に留学した沖縄人学生が左翼運動に感化されることをおそれ、沖縄人と日本人の一体感が形成されて本土復帰運動につながることを懸念したのだ。

マッカーサーは「沖縄諸島はわれわれの天然の国境である。米国が沖縄を保有することにつき日本人の反対があるとは思えない。なぜなら沖縄人は日本人ではなく、また日本人は闘いを放棄したからである」（昭和二十二年六月、アメリカ人記者団との会見）と発言し、沖縄の米軍基地化を主張している。

そののち米軍政府で大学設立計画が具体化していった。彼らの大学設立の目的は、親米感情を醸成し、琉球文化の独自性を強調することによって「沖縄は日本ではない」という意識をもたせるとともに本土復帰への志向を沈静化させ、さらには米国統治を補助する沖縄人行政官僚・テクノクラート・教育者の育成であった。琉球大学創立の翌年に、公募のなかからえらばれたミシガン州立大学が琉球大学を支援するプロジェクト（ミシガン・ミッション）を立ち上げ、両校のあいだで学術・教育・人材交流がさかんにおこなわれることになる。

琉球大学が首里城敷地に建設された経緯には、沖縄側も大きくかかわっている。むしろ沖縄側の働きかけによるといってもよい。

「大学設置期成会」を設立して熱心な運動を展開した山城篤男は、沖縄民政府文教部長という立場でもあったが、彼は新大学の建設地は「琉球王国いらいの政治・文化の中心であった首里城跡こそふさわしい」という信念をもっていた。

この時点での首里城跡の光景は、「野ざらし」という言葉がぴったりだろう。砲撃によって城の痕跡をとどめるものはなにひとつなく、かつて美しい曲線を描いてのびていた石垣もくずれたままだ。おびただしい兵士たちがたおれ、遺体がころがっていた記憶もなまなましい。東西約四百メートル、南北約二百メートルの楕円形の敷地は、沖縄戦の激しい爆音がよみがえり、傷跡の深さをものがたる場になってしまっていた。

だがここは王国時代、多くの人材が知恵をだしあい、いくたびもの困難に立ち向かった場でもある。この敷地こそ、未来の沖縄を背負う人材を養成する大学にふさわしいと、教師出身の山城は考えた。このころ資材はとぼしく、まともな住居さえ建てられず、首里城の復元などとうてい考えられない時代状況でもあった。

山城は沖縄民政府内で、首里城跡地に大学を建設する案の合意をまとめる。昭和二十三年十二月、GHQの琉球局長と米軍政府本部教育部長らが、山城の案内で首里城跡を視察し、ここに大学を設立することを決定する。米軍政府の「離日政策」のうえからも、琉球の伝統と文化を象徴する地での大学設立は歓迎すべき案だったのだ。

翌昭和二十四年一月から造成工事がはじまり、六月に本館と校舎の建築がはじまる。この本館は「首里城正殿の建物を意識した造り」になっている。二階建て、赤瓦屋根の中央に獅子を置き、正面を破風にし、正面階段が左右にひろがっているのも首里城正殿の要素を採り入れているのだろう。もっともぜんたいとして見れば、首里城正殿の優美なフォルムとは似ても似つかない。米軍側の「配慮」による本館デザインであったのかもしれないが、そもそも彼らが爆撃しなければ、首里城は残っていたのである。

昭和二十五年五月、琉球大学は開学（学生・五百六十二人、職員・四十四人）する。設立当初は、米軍政府情報教育部の所管であり、初代学長に任命されたのは、沖縄諮詢会委員長・沖縄民政府知事を歴任した志喜屋孝信《しきやこうしん》だった。それから五年後の三十年に三代目学長（安里源秀《あさとげんしゅう》）とともに副学長に任命されたのが「大学設置期成会」の仲宗根政善だ。

仲宗根はその年に東京の故・伊波普猷の妻の冬子を訪ね、彼女の要請により、伊波の残した史料を琉球大学に移管し、そのなかに、田島利三郎からゆずられた『おもろさうし』にかんするものもあった。明治二十年代末、国語教師として沖縄に赴任した田島が没頭した『おもろさうし』研究の史料は、東京帝国大学在学中の伊波に託され（明治三十六年）、それから激動の時代をくぐりぬけ、戦争中は伊波に守られ、ながい時の旅をして沖縄に帰った。

当初、木造校舎八棟でスタートした琉球大学だが、建物もまばらな首里一帯ではひときわ目立った。それでも終戦から数年すぎると、「砂漠だった」首里の坂道にも草木はふたたび芽吹き、濃い緑はよみがえりつつある。こののち本館をはじめとして建物はつぎつぎとコンクリートに建て替えられ、かつて首里城があったとはとても想像できないほどに変貌してゆく。首里の坂道から見えるのは無骨な校舎群であったのだが、やがて大学の拡充とともに敷地の狭さが問題となり、移転が検討され、開学から三十五年後にすべてのキャンパスが西原に移転していった。

琉球大学の移転計画と並行して、地元と沖縄県の主導により首里城復元計画が動きだす。復元プロジェクトの土台となったのは、琉球大学に蓄積された琉球・沖縄研究の成果だ。やはり、この土地には王国いらいの琉球人たちの足跡がしっかりときざまれていたのだろう。

ところで、この大学が「琉球大学」という名称になったのは、米軍政府の統治意図のあらわれでもある。米軍政府にとって「沖縄」とは日本との関係性を想起させるが、「琉球」は独立国であった来歴を明確にした。離日政策をすすめる彼らにとっては「琉球」でなければならず、意識的にこの名を使っている。これにたいして、アメリカ統治に反対し、「復帰」をもとめる人びとは「沖縄」の名を使った。「琉球」が政治的な意味合いから脱却してほんらいの意味をとりもどすのは、首里城復元計画が浮上する時期まで待たなければならない。

ツルの旅立ち

昭和二十年代、東京の鎌倉は、一時、銀座の宝飾店で鑑定の仕事などもしながら、紅型研究をつづけていた。

教師としては、昭和二十二年に東京女学館の非常勤講師となるものの、短期間だったようだ。二十四年、金沢市立美術工芸専門学校（現・金沢美術工芸大学）の非常勤講師になり、

「日本美術史」を担当。同校は二十一年に設立されたばかりで、初代校長など美校出身者も多く、こうした関係から鎌倉に声がかかった。在職期間は不明だが、すでに五十歳をすぎていた鎌倉に、当時片道七、八時間をかけて金沢に行き講義をするのは身体的な負担も大きかったのではないか。

金沢にかよいながらも紅型研究に没頭するのだが、座間味ツルとの交流は変わらなかった。ツルの孫たちが沼袋の鎌倉の家にひんぱんにお使いにだされたのはこの時期で、風呂敷につつんだ資料などを届けたと語っている。首里言葉の意味や、歌謡の内容や、旧士族の行事にかかわることなど琉球王国の世界を伝える資料だったようだ。

座間味家の人びとはツルのトーカチ（八十八歳の祝い）を楽しみにしていた。八月八日に親戚、知人をまねいてお祝いをするならわしで、祝われる女性は赤など華やかな色の衣を身に着ける。斗掻《とかき》（穀類をたいらにする五センチほどの棒）や、クーダグーシ（糸を巻く道具）などを客に配るしきたりだと、ツルが娘婿の見里朝慶に語っていた。食べるものにめぐまれるように、美しい衣装をまとえるように、そんなねがいをこめているのだろう。その日はおめでたい歌謡などがいくつもうたわれるはずだった。

けれども、ツルは八十二歳になったころから床につくようになってしまい、昭和三十年十一月、八十四歳の生涯を閉じた。

ツルが生まれた明治四年は琉球王国が存在しており、ツルの父は、さいごの国王・尚泰のそばで唄とサンシンでなぐさめる日々をおくるなど、琉球の終わりを見届けた人だ。ツルは夫をうしなったあと、ひとりで子どもたちをそだて、東京への転居を決断し、苦しい戦中の疎開先でも、おだやかな表情はずっと変わらなかった。

子どもたちを見守ったように、鎌倉にとっても「あやあ」でありつづけた。ツルを見送ったとき高校生になっていた孫の朝雄は「ツルおばあさんは、ずっと座間味家の中心で、亡くなったあともそうだった」と語っているように、それからの座間味家の結束もつよかった。一族はあつまるごとに、ツルの「透きとおった声」を思いだして語り合い、やがてツルに教えられた「踊合」を記録に残しておこうと、娘たちが中心になって私家版のレコード『踊合――首里の旅うた』(昭和五十一年)をつくっている。

このレコードにもおさめられている出立する旅人への思いをこめた唄「だんじゅ嘉例吉《かりゆし》」のひとつを、ツルはこんな歌詞でうたっていたという。

吾子《なし》ぐゎてぃる愛《かな》しぐゎ　いぬ愛さ　あしが
御旅《うたび》する吾子ぐゎ　まさて愛さ
(わが子はみなおなじようにかわいいけれど　旅する子は　とくにかわいく思える)

その子どもたちのなかに、沖縄の島々をめぐっていた二十代の鎌倉もふくまれていたのだろう。

ツルが旅立ってしまい、またひとり、琉球の時代を知る人がいなくなってしまった。

紅型型紙の返還、手彩色本の刊行

昭和二十八年に大嶺政寛が紅型型紙の青写真複写を沖縄にもち帰ったあと、紅型作家や画家たちは、型紙そのものがかたる紅型の技のすばらしさをあらためて実感した。このさき紅型を復興するには、ふるい型紙がぜひとも必要だという声がたかまり、千数百点を所蔵する鎌倉に、その一部の返還をもとめる打診をしたようだ。

その経緯の詳細は不明だが、鎌倉はこう書いている。「今次大戦によって焦土と化した沖縄には、型紙一枚残らなかった由、一九五六年〔昭和三十一〕琉球政府比嘉〔秀平〕主席の希望により、名渡山愛順氏を通じて型紙六百点を現地に返還し、伝統技術の保存に協力した」（『琉球紅型』）。

紅型作家の城間栄喜、画家の名渡山愛順らが設立した「紅型振興会」のメンバーが返還をもとめるさい、比嘉秀平・初代琉球政府行政主席にはたらきかけて彼の意思を確認したのち、鎌倉の美校での教え子であった名渡山が上京して交渉をすすめたということなのだろう。

ところで、この年の比嘉主席は大きな政治問題の渦中にあり、秋にとつぜんの死を迎える。米軍の「銃剣とブルドーザー」による軍用地接収が強行されるなか、沖縄の住民たちが要求した「土地を守る四原則」が否定（昭和三十一年六月、「プライス勧告」による）されたが、これをきっかけに米軍政全般にたいする批判・抵抗運動（島ぐるみ闘争）へと発展していった。その前年の昭和三十年九月に六歳の少女が米兵に暴行・殺害される事件（由美子ちゃん事件）は、同年十二月に軍事裁判により犯人に死刑が下されたものの、その後、本国送還という不透明な結末にいたったことも「島ぐるみ闘争」に怒りの火をつけた。比嘉主席は、軍用地問題で住民と米軍との板ばさみになり、動揺をくりかえしたことから住民の批判を受け、そのさなかの三十一年十月に五十五歳で急逝した。鎌倉への型紙返還の要請はその直前だと思われる。ちなみに比嘉の妻は鎌倉の教え子であった。

こうした緊迫する政治情況のなかにあっても、紅型復興にかける人びとの熱意は冷めず、むしろ不安定な沖縄社会ゆえに、たしかな美を守りたいという切実な思いがあった。

鎌倉が返還した型紙六百点は、「琉球政府立博物館」（首里当蔵町）が所蔵することになり、同館の外間正幸が「当時、名渡山愛順氏や城間栄喜氏が型紙を写しながら『われわれがいくらがんばっても昔の技術にはとても及ばない』と驚嘆された」と回想しているように、返還された型紙が紅型復興に果たした役割は大きい。

この返還にあたって鎌倉は「代償として金七拾万円を受けた」が、全額を啓明会に贈ったと明かしている。ちなみに昭和三十一年の小学校教員の初任給が五千五百円（東京都）であり、「七拾万円」は、かなりの貨幣価値になるが、きまじめな彼は、型紙はじぶんのものではなく、琉球芸術調査の費用を提供した啓明会の資産という認識だったようだ。

また昭和三十二年、鎌倉は紅型型紙百二点を金沢美術工芸短期大学（昭和二十五年、金沢市立美術工芸専門学校が改称）に寄贈した。非常勤講師をつとめたかかわりからだと思われるが、寄贈の経緯は不明だ。

琉球王国いらいの紺屋に伝承されてきた紅型型紙はいったいだれのものなのか、という問題は、このあと鎌倉が苦悩することになる。

型紙を沖縄に返還した時期、鎌倉は『琉球紅型』（昭和三十二年）刊行にむけての作業にとりくんでいた。

『琉球紅型』は、型紙の図案を多彩な顔料を使って和紙に再現し、二十点の型紙ひとつひとつを手作業で染めた。いわば、手彩色の図案見本帳のようなもので、八十部限定出版された。刊行したのは美術書を専門とする「京都書院」（大正十三年創業）で、多数の顧客を対象に豪華本を販売した。『琉球紅型』は染色家など専門家むけの本で、価格は四万五千円。手彩色によるため高価な本となったが、毎月、二点ずつ頒布したというから、十か月かけて千六百点を彩色したことになる。

彩色したのは、鎌倉と妻の静江だ。「三河小原紙」（愛知県産で、紙を漉いたのは静江の縁戚）という和紙に型紙を置き、「朱、醒臙脂《しょうえんじ》、石黄《せきおう》、藍《あい》」などの顔料で染め、多色使いの「紅型」を十三点、藍を使った「藍型」は七点という構成だ。それぞれ松竹梅模様、波濤ともみじを組み合わせたデザイン、風景を図案化したもの、桜や菖蒲、牡丹、蝶など、伝統的な模様が再現された。鎌倉は解説文の冒頭に啓明会の補助を受けて刊行したと述べ、「著者の紅型観」と題してつぎのように書いた。

今日、琉球紅型の正しい伝統的技法は、現地の琉球に於いても知る人はいない。一八七九年の廃藩置県以後急速に廃れ、一九二一年〔大正十〕私の最初の現地調査の頃には、それを識る人として、知念一族に八十老翁二人現存するに過ぎなかった。幸いにもこの二老翁の口述によって詳細なノートをとることが出来た。その技法は一子相伝の家門の秘法であったから、他には誰も知る人はいなかったのである。同時にまた私は知念一族の外沢岻、城間等の諸家を訪れ、既に廃品化していた型紙数千点殆ど全部といってよい程の数量を蒐集した。また型紙と同時に各時代に亘る染色見本の裂地、その他の資料を出来る限り蒐集した。これを研究資料として、本書の図版を作成したのである。

私が琉球紅型の研究成績を公けにしておかなければ、技法的にも絶滅のおそれがある。まして近代文化への転換の時代を迎えた今日に於いて、琉球紅型のもつ本質美を紹介することは、私に与えられた大きな義務であると信じる。

教師として赴任したのは大正十年だが、紅型調査を開始したのは大正十三年からだ。それから三十数年をすぎて、ようやく紅型研究をかたちにすることができた鎌倉の気負いが感じられる。「廃品化していた型紙」という表現は、当時の紺屋の苦境や、鎌倉に託すことで継承をねがった心情をさっしていないようにも思える。彼が沖縄調査をおえたあとにも、小規模ながら紅型工房は首里や那覇で存続しつづけたし、昭和二年には「沖縄工業指導所」が設置され、紅型の技術指導もおこなわれた。戦後に紅型復興に立ち上がることができたのも、次世代に技が伝えられていたからだ。「正しい伝統的技法は、現地の琉球に於いても知る人はいない」の文言は正確ではないだろう。技法の伝承は文書や史料だけではなく、口伝え、日々の仕事のなかで伝えられるものでもある。

どうも鎌倉は文章を書くとき肩ひじを張ってしまう傾向があるけれども、本人は、この文章の権威主義的な雰囲気とはちがい、昭和三十年代半ばからたびたび彼を訪ねてくる沖縄の紅型作家や染織家たちと気さくに語り合い、技法などをくわしく伝授し、型紙をゆずるなどしたといい、鎌倉に恩義を感じている沖縄人は多い。

ところで、『琉球紅型』の一点一点をみると、彩色のセンスは鎌倉の感性だと感じざるを得ない。「紅型」がかもしだす雰囲気、情感とは何かがちがう。

布ではなく、和紙に染めたという条件をふまえても、ぜんたいとして色が渋く、紅型がただよわせる突きぬけた空気、のびやかさとはどこかちがう。鎌倉は『琉球紅型』を、肉筆による「復原模写」であると書いているが、末吉安久のいうような「生む」紅型のいきいきとした感じ、沖縄の光のなかでいっそう映えるような雰囲気がないのは「模写」のためなのだろうか。同時期、沖縄で紅型復興にかけていた城間栄喜や、知念績弘らの作品は、米軍の廃品を使って道具にし、口紅やペンキなどを染料にし、古着をほどいた布に染めているにもかかわらず、一目して「紅型」になっているのだけれど——。

沖縄の風景と光に魅せられ、ゲーテの『色彩論』にも心酔して沖縄の色のひとつひとつを科学的に分析した鎌倉だが、彼じしんの色彩感覚は、琉球人・沖縄人とはことなる独自のものでありつづけたようだ。それは生地の香川がはぐくんだ色彩感覚かもしれず、つまり彼には、表現者としての個性、作家性がそなわっていたのである。

『琉球紅型』は、ブリュッセル万国博覧会（ベルギー、一九五八年・昭和三十三）の「日本館」（伝統工芸品などを展示）にも出品されるなど、大きな反響があった。この仕事は長女の恭子が引きつぎ、『琉球紅型』第二集（限定三十五部・十万円）、第三集（限定二十五部・十万円）が刊行される。

昭和三十二年の『琉球紅型』刊行は沖縄でも話題になり、鎌倉は同年に『琉球新報』（十二月一日付）のインタビューを受けた。記者は鎌倉の「アクセントの美しい首里言葉」におどろく。鎌倉は美校卒業後に教師として赴任し、座間味家に下宿したこと、末吉麦門冬との出会い、首里城正殿取り壊し阻止のいきさつ、琉球芸術調査のことなどを楽しそうに語った。けれど沖縄への思いについては複雑な気持ちをのぞかせている。

むしろ自身の故郷以上に懐かしく、親しい沖縄ではあるが、戦争ですべてが焼かれた今となっては訪れる意欲もない。行こうと思っても実際に目のあたりにした場合、幻滅を感じるのは間違いないからどうしても気持ちがグズつくのです。

それでも「沖縄になくなってしまうものをささやかながら呼び戻したい。そういう仕事に私は沖縄への愛着をあたためている」と、紅型研究をする理由を語った。

型絵染作家へ

『琉球紅型』の刊行は、鎌倉の人生を大きく変えることになる。ずっと研究者としてあゆんできた彼だが、染色作家という意外な道がひらけるのだ。

そのきっかけは、『琉球紅型』の完成直後、日本画家の杉山寧《すぎやまやすし》の妻に「この高度な技法をもって実際に着物を作ってはどうか」といわれたことだという。杉山は、昭和三年に美校日本画科に入学して結城素明に師事しているのだが、この当時の鎌倉は同校助手であり、結城名義の『伊豆長八』を鎌倉が執筆するなど関係が深い。杉山と鎌倉は美校いらいの仲だったのだろう。

和紙に「復原模写」した紅型型紙を、ほんらいのかたちである絹織物に染めてみるというこころみだった。鎌倉が所蔵する型紙のなかからえらんだのは、二点。ひとつは「(蒐集した) 型紙の中からこの図案を発見した時にはその表現の素晴らしさに目を見張った」という、琉球の風景を図案化した型紙だが、これは『琉球紅型』でも使っていた。かさなる山々に紅葉や花模様を配したダイナミックなデザイン。もう一点は藍で染める「藍型」で、こまかい葦模様の上品な図柄をえらんだ。

それぞれ着物に仕立てているのだが、やはり色のえらびかたは鎌倉独自のものだ。かさなる山々をモチーフにした型紙の配置にも鎌倉の個性がでている。というのも、この型紙は、一領の着物に仕立てるときに図柄が左右対称になるよう、ひとつの型紙を一面だけではなく、反転した面も染め、山々がつらなるのびやかな感じを表現しようと意図されたデザインだが、鎌倉は単純な連続模様にしあげている。紅型はこういうところがおもしろく、おなじ型紙を使っても、染色家によって雰囲気がまるで変わってしまう。

当初は『琉球紅型』とおなじく、型紙の「復原模写」をするつもりで、布地に染めたようだが、「処女作」二点につづいて、何点か染めたようだ。『琉球紅型』の刊行の翌年の昭和三十三年九月、鎌倉は「第五回日本伝統工芸展」に風景と波をデザイン化した「琉球紅型中《ちゅう》山風景文長着《ざんふうけいもんながぎ》」を初出品した。

日本伝統工芸展は、「社団法人日本工芸会」（昭和三十年設立）などの主催による展覧会で、「新しい伝統を創造し、もって日本工芸本来の真価を発揮」することを目的としている。鎌倉の出品は、美校漆工科出身の蒔絵師、松田権六（日本工芸会理事、「人間国宝」に認定）のすすめだったという。

そして還暦を迎える直前の鎌倉は初出品にして、入選をはたすのだ。

だが、ひとつの疑問がおこる。この作品の型紙は、彼が蒐集したものか、それとも鎌倉が創作したオリジナルの型紙か、である。同展図録に掲載されている写真でははっきりとは確認できないのだが、鎌倉もこの点を説明しておらず、のちに刊行されるじしんの型絵染作品集にもこの作品を掲載していない。いずれにしても紅型の伝統的技法、デザインを踏襲したもので、展覧会の趣旨である「新しい伝統の創造」か、という点を指摘されたものと思われる。

翌昭和三十四年に同展に出品した鎌倉作品は「紅型」ではなく、「型絵染」とした。黄色地に霞と松を配し、五彩の小点を散らした「型絵染霞松文上代紬長着」（東京国立近代美術館所蔵）である。紋様表現は紅型的ではあるものの、日本風の要素も採り入れられ、これはまちがいなく鎌倉オリジナルの型紙だ。

これ以後、彼は精力的に型絵染作品を創作し、紅型、藍型の技法とともに、日本の技法も消化し、さらには近代的な明るさもたたえた幾何学模様の作品も生みだし、初出品いらい、日本伝統工芸展に毎年出品し入選をかさねていった。

若き日に短期間で写真技術を身につけたことを思いださせるけれど、彼の集中力はすさまじい。ひとつの目標をさだめると突進していくのが彼の性格なのだろう。研究者としては不遇の歳月をすごした彼だが、染色作家としては順調すぎるほど順調だ。

鎌倉の型絵染作品は、しだいに変容し、紅型のモチーフからはなれ、「やまと絵的な情感」をはらんでいった。その作品について、岡田譲（美術評論家）は「琉球紅型に惹かれ、虜となり、さらにそれの作者としての道を歩んで創り上げた独自の個性の世界である」と評している。

型絵染制作は、妻の静江、娘の恭子、のちにくわわる長男・秀雄の妻・純子との共同作業であった。

鎌倉は図案デザイン（下絵作成）をし、和紙に型彫りをして型紙をつくる。このあと、静江とともに布地に型紙をおいて糊を引き、ひとつひとつの紋様に色を染めて（色さし）ゆく。さらに地色を染め、水洗いという工程だが、画家出身の静江はとくに「色さし」で力を発揮した。秀雄は「母は父のよき助手でした。父の指示にしたがって的確に仕事をこなし、布地の板張り、水洗いといった作業をしたのです。母はきびしいアドバイザーでもあって、そういう意味でもよきパートナーでしたね」と語っている。

沼袋の鎌倉の家は、型絵染の家族工房となり、庭には染めあがったばかりの布地が干され、風をあびた。戦争末期の爆撃によって家を焼失したときには想像もできずにいた美しくおだやかな光景だった。

紅型研究の第一人者

こうして六十代の鎌倉は、型絵染作家として意欲的に創作をつづけ、研究者としてもめざましい成果をあげていく。型絵染をじっさいに創作することで、これまでの研究をいっそう深めることにもなったようだ。型紙を彫るときの道具の工夫、繊細な紋様をどう表現するのか、さらには染料や糊の材料の研究——。これまでにも文献の解読や、型紙の科学的分析をしていたのだが、実作者となってみると、より具体的な疑問がわき、答えをつきつめていった。

このころから、たてつづけに著作を刊行するようにもなった。所蔵する型紙や染織品裂地をカラー写真で紹介するとともに詳細な解説を執筆した。『古琉球型紙』全五冊（昭和三十四年)、『古琉球型紙の研究』(昭和三十四年)『琉球の織物』(昭和三十八年)『古琉球紅型　第一期』全二冊(昭和四十二年)、『古琉球紅型　第二期』全二冊(昭和四十四年)などの豪華本の出版があいついだ。これらの本が、沖縄の染織家たちのよき教科書になったのはいうまでもない。

同時に昭和三十五年から、新潟大学教育学部高田分校で非常勤講師(東洋美術史・東洋工芸史・東洋美論)となり以後十八年間にわたって集中講義をおこなうのだが、新潟でも布に魅せられたようで、『越後系型染』全三冊(昭和四十一年)を刊行。彼の型絵染作品には新潟の紬などの布も多く使われているので、鎌倉はあらたな土地との出会いも楽しんだようだ。三十六年には日本工芸会の正会員となり、三十七年から四年間、同会理事をつとめるなど、これまでたくわえた力が一気に花ひらき、紅型研究の第一人者としての立場を決定づけたのだった。

昭和三十八年一月、首里城取り壊しのさいに協議し、啓明会の講演や『歴代宝案』複写でもかかわりをもった東恩納寛惇《ひがしおんなかんじゅん》が東京で死去した。八十歳。このとき「沖縄学第一世代」はすべて世を去った。

復帰への動き、展覧会

このころの沖縄の状況はどうだろうか。

昭和三十一年の「島ぐるみ闘争」ののちも、沖縄の米軍基地固定化の動きは加速するばかりだった。三十三年九月、ドル通貨体制に移行。三十四年六月、石川の宮森小学校に米軍機が墜落し、死者二十一人、負傷者百名という大惨事がおこり、沖縄人は激しい怒りをつのらせた。翌三十五年に「沖縄県祖国復帰協議会」が結成され、復帰運動は本土との連携もつよまっていった。

米政府内で沖縄返還の討議が開始されたのは、昭和四十一年五月。翌四十二年十一月の「佐藤・ジョンソン会談」で小笠原諸島の返還が合意にいたったものの、沖縄については「ここ両三年以内」に日米双方が返還の時期を決めることとなった。だが激化するベトナム戦争のさなかであり、沖縄の米軍基地に爆撃機が配備され、沖縄で「B52撤去決議」(昭和四十三年二月)がされるなど、騒然とした空気につつまれていた。

昭和四十三年一月、琉球政府行政主席の直接選挙を認める声明(琉球民政府・アンガー高等弁務官)が出たことにより、同年十一月に革新統一候補の屋良朝苗が当選。第四章でふれたように、屋良は鎌倉の教え子だ。初の公選主席となった屋良は、本土復帰のシンボルとなって苦渋の日々をおくることになる。

復帰運動が高まるなか、琉球・沖縄の歴史と文化を紹介する大規模な展覧会が本土で開催されていた。

昭和四十三年四月、東京の日本橋三越を皮切りに名古屋、大阪、福岡、熊本を巡回した「これが沖縄だ!」展(沖縄タイムス・朝日新聞社共催)は、沖縄の歴史、沖縄戦、米軍基地にかこまれた島の現実などをテーマにした。写真家・木村伊兵衛が昭和十年に沖縄で撮影した写真、米軍提供の沖縄戦を記録した写真、沖縄人画家による絵画作品とともに、琉球政府立博物館所蔵の文化財百点も展示された。

おなじ昭和四十三年九月から十一月、「サントリー美術館」（千代田区丸の内・パレスビル）での「沖縄の染織」展が工芸品をテーマにしたのは、この美術館らしい。サントリー美術館（昭和三十六年開館）は、サントリー社長の佐治敬三の発意によって創設され、「生活の美」を基本テーマとし、とりわけガラス工芸、染織品などのコレクションで知られる。

「沖縄の染織」展は、琉球政府立博物館所蔵の染織品を中心に、戦前と戦後に「守礼門」の修理・復元工事を担当した森政三の染織品と陶器コレクション、鎌倉所蔵の裂地や紅型関係文書などのほか、漆器コレクターとして知られる李汝寛《りじょかん》（中国山東省出身の美術商）所蔵の琉球漆器などが多数展示された。

鎌倉は、展覧会パンフレットに「琉球工芸について」を寄稿した。琉球工芸の成立と背景、染織、漆器、陶器などについて、古文書をひもときながら詳述したもので、琉球芸術調査をした彼ならではの論考である。

このときサントリー美術館では、展覧会に合わせたイベントをしたが、鎌倉をよく知る人が登場していた。琉球舞踊と音楽の公演に出演したのは沖縄出身の芸能家による「沖縄国際歌舞団」だ。琉球古典舞踊や民謡などが披露され、この歌舞団の団長をつとめ、芸能の解説もしたのは、金井喜久子である。第二章で述べたが、大正十年、鎌倉が「ひめゆり学園」で教えた、宮古島生まれの旧姓・川平喜久子だ。教師をしていた当時、喜久子の住まいだった那覇のレストラン「波之上軒」をよく訪ねていた。宮古の子守唄などを聞かせてもらいながら喜久子の音楽的才能を伸ばすべきだと助言し、その言葉に励まされた彼女は上京して日本音楽学校に進学し、東京音楽学校などでも学んだのだった。

戦前から先駆的女性作曲家として活躍した彼女は、沖縄の島々の民謡を採譜し、解説した著書『琉球の民謡』（昭和二十九年）で毎日出版文化賞を受賞。戦後沖縄を舞台にしたマーロン・ブランド主演の米映画「八月十五夜の茶屋」（昭和三十一年）の音楽を担当して一躍有名になっていた。「沖縄国際歌舞団」を率いる喜久子にも激動の歳月が流れ、六十二歳になった。鎌倉は七十歳、ふたりは数十年ぶりの再会をしたのだろうか。

サントリー美術館のイベントでは、この時代状況ならではの映画も上映された。「南方同胞援護会」（昭和三十一年設立・日本政府の沖縄返還政策をサポートする役割をになった政財界人を中心とする団体）が企画した『沖縄・祖国への道』（昭和四十二年・毎日映画社製作）は、米軍基地にかこまれた沖縄の苦境、復帰運動の盛り上がりを伝えるドキュメンタリー映画だ。

昭和四十四年十一月、「佐藤・ニクソン会談」による共同声明が発表され、沖縄返還を四十七年中に実施するとし、具体的な協議に入ることに合意した。しかし、日本政府は核の有事持ち込み、事前協議の弾力的運用など、米政府の要求に譲歩し、沖縄の米軍基地の整理・統合・縮小についてはなにもふれられなかったため、沖縄では大規模な抗議集会がひらかれた。四十五年六月、日米間で「沖縄返還協定」作成の交渉が開始。その年の十二月、コザ市

（現・沖縄市）で沖縄人の反米感情をみせつけた「コザ騒動」がおきている。

いっぽう本土では「復帰」歓迎ムードにつつまれ、昭和四十五年三月、産経新聞社主催による「帰ってくる沖縄」展が東京の西武百貨店をはじめ全国を巡回するほか、国内各地のデパートでも、沖縄にかんするイベント、展覧会があいついでひらかれ、昭和初期の「琉球ブーム」いらいのブームになった。だが本土との距離は遠いままだった。

鎌倉は「戦争ですべてが焼かれた」沖縄を訪れる気にはなれないと語ったが、やがて三十五年ぶりに沖縄の土を踏み、ひっそりと保管されていた大量のガラス乾板の存在が世に知られることになるのだ。

自ら撮影したガラス乾板を確認する鎌倉芳太郎（サントリー美術館提供）

第九章　けーいみそーちー（おかえりなさい）

中城御殿跡地に建つ博物館

本土では沖縄理解のための展覧会が開催されていたが、沖縄でも「日本」を理解するための美術展が企画された。

昭和四十六年三月から四月にかけて、琉球政府立博物館（首里大中）で「日本古美術展――くらしの中の美」の開催が決まった。文化庁の後援、琉球政府立博物館とサントリー美術館の共催だ。沖縄での「日本古美術展」は四十二年につづいて二回目になる。一回目は、文化財保護委員会（昭和四十三年に文部省文化局と統合して文化庁となる）が中心となった全国各地の巡回展だが、沖縄での開催にあたっては国宝七件、重要文化財二十二件などの重要美術品を「海外輸出」する措置がとられた。「日本美術史の流れ」をテーマとしたが、沖縄での開催は「復帰促進」の意味がこめられていた。大人十セント、学生五セントの入場料で、総入場者数十二万八千人にのぼった。

二回目となる「日本古美術展――くらしの中の美」の開催目的は、サントリー美術館広報紙の文章が如実に語っている。

本土復帰を一年後にひかえて沖縄の人たちに、この展観を通じて日本の美、日本のくらし、日本のこころを理解していただき、沖縄をも含めて祖国日本の真髄を認識していただければ幸いです。

（「サントリー美術館　二十六号」昭和四十六年三月一日発行）

この展覧会でサントリー美術館が共催となったのは、メキシコオリンピック（昭和四十三年）にさいし、関連してひらかれた同館初の海外展「日本伝統美術展」（同年六月―七月。メキシコシティ）が七万一千人の入場者数をかぞえ、大成功したことを文化庁が高く評価したからという。サントリー美術館は「沖縄の染織」展（昭和四十三年）の実績があることも共催に名をつらねた理由だろう。今回は、国宝、重要文化財の美術品のほか、サントリー美術館が所蔵する「生活にちなんだ」蒔絵調度品、屏風、衣装、絵巻物など百点も展観されることになった。

その会場となる琉球政府立博物館は、若き日の鎌倉芳太郎が熱心にかよいつめ、多くの文書の筆写、御後絵の撮影などをし、のちに沖縄戦によって炎上した「中城御殿《なかぐすくうどぅん》」の敷地に建設されていた。鎌倉がかよったころは「首里市」だったが、昭和二十九年に那覇市と合併し、あたらしい地名は那覇市首里大中になる。

この博物館は、昭和四十一年六月に完成した。ここで戦後沖縄の博物館の歴史をふりかえれば、米軍政府が石川に建設した「沖縄陳列館」（昭和二十年創設）、首里市民によってつくられた「首里市郷土博物館」（昭和二十一年創設・首里汀良町《てらちょう》）にはじまる。瓦礫のなかから文化財のかけらを拾いあつめ、ひろく住民の協力を得ながら、所蔵品をふやしていった。この二館が合併して昭和二十八年に移転し、赤瓦屋根の建物が建設され「首里《しゅり》博物館」(首里当蔵《とうのくら》)となり、のちに琉球政府立博物館と改称された。

やがて建物の老朽化により、移転・新築が検討され、琉球政府が中城御殿敷地(戦後は市役所、バス営業所として使用されていた)を尚家より購入。建物は首里城や中城御殿の様式を一部採り入れ、(我那覇《がなは》昇、ジェラルド・オーバー共同設計)、地上二階・地下一階のコンクリート造。建設総工費三十八万ドルのうち三十二万ドルが米国からの援助だった。

博物館は、その前身時代から文化財収集事業にとりくんできた。沖縄各地はもとより、本土のコレクターを訪ね歩いた収集事業だが、その協力者のひとりが鎌倉だった。彼が博物館に返還(昭和三十一年)した型紙は、紅型復興のために大きな役割を果たした。博物館職員の外間《ほかま》正幸(昭和四十四年から館長)の回想によると、昭和三十三年四月に東京の鎌倉宅ではじめて会っていらい数回にわたって面会し、型紙のほかにも染織品や工芸品などの寄贈を受けていた。首里生まれの外間の言葉をなつかしがったといい、ふたりの交友はながくつづき、鎌倉の『沖縄文化の遺宝』にも外間が協力することになる。

このように鎌倉との縁も深い博物館でもあり、今回の「日本古美術展」関連イベントとして、彼に講演を依頼しようという声があがった。日本美術史概観の講演、沖縄の美術教師を対象にした特別鑑賞会の講師としてだが、鎌倉はまさに適任だ。実現すれば、三十五年ぶりの沖縄訪問となる。

「ですが、当初、鎌倉先生は沖縄行きを躊躇されていらしたのです」と証言するのは、当時サントリー広報室員で展覧会を担当した吉澤一成だ。

「どこから出た批判なのかはわかりませんけれども、先生が紅型型紙をはじめとした貴重な史料を沖縄からもち出し、私物化しているという話が先生の耳にも届いていたのです。それを大変気にされていた。対価を支払い、おひとりの力で保管したとはいえ、すべてをうしなった沖縄の人たちにとっては、貴重なものが東京にあることを納得できない心情も理解されていたのでしょう。批判があることを知って、ごじしんは沖縄の地にふたたび足を踏み入れることに迷いがおありのようでした」

この批判の出どころは特定できないけれども、沖縄では「大八車に山積みにして型紙をもっていったのを目撃した人がいる」などという風評も流れていた。昭和初期の紅型ブームのおり、本土から業者が押しよせてきて、紅型衣装などを買いあさったことと混同されたのかもしれないし、鎌倉がたてつづけに刊行した豪華本に紹介された染織品のみごとさが、そんなうわさを生んだのかもしれない。

鎌倉は半世紀前の沖縄でどれほど丹念な調査をしたか、首里城正殿取り壊し阻止のいきさつ、史料を戦中も必死で守ったことなどをこのころはくわしく書いておらず、たんなるコレクターだと誤解されてしまうこともあったのかもしれない。ともあれ、紅型復興にかけた人びとや博物館関係者は、鎌倉の貢献をこころから感謝しており、これらの批判は本人に会ったことのない人たちから出たものだと思われる。

鎌倉も収集した史料をもとにじしんの研究を深めることができたのだし、いずれ沖縄にすべて返還するべきだと考えはじめていたようだ。さまざまな出会いによって得た史料だけれど、じぶんのものではなく、活動が停止した啓明会のものでもない。けれど心配なのは、いま沖縄に史料のすべてを一括して保管できる施設があるのだろうか、ということだった。

サントリー美術館、琉球政府立博物館からの再三の要請に応え、鎌倉はようやく沖縄に行く決心をしたのだった。

わんねー、なま、ちゃーびたん

はじめて沖縄に行った大正十年から、ちょうど五十年がすぎた春、パスポートをたずさえた鎌倉は、那覇空港（現在とはべつの位置）に降りたった。飛行機の窓から碧や緑が織りなす海や緑濃い島々が見えるのをどんな思いでみつめただろう。かつて沖縄を訪れたときは船だったけれど、島にちかづくにつれ首里城が目に飛びこんできたのをありありと思いかえした。

四月の沖縄は、ふりそそぐ光に満ちている。風にゆれるアカバナ、ゆうなの黄色の花びら。月桃の香りもただよう。本土とはまったくことなる光、海から吹く風、蒸れた果実のような匂い――。それらが鎌倉をつつんだとたん、沖縄行きをためらっていた気持ちはすっと消えさった。かじん、そいそい（風がそよそよと吹く）の季節が、鎌倉を迎えた。

そのとき、彼の口から首里言葉がもれる。

わんねー、なま、ちゃーびたん
（私はただいま、もどってまいりました）

沖縄滞在中に那覇や首里、南部を案内したのは、博物館館長の外間正幸だ。鎌倉がまっさきに訪ねたかったのは、やはり首里だった。

けれども首里城がそびえていた地は、いま琉球大学の校舎が建っていて、風景は大きく変わっていた。ただひとつ、森政三が担当した守礼門はよみがえっていた。かつて士族の屋敷がつらなった面影はないけれど、それでも歩いていれば、王国時代の石造の水路、ガー（井戸）が、うっそうとした緑のなかから顔をのぞかせる。下宿した座間味家があった首里大中あたりは、一部が道路建設のために大きく削りとられてしまったが、坂道の勾配は変わらず、足裏の記憶がよみがえっていっただろう。二十代のころ、この坂道を毎日歩いたのだ。王国時代、王の拝所であった弁ヶ嶽《べんがたけ》（首里汀良町）にものぼる。百六十五メートルの丘陵に立てば、首里、那覇一帯を見わたすことができ、遠く、碧い海がみえた。

伊東忠太が絶賛した「園比屋武御嶽《そのひゃんうたき》」（王の拝所）は沖縄戦で砲撃にさらされ損傷したが、その石門は昭和三十二年に復元されていた。ここを伊東とともに、またひとりで、いくたびも歩いている。末吉麦門冬、伊波普猷、真境名安興、座間味ツル――。すべて鬼籍に入ってしまった。あれから、ほんとうに五十年もすぎたのだろうか。

それはたしかなことだった。首里の石垣は、砲撃のあとをなまなましく伝えており、座間味家の石垣も一部残っていたが、銃痕のあとがあった。なにもかもが破壊され、砲火のなかで逃げまどった人——。鎌倉が東京にいるあいだに首里の町をおそった悲劇を実感せずにはいられない。

那覇は、首里よりも変化をとげていた。戦前まで、那覇の中心地は港にちかい一帯だったが、いまもっとも栄えるのは国際通りがつらぬく牧志《まきし》周辺だ。かつては沼がひろがる湿地帯だった。昭和二十年秋、壺屋の陶工たちがもどり、作陶をはじめたことから那覇の復興ははじまり、牧志の一画の市場はにぎやかだ。ゴーヤー、シブイ（冬瓜）、ナーベーラー（へちま）、豚肉のかたまり、色あざやかな魚——。売り手は女たちばかりで、むかしのように琉球ふうに結った髪に琉装のおばあさんのすがたもみえる。わずかだが、手にハジチ（入れ墨）をほどこしている人もいた。この女たちは、戦中をどう生きたのだろう。

市場でひときわ目立つのは派手なパッケージのアメリカ製の缶詰や菓子だ。そこで交わされる言葉はウチナーグチで、たばこを商うあんまー（おばさん）は「キャメル」（ラクダのシンボルマーク）を「鹿ぐゎー」、「ラッキーストライク」を「あかだまー（赤玉）」と呼んでいるのが、いかにも沖縄らしい。売り手も買い物客も手にするのはドル札とセントコイン。ものめずらしそうに歩く観光客のめあては本土の値段の半額以下のアメリカ製ウイスキーだ。

観光土産としてよろこばれたのは、紅型だった。もっともこのころは反物の需要がすくなく、紅型が染められたテーブルセンターやタペストリーなどの製品が大半である。それでも、復興しつつある紅型工房の技術が土産品生産をとおして受けつがれるとともに、あたらしいデザインへの挑戦もはじまっていた。

鎌倉は沖縄の風景に戦後の時間の流れをまざまざと知っただろう。本島を縦貫する一号線（現在の国道五十八号線）は四車線、そこを米軍のカーキ色のトラックが走りぬける。両側に英語の看板、米軍基地のフェンスがつづき、緑の芝生がひろがる平坦な土地に米兵用住宅が建ちならんでいた。

沖縄は変わってしまったけれど、それでも、いにしえをしのぶ手がかりがまったくないわけではない。織物や紅型が復興しつつあることをたしかめて、じしんがその一助になったことをよろこんだ。滞在中に『琉球新報』が企画した鼎談（「沖縄の文化財、民芸を語る」）でもウチナーグチをまぜて話している。「ヤマトンチューやしが、ちむ、ウチナーンチュなてぃ」（本土の人間だけれど、心は沖縄人ですよ）。

生徒たちとの再会、ガラス乾板の存在を明かす

三月二十日にオープンした「日本古美術展」は連日大盛況で、一か月の会期中、約十七万人の入館者をかぞえた。当時の那覇市の人口は約二十八万人。小・中・高校生が授業の一環で見学したにしても、驚異的な入場者数だ。

鎌倉が講演をしたのは、四月三日。

かつて中城御殿が建っていた博物館をどう感じたのだろう。ここで、御後絵など、絵画や

工芸品をあまた撮影したこと、中城御殿を守った尚祥子（野嵩御殿《のだけうどうん》）のとりはからいによって尚家所蔵の文書を筆写した日々――。敷地の前には、王国時代のままに龍潭（人工池）がひろがっていて、若き日のじぶんがそこに立っているような錯覚におちいったのではないか。

講演会で登壇すると首里言葉であいさつをし、会場をわかせた。日本美術の流れという講演テーマだが、沖縄で教師をしていたころの思い出話もまじえ、愉快に話した。とくに印象深いのは、大正十三年、「第一回琉球芸術調査」中に師範学校で教えた屋良朝苗だ。本土復帰を一年後にひかえ、複雑な政治折衝をつづけていた屋良主席は、この年のことを「苦しきことのみ多かった」（『激動八年　屋良朝苗回想録』）とふりかえるほど激務の渦中にあり、この三か月後の六月、屋良主席は「沖縄返還協定」の調印式にのぞむのだ。

鎌倉は四十七年前の図画試験のさいの「白紙答案事件」の首謀者を叱責したエピソードを楽しく語り終えた。すると、会場から「屋良主席がいらしていますよ」と声がかかった。

会場のすみで静かに講演を聞いていた屋良が壇上の鎌倉にちかづいていった。多忙な彼が恩師に会うためにやってきていたのだった。おどろく鎌倉は屋良の肩を抱きしめ、言葉もなく、ふたりの目から涙が流れ、そんなふたりを会場の人たちは静かに見守り、やがてあたたかい拍手につつまれた。苦渋の日々のなかにあった屋良主席は、ときはなたれたように満面の笑みだ。わずか四歳ちがいとはいえ、それは感動的な師弟の再会だった。しかも、かたわらにいた屋良の妻・ヨシも鎌倉の教え子だったのである。

沖縄滞在中の鎌倉を感激させたのは、連日、かつての教え子たちが歓迎会をひらいたことだった。「ひめゆり学園」、師範学校の元生徒たちが鎌倉をかこんで思い出話に花を咲かせた。鎌倉をアテンドした吉澤はこう話す。

「そんなふうに歓待されるとは思ってもいらっしゃらなかった先生は、ほんとうに感激なさっていました。沖縄の光、風、空気、匂い。そうしたものにつつまれるとともに、半世紀もまえのことをよくおぼえている人たちに再会して、鎌倉先生の記憶が、ひとつひとつよみがえってくるのが私にもわかりました。それで、ガラス乾板のことをとつぜん思いだされたようなのです」

大正末から昭和初期にかけて撮影したガラス乾板の写真は、琉球芸術調査を終えた直後に東京美術学校の展覧会で展示したり、『世界美術全集』（昭和二年）や『南海古陶瓷』（昭和十一年）に紹介したりしたが、そののち戦争の時代になり、琉球芸術を紹介する機会はうしなわれてしまった。戦中、防空壕のなかに茶箱に詰めたガラス乾板を守りつづけたものの、それを開ける機会さえなかった。啓明会の資金を得て購入した高価なカメラ機材は、経済的に苦しい生活をしいられるなかで手ばなしており、戦後は紅型研究と型絵染制作に没頭していたので、写真をかえりみる余裕もなかったのだろう。

千数百点のガラス乾板の存在を明かしたのが、日本古美術展の講演だったのか、滞在中におこなわれたべつの講演だったのか、さだかではないと吉澤はいうが、鎌倉がそれを語った瞬間は鮮明に記憶していた。

「沖縄のすべてが灰燼に帰し、写真一枚ないといわれるが、五十年前に撮っているとおっしゃるのです。首里城をはじめとする文化財、八重山、宮古の風景、工芸品、それからまぼろしとなっていた御後絵《おごえ》も撮影している、と。その会場にいた沖縄の新聞記者たちから、うわーっというどよめきの声があがったことをはっきりとおぼえています」

その後、ガラス乾板はサントリーの全面的な支援を受けてよみがえることになる。

文化事業に熱心なサントリーと鎌倉との出会いが幸運をもたらすことになったのだが、かつて啓明会の資金援助を受けたいきさつを思い出させ、彼の運のつよさを感じる。鎌倉というよりも、琉球文化そのものの力が引きだす幸運というべきなのかもしれない。

いっぽうサントリーにも、沖縄との関係を深めたい理由があったのだ。

洋酒自由化と沖縄文化支援

洋酒類の貿易自由化がはじまったのは昭和三十年代なかばからだが、ビール、ジン、バーボンなどにつづいて四十六年一月にウイスキーも貿易自由化がなされた。高率の関税によって国内産ウイスキーは保護されていたものの、関税の大幅な引き下げが検討され、四十七年四月に実施されることになった。そのため国内産ウイスキーは、輸入ウイスキーとの競合をしいられ、サントリーは企業戦略を練らねばならない時期にあった。

サントリーは、その前身「壽屋」（大正十年設立。昭和三十八年「サントリー」に社名変更）時代に国内初の本格ウイスキー「白札」を発売（昭和四年）したのを皮切りに、「角瓶」（当初の名は「十二年もの角瓶」・昭和十二年）、「サントリーローヤル」（昭和三十五年）などを発売してきたが、その宣伝広報力と洗練されたセンスもあいまって、国内トップ企業として君臨してきた。

サントリーと沖縄のかかわりは、昭和十三年、創業者の鳥井信治郎が沖縄を訪問して島内各地の泡盛工場を視察したときにさかのぼり、戦中には、日本海軍の指示によって航空燃料ブタノールを製造する沖縄工場を建設し、操業していた。戦後の二十七年、この工場で働いていた沖縄人が壽屋製品を沖縄に輸入・販売をはじめたのがきっかけになり、三十六年に「沖縄壽屋」（那覇市安謝《あじゃ》。二年後に沖縄サントリーに社名変更）が設立された。本土から輸入した原酒を沖縄工場で瓶詰（ボトリング）したトリスウイスキーなどを販売してきた。四十四年、沖縄の新聞で展開した広告キャンペーンでは「守礼門」、「ハーリー」（競漕行事）、「闘牛」などの写真に、キャッチコピー「この古き沖縄をともに語り合おう」と添えられており、沖縄の消費者にターゲットをしぼっている。

戦後沖縄は、アメリカ製スコッチやバーボンに席巻されていた。米軍統治下にあり、関税のかからない安価な輸入ウイスキーもいくらでもあったため、当時の沖縄人は日本のどこよりもウイスキーにしたしんでいたのである。泡盛の人気が戦前なみに回復するのは本土復帰以降だ。

ここに着目したのが、関税引き下げを目前にしていたサントリーだ。沖縄を洋酒の「先進市場」として位置づけ、その消費動向、飲みかたなどを徹底研究する。本土でウイスキーといえば、バーでかたむける高級酒というイメージがつよかったが、沖縄では米兵が愛飲したコークハイ（ウイスキーのコーラ割り）が普及するなど気軽な酒であり、飲食店や家庭でも沖縄料理とともに飲まれていて、間近にせまった本土復帰以降、多種類の洋酒を飲みなれた沖縄でサントリーウイスキーが受け入れられれば、本土でもそのノウハウが活かせると考えた。ウイスキーと日本料理を組み合わせた展開を模索していたサントリーにとって沖縄は興味深い市場だった。

そこで、沖縄でのサントリー商品の拡大をはかるためにも企業イメージの浸透が重要な課題となり、佐治敬三サントリー社長の方針によって、「沖縄に対する文化支援」を充実し、サントリーのイメージアップをはかっていた。「沖縄の染織」展、今回の日本古美術展共催も、こうした企業戦略の一環といえる。サントリーは博物館の植栽事業に一万ドルの寄付、展覧会見学作文コンクール優勝者三人（小中学生）を京都旅行に招待するなどしていた。

よみがえるガラス乾板、「50年前の沖縄」展

充実した沖縄の旅を終えて東京に帰った鎌倉をサントリーの吉澤が訪ねたのはその直後、昭和四十六年四月末だ。半世紀前のガラス乾板をよみがえらせるために、サントリーが全面的な支援を申しでた。佐治敬三社長は、その費用と協力を惜しむなといい、広報室が担当することになった。広報室長の的場《まとば》晴（大正三年生まれ）は、美校油絵科出身（昭和十三年卒）であり、鎌倉の講義を受けていたことも幸いした。ガラス乾板にかかわる事業を担当したの

は吉澤である。

鎌倉の沼袋の自宅に保管されていたガラス乾板を詰めた茶箱は数箱あり、蓋を開けると、幾重にも布でくるまれ、一点ずつ薄い紙がはさまれていて、総数は千数百点にものぼったが、沖縄で現像をしたあと、保管されたままになっていたものが大半だったという。

この千数百点のガラス乾板に残された画像のすべてを把握しなければならないが、半世紀ものながい眠りについていたガラス乾板はすでに劣化のきざしがあり、慎重に取り扱わなければならないことがすぐにわかった。そこで、サントリー美術館の美術品撮影などで関係のあった岩波映画製作所（昭和二十五年設立。「岩波写真文庫」シリーズの写真撮影で知られ、優秀な技術者が在籍した）に委託する。まず、すべてのガラス乾板から「密着焼き」（ガラス乾板に印画紙を密着させたプリント）をとり、さらにそのプリントをカメラ撮影してフィルムにおこすという作業にとりかかった。原版そのものを極力、空気にふれさせないためだ。

こうして昭和四十六年初夏からはじまったプリント作業だが、プリントが仕上がってくるたびに鎌倉のもとに届けられ、その画像は何を、どこで、いつ撮影したものなのか、ひとつひとつ確認していく作業が並行してすすめられる。

鎌倉の写真撮影は「第一回琉球芸術調査」（大正十三年五月—十四年五月）に集中し、この一年間で「千五百点」あるいは「二千点」を撮影したといい、「第二回琉球芸術調査」（大正十五年四月—昭和二年九月）では、おもに祭祀空間、宮古、八重山などの島々を撮っていた。フィールドワーク、古文書筆写、聞き取りなどをしながらの撮影であり、こまかい撮影メモをとっていない。それでもプリントを見るうちに、鎌倉の記憶はみるみるよみがえっていったと吉澤は語る。

「膨大なプリントを一点一点、じいっとごらんになって、建造物や集落、工芸品など、どこで撮影したものなのかをお話しになられたのです。さいしょは記憶が混乱なさっているようでしたが、くりかえし見るうちに記憶が整理されていった。〈鎌倉ノート〉をめくりながらたしかめられていました。写真の力というのは大きく、撮影した場所に立ちもどられたような感じでしたね。興奮した話しぶりで、写真のことだけではなく、沖縄で出会ったさまざまな人たち、エピソードなど、とめどなく語られました。ほとばしるような情熱、熱気でした」

吉澤は鎌倉宅に日参して午後二時から七時ごろまで話を聞き、それが翌昭和四十七年一月までつづいたという。吉澤も琉球史の書籍などを読みこんでのぞんだが、彼が専門家でなかったことが幸いしたのかもしれない。というのも、数か月にわたってひとつひとつこまかく質問したため、鎌倉がそれに答えるうちに記憶を呼び覚ましていったと思われるからだ。ここでは「聴き手」の存在の重要性を考えずにはいられない。鎌倉はこの数十年、調査の日々をつぶさに語る機会がなかったのだ。語るうちに、沖縄で出会ったひとりひとりの顔を思いだしていった。

何よりもすばらしかったのは、写真そのものだ。モノクロの世界に息づく琉球王国がそこにあった。

「龍樋」（首里城・瑞泉門左下に湧出する泉）から引かれた水で洗浄したというガラス乾板が、琉球の時代を語りかけていた。ここに写っているものの大半が沖縄戦によってうしなわれてしまったいま、この写真の意味はとてつもなく大きい。

戦争の時代が、鎌倉の調査・研究を中断させ、そののち彼は不遇の時代がつづいたけれども、そのあいだにもガラス乾板を手ばなさず、散逸をまぬがれたのだった。三十五年ぶりに沖縄を訪れた鎌倉は思わず「なま、ちゃーびたん」（ただいまもどりました）と口にした。そのとき、やわらかな春の光のなかでこんな声が聞こえたのではないだろうか。「けーいみそーちー」（おかえりなさい）。

写真のプリント作業がつづけられるなか、写真展開催の企画が進行していた。

昭和四十七年、本土復帰の年に、琉球王国時代の息吹を伝える大規模な写真展を琉球政府立博物館にて同館とサントリー美術館の共催で開催することが決まる。「50年前の沖縄――写真でみる失われた文化財」のタイトルで、鎌倉撮影の写真約四百点が公開されることになった。沖縄では二月六日から三月十二日まで、つづいて東京のサントリー美術館で五月十一日にオープンし、本土復帰の五月十五日をはさんで月末までひらかれる。その写真の存在が明らかになったのが前年の春であり、おどろくべき速さで写真展開催にこぎつけたのだった。

本土復帰のこの年は国内各地で沖縄にかんする展覧会が企画されていた。琉球政府立博物館の文化財百五十点が展示される「沖縄の歴史」展（三月。大阪市立博物館・朝日新聞社共催。

東京・三越ほか）、尚家所蔵品を中心にした「琉球王家秘宝」展（二月末―三月。毎日新聞社主催。上野松坂屋）などである。そのなかで「50年前の沖縄」展は、大正末期の沖縄を撮影した未公開写真が展観されるとあって、各界から注目をあつめていた。

美校の森芳太郎教授から特訓を受けた（大正十三年春）鎌倉の写真は、当時、最新の「新即物主義」（ノイエザハリヒカイト）という表現スタイルで撮影されているが、対象を精確にとらえ、高い建物を下からあおって撮るなど、どれも迫力ある作品だ。サントリーではこの作品を展覧会でどのように展示するかを検討した結果、作品によっては巨大サイズのプリントが適しているということになった。石造の建造物などは苔むすようすなどもあざやかに再現されたプリントができあがる。博物館の壁面のサイズを実測したうえで配置を考え、博物館の中に入った瞬間、いにしえの琉球が迫ってくるように展示された。

展覧会開催にさきだって、一月末より『沖縄タイムス』で鎌倉の写真と文章による「五十年前の風物詩」の連載（全十六回）がはじまる。その第一回目にえらんだ写真が「那覇の松並木」であり、末吉麦門冬との思い出をつづった（第五章）。そのほか、壺屋の陶工、仏像、宮古の御嶽などとともに、「八重山画稿」も紹介したが、それは大正十二年の春、石垣島で出会ったさいごの蔵元（王国時代の行政庁）の絵師、宮良安宣《みやらあんせん》（昭和六年没）にゆずられた画稿である。関東大震災のさなかに伊東忠太にあずけていたため、ぶじかどうか、まっさきに案じたのだった。この連載では八重山初の写真師・崎山用宴《さきやまようえん》撮影の写真も掲載されていた。

鎌倉がこの連載を執筆したときには知らずにいたことだが、崎山用宴は、この記事が掲載される一年まえに八重山で死去。鎌倉と出会った大正十二年春、二十七歳だった用宴はその後も島の写真師として生き、岩崎卓爾（昭和十二年没）の仕事を助け、八重山の芸能も多く撮影したが、なにより島の人たちの晴れがましい日を記念写真におさめることが彼の生きがいだった。入学式や卒業式、祭りの日、家族のお祝いの行事――。用宴は蝶ネクタイをしめ、自転車に乗ってさまざまな場所に出むいて撮影し、やがて戦争がはじまると、出征兵士の写真を多く撮った。島の男たちのすがたがそこにあるけれど、彼らのなかには二度と八重山にもどることがなかった者もいるだろう。昭和四十六年一月、崎山写真館は正月の記念写真を撮る家族でにぎわい、その仕事をすべてやりおえたあと息をひきとった。七十五歳。

いま残される戦前の八重山の風物を撮影した写真に用宴の名はしるされていないけれど、彼の撮影によるものが多いと思われる。

「50年前の沖縄」展の展示作業はオープン当日、明け方ちかくまでつづいた。吉澤が宿泊先の沖縄ホテル（那覇市大道）に一度もどり、仮眠したあとタクシーで博物館にむかったのは、開館の二時間ほど前だった。日曜日の朝、首里坂下のホテルからあがってゆくと、歩道をたくさんの人が歩いていたので、今日は何かあるのか、といぶかしんでいるうちに人がどんどんふえている。おおぜいの人たちはみな博物館をめざしていたのだった。

五十年前の沖縄を写した写真を見たい、その熱気が博物館をおおっていた。会場に入れば、そびえる首里城正殿、城をとりかこんだいくつもの門、王の菩提寺・円覚寺。首里の赤瓦がつらなる風景を俯瞰して撮った写真、石造の獅子像、中国渡来の天尊廟の仏像——。

絵画作品のなかでひときわ目をひいたのは「那覇綱引図」である。王府の絵師として活躍した泉川寛英《いずみかわかんえい》（一七六七—一八四四）の筆によるもので、那覇港と那覇の町並みを背景に勇壮な大綱引きの場面をいきいきと描いている。極彩色の絵と伝えられるが、現存していない。百五十メートルの大綱を引く那覇の大綱引きは、王国時代から毎年秋におこなわれてきた行事だ。昭和十年に途絶えていたが、この展覧会の前年に復活したばかりだった。

ほかにも絵師たちの名画、そして歴代王の肖像画「御後絵《おごえ》」は王家に秘匿されていたので、大半の見学者がはじめて目にするものだった。

海外との交易を積極的にすすめ、王国の基盤を築いた尚真王（一四六五—一五二六）、島津氏侵攻による戦いにやぶれ、江戸に連行されて二年後に帰国した尚寧王《しょうねい》（一五六四—一六二〇）、若くして世を去った尚育王（一八一三—四七）——。それぞれ華麗な衣装を身にまとい、臣下をしたがえる王たちは威厳をたたえ、やわらかな瞳でこちらをみつめていた。

展覧会会場は人でぎっしり埋まった。中に琉装すがたのおばあさんたちが見える。ながいコートのような上衣を羽織った士族階級の正装をしている。首里城、そして歴代王に対面するには正装でなければならないと考えたのだろう。大きく引き伸ばされた写真を見上げ見つめる人、写真の前で涙ぐんでいる人も。この写真に写っているものは、戦争のずっと前、見学者たちの身近にあった静かな町並みであり、いまや跡形もなく消え去ってしまったものばかりだった。博物館のなかにむかしうちなー（昔の沖縄）がよみがえっていた。

王国時代の建造物がまだたくさん残っていたころを当時最新のカメラでとらえていたことによってその時代が再現された。圧倒的な迫力、琉球の時代を雄弁に語る写真だった。

鎌倉は初日に合わせて沖縄にやってきていた。空港での記者会見で開口一番、こういっている。

わんにん、ウチナーンチュどーやー

（私も沖縄人ですよ）

初日の入館者は約一万四百人にのぼった。鎌倉はこの日、博物館ホールで記念講演をし、撮影当時の思い出を語った。本土復帰を目前にした屋良朝苗主席も来館し、師範学校時代の写真を鎌倉に見せて話しこんだ。会期中に鎌倉を訪ねてきた人のなかには、かつて紅型技法を習った紺屋の娘もいて、再会をよろこんだという。三月十二日までの入場者は十八万六千人以上にのぼり、博物館の新記録をつくった。

本土復帰の日、「八重山画稿」を初公開

昭和四十七年五月十五日、雨の日に沖縄は本土復帰する。

けれども米軍は「復帰後も米軍基地の機能は不変」と明言しており、その日も嘉手納空軍

基地のF4ファントム戦闘爆撃機や空中給油機、偵察機などが活発な動きを見せた。
五月十五日、午前零時に港の船から復帰を祝う汽笛がいっせいにならされ、その二十分後、嘉手納空軍基地からの特別機でジェームズ・B・ランパート高等弁務官が沖縄を去った。それにさきだつ記者会見（五月十二日）で二十七年間におよんだ軍事支配と今後についてこう述べている。

沖縄統治が成功したかどうかと聞かれれば、私自身、一九七二年〔昭和四十七〕の時点で答えるなら、「そうです、成功した」と答える。（略）米国の軍事施設が沖縄にあるのは国際、国内情勢にかんがみ、米国の盟友国との関連で沖縄に駐留しているわけだ。それは盟友国その他の諸国に与えた公約を遂行するものである。こういうことが復帰によって変化するとは考えていない。

屋良朝苗は、この日からつぎの知事が決まるまでの「みなす知事」として、沖縄県知事となった（同年六月、県知事選で当選し昭和五十一年まで在任）。午前十時半から日本政府主催による「沖縄復帰記念式典」が那覇市民会館（与儀）でひらかれ、あいさつのなかで述べている。

新しい沖縄県の出発をみることができました。しかし、沖縄県民のこれまでの要望と心情に照らして、復帰の内容をみますと、私どもの切なる願望が必ずしも十分に入れられたとはいえないことも事実であります。

米軍基地の撤去、縮小、核もちこみ問題の解決――、沖縄がもとめた要求は受け入れられなかった。午後からは同会館で「沖縄県発足式典」が挙行されたが、おなじ時間、隣接する与儀公園では「沖縄処分抗議、佐藤内閣打倒、5・15県民総決起大会」がひらかれ、約一万人があつまり、そのあと国際通りをデモ行進する。国際通りの商店では、この日から「円」で表示されていた。

本土復帰に合わせて、さまざまな雑誌が沖縄特集を組んだ。『週刊朝日』（五月十九日号）は、「南海に生きる人と風土」の特集タイトルで、表紙は屋良知事を描いたイラストだ。沖縄の歴史と文化を紹介する大特集で、ある沖縄の家族の物語、料理、ウチナーグチ、復帰にいたるドキュメント、沖縄の若者風俗など、多彩な記事が掲載されている。グラビアページは「知られざる沖縄」。沖縄各地の祭祀をとりあげた写真とともに紹介されたのが「初公開　100年前の八重山のスケッチ　鎌倉芳太郎氏のコレクションから」だった。

あの八重山の「画稿」である。

王国時代の納税の場面、美しい布が織りあがったことをよろこぶ島人、豊年祭（旧暦八月におこなわれる五穀豊穣を神に感謝する祈願祭）、農民たちの草競馬、さまざまな労働の場面、航海のようすや、石垣島に漂着した異人のスケッチなど、どれものびのびとした筆づかいだ。

画稿とともに鎌倉と伊波南哲（石垣島出身の詩人）が短い解説文を寄せた。鎌倉は画稿の歴史的背景をつづり、「この画稿は、柳田國男氏が大変貴重なものと太鼓判を押してくださったが、その後、発表の機会に恵まれず、今日にいたった。文字通り初公開である」と書いている。

どのようないきさつから『週刊朝日』に掲載されたのかはわからない。すでに沖縄での「50年前の沖縄」展が大きな反響を呼んでいたので、このことを知った記者が鎌倉を訪ね、画稿があると聞いて掲載をもとめたのではないか。戦中、美校に保管していた画稿は戦後になってから自宅に引き取っていたが、茶箱を開けることもないままときが流れ、ガラス乾板の箱を開けたのと同時に画稿の整理もはじめたと思われる。こうして、八重山の画稿も半世紀ぶりにあらわれたのだが、なんの変哲もないふるい茶箱は、王国時代末期の島の暮らしをいきいきと伝えるタイムカプセルだった。

その年の十月、石垣島に復帰記念事業の一環として、石垣市立八重山博物館（石垣市登野《との》城《しろ》）がオープンする。建てられた敷地は、王国時代に「蔵元」があった場所で、画稿を描いた絵師・宮良安宣、喜友名安信が筆をふるった場だった。八重山博物館に画稿が里帰りするのは、この三年後になる。

『沖縄文化の遺宝』、人間国宝に認定、海洋博

岩波書店の編集者、高草茂と鎌倉が会ったのは「50年前の沖縄」展がひらかれた年の十二月初旬だった。大きな反響を呼んだ写真展だが、プリント作成を岩波映画製作所が担当したこともあって、いぜんから注目していた高草は、写真集の刊行を企画したのだ。その圧倒的な写真に魅せられ、複数の出版社からの出版依頼があったが、鎌倉は岩波書店からの刊行を決めた。打ち合わせをかさねるうちに高草は「琉球芸術調査」の成果を論考としてまとめるべきだと提案する。戦前に執筆していた原稿はすべてうしなわれており、一から書きはじめなければならないが、〈鎌倉ノート〉が保管されているからには、いま、まとめるべきだと説得したという。

「当初、鎌倉先生は七十四歳になっているので体力的にもむずかしいとおっしゃられたのです。けれども、琉球芸術の総体をとらえ、史料や文献もあり、その歴史的背景もふくめて詳細に描けるのは先生しかおられない。啓明会や美校の援助、沖縄の方たちなど多くの協力があっての調査でしたから、戦争ですべてがうしなわれた沖縄にとっても、先生が執筆なさるのは義務でもあると申し上げました」

鎌倉は写真の整理と場所、撮影年を特定する作業と並行して、論考のおおよそのテーマを決める作業に着手する。〈鎌倉ノート〉をすべて点検し、調査年やテーマもばらばらに書かれている内容を把握したうえで、さらに関係文献をふたたび読み直すことからはじめたが、

執筆にとりかかれない思いがけない事態になった。

岩波書店とはじめて打ち合わせをした三か月後の昭和四十八年三月、鎌倉は「重要無形文化財保持者」、すなわち「人間国宝」（型絵染）に認定されたのである（四月五日付官報告示）。染色作家としてスタートしたのは十五年前であり、おどろくべき速さだ。文化庁が人間国宝に認定したのはつぎの理由による。

鎌倉芳太郎氏は、沖縄に伝承されている型染の調査および古型紙等資料の収集研究を行ってその伝統的材料・技法に精通し、特に首里紺屋の名門として伝統のあった沢岻家、知念家等の古老をたずねて伝承の技法を受け継いでいる。沖縄の型染はひろく「紅型」と称されているものであるが、その古典様式・技法の保存伝承に努める作家活動は、わが国の型絵染の分野にあって貴重な存在である。

これまでの紅型研究が高く評価された認定だった。前年の沖縄の本土復帰、多数の紅型研究本の刊行の功績、「50年前の沖縄」展の成功なども認定にあたってよい影響をおよぼしただろう。

鎌倉は『琉球新報』（昭和四十八年四月四日付）のインタビューで語っている。

（紅型は）世界に類を見ない美しさをもった伝統工芸である。それゆえに、沖縄自身のものであって、それ以外のなにものでもない。私の仕事は、それを学問の上から、また芸術的技法の上から探究したものである。（略）

（私の）「型絵染」はその意味で、沖縄に伝わって来た中国古来の手法を、自分の表現の手法として取り入れ、発展させたものだが、私はあくまで本土に住む本土の人間であり、その創造空間は、強烈な光りと色彩の中で輝いている沖縄のそれとは、もともと異なったものであり、つくり出されるべき、作品の質も内容も、当然沖縄とは異なったものを目指さなければならなかった。

紅型技法を礎にしながらも、独自の型絵染の世界を確立した自信をうかがわせる。人間国宝となった彼をとりまく状況は大きく変わった。メディアの取材がつづき、にわかに時の人となり、創作活動も注目された。この年から、「人間国宝新作展」（毎日新聞社主催）とともに、日本伝統工芸展へも昭和五十年まで新作の出品をつづけ、さらには『琉球王家伝来衣裳』（琉球王家伝来衣裳刊行委員会・昭和四十七年）への寄稿や琉球絵画の論考など多くを執筆するなど七十代半ばというのに多忙をきわめた。

このあいだに沖縄への訪問もつづく。昭和四十八年八月、沖縄の伝統工芸産業の振興をはかるための会議（沖縄総合事務局主催）に参加し、伝統工芸のありかたについての提言をした。つづいて「沖縄国際海洋博覧会」（昭和五十年七月—翌年一月）にさきだち、五十年五月に沖縄に行ったのは、海洋博会場の「沖縄館」にふたたび鎌倉のガラス乾板の写真が大々的に展示されるため、その打ち合わせであったという。

「海やかりゆし」（「かりゆし」は、めでたいこと）をテーマにした沖縄館は、総面積二千平方メートルの二階建ての赤瓦葺きだ。二階の一室の正面に、タテ六メートル、ヨコ十四メートルに引き伸ばされた「那覇大綱引図」をはじめとして、首里の建造物や町並みなどの写真が壁面いっぱいに展示された。映像室では五面マルチスライド「美《ちゅ》らさ――琉球の遺宝」として鎌倉撮影の写真が映しだされた。これらの写真素材はサントリーが提供し、このほかサントリー美術館所蔵の琉球漆器十五点も出展している。

海洋博は、本部《もとぶ》半島（本島北部）を会場にして開催され、メインテーマは「海――その望ましい未来」。海洋博関連の公共・民間投資の総額は三千五百億円にものぼったが、大半は本土資本にゆだねられ、その後には県内企業の倒産があいついだほか、土地の買い占め、自然破壊など深刻な問題を引きおこすことになる。入場者数は予想を二割も下回った。だが海洋博でもっとも衝撃的な事件は、開会式に出席するために沖縄にきた皇太子夫妻が「ひめゆりの塔」参拝中、壕のなかにかくれていた過激派学生二名により火炎びんと爆竹を投げつけられた事件だった。

「八重山画稿」、石垣島に帰る

海洋博開催中の昭和五十年十一月末、鎌倉と妻・静江、東京や京都の染織家ら十八人の一行が沖縄を訪問する。サントリー美術館の招待によるもので、那覇から本島北部にむかい、喜如嘉《きじょか》で芭蕉布織を見学し、さらに海洋博会場、首里の県立（旧・琉球政府立）博物館、那覇の壺屋の陶房などを見学したあと、石垣島にむかった。

鎌倉が石垣島に行ったのは、大正十二年春、昭和二年夏につづいて三度目で、今回は石垣市立博物館での「八重山風俗画」展のオープンに合わせての八重山訪問であり、四十八年ぶりになる。

今回は、八重山の蔵元絵師、宮良安宣、喜友名安信らの「画稿」約百点が八重山で初公開となるのだった。展覧会開催のきっかけは、『週刊朝日』（昭和四十七年五月）で鎌倉が画稿を公表したことを知った玻名城泰雄《はなしろやすお》館長（八重山史研究者）が、東京の鎌倉を訪ねて八重山での公開を交渉したことによる。

地元紙『八重山毎日新聞』（昭和五十年十一月二十八日付）は、一面トップで八重山風俗画展の開催と鎌倉の来島（一泊）を伝えており、石垣空港に降りたった鎌倉は、市長や館長らの歓迎を受けた。

鎌倉は飛行機の窓からのぞいた八重山の海の美しさは変わらないけれど、やはり「すっかり変わって見違えるほどだ」といい、それでも「道すがらポツンとながらも茅葺の家が見られ、なつかしさを覚えた」と語っている。

美しい海にかこまれながら、鎌倉は八重山調査に協力してくれた人たち、とくに民謡の歌詞の意味を教えてくれた喜舎場永珣《きしゃばえいじゅん》のことがよみがえったはずだ。彼はこの三年前、昭和四十七年四月に他界していた。八十六歳。喜舎場は昭和七年に教職を辞して八重山研究に身をささげ、世を去る一年前に日本民俗学会から「柳田國男賞」を授与された。

昼すぎからはじまった八重山博物館のオープニングセレモニーに出席した鎌倉は、画稿の一点一点を解説しながら当時の島の生活を語っていたが、とつぜん、玻名城館長らにいった。「この画稿のすべてを八重山博物館に寄贈します。八重山にあってこそ価値のあるものですから」。びっくりする館長たちだったが、やがて館内に拍手がひびきわたった。

たぶん鎌倉は展覧会開催が決まると同時に、寄贈を決意していたのだろう。七十七歳になった彼は、この一泊の石垣島訪問がさいごになることがわかっていて、この機会に島の人たちのよろこぶ顔をその場で見るつもりだったのではないか。

大正十二年春、画稿を宮良安宣にゆずられたとき、鎌倉はまだ何者でもない二十四歳の青年だった。琉球芸術研究をこころざしてはいたものの、美校で評価されることや、啓明会から援助を受けることなど予想もしていない時期だ。無名の青年にすぎない彼に、なぜ安宣は貴重な画稿をゆずったのだろう。熱心な鎌倉に託す気になったのは、いつか彼の手によって八重山の「蔵元」に里帰りをする日がくることを予感していたように思えてならない。

麦門冬の娘

感動的なオープニングセレモニーになった。その夜はホテルで石垣市主催の歓迎会がひらかれる予定だが、それまでの時間、鎌倉は玻名城館長と調査の思い出などを語り合っていた。

桃林寺がとくに印象深いけれど、ほかにも記憶に残っている場所がいくつもある。そうして思いだしたひとつが、八重山の旧家、石垣家の庭園（石垣市新川《あらかわ》）だった。石垣家は王国時代に島役人の最高職「頭」をつとめた名家で、赤瓦の邸宅をかまえ、とりわけ琉球石灰石をつかった「石山方式」の枯山水庭園が知られる。喜舎場永珣の考察では一八一九年、首里の庭師・城間親雲上《ぐすくまぺーちん》の設計による造園という。鎌倉はこの庭園を昭和二年に撮影していた。

重要文化財に指定されている石垣家の庭園がいまも美しいままあると知った鎌倉は、玻名城館長の案内でむかうことになった。当主は、石垣長夫（大正二年生まれ）である。

石垣家を訪ねた鎌倉は、長夫とともに迎えてくれた妻・初枝に「鎌倉先生、お久しぶりでございます」と声をかけられ、おどろいた。

初枝は、末吉麦門冬の娘だったのである。

大正十三年十二月、数日行方不明になっていた麦門冬の水死体を警察署で確認した当時、彼女は十三歳だった。その年二月に母・真松をうしなったばかりで、悲しみに追い打ちをかけた父の死は「それがほんとうのことなのか、しばらくわからないまま時間が流れたのよ」と語っている。残された麦門冬の四人の娘のなかでも初枝はまるい顔立ちや、やさしい瞳が麦門冬にうりふたつだ。「初枝ちゃんが八重山で生きていたなんて」と鎌倉は絶句し、言葉もなく、手をにぎり、涙を流すのだった。

六十五歳を迎える彼女の人生もドラマティックだ。

初枝は両親をうしなった当時、沖縄県立第一高等女学校に入学してまもなかった。両親亡きあとは首里儀保の末吉家にもどり、祖父の後妻や麦門冬の妹や弟とともに暮らしたという。そうして一高女を卒業する昭和五年、川平朝令校長から八重山での幼児教育に二年間の期間限定でよいのでたずさわってほしいと頼まれる。このころ八重山では幼稚園が創設されたばかりで、教員として彼女に白羽の矢がたったのだ。

赴任先で知り合ったのが石垣長夫である。石垣家は大正期から織物の事業をおこし、大阪にも会社を設立したため、長夫は青年期を大阪ですごした。浪華商業学校（現・大阪体育大学附属浪商高等学校）野球部で活躍したモダンボーイは島に帰り、初枝とはテニスを通じてしたしくなった。当時としてはめずらしい恋愛結婚をするのだが、石垣家、末吉家ともに名家であり周囲からも祝福され、岩崎卓爾や喜舎場永珣も祝ってくれた。

結婚したふたりは、その後台湾にわたり、長夫は税務署に就職、初枝は基隆《キールン》の小学校教師としてつとめた。初枝が首里に一時帰省したおりのことだと思われるが、昭和十年十二月末から翌年一月にかけて折口信夫が三回目の沖縄調査にきていることを新聞で知った。折口の沖縄訪問は大正十年と十二年だが、その二回とも麦門冬が調査に協力しており、麦門冬のとつぜんの死を折口は惜しんでいる（第五章）。初枝は父の家にも顔を見せた折口を思いかえし、なつかしさが胸にあふれ、折口の宿泊先を訪ねた。彼は初枝の成長をこころからよろこんで麦門冬との思い出を語り、短歌をしたためた短冊を彼女に贈った。のちに折口はこんな歌を詠んでいる。

那覇の江にはらめき過ぎし　夕立は、　さびしき舟をまねく濡らしぬ

どこか、那覇の港からあの世に旅立ってしまった麦門冬を想わせる。

終戦まで台湾で暮らした初枝夫妻は石垣島にもどり、三人の子どもたちにめぐまれた。初枝は定年退職するまで教師として活躍し、長夫は、八重山の野球の普及と発展に尽力した。「八重山野球の父」と称され、今日も「石垣長夫旗争奪戦」という大会がひらかれている。夫妻は仲むつまじく暮らし、初枝は平安な家庭をもつことができたのだった。石垣家には、昭和二年に鎌倉が撮影した庭園の写真があったというから、鎌倉が先代の当主あてに東京から送っていたのだろう。その家に麦門冬の娘が嫁いでいたとは、なんというめぐり合わせなのだろうか。

初枝も鎌倉の活躍を知っていて、いつか再会したいと願いながらも、もはや無理だろうとあきらめていたころの劇的再会だった。お昼ごはんをすませていないという鎌倉のために、初枝は台湾仕込みの焼きビーフンをふるまい、鎌倉は「初枝ちゃん」の手料理をおいしそうにたいらげた。まるで、成長した娘のこころづくしを味わう父親のように。

麦門冬の原稿を新聞社に届けるおつかいをした初枝。父の記憶は、本にかこまれた部屋でいつも机にむかって原稿を書くすがただった。原稿が書きあがると、ふうと大きな息をついて、ふりむく。にっこり笑う父の顔が大好きだった。父は三十八歳のままだ。

八重山博物館でのとつぜんの寄贈の発表もあって、その日の夜に島のホテルで開催された石垣市主催の鎌倉歓迎会は大いにもりあがった。そこに訪ねてきた「子ども」がもうひとりいる。写真師・﨑山用宴の長男、陽一郎（昭和十一年生まれ）である。父に鎌倉のことをよく聞かされていたといい、用宴の他界後は﨑山写真館をつぎ、父のように島の人たちのうれしい日を撮影している。用宴の息子だと名乗ると、鎌倉は用宴のことはよくおぼえていると語り、じっと顔を見つめるのだった。

このパーティーで鎌倉は、八重山民謡のひとつ「鳩間節」をうたった。鳩間島は石垣島の西の海上にある小島だが、名曲「鳩間節」は、鎌倉がはじめて八重山を訪れた大正十二年の〈鎌倉ノート〉にも美しいペン文字で、アルファベット表記とともに八重山言葉の歌詞が書かれていた。

この民謡は、大正時代に伊良波尹吉《いらはいんきち》（沖縄芝居の役者）がキッパリとした所作の舞踊に振りつけるとともにリズミカルな曲に編曲され、沖縄全土で大流行したが、もともとはゆったりとした曲だった。鎌倉は島の人から教えられたように、ゆっくりとしたリズムでうたったという。その唄は鳩間島の美しい風景、海を行き交う船、ゆたかな実りをよろこびながら働く島人のようすがうたいこまれている。

鳩間中岡《なかむりばぬぶ》走り登り　クバぬ下《すいた》に走り登り
美《か》しゃ生《な》りたる岡《むり》ぬクバ　ちゅらさ連《ち》りたる頂《ついずい》のクバ

真南端《まんがばいばか》見渡しば　浜ぬ見るすや　小浦《くら》ぬ浜《ばま》
（略）
前ぬ渡ゆ見渡しば　往り舟来る舟　面白《うむしろ》や
なゆしゃる舟どぅ通うだ　いかしゃる舟どぅ　かしゃらりか
稲《いな》ば積付《つんっ》け　面白や　粟ば並み付け　さてぃ見事
（鳩間島の丘にのぼって、クバの木の下に　なんと美しいことよ、盛りのクバ、美しい丘の頂のクバ　目の前の浜を往き来する舟のおもしろさ　どんな荷を乗せた舟が行き交っているのだろう　稲や粟を満載にした舟、それは見事なもの）

合間に囃子「はいやよー　てぃば　かいだき　てぃとぅゆる　てんよー　まさてぃみごと」が入り、会場を埋めた島人たちが声を合わせた。

五十年前に聴いた唄、あのときとおなじに島の人たちのからだから湧きでるようにうたわれている。目のまえに島の丘をかけのぼっていく女たちが見えるようだ。そよそよと吹く海からの風をあびて揺れるクバの葉、遠くひろがる緑やうすいブルー、藍が織りなす海。ちいさな舟から手をふる島の男は白い歯を見せて笑っている——。

とおいむかしのできごとが、いまとつながって、まるい円を描いていた。ゆるやかな円、苦難の時代があっても、途切れることのなかった円——。

「八重山画稿」の里帰りと初枝との再会をもたらしたこのときが、鎌倉さいごの沖縄旅行となった。この二年後の昭和五十二年十月、石垣市は鎌倉を名誉市民として顕彰している。

結局、私は本土からの旅人

『沖縄文化の遺宝』のさいしょの打ち合わせから、すでに三年がすぎていた。人間国宝に認定され、あいつぐ沖縄訪問のため多忙な日々がつづいたけれど、いよいよ本格的に執筆にとりくまなければならない。

このあいだにも、昭和四十八年に外間守善法政大学教授と会い、沖縄の研究者たちとも連絡をとりながら構想を練っていた。外間は師範学校在学中に沖縄戦に投じられ、おさない妹を「対馬丸」でうしなうという悲劇に直面しながら、二十一年、本土へ「密航」して沖縄研究への道をあゆんだ（第七章）。外間は法政大学で日本初の「沖縄学講座」を創設し（昭和四十三年）、同大学に「沖縄文化研究所」を設立（昭和四十七年）するなど、東京における琉球・沖縄研究の中心的存在となっていた。

原稿執筆をすすめる鎌倉は、高齢であることから身体的・精神的負担が大きく、力をふりしぼって机にむかう日々だった。明治生まれの男らしく、苦労話を語ったり弱音を吐いたりしなかった彼だが、したしい人との書簡ではこころのうちをのぞかせていた。

昭和五十三年まで鎌倉が非常勤講師をつとめた新潟大学高田分校の加藤信一教授（昭和十一年生まれ、書道）とのあいだに交わされた手紙が残されていて（加藤信一「鎌倉芳太郎の書簡」）、それによると、文字どおり満身創痍の状態での執筆だったことがわかる。

東京逓信病院に一か月の入院（昭和四十九年一月）、帯状疱疹の治療（同年六月）などがあって、このあと海洋博の仕事、さらに沖縄本島・八重山訪問がつづき、ようやく昭和五十一年から執筆に集中することができた。

「文章は、いわば甘い方がよろしく、学問的なペダンチックは鼻持ちならぬこと、この頃だんだん思い知らされています。私も昔はペダンチックで、今見ると全くコチコチです。おもしろくない」（昭和五十一年二月）と、若いときのかたくるしい原稿をかえりみて、『沖縄文化の遺宝』にはさまざまな人との出会い、具体的なエピソードも盛りこまれていった。その記述は〈鎌倉ノート〉には記録されていない事実が多く、日付も詳細に書かれていることもあり、調査当時の日記があったとしか考えられない。日記をめくりながら半世紀前の旅の日々を思いかえしたのだろう。

だが昭和五十一年もじつに多忙だ。一月に座間味ツルの娘たちが中心になって私家版レコード『踊合——首里の旅うた』が制作され、鎌倉は「座間味のアヤー」と題した一文を寄せ、ツルとの思い出をつづった。二月、戦前（昭和十二年）に刊行した『南海古陶瓷』が復刻（『セレベス沖縄発掘古陶瓷』と改題）され、四月、『鎌倉芳太郎型絵染作品集』の刊行、それに関連して五月、「鎌倉芳太郎作品並びに琉球紅型資料展」（渋谷西武百貨店）の開催などがあいついだ。

じしんの型絵染作品の集大成としてまとめた『鎌倉芳太郎型絵染作品集』に掲載した「型絵染に関する芸術論考」で、彼が到達した心境をうかがい知ることができる。

首里の旅歌「踊合《ウドウエー》」の中に、
御船の高艫に《ウニヌタカトモニ》　白鳥が居るよ《シルドイガイチョン》　白鳥やあらぬ《シルドイヤアラン》　姉妹精霊《ウミナイウシジ》

というのがあるが、渡り鳥を見てもこれを姉妹の精霊として信じ祈る心象、それが沖縄の心として、紅型図案に表されている。故に紅型を継承するのは沖縄の人であり、それ以外の誰でもない。結局、私は本土からの旅人であり、数多くの資料を持ち、これを臨模〔写すこと〕してその様式と技法を会得していても、私としては「万葉」時代からの本土の心を歌うべきであり、そこに今日の日本人としての新しい心象の世界を表現しなければならない。

沖縄、八重山をふたたび訪ね、島人たちにごくしぜんに受けつがれている琉球の時代を実感した鎌倉は、「結局、私は本土からの旅人」との思いにいたった。彼はだれよりも深く、ひろく、琉球と対話をした旅人だ。

苦難の執筆の日々はつづく。「五十年目の仕事故、毎日苦闘、朝早く仕事に取りかかれず弱ったものです」（昭和五十二年四月）、「原稿を書くのがおっくうで、気が重いのですが、どうせやらなければならない仕事」（同年七月）と、加藤への手紙にしたためた。

岩波書店の編集者、高草茂は毎週金曜日に原稿を受け取りに沼袋の鎌倉宅にかよっていた。「かならず金曜日にうかがいました。一週間で書きあがった原稿をいただくのです。たとえ一枚しかできていないとおっしゃられても、うかがいました。鎌倉先生は〈魔の金曜日〉とおっしゃられていたそうですね。いつもきちっと正座されて執筆なさっていました。〈鎌倉ノート〉を何度も読みかえし、ぼろぼろになっていました」。

沖縄県立博物館の宮城篤正《みやぎとくまさ》（昭和十四年生まれ。のちに沖縄県立芸術大学学長）に昭和五十二年に送った手紙ではこう書いている。


五〇年前にやったことが今では利子のついた借金のような形で毎日取り立てられ執筆しているような有様です。


ユーモラスに表現しているけれど、鎌倉の家族は〈魔の金曜日〉がちかづくたびに、ため息をついていた彼をよくおぼえていた。その仕事は、沖縄にとってはかりしれない「利息」をもたらすことになるのだ。彼の集中力のすさまじさは、二十代から三十代にかけての「琉球芸術調査」のときのようだった。

ガラス乾板の公表、「人間国宝」として認定されてからにわかに多忙な日々となり、『沖縄文化の遺宝』執筆へとつながったが、七十歳をすぎてからのこの十年はまさに激変の歳月だった。それでも、沖縄本島・八重山への再訪が当時の記憶をよみがえらせることにもなったのではないだろうか。末吉麦門冬の娘との再会などをとおして、若き日のじぶんに力を貸してくれた人たちのことを思いかえし、また未来の沖縄のためにも、書いておかなければならないと力をふりしぼったのだろう。

八十歳になってなお旺盛な活動をする彼に注目したのがNHKだ。「お達者ですか」という番組で「鎌倉芳太郎　沖縄の心を語る」という特集をくみ（昭和五十四年一月八日放映）、鎌倉は、じしんの型絵染について「傑作は八十越えてからと思っています。これからですよ」と意気軒高に語っているのだが、じつのところ「毎日机にすわっていますので、足がガクガク」（加藤への手紙）なのだ。

昭和五十四年十二月末、八十一歳になった彼は加藤に知らせる。「やっと本月二十三日、四百字一千枚以上の原稿を書き上げました」。そうして正月を迎えたが、疲れが一気にでてしまったようで「腰がぬけた状態となり、腹に力が入らず、これは大変なことになったと悲観」するほどだ。それでも大仕事をやりとげたよろこびがあった。

これで小生の人生として一応の完成で、これからは生命のおもむくままに大いに遊ぶつもりです。（昭和五十五年二月）

原稿執筆に集中できたのが実質三年、それで一千枚以上の原稿を書きあげたとは信じがたいほどだが、加藤との書簡から、死力を尽くしての執筆だったことがわかる。

ひとまず鎌倉の原稿が完成し、高草は編集作業に入る。写真のセレクト、撮影場所の特定、詳細なキャプション（写真説明）――、さらに原稿のチェックなど編集作業は山ほどあった。

その仕事に協力した沖縄人に、法政大学教授の外間守善、県立博物館館長の外間正幸、そして真栄平房敬《まえひらぼうけい》（大正十年、首里生まれ）がいる。真栄平は代々王家につかえた名家にそだち、幼少のころから父のつかいで「中城御殿」にしばしばかよい、王家の行事にもくわわった記憶も鮮明だ。師範学校卒業後に教員となり、昭和十五年から十七年にかけて中城御殿に日参して尚家所蔵文書の整理を手伝い、戦争末期には『おもろさうし』を防空壕にうつす作業もしたという。鎌倉が筆写した文献をじっさいに目にしたかずすくない人だった。真栄平の幼少期は首里城明けわたしを体験した人たちが生存しており、彼らや祖父、父から伝えられた首里城や中城御殿でのエピソードは、貴重な時代証言となった。

外間、真栄平らの協力を得ながら、高草は沖縄本島、宮古、八重山におもむき、写真撮影地特定のための調査をし、現地の古老たちを訪ね歩いていた。この半世紀で島のようすは変わっていたが、写真を見せると、島人たちはあふれるように語りだしたという。

本土復帰から十年目となった昭和五十七年五月、NHKの美術番組「日曜美術館」が「私と琉球紅型」と題し、鎌倉を特集した（五月二十三日放映）。人間国宝となった型絵染作家として、また琉球芸術調査、写真、〈鎌倉ノート〉なども紹介され、このなかで鎌倉が「鳩間節」を楽しそうにうたっているのが印象に残る。

終生の責務をはたして

『沖縄文化の遺宝』が刊行されたのは昭和五十七年十月。B4判の大型本（五万三千円）で、写真篇（四百二十八ページ）と論考篇（二百八十五ページ）の二部で構成された大著になった。

写真篇に掲載された写真総数は五百四十一点。首里、宮古島、波照間島などの集落や民家、八重山の神女の正装。首里城とその周辺の寺院や建造物、仏像、仏画。那覇の寺院。中城御殿をはじめとする王家の屋敷、王家が所蔵した神具や漆器などの工芸品。さらに琉球絵画のかずかず。御後絵、王妃が着用した紅型。そして琉球工芸品――。対象物を精確にとらえ、そのディテールまでみごとに再現された。しかし、撮影時期にかんしては鎌倉の記憶があいまいになっていたためか、いくつかの誤まりもみられるのはいたしかたない。

論考篇は四部構成。

第一部　沖縄文化成立の背景（自然の条件、人間の条件――生活と文化、琉球の王統）
第二部　沖縄各地の遺宝と遺跡と神事（首里、聖域の神事、浦添城、首里城北面、首里城全面、那覇港方面、安里、泊、天久方面、御殿、離宮とその遺宝）
第三部　琉球絵画の系譜（首里王府画人伝及び貝摺奉行所絵師系譜、歴代国王及び諸臣肖像画）

第四部　琉球の工芸（漆工芸、染色工芸、織工芸、陶工芸、瓦工芸、彫工芸及び雑工芸）

その記述は詳細きわまる。古文書を活用しながら、じしんの調査による成果を駆使して深みをまし、調査中のエピソードもまじえていきいきと展開しており、写真篇と合わせて読みすすめると、琉球王国の美が目のまえに立ちあらわれてくるのだ。〈鎌倉ノート〉にしるされたスケッチ、見取り図、蒐集した古文書も多数掲載され、王国の細部にふれているような感覚をもたらす。とりわけ、琉球工芸、絵画の全体像をとらえたこと、沖縄文化の根底にあるものは太陽信仰だとする神事にかんする論述は、啓明会に論文を提出できないまま途絶した無念を晴らしたと思えるほど気魄に満ちていた。

『沖縄文化の遺宝』のなかに、まさに琉球のすべてが記録されていた。

鎌倉は「緒言」で、伊波普猷、真境名安興から沖縄学を学び、長嶺華国（王府さいごの絵師）と末吉麦門冬から琉球絵画の手ほどきを受けたと述べている。

本書の執筆は、これらの先学を師と仰ぎつつも模索して自ら究め得たところを述べるという姿勢で終始した。或いは誤りを犯しているところがあるやも知れぬ。正すべきところもあろうし、また今後の研究に俟つべきところもある筈である。只管、沖縄研究の礎石たることを念じて書き綴ったものである。

そうして、つぎのようにしめくくった。

本書が刊行されるこの秋、私は八十四歳を迎える。顧みれば二十代の初めに渡琉してより六十年の星霜を閲した。その間、私の生涯を賭しての研究の纏めに留意しつつも実現の運びに至らず、今日に及んで漸くにして初志を達成し得たことは、沖縄学が澎湃《ほうはい》〔さかんな勢いでおきるさま〕として興りつつあるこの時期に当たり、私自身深い感慨を禁じ得ない。同時に私が自らに課してきた終生の責務を果たし得たことに大きな喜びを感じている次第である。

昭和五十七年八月

この執筆は、六十年前の沖縄、鎌倉じしんの人生をたどる旅でもあったのかもしれない。多くの人たちとの出会いと別れ、戦争など、光と影に彩られた歳月だった。二十代から三十代にかけての琉球芸術調査に没頭した日々、不遇の時代、六十代になってからの多忙きわまる年月。ようやくながい旅をおえ、彼の思いが浄化されたようにも感じられる。

はじめて沖縄を訪れたとき、彼をつつんだのは初夏の水色の海だ。到着してまもなく、朝の風景に目をうばわれた。首里の高台に太陽がのぼり、金色の光が一帯をつつみ、朝靄のなか、淡く輝いた。そのときの彼にふさわしいのはこんな「おもろ」ではないだろうか。

一
東方《あがるい》の
明けもどろ　立てば
十走《とはし》り　八走《やは》り
押し開けわちへ
見物《みもん》　清《きよ》らや
又
てだが穴の
明けもどろ　立てば
（東の空に　太陽がのぼり　あたりは光の渦にあふれています　さあ、すべての戸を開けましょう　その美しさよ　太陽よ　光の渦よ）

『沖縄文化の遺宝』の刊行直前の昭和五十七年九月、「琉球新報賞」（琉球新報社主催）を授与されたが、沖縄に行くことはかなわなかった。代理で出席した長男の秀雄夫妻に、ウチナーグチでのあいさつを録音したテープをもたせ、東京にいても、いつも沖縄のことを想っていると語り、受賞を「いっぺー　にふぇーでーびる」（まことにありがとうございます）とむすんだ。翌五十八年一月には「伊波普猷賞」（沖縄タイムス社主催）を受賞する。

このころ鎌倉が案じていたのは、ガラス乾板、〈鎌倉ノート〉、古文書などの史料の今後だった。『沖縄文化の遺宝』の編集中、史料のすべては岩波書店に保管されていたが、それらを散逸させないこと、今後の沖縄の発展のために最も有効に役立てること、保存に十分な配慮がなされることを条件に沖縄に寄贈することを決意していた。そこで〈鎌倉資料〉のすべてを、ひとまず法政大学沖縄研究所に寄贈することになり（のち、沖縄県立芸術大学創設により同大学に寄贈される）、昭和五十八年七月十四日、鎌倉宅で妻の静江立ち会いのもと、岩波書店と鎌倉のあいだで証文が交わされた。

それから三週間後の八月三日。『沖縄文化の遺宝』刊行後、急速におとろえていたものの、一日も寝つくことはなく、趣味の碁を楽しんだり、読書をしたりする毎日だった鎌倉が、この日は元気がなく一度起きたものの床についた。お昼ごはんに雑炊を食べ、ふたたび床に入った。

その日の夕方五時、家族に看取られ眠るように旅立った。八十四歳。「とてもおだやかな顔でした」と、秀雄夫妻は語っている。琉球の時代に深い思いを寄せた「時の旅人」は、すべての仕事をなしとげて、美しい「明けもどろ」の光につつまれたのではないだろうか。

『沖縄文化の遺宝』は各界から大きな反響が寄せられたが、鎌倉もうれしく読んだだろうエッセイが『朝日新聞』（昭和五十八年一月十一日付夕刊）に掲載されていた。紙面の半分ちかくを費やした七段におよぶ「『沖縄文化の遺宝』について」と題されたエッセイの著者は安岡章太郎。安岡は『琉球史料』編纂事業をした第七代沖縄県知事・丸山莞爾（明治二十一―二十五年在任）の縁戚であり（第二章）、沖縄には格別の思いがあったにちがいないが、丸山については言及せず、『沖縄文化の遺宝』の読後感をつづっている。

「ノドカな団居を想わせる」民家はすばらしいが、このころ「近代化のおかげで自分たちの過去の文化が抹消されて行くということに、不安を感じはじめた人も」いて、そのひとりが鎌倉だろうと書く。安岡はとりわけ琉球絵画に魅せられたといい、御後絵は「歴代一人一人の王様の表情や個性の差異が実にハッキリ出ていて、まことに興味深いものがある」。けれど、この本からまっさきに感じたのは、こういうことだった。

いまから五、六十年前にうつされたこれらの写真を眺めながら、あらためて感じさせられるのは、これが沖縄文化の「遺宝」というより「遺影」だということではないか。ここに収められた写真の実物は、すべて第二次大戦の戦火などによって失われて、いまはどこにも存在していない。その不在感が、何よりも強く、決定的なものとして私たちの胸に迫ってくる。

たしかに「遺影」にちがいない。けれど、鎌倉が残した写真史料は、こののち琉球文化が息を吹きかえすために、あらたな役割を果たすことになるのだ。『沖縄文化の遺宝』刊行の年、首里城跡地にあった琉球大学のキャンパス移転が完了し、その地に赤く彩られた首里城の復元計画が本格的に動きだした。さらには最新のテクノロジーを駆使して、モノクロの世界に閉じ込められていた御後絵が色あざやかによみがえり、華麗な王のすがたが私たちのまえにあらわれる。

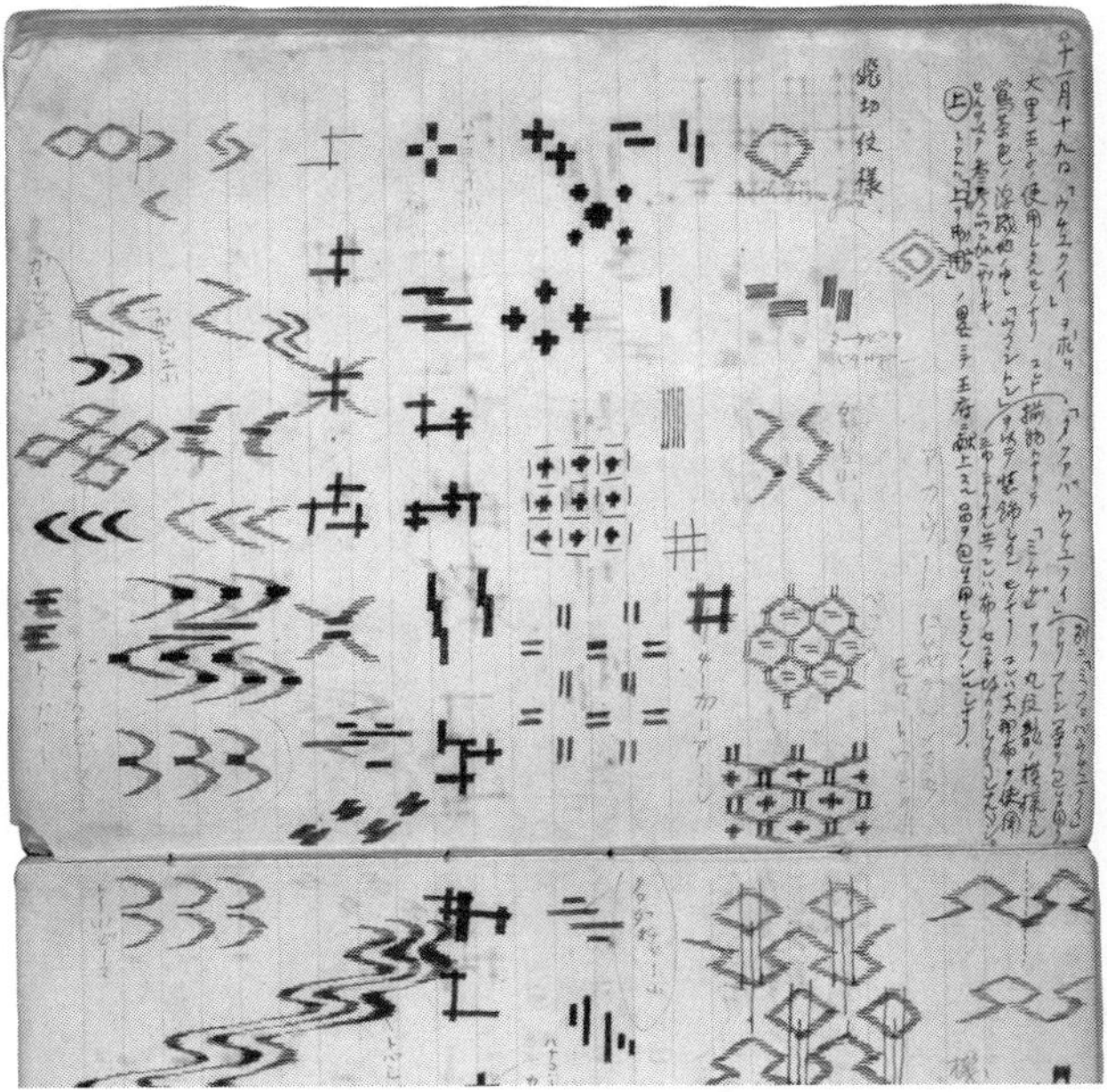

〈鎌倉ノート〉より絣の文様図
(沖縄県立芸術大学附属図書・芸術資料館所蔵)

第十章　よみがえる赤い城

首里城復元へ、『寸法記』の発見

『沖縄文化の遺宝』が刊行された一九八二年（昭和五十七）、琉球大学のキャンパス移転が完了し、沖縄県は首里城を中心とした史跡指定区域の戦災文化財の復元と史跡周辺の整備、その一部に沖縄県立芸術大学を創設するという計画をまとめた。八六年、国の直轄事業として首里城跡を中心とした四ヘクタールを国営公園、周辺十四ヘクタールを県営公園とし、一体的に整備することが正式決定。鎌倉芳太郎も期待をかけていた首里城復元が、世を去った彼と入れ替わるように動きだしたのだった。

これらの計画のなかで、いち早く実現したのが一九八六年四月の沖縄県立芸術大学（首里当蔵）の開学だ。その敷地一帯には王国時代に「貝摺奉行所」や「国学」（王府の最高学府）があり、明治以降は、鎌倉も教鞭をとった沖縄師範学校が建っており、鎌倉がガラス乾板を洗浄したのもこの地だ。県立芸大開学とともに、「今後の沖縄の発展に最も有効に役立てたい」という鎌倉の遺志にしたがって、ガラス乾板、フィールドノート、紅型型紙、古文書など〈鎌倉資料〉のすべてが寄贈された。

このころ首里城正殿復元にむけての動きが本格的にはじまっている。

首里城正殿は、学術的な根拠によって復元するというつよい意志のもとにすすめられた。建築、土木、造園、歴史、考古、工芸、美術など各分野の専門家によってプロジェクトチームが編成されたが、復元の根拠となる資料があまりにすくないという事態に直面していた。いうまでもなく、沖縄戦によって中城御殿が古文書とともに炎上してしまったことが大きな打撃だった。それでも手がかりとなる資料はいくつかあった。

もっともまとまったものは、昭和初期の首里城修理工事のさいの図面二十三枚である。鎌倉が首里城正殿取り壊しを知って、伊東忠太のもとに走って知らせたことにより、ただちに「特別保護建造物」(のちに「国宝」)に指定されて危機をのがれ、修理工事がなされたのだった(第六章)。

このほかに活用された資料は、伊東の弟子である田辺泰(早稲田大学建築科教授)らが一九三四年から三五年(昭和九—十)にかけて琉球建築の本格調査をしてまとめた著書『琉球建築』(一九三七年)などがあり、わずかに残る王国時代の文書、歴代冊封使(中国からの使節団)の記録文書などのほか、国内各地に保存されていた戦前の沖縄を撮影した写真などを発掘した。とりわけ鎌倉撮影の写真は重要な役割をはたした。

けれども、これらの資料は城の外観や基本的な構造がわかるものの、王宮としてつかわれていた正殿の実像がなかなか浮かびあがってこない。

なによりの難題は「色」だった。鎌倉の写真もふくめ、モノクロ写真しか残されていないのだ。首里城の創建は十四世紀末といわれ、いくたびかの焼失などによって再建・重修工事がくりかえされ、しだいに華麗なすがたになっていったといわれる。正殿外壁は、当初は弁柄で、のちに漆によって塗られたというけれど、王国時代さいごの重修工事が終了したのは、一八六四年。首里城の写真のなかでもっともふるい明治中期には、すでに外壁の色ははがれ、木目がむきだしになったままだった。南国のつよい日差しと、年に何度もおそう台風のまえに色はあせてしまう。さらに「首里城明けわたし」（一八七九年・明治十二）以降は、熊本鎮台の駐屯地に使用されたため破壊され、のちには校舎などに転用されたので往時のすがたや色をとどめていない。王国時代、何度となく塗装しなおしていたにちがいないのだが、それを具体的に示す史料がないのだ。

首里城は、それ自体が琉球王国の技を結集した工芸品というべきものといわれ、彫刻、工芸などで装飾されていたと伝えられるが、それを解明するための決定的な史料にもなかなか出会えず、プロジェクトメンバーは手詰まり状態におちいっていた。

そうしたさなかの一九八六年のある日、メンバーの一員であった福島清（建築家）は、あらためて『沖縄文化の遺宝』のページをめくった。これまでに何度となく読みこんでいたのだが、首里について記述したところに、ちいさな口絵が掲載されていることに気づく。首里城正殿の「坡豊《はふ》絵図」とあり、柱の龍の紋様や彫刻類、彩色にいたるまで、くずし文字による情報が添えられた「絵図」の一部だった。

鎌倉は『沖縄文化の遺宝』のなかで、首里城にかんするくだりは、おもに伊東忠太の著書を引用しつつ、じしんも文献を紹介して記述を展開しているのだが、この「絵図」の内容については何も書いていない。けれども、宝物の秘密を教えるように、この絵図の出典をあきらかにしていた。

『百浦添《ももうらそえ》御殿《うどぅん》御普請《ごふしん》付《につき》御絵図《おんえず》幷《あわせ》御材木寸法記《おざいもくすんぽうき》』（以下『寸法記』）だ。「百浦添御殿」とは、首里城の美称であるが、その重修工事（普請）の工事設計図（「御絵図」）と、使用材料の詳細（「御材木寸法記」）のふたつによって構成されていることがタイトルから推測できた。王府が首里城の重修工事にさいして克明に記録したいわば工事仕様書と考えられ、王国時代は首里城内に、王国崩壊後は中城御殿に所蔵されていた古文書にちがいない。もちろん、だれも目にしたことのない文書だった。

さいわいにも、開学まもない県立芸大に〈鎌倉資料〉が寄贈されたばかりであり、そのなかから風呂敷につつまれた『寸法記』が発見されたのである。まるで、ながく下ろされていた舞台の幕がハラリと開いたかのように、まさにぴったりの時間に、読むべき人たちのまえに登場した。

それは一七六八年十月に作成された文書で、「御絵図」は原本、もしくは原本にちかいかたちで写された図であり、「御材木寸法記」のほうは鎌倉が昭和二年に中城御殿で、フィールドノートとはべつのノートに書き写していたのだった。

「第二回琉球芸術調査」の終了直前に伊東忠太におくった手紙に、中城御殿で貴重な文書を発見したので、その模写のために滞在をひと月延長するとある（第六章）のはこの文書のことだったのかもしれない。というのも、王国の一大事業である首里城の工事にかかわる古文書の筆写がゆるされるには、そうとうな信頼関係が築かれたあとだと思われるからだ。伊東にもうながされて首里城にかんする文書を探しもとめていた鎌倉だが、中城御殿を守りつづけていた尚祥子が、さいごになって許可したのではないだろうか。

おどろくべき第一級の史料だった。

首里城は一七〇九年に失火により全焼し、ただちに再建工事がおこなわれ、一七一二年に主要施設が再建されたことがあきらかになっている。その後にもいくたびかの重修工事がおこなわれたが、一七六八年の工事のさいの記録が、鎌倉が残した『寸法記』だったのである。

工事設計図にあたる「御絵図」は、正面図、唐破風、大小の龍柱、御差床《うさすか》（国王の御座所）、床の間、階段、連子《れんじ》（格子）などを描いた部分詳細図、このほか各階の平面図、建物の各部の高さを正しくさだめるための図（矩計図《くけいず》）などが記録されていた。これによって、首里城明けわたしによって城が破壊されたあと、まったくわからなくなってしまった正殿内部のようすが手にとるようにわかる。

さまざまにほどこされていた彫刻、紋様、外壁の塗装についても記録されており、首里城の「色」と「かたち」がよみがえってきた。また「御材木寸法記」もじつに詳細な記録だった。使用箇所ごとの木材の樹種、寸法、本数にくわえ、釘、鎹《かすがい》などの金物数量などにいたるまで、必要材料の内訳が書かれており、王国時代の工事のようすがつぶさにわかった。

『沖縄文化の遺宝』のちいさな口絵から『寸法記』に着目した福島は、東京生まれ。建築史を学び社寺建築にたずさわったのち、沖縄に赴任。まもなく首里城復元プロジェクトチームの一員にくわわった。福島はこう語る。

「史料というものは、もとめている人間のまえにあらわれるものかもしれません。そんなふしぎさを感じました。鎌倉芳太郎もそうだったのでしょう。彼は首里城には教わることがいっぱいあるといったそうですね。私もまったくおなじことを感じます。首里城をさぐっていくと、あらゆるものに遭遇し、そして琉球王国の核心にふれてしまうのです。これまでわからなかった歴史や文化、それがさまざまな断片から垣間見える。私もその魅力にとりつかれてしまいました。首里城はアジア全体を理解しなければ解明できません。一国を超えた、さまざまなつながりの跡がこの城に残されているのです」

福島もふくめ、復元プロジェクトメンバーは、日本国内の各地、中国の福州・泉州・北京、韓国への詳細な調査もおこない、大きな成果が得られ、活かされることになる。

一九八八年、もうひとつ、重要な文書があらわれた。

『寸法記』からもわかるように、王国時代、首里城にかかわる工事は国家をあげての一大事業であったのだが、その経緯がつぶさにわかる史料が東京の尚家に保管されていたのだ。王国崩壊後、文書の一部が東京の尚家屋敷にうつされたために、戦災にあわずにすんだ。第二十二代当主の尚裕《しょうひろし》が、復元プロジェクトメンバーの訴えを聞き入れ、当時非公開としていた尚家文書（のちに那覇市に寄贈され、現在は「国宝」）のうちの四冊を複写して提供した。

この文書は一八四二年から四六年にかけておこなわれた首里城の重修工事について記録した『百浦添御殿御普請日記』などであり、「絵図帳」（工事設計図）もふくまれている。これによって琉球王国さいごの本格的な重修工事の経緯と全体像を知ることができるという、これもまた第一級の史料だった。

重修工事にあたって、王府の役人たちはどのような準備をしたのか。木材やさまざまな物品はどこから、どんな方法で、どのくらいの数量を調達したのか。工事関係者たちのすがた、村々の協力態勢。工事がぶじ完了したときの儀式――。すべてが克明に記されていた。多品目にわたる工事のための物品は、琉球国内の各地はもとより、薩摩のほか、中国にわたる役人たちにも指示されて緞子《どんす》などが調達されていた。

こうして、ふたつの重要な文書があらわれたことにより、正殿復元の基本方針がさだまった。一七一二年に再建され、一九二五年に国宝指定された正殿を原則として復元するのだ。

首里城復元もさまざまなドラマに満ちた物語なのだが、それを語るのはまたべつの機会にゆずらなければならない。

首里城正殿の実施設計が完了したのは一九八八年。その翌年の八九年十一月、「木曳式《こびき》」がおこなわれた。王国時代、首里城の工事のさいに、各地からあつめられた木材を城内に曳き入れるときの「チヤイ」（木遣り）を模した儀式である。かつてヤンバル（本島北部）から御用材が船で運ばれた故事にならい、国頭から船にみたてたトラックに材木が積まれ、各地でイベントを催しながら、二日間かけて首里まで運ばれていった。出発地の国頭では、勇壮な木遣り唄「国頭《くんじゃん》サバクイ」がうたわれたが、その囃子はいかにも木遣り唄らしく、リズミカルに声を合わせる。

さー　首里天加那志《しゆりてんがなし》の　よいしーよいしー
さー　御材木だやびる　さーはい　ゆえーはーらーら
さー　はりがよいしー　さーい　そそそーそ
いーいひひひー　あーあはははー

「首里天加那志」は王さまを意味するけれど、これからの首里城の主は沖縄県民すべてだ。その城は本土の軍事的な意味合いが濃い城郭とはことなり、「文化」を国の柱として生きようとした琉球王国を端的に語る「かたち」だ。沖縄は戦争であまりに多くのものをうしなったけれど、思いがあれば、ふたたび築くこともできる。復元工事そのものがそのことを教えてくれた。多面的な学術的成果の蓄積、資料の収集、伝統技術の復活と継承など、首里城復元プロジェクトがもたらした意味は大きい。

モノクロ写真に閉じこめられていた首里城にあざやかな「色」が、ひとつまたひとつとよみがえっていった。復元工事は一九九二年に竣工し、赤く輝く城が青空の下にすがたを見せた。

一九九三年一月からＮＨＫ大河ドラマ「琉球の風」が放映された。この作品は復元されたばかりの首里城でも撮影されている。

「少女暴行事件」報道、座間味ツルの孫

首里城の復元は、沖縄県民に「琉球」を取りもどす事業であったともいえる。アジア諸国と交流し、独自の文化をはぐくんだ歴史を雄弁に語る場として息を吹きかえした。アメリカ統治時代、米軍の「離日政策」によって意図的に使われていた「琉球」ではなく、沖縄人にとってアイデンティティを語る根拠として、誇るべきものとしての「琉球」の復活であるはずだった。

しかし、一九九五年九月四日、米軍基地にかこまれた沖縄の現実をつきつける事件がおきた。夜八時、本島中部の住宅街で十二歳になる小学生の少女が米兵三人によって拉致、暴行されるという断じて許せない事件だ。

海兵隊所属の犯人らはレンタカーを使って逃走。所轄の警察はただちに緊急手配をしたものの検挙にいたらなかった。犯人らがキャンプ・ハンセン（金武町など）で拘束されていると明らかになったのは事件から三日後の九月七日。県警は逮捕状をとり、米軍に三人の身柄引き渡しを求めたが、米軍側は「日米地位協定」を理由に、応じないかまえを見せた。

米軍は、日米地位協定（第十七条五項C）の「日本国が裁判権を行使すべき合衆国軍隊の構成員又は軍属たる被疑者の拘禁は、その者の身柄が合衆国の手中にあるときは、日本国により公訴が提起されるまでの間、合衆国が引き続き行なうものとする」をタテにしたのだ。

沖縄で発生した米兵および軍属による強姦事件は、この時点での過去十五年にかぎっても五十七件にたっしているが、県民がまざまざと思いかえしたのは、四十年まえに米兵が六歳の幼女を暴行・殺害した「由美子ちゃん事件」（一九五五年、第八章）である。あのとき軍法会議により犯人に死刑が下されたものの、減刑され、本国送還という不透明な結末にいたった。軍用地接収が強行されるさなかのこの事件により、沖縄人の怒りが頂点にたっし、「島ぐるみ闘争」へと発展した経緯を県民は忘れてはいない。

九月八日朝、「少女暴行事件」を県内むけニュース番組で、米兵による犯罪であり逮捕状が請求されている、といち早く報道したNHK沖縄放送局は、ひきつづき容疑者三人の名前と階級を報道し、日米地位協定の問題点にも踏み込んでいく。局の若手記者らによる地道な取材の成果だが、さらに記者たちはローカルニュースで三日間にわたる連続特集をくんで日米地位協定の問題点をあぶりだしたいと提案した。そのとき即座に「もっとも県民が関心を寄せている問題にとりくむことこそローカル公共放送の役目だ」と応じたのは、三か月まえに着任したばかりの局長である。

その局長の名は、座間味朝雄。座間味ツルの孫だった。

座間味朝雄は、ツルの長男・朝安《ちょうあん》の長男として一九三九年（昭和十四）に東京・荻窪で生まれ、東京大学法学部卒業後、六四年にNHKに入局。アナウンサーとしての入局だったが、まもなく報道番組のディレクターに転じ、NHKスペシャル番組部ディレクター、東京・報道局経済部などでニュースディレクターを歴任した。彼は古巣の東京の報道局に電話を入れ、何度となくこの事件をとりあげるように説得をこころみる。けれど東京の返事は、「沖縄通の記者たちと検討したが、せいぜい九州ブロックのネタではないかという見方がつよい。全国紙もほとんど報道していない」とのことだった。

沖縄放送局のデスクは「基地問題に東京のデスクは反応がにぶい」と嘆いたが、それがいつもの反応だった。座間味は、再三にわたって東京の報道局に連絡し、事件を詳細に報道しはじめた沖縄のマスコミの状況や、この事件は日米間の問題に展開するという「予測」を伝える。このころ地元紙『琉球新報』、『沖縄タイムス』の報道も熱をおび、一面トップに「地位協定見直し含め抗議、県米軍を厳しく批判」などの見出しを打っているが、全国紙は静観したままだった。

座間味の訴えが功を奏し、事件から十日後、民放にさきがけてNHKの朝の番組が全国報道に踏みきった。その放送直後、座間味は東京の報道局主幹あてにファックスをおくり、事件がとりあげられた礼を述べたうえで、「県民の苦しみを共に苦しみ、県民の喜びを共に喜ぶ」のがNHK沖縄放送局のありかただと書いた。

座間味は現場へのこまかい指示はいっさいせず、記者たちを励ましつづけた。「ジャーナリストは、慣れとあきらめを排し、つねに新鮮な目と素朴な正義感をもつことが大事だ。遠くはなれた東京の反応がにぶいのはとうぜんのことであり、これは、と思ったら東京へアピールする情熱がもとめられる」と語ったという。局を統括する局長という立場で東京の報道局を説得するというのは異例だが、代々沖縄の血をひく座間味にとってこの事件は大きな衝撃であり、東京に訴えつづけたのだった。

「少女暴行事件」は、終戦後半世紀をへても変わらない沖縄の現実をあぶりだした。十月二十一日、「10・21県民総決起大会」には八万五千人が参加し、NHKは同時中継した。そして日米地位協定の見直し、基地の整理・縮小をもとめる大きな運動につながってゆく。

座間味ツルが、琉球文化のすべてを鎌倉芳太郎に伝えたように、孫の朝雄は沖縄の現実を知らしめるために力を尽くしたのだった。

座間味朝雄は沖縄に赴任していた約三年間、琉球・沖縄の歴史と文化への関心がいっそう深まっていったといい、首里大中の座間味家跡を歩き、わずかに残る石垣をじっと見つめていたこともあったという。ほがらかな人柄で、局の職員たちと泡盛を酌みかわし、サンシンの音色を愛した。二〇〇三年に退職後は大阪芸術大学放送学科教授に就任。そのかたわら「戦後沖縄放送史」の研究プロジェクトを立ち上げ、執筆に没頭するさなかにがんが発覚した。二〇一一年十一月、家族に看取られながら息をひきとった。七十二歳。

自宅ちかくの寺でいとなまれた葬儀では、会場に入りきれないほどの弔問客であふれ、NHKの仲間や大学の若い教え子たちがとつぜんの死を惜しんだ。あたりに季節はずれの、甘い花の香りがただよっているようだった。首里の坂道に咲きほこった月桃《サンニン》の白い花の香りだろうか。

荻窪の座間味家は建て替えられたものの、ツルが暮らしたのとおなじ敷地にそのままあり、仏間には金龍の紋様がほどこされた代々伝わるトートーメー（位牌）がまつられていた。若き鎌倉が首里の座間味家に下宿したおりに、美しいものだと感心し、そのあとツルとともに東京にやってきたトートーメーだ。いま、座間味家十六代目の朝雄の名も、そこにつらなっているのだろう。

よみがえる中城御殿、そして御後絵

鎌倉芳太郎が世を去って、すでに三十年がたつ。

彼が残した〈鎌倉資料〉の重要性はますばかりだ。九十年前に、よくぞこれだけの記録を残してくれたと感謝してもしきれない。

鎌倉は見ることがかなわなかったけれど、現在の首里城一帯を見てほしかったという思いがつよくなる。首里城もふくめ、二〇〇〇年十二月、「琉球王国のグスク及び関連遺産群」が世界遺産として文化遺産に登録されたが、首里城正殿復元ののちも、プロジェクトは多面的なアプローチで続行されている。美しくうねる城壁はひろがりつつあり、黄金御殿《くがにうどぅん》（王と王妃の居間と寝室）、奥書院などをはじめ、建造物の復元整備も進行中だ。

鎌倉が多くの文書を筆写し、王の肖像画「御後絵」などを撮影するためにかよいつめた「中城御殿」も復元されることになった。

沖縄戦で炎上し、戦後は琉球政府立（のちに県立）博物館が建てられた地だが、二〇〇七年の移転にともない、いまは空き地となっている。いぜんからこの跡地に中城御殿復元計画がもちあがっていたが、決定的な史料に出会えずにいた。鎌倉も外観を撮影しているものの、その全体像、内部を撮影したものはすくない。戦前に中城御殿で古文書整理をした真栄平房敬の記憶にもとづくおおよその図面はあるのだが、学術的な根拠としては決定的とはいえず、行き詰まっていた。そんなとき、またしても、もとめている人のまえに「宝物」があらわれるのだ。

首里城復元プロジェクトの一環として、資料収集事業が熱心におこなわれてきたが、そのなかに戦前と戦後、「守礼門」の修復・復元工事を担当した文部省技官・森政三の遺品を収集（二〇〇三年）していた。紙焼き写真、手紙、絵図、拓本など三百点におよぶコレクションだ。

二〇〇八年、森コレクションのなかにある手札サイズ（七五×一一〇ミリ）の写真に気づいたのは、上江洲安亨《うえずやすゆき》（首里城公園学芸員）である。ちいさな写真で、なにが写っているのかもわからなかったけれど、念のためパソコンでスキャンしてみると、「中城御殿御普請板図《ごふしんいたず》」とあり、確認した瞬間、上江洲は「鳥肌がたった」という。

中城御殿は、さいごの琉球国王、尚泰の決断により移転・造営され、一八七三年（明治六）に竣工したが、森の写真は、建設工事にかかわった人物が板に詳細に描いた間取り図を撮影したものだった。森は一九三六年（昭和十一）の守礼門修理工事のため、一年におよぶ沖縄滞在をしているが、このときに中城御殿で撮影していたのだろう。建築家であった森だからこそ、この板図に注目したのだ。往時の中城御殿の内部がわかる唯一の文字記録であり、これもまた第一級の資料として復元にむけて動きだす大きな力となった。

中城御殿は、王国がほろびることを予感したさいごの王・尚泰が、王国を記録した文書や宝物を保管する意図もあって、そうとうな無理をして建造した。沖縄戦さえなければ、王国の全容はもっと早くに知られたはずだけれど、そののちの沖縄人たちはうしなわれたことを嘆くばかりではなく、残されたもののかけらをあつめ、琉球王国に思いをはせてきた。この、思いをはせるという感性がなによりもたいせつなことであり、復元事業とは、「思い」をかたちにする行為であるともいえるのではないだろうか。

尚泰の死から百十年以上がたって、中城御殿はふたたび築かれようとしている。

森コレクションの写真の一枚は、テクノロジーの進歩によって再発見されたが、「御後絵」の復元も現代ならではの知恵と技術を結集した成果だ。

首里城復元プロジェクトは、建築空間の復元・整備にとどまらず、往時の行事・祭事の再現にもつとめているが、あわせて首里城にかんする諸文物の回復もめざしてきた。首里城にあるべきものをとり戻すというだけではなく、研究成果を蓄積し、未来につなげたいからだ。御後絵が代表する「琉球絵画」の世界を本格的に研究する大きな足がかりとの期待がこめられ、復元作業にいどんだ。

鎌倉が御後絵の撮影をしたのは、一九二五年（大正十四）三月。十一点におよぶ王の肖像画をたった一日で撮影し、ガラス乾板に残した。タテ・ヨコ一・五メートルにおよぶ巨大な肖像画だが、モノクロの世界でながい眠りについていた。

二〇〇七年からはじまった御後絵復元事業は、沖縄・東京などあらゆる分野の研究者たちがつどい、古文書を読み解き、戦前に御後絵をじっさいに見ていた人たちへのヒアリングをおこなうとともに、最新テクノロジーを駆使して、写真感光材料の研究や、色彩や顔料の分析などの研究がつづけられた。

復元第一号となったのは、第十七代王尚育（一八一三—四七）の御後絵である。欧米船の来琉があいつぐ多難な時代を生き、若くして他界し、おさない息子尚泰を残した王だ。

尚育の細おもての美しい顔、赤味をおびた頬、華麗な朱色の絹の皮弁服《ひべん》（国王の大礼服）には金糸銀糸の刺繍がほどこされ、冠には宝石がびっしりと縫いつけられている。うしろにしたがえる家臣団。王の背景は金箔がちりばめられていた。足もとの金色の香炉、敷物の紋様。画面いっぱいにひろがる朱色、ミントグリーン、黄色、ブルー、紺色——。

それらの「色」が、おびただしい実験をくりかえした結果、ひとつひとつ特定されていった。尚育の時代に描かれた絵画が、奇跡的に尚家に残されており、これも手がかりにして解析をすすめたが、鎌倉撮影の写真がブレひとつないことがなによりさいわいした。こうした科学的研究成果をもとに、復元模写したのは、東京芸術大学の雁野《かりの》佳世子（保存修復領域）。鎌倉の後輩になる。

記録によれば、尚育王の御後絵が完成したのは死去五年目の一八五二年。それからちょうど百六十年目の二〇一二年、朱色の衣装をまとった王の肖像画は「色」をとり戻し、あざやかによみがえった。九十年ちかくまえ、鎌倉が撮影した春の一日が御後絵の命をよみがえらせたのだった。王を描いた絵師たち、写真を撮影した鎌倉、さらには現代のテクノロジーを駆使した研究者たち、そして模写した画家――。それぞれに琉球と対話した彼らすべてが時を超えてめぐりあい、激動の時代を生きた王がふたたびすがたを見せた。尚育王の御後絵は、復元中の首里城正殿南側の「黄金御殿」にかかげられる予定だ。そのおだやかな王のまなざしは、私たちになにを語りかけてくれるのだろうか。

鎌倉が残した紅型型紙や裂地なども、多面的な研究がすすめられている。型紙には製作者の名前が残されているものも多く、その人をたどっていけば、いまにつながるいきいきとしたドラマが誕生するだろう。美しい型紙を彫った人物の子孫が、いま沖縄に生きているのだから。

鎌倉が「紅型の祖形」として着目していた「浦添型」（蒟蒻《こんにゃく》型）の復活をめざしているのは、紅型作家の伊差川《いさがわ》洋子だ。

浦添型は二枚から三枚の型紙をくみあわせた複雑な紋様が特徴で、蒟蒻の糊を使ったといわれるが、明治初期には途絶えてしまった。鎌倉はその技法を紅型宗家の沢岻家から伝えられたといい、工程をノートに記しているが、解明できない部分も多かったようだ。伊差川は〈鎌倉ノート〉も参考にしながら、浦添型のルーツをもとめて、日本各地、中国各地を調査した。そのうえで染色に使用したと考えられる芋の探究、かつて琉球でひろく栽培されていた木綿を復活させるため、畑をつくり綿花をそだてるところからはじめ、精緻な紋様の型紙を彫り、染色し、浦添型技法の再現にとりくんでいる。謎は深まるばかりだと伊差川はいうけれど、紅型の歴史が大きくひろがる可能性がある。

〈鎌倉資料〉は二〇〇五年に重要文化財に指定された。八十一冊の〈鎌倉ノート〉は県立芸大で活字化が進行中だが、できるならば、ノートを複写したものをだれでも見られるようにしてほしいともねがう。彼の文字、あふれる感情をおさえきれないまま走らせたペン文字が、琉球の息吹が感じられる時期に立ち会った青年の興奮と情熱を伝えている。

彼の遺志にしたがって、〈鎌倉資料〉がすべての沖縄の人びと、琉球・沖縄を愛する人たちのために、ひろく活用されることを期待したい。あの八重山にかえった画稿は、いま島の祭りの衣装の復活などにも役立てられているそうだが、〈鎌倉ノート〉も祭祀行事や古謡の復活、集落の再生などにも、きっと大きな力になるだろう。鎌倉がのぞんだのは、そんなふうに使われることだったのではないだろうか。遠い時代といまをむすぶものとして、いにしえの琉球人たちの声を伝えるものとして、〈鎌倉ノート〉は生きつづけるだろう。

エピローグ

那覇空港を出発したモノレール「ゆいレール」は、二両編成のかわいらしい車体で、ウチナーグチの停車駅案内もまじえながらゆっくりとすすむ。

那覇から首里にいたる十三キロの路線は、パノラマ風に展開する風景を楽しむことができる。いにしえの琉球人も、鎌倉芳太郎も見ることがなかった高い位置からのながめだ。那覇の町はいくつもの河川が帯のようにひろがり、やがて那覇港へとむすばれるが、王国時代、那覇港には中国・日本・朝鮮・東南アジア諸国とのあいだを往復した貿易船が浮かんでいた。その水の風景に思いをはせていると、ゆいレールはやがて高台の首里へとすすんでゆく。

沖縄戦であまたの砲撃にさらされ、一時は「砂漠だった」といわれる一帯は、いま、濃い緑におおわれ、民家が軒をつらねている。もちろん現代風のコンクリート造の建物だけれど、そのひとつひとつに暮らしがあり、家族のいとなみがあり、祖先の足跡が語りつがれているかと思えば、とくべつの感慨がわきおこってくる。

プラットホームに立つと、海からの風がやさしく感じられ、坂の町をみつめていれば、そこに二十代の鎌倉芳太郎が歩いているように思える。今日も絣の着物に袴をはいた彼が、ぎゅっと口をむすび、真剣なまなざしで坂道をのぼっているのではないか。

〈「琉球文化」全般の最高のフィールドワーカー〉であった彼以上に、琉球と対話した人物はいない。〈鎌倉資料〉は、これからもたくさんの宝物をとどけてくれるだろうけれど、なにより彼が教えてくれるのは、すぎ去った時間との対話、そのゆたかさである。

琉球・沖縄は、地理的好条件ゆえに繁栄し、そのために王国は崩壊し、さらには戦争にもまきこまれもしたけれど、独自の歴史と文化を築くことができた。それは、その時代、時代にけんめいに生きた人びとの足跡でもある。〈本土からの旅人〉であった鎌倉が、沖縄で手にしたもっともすばらしいおみやげは、それを知ったことではないだろうか。

遠い過去と現在がつながり、未来へとつづくゆるやかな坂道。鎌倉が歩いたのは、そんな美しい坂道だ。さまざまな表情をして、いろいろに語る人たちが通りすぎ、立ちどまり、考え、また歩きだす――。

風に吹かれてプラットホームから空を見上げる。坂のうえに首里城のすがたがチラリと見える。赤い城は、陽の光によってさまざまに表情を変え、朝の淡い光のなかではおだやかに微笑をたたえているようだし、真昼には乱反射した光のなかではずんでいるようだ。陽が落ちるころオレンジ色に染まり、やがて濃紺のなかにとけてゆく。

夜空の下をすべるゆいレールもすてきだ。車窓からライトアップされた首里城が遠くに見え、窓にぴったり顔をつけていると、その幻想的な風景にこころを奪われてしまう。ふと背後になにか気配を感じる。ふりむけば、車内の座席に琉球の衣装をまとったいにしえの琉球人が、そこに座っているような気がする。おだやかに笑いながら、私たちを見守る人たちがきっといる。

だけれど、いまはこのまま赤い城を見ていたい。

あとがき

鎌倉芳太郎をはじめて知ったのは、一九七二年、沖縄の「本土復帰」の年にサントリー美術館で開催された「50年前の沖縄」展を父といっしょに観にいったときだ。首里城、円覚寺の山門、赤瓦がつらなる首里の町並み——。大きなパネルに引き伸ばされ、白と黒のコントラストがきわだつ圧倒的な写真。南国の湿気や匂いまでも感じられるような写真を父は一点一点じいっと見つめ、言葉を発することもできずにいるようだった。かつて彼の身近にあった風景のなかに、じぶんやしたしい人が写っているのではないかと探しているようにも思えた。

父の生家は首里にあり、代々この町で暮らし、王府に仕えてきた。かれこれ五百年ちかくつづいている家だというけれど、首里ではとくにめずらしいことではなく、首里儀保の本家はいまも王国時代とおなじ敷地にある。父は中城御殿にちかい首里当蔵にある分家で一九一三年（大正二）に生まれた。十歳ごろと思われる彼の写真がある。屋敷の庭で撮られたもので、芭蕉の木を背景に袴をはいた父は、目がくりくりとしたかわいらしい少年だ。このころ、首里の坂道で鎌倉とすれちがうこともあったのかもしれない。

　父は私に戦前の首里のようすをよく話してきかせてくれた。うっそうとした森にかこまれた首里城、静かな首里の町、荷車を引く男たち。一年のさまざまな行事。夏になるとちいさな水路にホタルの光がちらちらと見えたという。熱をだして寝込むようなことがあると、彼の祖母が「まぶいぐみ」のとなえごとをしたという話もよく聞いた。

　父は長男であり、家をつがなければならない立場だったのに、さきに上京した母を追って沖縄をはなれたのが一九四〇年。母も沖縄で生まれ、幼少時に台湾・台北に転居してそだつのだが、高等女学校在学中は那覇で暮らしていて、このころ父と出会っていた。結婚したふたりは東京で暮らし、それから沖縄は戦争に巻きこまれてしまい、父はながいこと帰省することもできずに時が流れた。ようやく母とともに帰ったとき、沖縄の風景があまりに変わってしまっていたことにいいしれぬさみしさを感じたようだった。

「50年前の沖縄」展の前年の一九七一年春に、母は他界していた。母をうしなったあとの父がしだいに元気をなくしていったのは、ウチナーグチで語る相手がいないためだと気がついたのは、ずいぶんあとになってからだ。父は「50年前の沖縄」展の写真をくいいるように見るうちに、おさないころの首里をまざまざと思いだしたようで、家に帰ったあと、とめどなく思い出話を語った。中学二年の私はこうして鎌倉芳太郎の名を知ったのだけれど、長期にわたる琉球芸術調査をしていたことは知らないままだった。すごい写真を撮った人として記憶したが、この展覧会の翌年に鎌倉は「人間国宝」となった。染色作家のその人と、あの写真を残した人とがむすびつかず、どういうことなのだろうと思いながらも、たしかめることもなかった。

「50年前の沖縄」展から四年後、父も世を去ってしまい、先祖代々の墓に眠った。父の本棚には琉球史にかんする本がたくさん残されていたので、一冊ずつ読みすすめていったのだが、もっと早くに読んでいれば、父の話し相手にもなれたのに、父に聞きたいこともたくさんあったのに、と思わずにはいられなかった。

私がパスポートを持ってはじめて沖縄に行ったのは、母が死んだ一九七一年の夏だ。偶然にも鎌倉が三十五年ぶりに沖縄にやってきた年だった。翌年の本土復帰をひかえて、どこかザワザワとし、あわただしさにつつまれていた。ウチナーグチはよくわからなかったけれど、じぶんとよく似た顔付きの人がたくさんいて、なんだかふしぎな気分になった。

首里城の敷地には琉球大学が建っていて、復元された守礼門がぽつんとあるばかりだった。それでも沖縄の光とあざやかな色を美しいと感じたし、両親が語った沖縄はここにたしかに息づいていると思えた。首里の町はほそい水路や井戸のあとがたくさんあって、そんな風景のなかに王国時代への想像をふくらませていた。

私がひんぱんに沖縄を旅するようになったのは、父の死去から二年たった一九七八年、二十歳になるころからだ。そのころ祖父が那覇で健在だったので、祖先たちの話をたくさん聞かせてもらった。中国への使者になった者は歌人としても活躍したようだし、江戸のぼりをした人も多数いた。王国崩壊のときに明治政府と困難な折衝をした人物もいて、琉球の時代は私とつながっているのだと実感するようになった。

それから首里の人たちの優美な言葉や、ふるまいのなかに、いにしえの首里の暮らしをしのぶことができた。首里人は万事がひかえめといった感じなのだが、問えば、二百年も三百年もまえの祖先のことをいきいきと語り、おもてにだすことはないものの、こころのうちに高い誇りをもって生きてきた。首里の人間関係は驚くほど緊密で、私が名のれば、すぐにどこの家の者なのかわかるばかりか、何代前にあなたの家から嫁いだ人がいるから、あなたと私は親戚ですよ、といわれることもたびたびだった。

鎌倉の『沖縄文化の遺宝』が刊行された一九八二年、私は二十四歳になっていた。父といっしょに観たあの写真と再会できたことをとてもうれしく思いながらページをひらくと、「50年前の沖縄」展のときの父の表情がよみがえってきた。けれど、論考篇のほうは、よほどの琉球史の知識がなければ読みこなせないものだったので、きちんと読むこともせず、写真ばかりをながめていた。それでも、写真に写された風景がいつしか私のなかにしみていったのだと思う。

私の沖縄への旅は、当初、本島を中心に歩いていたのだけれど、しだいに離島に魅せられていった。宮古、八重山の島々――。ちいさな船で離島にむかうとき海からの風をあびるのが何よりの幸福だった。やがて友人もでき、島の祭りや行事などにもくわわるようになった。夜、那覇の酒場で友人から生まれ島の愉しい話を聞くと、すぐに行きたくなってしまい、翌朝にはフェリーに乗っているというぐあいだ。こうして奄美大島から与那国島、台湾まで、いろいろな島を旅しているうちに、鎌倉が調査した島を私はすべて訪ねていたのだった。あのころ、何にとりつかれてこんなに島をわたっているのか、自分でもよくわからなかったけれど、結果として鎌倉のあとを追いかけていたことになる。私も、鎌倉とおなじように島の人たちにとても親切にしてもらい、島の伝承などを教わり、民謡も大好きになっていた。

鎌倉は、末吉麦門冬との出会いが琉球芸術調査のきっかけとなったけれど、私にも琉球史への目を大きくひらかせてくれた恩人がいる。琉球史家の高良倉吉さんで、沖縄に行くたびに泡盛を呑みながら、愉しい「ゆんたく」（おしゃべり）をさせてもらった。何も知らない私に、琉球の時代をいきいきと語ってくださり、読むべき本や、歩くべき場所をさりげなく教えてくださるのだった。父の蔵書のなかに、高良さんが二十五歳のときに共著として刊行した『伊波普猷　沖縄史像とその思想』（一九七二年）があることに気づいたのは、高良さんと知り合ってからずいぶんたってからだ。

ずっと気になっていた鎌倉について、きちんとしらべてみようと思いたったのは、いまから十数年前のことだ。あるとき、沖縄県立図書館に、〈鎌倉ノート〉の一冊だけがコピーされておさめられていることに気づいたのが、すべてのはじまりだ。それは鎌倉のもっとも初期のノートで、はじめての宮古・八重山調査を記録したものだった。几帳面なペン文字でびっしりと書かれた記録と精緻なスケッチ。何か、すごいものに接してしまった、というのが第一印象だ。書く、というよりも、彫り込んでいる、といった雰囲気をただよわせるノートだ。このノートを二十代なかばの青年が書いたとは信じられない。ノートには、私も大好きな宮古や八重山の民謡の歌詞が多く記録されているのだが、その精確さにもびっくりした。どこまでも歩いてゆく足、すべてをみつめる目、すぐれた耳。いったい、この人は何者なのだろう。

鎌倉を追ううちに、琉球芸術調査にかかわった数多くの沖縄人を知り、鎌倉とともに近代沖縄の人びとを描きたいと思うようになっていった。さいしょにどうしても知りたかったのは、鎌倉が下宿した座間味ツルのことだった。座間味家に下宿したことは、鎌倉にかんする論考にかならず書かれているけれど、くわしいことがわからない。それでも、彼にとってきわめて重要な人物にちがいないというカンがあって、座間味家につらなる人を捜しもとめた。のちにわかったけれど、座間味家は一九二九年（昭和四）に東京に転居していたので、なかなかたどりつくことができずにいたのだが、首里の旧家であるならば、かならず一族の物語がくわしく伝えられているという確信が私にはあった。

そうして、さまざまな偶然がかさなり、座間味ツルの孫、朝雄さんに会うことができたのだった。予想していたとおり、座間味家には一族のこと、鎌倉とのエピソードが詳細に伝えられていて、驚くことばかりだった。琉球王国崩壊から近代につながる時間を象徴するような座間味家の物語だが、いかにも首里の気風をついでいる人らしく、ひかえめに語っていた。

座間味朝雄さんとはじめて会ったのが二〇一〇年五月のことで、それからはメールのやりとりをしたり、ときには泡盛を呑んだりしながら楽しい時間をすごしてきた。それなのに、翌年の十一月、朝雄さんは突然のように世を去ってしまった。ながくお付き合いをしていただけると信じていたのに残念でならない。朝雄さんがNHK沖縄放送局長をしていたときに「少女暴行事件」報道で力を尽くしたことをご本人はまったく語らず、その事実を知ったのも亡くなったあとだった。朝雄さんにきちんとお礼をいうこともできないままになってしまい悔やむばかりだ。

麦門冬についても、甥である末吉安允さんからくわしいエピソードを聞かせていただいた。末吉家には、私の一族から嫁いだ者がいたということもあって、ちかしくお話させてもらったのだが、麦門冬の娘・初枝と最晩年の鎌倉が石垣島で再会していたこともはじめて知った。初枝の長女の米子さんが再会の場面をよく記憶なさっていて、いきいきと語ってくださった。鎌倉さいごの沖縄訪問での劇的な再会を知って、鎌倉の感激がわがことのように思えた。その石垣家は、いぜん屋敷を民宿にしていた時期があり、私が八重山の旅をくりかえしていたころ、何度か泊まったことがある赤瓦の屋敷だったのだ。

鎌倉の体験と同様に、何かに導かれていたとしか思えないけれど、琉球・沖縄に魅せられていれば、神さまがご褒美のように、すてきな出会いをもたらしてくれるのだろう。

このほかにも、たくさんの人たちにさまざまなことを教えていただきながら、旅をつづけることができた。鎌倉の没後三十年にして、ようやくまとめることができたけれど、私にもそれだけの時間が必要だったということなのかもしれない。

琉球・沖縄は、苦難の道を歩み、いまも大きな問題に直面している。けれど、いつの時代も、琉球・沖縄とは何か、問いをもちつづけてきた。それこそが、私たちが手にしているもっとも大きな宝物であり、このさきもたいせつにしていきたい。

執筆のあいだ、ずっと伴走してくださった担当編集者の長嶋美穂子さんの励ましが大きな支えになった。多くの方たちの力をいただいた。お名前を記して、感謝を申しあげたい。風景が見えるような、唄が聴こえてくるような本を書きたいと思っていたけれど、かなえられただろうか。いまはゆっくり、旅の日々を思いかえしている。

鎌倉秀雄・鎌倉純子・鎌倉佳光・座間味朝雄・見里朝規・末吉安允・石垣米子・大浜ゆみ子・崎山陽一郎・伊東祐満・高良倉吉・福島清・平良啓・粟国恭子・町健次郎・島袋綾野・山田葉子・高草茂・中山真一・仲松昌次・大濱聡・我那覇明・上江洲安亨・與那嶺一子・伊差川洋子・古波蔵徳子・雁野佳世子・波照間永吉・與儀毅・吉澤一成・丹羽理恵子・石内都・田中紀子・山田有紀・松山巖・矢幡英文

二〇一三年六月

与那原恵

文庫版あとがき

『首里城への坂道』を書いている間は、とても楽しい時間だった。

そもそもは、鎌倉芳太郎と彼をめぐる沖縄人、その時代を描くというテーマを筑摩書房の編集者、長嶋美穂子さんがとても面白がってくれたことに始まる。さっそくPR誌の「ちくま」に十五回の連載の場を提供してくださった。けれども取材と並行しながらの執筆だったこともあり、全体像をつかめないまま、連載は「第一回琉球芸術調査」の途中で終わってしまった。

連載は原稿用紙にして三百枚になったが単行本にするにあたって、その原稿を捨て、一から書き直すことにした。あらためて沖縄に行き、それまで何度も歩いた首里の坂道を新鮮な気持ちで歩いてみた。その時、鎌倉の姿をはっきりと感じ、ようやく書き始めることができたのだった。それでも書きながら気になることが次々と出てきて、調べてみると知られざる事実を知ったり、さまざまな人たちに出会ったりして、驚くことの連続だった。書いている本人が、このあとどうなるのだろうかとわくわくしてしまうほどだった。しだいに書きたいことが膨らんでしまったのは、鎌倉が調査をまとめきれずにいた心境とも似ていたのかもしれない。

連載とはがらりと変わった原稿を送ると、長嶋さんから「与那原さん、筆が歌っていますよ」というしびれる文面のメールが届いた。天にも昇る気持ちになって、何度も読み返してしまった。約十か月の執筆は、長嶋さんのこの言葉に支えられたのだ。

その間にも沖縄へ何度も行き、たくさんの人に教えを受けた。といっても、たいていは泡盛を飲みながらで、話が縦横に広がっていくのが楽しくてならなかった。文献や資料を探すことにもつとめたけれど、何より大事にしたのは、人と会って話すことだった。鎌倉に係わった人たちの子孫を捜してお話を聞かせていただくと、どの人も家族の歴史をいきいきと語り、具体的なエピソードが伝えられていたのには驚くばかりだった。その多くが文字に記録されてはいないが、沖縄人の「語り」のすばらしさにあらためて魅了されたし、まさしく歴史の宝庫といえるものだった。研究者ではない、ごく普通に暮らす沖縄人が持つ知性、記憶の豊かさ。大正期の鎌倉もまったく同じことを感じたに違いない。

原稿を書きながら、私の頭にはいつも琉球民謡が流れていた。以前から民謡が大好きで、唄者とも知り合っていた私は、友人の矢幡英文さんとともに「八重山ナイト」と銘打った民謡ライブを東京で企画・運営していたことがある。八重山の唄者とゲストを招いて、十回ほどの公演をした。沖縄や奄美の島々の民謡をさらに知っていき、その歌詞のすばらしさに魅せられた。島人の暮らしぶり、島の風景や人々の思いを表現する言葉の見事さ、その美意識。

歌い継がれてきた民謡には人を励ます力がある。執筆中、頭の中に響きわたる民謡を押しとどめることができず、そのまま書いたのだった。

こうして取材も執筆もとても充実した日々になった。五百枚の約束なのに八百枚になってしまい、筑摩書房はさぞ困惑しただろうが、そのまま単行本にしてくださったことを心より感謝している。

本が出来上がって私は充分満足したが、思いもかけず賞をいただくことになった。授賞式にはぜひ紅型を着てほしいと、ご自身がデザインし、染めた紅型を王国時代の礼装に仕立ててプレゼントしてくださったのが紅型作家の伊差川洋子さんだ。紅型についてくわしく教えていただいた上に、ありがたい贈り物を頂戴し、ご厚意に甘えさせてもらった。けれど伊差川さんは、二〇一五年十二月、六十九歳という若さで他界されてしまった。晩年に精力を傾けた「浦添型」の復活は、お嬢さんが引き継がれたので、私なりにお手伝いしたい。

長嶋美穂子さんはその後、何と、浪曲師・玉川奈々福となって大活躍中だ。「筆が歌っています」と書いた人らしい、まさに天職である。浪曲を今につなげるために尽力され、数々の新作浪曲を創作、プロデューサーとしても八面六臂の活躍ぶりで、私も彼女のファンのひとりだ。

首里城の復元工事は今も進行中で、王のプライベートスペース「黄金御殿」には完成した御後絵の複製が掲げられている。つい最近も行って来て、海外からの観光客などでにぎわっている様子を感慨深くながめた。大正十三年の春、取り壊し阻止に走った鎌倉がいたからこそ、今日の首里城はよみがえった。この史実を多くの人に知ってほしいと願う。そうして戦後、立ち上がっていった沖縄人の姿にも思いを馳せていただけたらと思う。

文庫化にあたり労をとってくださった山田有紀さんにお礼を申し上げる。彼女との友情も二十年になった。次作は本書の執筆がきっかけとなって得たテーマだ。鎌倉に研究資金を提供した「啓明会」の創設者、赤星鉄馬の評伝である。「謎の富豪」ともいわれた彼の驚きに満ちた生涯と苦悩を描いていきたい。赤星のルーツの鹿児島を手始めに、アメリカ、韓国などへの旅をつづけている。この旅も、多くの魅力的な人たちとの出会いをもたらしてくれた。

二〇一六年十月

与那原恵

参考文献

鎌倉芳太郎『沖縄文化の遺宝』（岩波書店・一九八二年）／『古琉球紅型　第一期　上・下』（京都書院・一九六七年）／『鎌倉芳太郎型絵染作品集』（講談社・一九七六年）

沖縄県立芸術大学附属研究所編『鎌倉芳太郎資料集（ノート篇Ⅰ）第一巻』（沖縄県立芸術大学附属研究所・二〇〇四年）／『鎌倉芳太郎資料集（ノート篇Ⅱ）第二巻』（同・二〇〇六年）

沖縄大百科事典刊行事務局編『沖縄大百科事典』（沖縄タイムス社・一九八三年）

『日本思想大系十八　おもろさうし』（岩波書店・一九七二年）

東京芸術大学百年史刊行委員会編『東京芸術大学百年史　東京美術学校篇　第一巻―第三巻』（ぎょうせい・一九八七―一九九七年）

磯崎康彦・吉田千鶴子『東京美術学校の歴史』（日本文教出版・一九七七年）

原田あゆみ「鎌倉芳太郎の前期琉球芸術調査と美術観の変遷」（『沖縄芸術の科学　第十一号』沖縄県立芸術大学附属研究所・一九九九年）

久貝典子「鎌倉芳太郎の琉球芸術調査　上　下」（『沖縄文化　九十六―九十七号』『沖縄文化』編集所・二〇〇三―二〇〇四年）

沖縄文教出版編集部編『那覇今昔の焦点』（沖縄文教出版社・一九七一年）

琉球新報社編『写真集　むかし沖縄』（琉球新報社・一九七八年）

【第一章】

高良倉吉『琉球の時代』（筑摩書房・二〇一二年）／『琉球王国』（岩波書店・一九九三年）／『アジアのなかの琉球王国』（吉川弘文館・一九九八年）
村井章介『世界史のなかの戦国日本』（筑摩書房・二〇一二年）
西里喜行『近代沖縄の寄留商人』（ひるぎ社・一九八二年）
山里永吉編『松山王子尚順遺稿集』（尚順遺稿刊行会・一九六九年）
與那覇潤『翻訳の政治学』（岩波書店・二〇〇九年）
『民族芸術　二十三号』（民族芸術学会・二〇〇七年）
真栄平房敬『首里城物語』（一九九七年・ひるぎ社）
MOA美術館『尚王家と琉球の美』（MOA美術館・二〇〇一年）
ラブ・オーシュリ＋上原正稔編著『青い目が見た「大琉球」』（ニライ社・一九八七年）
首里城公園友の会編『首里城の復元』（海洋博覧会記念公園管理財団・二〇〇三年）
沖縄銀行編『甦る首里城』（沖縄銀行・一九九二年）
新川明『琉球処分以後　上　下』（朝日新聞社・一九八一年）
原武史『可視化された帝国』（みすず書房・二〇〇一年）
古波蔵保好『沖縄物語』（新潮社・一九八一年）
東京ひめゆり同窓会編『東京ひめゆり同窓会誌』（東京ひめゆり同窓会・一九七五年）
ひめゆり平和祈念資料館『ひめゆり学園』（沖縄県女師・一高女ひめゆり同窓会立ひめゆり平和祈念資料館・二〇〇九年）

金井喜久子『ニライの歌』（琉球新報社・二〇〇六年）
三木町史編集委員会『三木町史』（三木町・一九八八年）
児玉幸多他監修『新編物語藩史　第十巻』（新人物往来社・一九七六年）
香川県漆工業協同組合編『香川の漆工芸』（香川県漆工業協同組合・一九七九年）
伊藤大輔『金刀比羅宮の美術』（小学館・二〇〇四年）
栗田勇編『海の聖地　金毘羅』（山陽新聞社・一九八三年）
川平朝申『沖縄庶民史』（月刊沖縄社・一九七四年）
後田多敦『琉球救国運動』（出版舎・二〇一〇年）
鎌倉芳太郎「首里言葉と那覇言葉」（『国語通信　三十六号』角川書店・一九七七年）
香川県文化会館『人間国宝鎌倉芳太郎の全仕事』（香川県文化会館・二〇〇三年）
見里春編『踊合』（私家版・一九七六年）
岩崎きよ『夢の風車』（日本随筆家協会・一九九二年）

【第二章】

成田龍一『大正デモクラシー』（岩波書店・二〇〇七年）
平良市史編さん委員会『平良市史　第七巻　資料編5』（平良市・一九八七年）
大城立裕＋新里金福『近代沖縄の人びと』（太平出版社・一九七二年）
新城栄徳編『琉文手帖　末吉麦門冬』（琉文手帖・一九八四年）
粟国恭子「人物列伝・沖縄言論百年　末吉麦門冬」（『沖縄タイムス』連載・一九九四年）／「末

吉安恭（麦門冬）の民俗的視点」（『地域と文化　第六十八号』南西印刷出版部・一九九一年）／「近代沖縄の芸術研究①」（『沖縄芸術の科学　第十九号』沖縄県立芸術大学附属研究所・二〇〇七年）／「伊波普猷と末吉麦門冬（安恭）の交流」（『浦添市立図書館紀要　八号』浦添市立図書館・一九九七年）／「末吉安恭（麦門冬）と伊波普猷」（『地域と文化　第七十二号』南西印刷出版部・一九九二年）／「熊楠と末吉安恭（麦門冬）」（『文学　一九九七年冬号』岩波書店・一九九七年）
仲程昌徳『近代沖縄文学の展開』（三一書房・一九八一年）
菊池邦作『徴兵忌避の研究』（立風書房・一九七七年）
柳田國男「郡誌調査委員会に於て」（『柳田國男全集　二十五巻』筑摩書房・二〇〇〇年）
沖縄県立博物館『沖縄文化の軌跡　1872―2007』（沖縄県立現代美術館支援会・二〇〇七年）
安岡章太郎『鏡川』（新潮社・二〇〇〇年）
上間常道編『琉球絵画』（沖縄文化の杜・二〇〇九年）
比屋根照夫『近代日本と伊波普猷』（三一書房・一九八一年）
南方熊楠「出産と蟹」（『南方熊楠全集　第三巻』平凡社・一九八四年）
小峰和明「熊楠と沖縄」（『國文學　第五十巻　第八号』学燈社・二〇〇五年）
『沖縄教育　第六十四号』（沖縄県教育会・一九一一年）
『八重山文化　第二号』（東京・八重山文化研究会・一九七四年）
仲宗根將二『宮古風土記』（ひるぎ社・一九八八年）
山内玄三郎『大世積綾舟』（言叢社・一九八三年）

東洋音楽会編『南洋・台湾・沖縄音楽紀行』（音楽之友社・一九六八年）
三木健『沖縄ひと紀行』（ニライ社・一九九八年）／『八重山近代民衆史』（三一書房・一九八〇年）
岩崎卓爾『岩崎卓爾一巻全集』（伝統と現代社・一九七四年）
喜舎場永珣『石垣町誌』（国書刊行会・一九七五年）
石垣市立八重山博物館編『八重山蔵元絵師画稿集』（八重山博物館・一九九三年）
大阪府写真師協会事務局『大阪写真百年史』（大阪写真家協会・一九七二年）
石垣博孝「八重山の美術」／宮良芳和「八重山への漂着及び来航事例集」（『八重山博物館紀要第二十号』八重山博物館・二〇一一年）

【第三章】

八重山博物館所蔵資料
今和次郎編纂『新版東京案内上』（筑摩書房・二〇〇一年）
山口静一『フェノロサ　上　下』（三省堂・一九八二年）
正木直彦『回顧七十年』（学校美術協会・一九三七年）
吉田千鶴子「大村西崖の美術批評」（『東京芸術大学美術学部紀要　二十六号』東京芸術大学美術学部・一九九一年）／「大村西崖と中国」（『東京芸術大学美術学部紀要　二十九号』同・一九九四年）
加藤房蔵『伯爵平田東助伝』（平田東助伝記編纂事務所・一九二七年）

杉林隆「平田東助の産業組合思想」(『論苑　七号』姫路工業大学・一九九六年)
鈴木博之編『伊東忠太を知っていますか』(王国社・二〇〇三年)
藤森照信『伊東忠太動物園』(筑摩書房・一九九五年)
由井晶子「伊東忠太」(『近世沖縄文化人列伝』沖縄タイムス社・一九六九年)
日本建築学会編『日本建築学会博物館所蔵　伊東忠太資料目録・解説』(日本建築学会・二〇〇三年)
伊東忠太「大正十二年大震大火の東京へ」(『伊東忠太建築文献　論叢・随想・漫筆』龍吟社・一九三七年)
吉池文枝「伊東忠太と沖縄の建築」(二〇〇五年度京都工芸繊維大学大学院修士論文)
魚住千代「伊波先生の思い出」(『伊波普猷全集　月報十一』平凡社・一九七六年)
魚住速人「漱石と隻腕の父」(日本エッセイストクラブ編『思いがけない涙』文藝春秋・一九八八年)
外間守善編『伊波普猷　人と思想』(平凡社・一九七六年)
田名真之「歴代宝案について」(『那覇市史　資料篇　第一巻四』那覇市・一九八六年)
小葉田淳『日本経済史の研究』(思文閣出版・一九八八年)
村井章介「東南アジアのなかの古琉球」(『歴史評論　六〇三号』校倉書房・二〇〇〇年)
池宮正治・小渡清孝・田名真之『久米村』(ひるぎ社・一九九三年)
高瀬恭子「明代琉球国の『久米村人』の勢力について」(『南島　その歴史と文化　五』第一書房・一九八五年)

折口信夫「若水の話」（『折口信夫全集　第二巻』中央公論社・一九五五年）
笠森伝繁編『啓明会二十年記念会誌』（啓明会事務所・一九三八年）／『啓明会五十周年記念誌』（啓明会事務所・一九六七年）／『啓明会第八回講演集』（啓明会事務所・一九二三年）
柳田國男「啓明会と南島研究」（『定本柳田國男全集　三〇巻』筑摩書房・一九七〇年）
比嘉春潮「柳田國男と沖縄」（『比嘉春潮全集　第四巻』沖縄タイムス社・一九七一年）
林雄二郎・山岡義典『日本の財団』（中央公論社・一九八四年）
赤星鉄馬『ブラックバス』（イーハトーヴ出版・一九九六年）
高橋義雄『近世道具移動史』（慶文堂・一九二九年）
東美研究所『東京美術市場史』（東京美術倶楽部・一九七九年）
鎌倉芳太郎「琉球工芸について」（『沖縄の染織』サントリー美術館・一九六八年）／「紅型とともに半世紀」（『紅型』泰流社・一九七六年）
金城正篤・高良倉吉『「沖縄学」の父◎伊波普猷』（清水書院・一九八四年）
船越義珍『空手道一路』（講談社・一九八六年）
東恩納寛惇「日記抄」（『東恩納寛惇全集十』第一書房・一九八二年）
文化財保護委員会『文化財保護の歩み』（大蔵省印刷局・一九六〇年）

【第四章】

鎌倉芳太郎「失われた沖縄」（『世界写真年鑑　1973—4』（平凡社・一九七四年）
森芳太郎『アルス最新写真大講座　第十三巻　新興写真術』（アルス・一九三六年）

日本写真家協会『日本写真史　1840―1945』（平凡社・一九七一年）
木村伊兵衛「魂のこもった貴重な写真展」（『50年前の沖縄』展リリース資料・サントリー美術館・一九七二年）
サントリー美術館『紅型　琉球王朝のいろとかたち』（サントリー美術館・二〇一二年）
宮城篤正監修『すぐわかる　沖縄の美術』（東京美術・二〇〇七年）
鎌倉芳太郎「型絵染に関する芸術論考」（『鎌倉芳太郎型絵染作品集』講談社・一九七六年）／「琉球紅型攷」（『古美術　四十六号』三彩社・一九七三年）
城間栄喜『沖縄紅型』（京都書院・一九七三年）／『花咲く布　琉球紅型』（日本放送出版協会・一九九三年）
屋良朝苗「私の履歴書」（『私の履歴書　第四十二集』日本経済新聞社・一九七一年）
伊東忠太『琉球』（東峰書房・一九四二年）
リヒャルト・ゴールドシュミット著　平良研一・中村哲勝訳『大正時代の沖縄』（琉球新報社・一九八一年）
藤田嗣治「首里の尚順男爵」（『松山王子尚順遺稿』尚順遺稿刊行会・一九六九年）
安次富順子「琉球王朝の宮廷料理」（『琉球王朝五百年の栄華』琉球放送・二〇〇四年）
知名茂子『松山御殿の日々』（ボーダーインク・二〇一〇年）
宜保栄治郎『琉球舞踊入門』（那覇出版社・一九七九年）
大道勇『琉舞手帖』（ボーダーインク・二〇一〇年）
莇島亘『ロシア文学翻訳者列伝』（東洋書院・二〇一二年）

和田芳英『ロシア文学者昇曙夢&芥川龍之介論考』（和泉書院・二〇〇一年）

【第五章】

粟国恭子「近代沖縄の芸術研究②」（『沖縄芸術の科学　第二十号』・沖縄県立芸術大学附属研究所・二〇〇八年）
神坂次郎『南方熊楠の宇宙』（四季社・二〇〇五年）
高嶺朝光『新聞五十年』（沖縄タイムス社・一九七三年）
比嘉朝健「鳴末吉麦兄よ」（『沖縄タイムス』一九二四年十二月十六日付）
伊波普猷「嗚呼末吉君！」（『伊波普猷全集　第十巻』平凡社・一九七六年）
東恩納寛惇「野人麦門冬の印象」（『東恩納寛惇全集　五』琉球新報社・一九七八年）
折口信夫「若水の話」（『折口信夫全集　第三巻』中央公論社・一九五五年）
真境名安興「故人莫夢氏を偲びて」（『真境名安興全集　第四巻』琉球新報社・一九九三年）
濱田庄司『窯にまかせて』（日本経済新聞社・一九七六年）／『無盡蔵』（朝日新聞社・一九七四年）
小熊英二『〈日本人〉の境界』（新曜社・一九九八年）
河井寛次郎「壺屋と上焼」／濱田庄司「壺屋の仕事」（『琉球の陶器』昭和書房・一九四二年）
平川信幸「御後絵をとりまく研究史」／上江洲安亨「御後絵の色彩に関する事例調査（上）」／吉田直人「御後絵のモノクロ乾板写真から色を読み取る試みについて」（『首里城研究　十二号』首里城公園友の会・二〇一〇年）

【第六章】

正木直彦『十三松堂日記』（中央公論美術出版・一九六四―六六年）

笠森伝繁編『啓明会第十五回講演集』（啓明会事務所・一九二五年）

山下重一「解題」（田島利三郎『琉球文学研究』第一書房・一九八八年）

日本建築学会博物館所蔵・伊東忠太資料　書簡

鎌倉芳太郎「琉球神座考断章　上　下」（『沖縄教育　百五十七号―百五十八号』沖縄県教育会・一九二六年）／「私立琉球炭鉱尋常小学校参観記」（『沖縄教育　百六十五号』同・一九二七年）

国建編『伊是名村名嘉家の旧所蔵品の解説書』（伊是名村教育委員会・二〇一〇年）

伊従勉『琉球祭祀空間の研究』（中央公論美術出版・二〇〇五年）

山村耕花『紅型　古琉球』（巧藝社・一九二八年）

日本橋三越『琉球展覧会目録』（三越・一九三〇年）

山本武利・西沢保編『百貨店の文化史』（世界思想社・一九九九年）

日本民俗協会『日本民俗　第十二号―第十三号』（日本民俗協会・一九三六年）

東宝舞踊隊・佐谷功編『日本民族舞踊の研究』（東宝書店・一九四三年）

笠森伝繁編『財団法人啓明会創立十年記念展覧会図録』（啓明会事務所・一九二八年）

鎌倉芳太郎「琉球染色に就きて」（『啓明会第二十八回講演集』啓明会事務所・一九二八年）

野々村孝男『首里城を救った男』（ニライ社・一九九九年）

平凡社教育産業センター編『平凡社六十年史』（平凡社・一九七四年）

名古屋画廊『サンサシオン１９２３〜３３』（名古屋画廊・二〇〇四年）
田辺徹「北原白秋の住んだ家」（『谷中・根津・千駄木・其の十三』谷根千工房・一九八七年）
島袋全発「歴代宝案移管の顚末」（『島袋全発著作集』おきなわ社・一九五六年）
東恩納寛惇『黎明期の海外交通史』（帝国教育会出版部・一九四一年）
屋嘉比収『〈近代沖縄〉の知識人』（吉川弘文館・二〇一〇年）
小葉田淳『史林談叢』（臨川書店・一九九三年）
沖縄県立図書館史料編集室『歴代宝案研究　創刊号』（沖縄県立図書館・一九九〇年）
田辺泰『琉球建築』（座右宝刊行会・一九七二年）／「伊東忠太」（『月刊文化財　一一九号』第一法規・一九七三年）
福島清「ガラス乾板から見る『琉球建築』」（『首里城研究　第一号』首里城公園友の会・一九九四年）
森政三・岡田護「不思議なくに　沖縄」（『サントリー美術館　第十六号』サントリー美術館・一九六八年）
伊東忠太・鎌倉芳太郎『南海古陶瓷』（宝雲舎・一九三七年）

【第七章】

結城素明『伊豆長八』（芸艸堂・一九二八年）
柴崎信三『絵筆のナショナリズム』（幻戯書房・二〇一一年）
鎌倉芳太郎『東洋の彫刻』（大雅堂・一九四三年）

東京都中野区編『中野区史　昭和編二』（東京都中野区・一九七一年）
『東京人　二〇一二年一月号』（都市出版・二〇一二年）
仲宗根政善「伊波先生の思い出」（外間守善編『伊波普猷　人と思想』平凡社・一九七六年）
奥田博子『沖縄の記憶』（慶應義塾大学出版会・二〇一二年）
外間守善『私の沖縄戦記』（角川書店・二〇一二年）
米国陸軍省　外間正四郎訳『日米最後の戦闘』（サイマル出版会・一九六八年）
E・B・スレッジ　外間正四郎訳『泥と炎の沖縄戦』（琉球新報社・一九九一年）
宮城悦二郎『占領者の眼』（那覇出版社・一九八二年）
山里永吉「尚順男爵と私」（『松山王子尚順遺稿』尚順遺稿刊行会・一九六九年）
『松山御殿物語』刊行会編『松山御殿物語』（ボーダーインク・二〇〇二年）
大阪高島屋『尚順男爵家御所蔵品展観』（大阪高島屋・一九四〇年）
沖縄県立博物館『内部資料　旧中城御殿関係資料集』（沖縄県立博物館・一九九二年）

【第八章】
鎌倉秀雄「父の思い出」（『人間国宝鎌倉芳太郎の全仕事』香川県文化会館・二〇〇三年）
鎌倉芳太郎「若き世代と芸術」（『スケッチ　創刊号』宝雲舎・一九四九年）／『琉球紅型』（京都書院・一九五六年）／「紅型を求めて五十年」（『藝術新潮　一九七三年五月号』新潮社・一九七三年）
比嘉春潮『沖縄の歳月』（中央公論社・一九六九年）／「伊波先生の思い出」（『比嘉春潮全集　第

五巻』沖縄タイムス社・一九七三年）
伊波普猷『沖縄歴史物語』（沖縄青年同盟・一九四七年）
石原昌家『空白の沖縄社会史』（晩聲社・二〇〇〇年）
嘉陽安春『沖縄民政府』（久米書房・一九八六年）
照屋善彦・山里勝巳編『戦後沖縄とアメリカ』（沖縄タイムス社・一九九五年）
川平朝申『終戦後の沖縄文化行政史』（月刊沖縄社・一九九七年）
森田純一『島唄』（荒地出版社・二〇〇二年）
那覇市市民文化部博物館『那覇の壊滅と壺屋からの復興』（那覇市市民文化部博物館・二〇一〇年）
『新生美術創刊号』（新生美術協会・一九八二年）／『新生美術　十号』（一九九二年）／『新生美術　十一号』（一九九六年）／『新生美術　十三号』（二〇〇四年）
大嶺政寛「私の戦後史」（『私の戦後史　第三集』沖縄タイムス社・一九八〇年）
中西克己編『紅型』（泰流社・一九七六年）
『季刊染織と生活　第九号』（染色と生活社・一九七五年）
渡名喜明「戦後びんがたのあゆみ」（『沖縄県立博物館紀要　第二号』沖縄県立博物館・一九七六年）
城間栄喜『沖縄紅型』（京都書院・一九七八年）／『花咲く布琉球紅型』（日本放送出版協会・一九九三年）
沖縄文化協会・沖縄民芸協会・沖縄芸能協会『沖縄の伝統文化』（沖縄文化協会・一九七五年）
名渡山愛順画集刊行委員会『名渡山愛順画集』（琉球新報社・一九七九年）

末吉安久編『首里の日日』（首里奨学母の会・一九七八年）
沖縄県立博物館・美術館『移動と表現』（沖縄県立博物館・美術館・二〇〇九年）
東京国立近代美術館『沖縄・プリズム　1872▼2008』（東京国立近代美術館・二〇〇八年）
小川忠『戦後米国の沖縄文化戦略』（岩波書店・二〇一二年）
琉球大学開学五〇周年記念史編集専門委員会『琉球大学五十年史』（二〇〇〇年・琉球大学）
琉球大学開学五〇周年記念史編集専門委員会写真集編集小委員会『琉球大学五十年史写真集』（二〇〇〇年・琉球大学）
外間正幸「鎌倉芳太郎先生と紅型」（『琉球新報』一九七三年三月二十八日付
岡田譲他編『人間国宝シリーズ十四　鎌倉芳太郎』（講談社・一九七八年）
社団法人日本工芸会『日本伝統工芸展図録・第五回』（芸艸堂・一九五八年）
岡田譲「新しい型絵染の誕生」（『鎌倉芳太郎型絵染作品集』講談社・一九七六年）
『朝日新聞』（一九六八年四月十二日付
サントリー美術館『秋の特別展　沖縄の染織』（サントリー美術館・一九六八年）
金井喜久子『琉球の民謡』（一九五四年・音楽之友社）
財団法人沖縄協会『南援17年のあゆみ』（財団法人沖縄協会・一九七三年）

【第九章】

沖縄県立博物館『沖縄県立博物館50年史』（沖縄県立博物館・一九九六年）／『沖縄県立博物館紀要　第二十四号』（沖縄県立博物館・一九九八年）

喜屋武盛也「琉球政府立博物館における昭和四二年（１９６７）日本古美術展について」（『沖縄県立芸術大学紀要　第十五号』沖縄県立芸術大学・二〇〇七年）
日本洋酒輸入協会『日本洋酒輸入協会　創立50年のあゆみ』（日本洋酒協会・二〇〇九年）
沖縄サントリー『沖縄サントリー株式会社20年の歩み』（沖縄サントリー・一九八一年）
宮城篤正「沖縄の文化・美術・工芸の恩人」（『琉球新報』一九八二年九月二十八日付）
外間正幸「鎌倉芳太郎先生に受けた感銘」（『琉球新報』一九八二年十月十日付）
鎌倉芳太郎・的場晴・外間正幸「沖縄の文化財、民芸を語る」（『琉球新報』一九七一年四月十九日付）
サントリー美術館『サントリー美術館　第十七号』（サントリー美術館・一九六九年）／『サントリー美術館　第二十六号』（一九七一年）／『サントリー美術館　第二十七号』（一九七一年）
日本古美術事務局『見学感想文集』（日本古美術事務局・一九七一年）
『琉球新報』（一九七三年三月二十四日付）／（一九七三年十月四日―六日付）／（一九七五年六月十五日付）
『八重山毎日新聞』（一九七五年十一月二十八日―三十日付）
『沖縄タイムス』（一九七五年六月十五日付）／（一九七五年十二月二日付）
加藤信一「鎌倉芳太郎の書簡（一）（二）」（『新潟大学教育学部紀要　第二十九巻二号・第三十巻一号』新潟大学教育学部・一九八八年）
高草茂「沖縄県立芸大に所蔵の鎌倉資料――その経緯」（『沖縄芸術の科学　第二〇号』沖縄県立芸術大学附属研究所・二〇〇八年）

【第十章】
首里城公園友の会編『首里城の復元』(財団法人海洋博覧会記念公園管理財団・二〇〇三年)
福島清「首里城復元設計についての雑感」(『沖縄文化研究紀要　二十一号』法政大学沖縄文化研究所・一九九五年)／「首里城正殿《幻の琉球建築》が甦るまで」(『INAX　REPORT　一一〇』INAX・一九九四年)
国建『国建の半世紀』(国建・二〇一〇年)
高良倉吉「首里城正殿の重修工事経過」(『首里城研究　四号』首里城公園友の会・一九九八年)
首里城研究グループ編『首里城入門』(ひるぎ社・一九八九年)
NHK沖縄放送局史編集事務局『NHK沖縄放送局史』(NHK沖縄放送局・二〇一二年)
座間味朝雄「米兵暴行事件の報道をふり返る」(『「米兵暴行事件」あの時、私は』NHK沖縄放送局・二〇一二年)
吉岡忍「沖縄レイプ報道の『死角』I・II・III」(『新潮45　一九九六年五月―七月号』新潮社・一九九六年)
高良倉吉「『御後絵』復元の意義」(『首里城研究　十二号』首里城公園友の会・二〇一〇年)

【図版資料提供】
鎌倉秀雄／沖縄県立芸術大学附属図書・芸術資料館／一般財団法人J・フロントリテイリング史料館／日本建築学会建築博物館／サントリー美術館／沖縄県立図書館／末吉家／座間味家／石垣博孝

『首里城への坂道　鎌倉芳太郎と近代沖縄の群像』
二〇一三年七月　筑摩書房刊

中公文庫

首里城《しゅりじょう》への坂道《さかみち》
——鎌倉芳太郎《かまくらよしたろう》と近代沖縄《きんだいおきなわ》の群像《ぐんぞう》

2016年11月25日　初版発行
2019年11月20日　再版発行

著　者　与那原恵《よなはらけい》

発行者　松田陽三

発行所　中央公論新社
〒100-8152　東京都千代田区大手町1-7-1
電話　販売 03-5299-1730　編集 03-5299-1890
URL http://www.chuko.co.jp/

DTP　嵐下英治
印　刷　三晃印刷
製　本　小泉製本

Published by CHUOKORON-SHINSHA, INC.
Printed in Japan　ISBN978-4-12-206322-8 C1195

中公文庫既刊より

各書目の下段の数字はISBNコードです。978－4－12が省略してあります。

あ-1-1
アーロン収容所
会田雄次
ビルマ英軍収容所に強制労働の日々を送った歴史家の鋭利な観察と筆。西欧観を一変させ、今日の日本人論ブームを誘発させた名著。〈解説〉村上兵衛
200046-9

あ-1-7
日本史の黒幕
会田雄次
小松左京
山崎正和
歴史にあらわれた人間の表と裏を探ろうという座談会。黒幕・閨閥・浪人・悪党・スパイなどをめぐり、碩学三人が、独自の視点からせまる。〈解説〉井上章一
206786-8

あ-36-2
清朝の王女に生れて 日中のはざまで
愛新覚羅顕琦《あいしんかくらけんき》
故郷や実姉の「女スパイ」川島芳子の思い出、女子学習院留学から文革下二十数年の獄中生活など、さすらいの王女の感動的な自伝。〈解説〉上坂冬子
204139-4

あ-72-1
流転の王妃の昭和史
愛新覚羅浩《あいしんかくらひろ》
満洲帝国皇帝弟に嫁ぐも、終戦後は夫と離れ次女を連れて大陸を流浪、帰国後の苦しい生活と長女の死……激動の人生を綴る自伝的昭和史。〈解説〉梯久美子
205659-6

い-41-3
ある昭和史 自分史の試み
色川大吉
十五年戦争を主軸に、国民体験の重みをふまえつつ昭和という時代を鋭い視角から描き切り、「自分史」のさきがけとなった異色の同時代史。毎日出版文化賞受賞作。
205420-2

い-103-1
ぼくもいくさに征くのだけれど 竹内浩三の詩と死
稲泉連
映画監督を夢見つつ23歳で戦死した若者が残した詩は、戦後に蘇り、人々の胸を打った。25歳の著者が、戦場で死ぬことの意味を見つめた大宅壮一ノンフィクション賞受賞作。
204886-7

い-16-5
城下の人 新編・石光真清の手記㈠ 西南戦争・日清戦争
石光真清
石光真人編
明治元年に生まれ、日清・日露戦争に従軍し、満州やシベリアで諜報活動に従事した陸軍将校の手記四部作。新発見史料と共に新たな装いで復活。
206481-2

い-16-6
曠野の花 新編・石光真清の手記㈡ 義和団事件
石光真清
石光真人 編
明治三十二年、ロシアの進出著しい満洲に、諜報活動に従事すべく入った石光陸軍大尉。そこで出会った中国人馬賊やその日本人妻との交流を綴る。
206500-0

い-16-7
望郷の歌 新編・石光真清の手記㈢ 日露戦争
石光真清
石光真人 編
日露開戦。石光陸軍少佐は第二軍司令部付副官として出征。終戦後も大陸への夢醒めず、幾度かの事業失敗を経てついに海賊稼業へ。そして明治の終焉。
206527-7

い-16-8
誰のために 新編・石光真清の手記㈣ ロシア革命
石光真清
石光真人 編
引退していた石光元陸軍少佐は「大地の夢」さめがたく再び大陸に赴く。そしてロシア革命が勃発した。近代日本を裏側から支えた一軍人の手記、完結。
206542-0

い-116-1
食べごしらえ おままごと
石牟礼道子
父がつくったぶえんずし、獅子舞にさしだした鯛の身。土地に根ざした食と四季について、記憶を自在に行き来しながら多彩なことばでつづる。〈解説〉池澤夏樹
205699-2

お-54-1
沖縄文化論 忘れられた日本
岡本太郎
苛酷な歴史に翻弄されつつも古代日本の息吹を今日まで伝える沖縄文化。その源に潜む島民の魂を画家の眼と詩人の直観で把えた名著。〈解説〉岡本敏子
202620-9

か-54-1
中空構造日本の深層
河合隼雄
日本人の心の深層を解明するモデルとして古事記神話における中空・均衡構造を提示し、西欧型構造と対比させ、その特質を論究する。〈解説〉吉田敦彦
203332-0

こ-58-1
清冽 詩人茨木のり子の肖像
後藤正治
「倚りかからず」に生きた、詩人・茨木のり子の初の本格評伝。親族や詩の仲間など、茨木を身近に知る人物に丁寧に話を聞き、79年の生涯を静かに描く。
206037-1

し-11-2
海辺の生と死
島尾ミホ
記憶の奥に刻まれた奄美の暮らしや風物、幼時の思い出、特攻隊長として島にやって来た夫島尾敏雄との出会いなどを、ひたむきな眼差しで心のままに綴る。
205816-3

各書目の下段の数字はISBNコードです。978－4－12が省略してあります。

し-10-5
新編 特攻体験と戦後
島尾敏雄
吉田満
戦艦大和からの生還、震洋特攻隊隊長という極限の実体験とそれぞれの思いを二人の作家が語り合う。関連するエッセイを加えた新編増補版。〈解説〉加藤典洋
205984-9

し-45-2
昭和の動乱（上）
重光葵
重光葵元外相が巣鴨獄中で書いた、貴重な昭和の外交記録である。上巻は満州事変から宇垣内閣が流産するまでの経緯を世界的視野に立って描く。
203918-6

し-45-3
昭和の動乱（下）
重光葵
重光葵元外相は巣鴨において新たに取材をし、この記録を書いた。下巻は終戦工作からポツダム宣言受諾、降伏文書調印に至るまでを描く。〈解説〉牛村圭
203919-3

し-45-1
外交回想録
重光葵
駐ソ・駐英大使等として第二次大戦への日本参戦を阻止するべく心血を注ぐが果たせず。日米開戦直前まで約三十年の貴重な日本外交の記録。〈解説〉筒井清忠
205515-5

す-24-1
本に読まれて
須賀敦子
バロウズ、タブッキ、ブローデル、ヴェイユ、池澤夏樹……。こよなく本を愛した著者の、読む歓びが波のようにおしよせる情感豊かな読書日記。
203926-1

こ-60-1
ひたすら面白い小説が読みたくて
児玉清
芸能界きっての読書家として知られた著者が、ミステリーから時代小説まで和洋42の小説を紹介する。本を選びあぐねている人に贈る極上のブックガイド。
206402-7

た-7-2
敗戦日記
高見順
〝最後の文士〟として昭和という時代を見つめ続けた著者の戦時中の記録。日記文学の最高峰であり昭和史の一級資料。昭和二十年の元日から大晦日までを収録。
204560-6

た-73-1
沖縄の島守 内務官僚かく戦えり
田村洋三
四人に一人が死んだ沖縄戦。県民の犠牲を最小限に止めるべく命がけで戦い殉職し、今もなお「島守の神」として尊敬される二人の官僚がいた。〈解説〉湯川豊
204714-3

た-73-3
特攻に殉ず 地方気象台の沖縄戦
田村洋三
航空特攻作戦という「邪道の用兵」を、米軍の猛攻にさらされつつ、的確な気象情報提供で黙々とアシストした沖縄地方気象台職員たち。厳粛な人間ドラマ。
206267-2

や-59-1
沖縄決戦 高級参謀の手記
八原博通
戦没者は軍人・民間人合わせて約20万人。壮絶な沖縄戦の全貌を、第三十二軍司令部唯一の生き残りである著者が余さず綴った渾身の記録。〈解説〉戸部良一
206118-7

な-27-4
ピアニストという蛮族がいる
中村紘子
ホロヴィッツ、ラフマニノフら、巨匠たちの天才ぶりを軽妙に綴り、幸田延、久野久の悲劇的な半生が感動を呼ぶ、文藝春秋読者賞受賞作。〈解説〉向井 敏
205242-0

の-3-13
戦争童話集
野坂昭如
戦後を放浪しつづける著者が、戦争の悲惨な極限に生まれえた非現実の愛とその終わりを「八月十五日」に集約して描く、万人のための、鎮魂の童話集。
204165-3

は-58-1
暮しの眼鏡
花森安治
ミイハアを笑うものは、ミイハアに泣かされる。衣食住、風俗など、身近なできごとからユーモアとエスプリたっぷりに「世の中にもの申す」。〈解説〉松浦弥太郎
204977-2

は-58-2
風俗時評
花森安治
風俗やファッションをテーマに、滑稽な人間模様を洒脱に語る。特権意識や見栄っ張りを嫌った花森イズムが時空を超えて迫る！〈解説〉岸本葉子
206211-5

は-58-3
逆立ちの世の中
花森安治
世間に異議申し立てをし続けた日々をユーモラスに描く。また家族や悪戯三昧の学生時代を回顧。伝説の反骨編集者の原点となるエッセイを初文庫化。
206227-6

ふ-18-1
旅路
藤原てい
戦後の超ベストセラー『流れる星は生きている』の著者が、三十年の後に、激しい試練に立ち向かって生きた人生を辿る感動の半生記。〈解説〉角田房子
201337-7

コード	分類	タイトル	サブタイトル	著者	内容	ISBN下4桁
ふ-18-5		流れる星は生きている		藤原てい	昭和二十年八月、ソ連参戦の夜、夫と引き裂かれた妻と愛児三人の壮絶なる脱出行が始まった。東条内閣成立から開戦までの二カ月間を、陸軍の政治的中枢であ難に耐えて生き抜いた一人の女性の厳粛な記録。	204063-2
ほ-1-1		陸軍省軍務局と日米開戦		保阪正康	選択は一つ——大陸撤兵か対米英戦争か。東条内閣成立から開戦までの二カ月間を、陸軍の政治的中枢である軍務局首脳の動向を通して克明に追求する。	201625-5
ほ-1-18		昭和史の大河を往く5	最強師団の宿命	保阪正康	屯田兵を母体とし、日露戦争から太平洋戦争まで、常に危険な地域へ派兵されてきた旭川第七師団の歴史を俯瞰し、大本営参謀本部の戦略の欠如を明らかにする。	205994-8
ほ-1-19		昭和史の大河を往く6	華族たちの昭和史	保阪正康	明治初頭に誕生し、日本国憲法施行とともに廃止された特権階級に、どのような存在だったのか? 華族たちの苦悩と軌跡を追い、昭和史の空白部分をさぐる。	206064-7
や-9-1		柔らかい個人主義の誕生	消費社会の美学	山崎正和	消費文化論ブームを惹き起こした日本の同時代史。新しい個人主義と成熟した「顔の見える大衆社会」を提唱する。吉野作造賞受賞。〈解説〉中谷 巌	201409-1
し-6-57		日本人の内と外	〈対談〉	山崎正和 司馬遼太郎	欧米はもちろん、アジアの他の国々とも異なる日本文化の独自性を歴史のなかに探り、「日本人」が国際社会で真に果たすべき役割について語り合う。	203806-6
や-9-3		社交する人間	ホモ・ソシアビリス	山崎正和	グローバル化によって衰退する組織原理。国家や企業を離れた、茫漠たる「地球社会」のなかに曝される現代人に、心の居場所はあるのか。〈解説〉三浦雅士	204689-4
や-9-5		装飾とデザイン		山崎正和	秩序と逸脱、簡素と過剰、普遍への志向と個物への固執……。人間の根源的な営み、「造形」を支える対極的な二つの意志を読み解く文明論。〈解説〉三浦 篤	206199-6

各書目の下段の数字はISBNコードです。978-4-12が省略してあります。

や-20-2
蒐《しゅう》集《しゅう》物語
柳 宗悦
民芸運動を創始し、「日本民藝館」を創立した著者が、蒐集に対する心構えとその要諦を、豊富なエピソードとともに解き明かす名エッセイ。〈解説〉柳 宗理
205952-8

や-47-1
がん患者学Ⅰ 長期生存患者たちに学ぶ
柳原和子
現代医療の予測を遥かに超えて長期生存を遂げた患者たち。彼らはどのようにがんと闘ってきたのか？ 自らががん患者である著者による魂の記録。〈解説〉岸本葉子
204343-5

や-47-2
がん患者学Ⅱ 専門家との対話・闘病の記録
柳原和子
自らががん患者である著者が、現代がん医療のあるべき姿を求めて多くの患者と医療関係者を訪ね、ともに思考した魂のノンフィクション、第二弾！〈解説〉後藤正治
204350-3

や-47-3
がん患者学Ⅲ がん生還者たち——病から生まれ出づるもの
柳原和子
患者をボディと見る医療に患者を救済できますか？ がん患者の著者が、ＮＨＫ「がん患者に学ぶ」での日米取材を基に、「希望」を探求。〈解説〉白石一文
204368-8

よ-24-7
日本を決定した百年 附・思出す侭
吉田 茂
偉大なるわがままと楽天性に満ちた元首相の個性が描き出した近代史。世界各国に反響をまき起した名篇が文庫にて甦る。単行本初収録の回想記を付す。
203554-6

よ-24-8
回想十年（上）
吉田 茂
政界を引退してまもなく池田勇人や佐藤栄作らを相手に語った回想。戦後政治の内幕を述べつつ日本が進むべき「保守本流」を訴える。〈解説〉井上寿一
206046-3

よ-24-9
回想十年（中）
吉田 茂
吉田茂が語った「戦後日本の形成」。中巻では、自衛隊創立、農地改革、食糧事情そしてサンフランシスコ講和条約締結の顛末等を振り返る。〈解説〉井上寿一
206057-9

よ-24-10
回想十年（下）
吉田 茂
戦後日本はどのように復興していったのか。下巻では、ドッジライン、朝鮮戦争特需、三度の行政整理など、主に内政面から振り返る。〈解説〉井上寿一
206070-8

各書目の下段の数字はISBNコードです。978―4―12が省略してあります。

よ-36-1
真夜中の太陽　米原万里
リストラ、医療ミス、警察の不祥事……日本の行詰った状況を、ウイット溢れる語り口で浮き彫りにし今後のあり方を問いかける時事エッセイ集。〈解説〉佐高 信
204407-4

よ-36-2
真昼の星空　米原万里
外国人に吉永小百合はブスに見える？ 日本人没個性説に異議あり！「現実」のもう一つの姿を見据えた激辛エッセイ、またもや爆裂。〈解説〉小森陽一ほか
204470-8

よ-36-3
他諺《たげん》の空似《そらに》 ことわざ人類学　米原万里
古今東西、諺の裏に真理あり。世界中の諺を駆使しながら、持ち前の毒舌で現代社会・政治情勢を斬る。知的風刺の効いた名エッセイストの遺作。〈解説〉酒井啓子
206257-3

わ-20-2
感覚の幽《くら》い風景　鷲田清一
おどろおどろしい闇が潜んでいたり、深い官能を宿らせていたり――言葉と身体の微妙な関係を、身体論の名手が自由自在に読み解く。〈解説〉鴻巣友季子
205468-4

あ-13-4
お早く御乗車ねがいます　阿川弘之
にせ車掌体験記、日米汽車くらべなど、日本のみならず世界中の鉄道に詳しい著者が昭和三三年に刊行した鉄道エッセイ集が初の文庫化。〈解説〉関川夏央
205537-7

あ-13-5
空旅・船旅・汽車の旅　阿川弘之
鉄道のみならず、自動車・飛行機・船と、乗り物全般に並々ならぬ好奇心を燃やす著者。高度成長期前夜の交通文化が生き生きとした筆致で甦る。〈解説〉関川夏央
206053-1

あ-13-8
完全版 南蛮阿房列車（上）　阿川弘之
北杜夫ら珍友・奇人を道連れに、異国の鉄道を乗りまくる。ユーモアと臨場感が満載の鉄道紀行。上巻は「欧州畸人特急」から「最終オリエント急行」までの十篇。〈解説〉関川夏央
206519-2

あ-13-9
完全版 南蛮阿房列車（下）　阿川弘之
ただ汽車に乗るためだけに、世界の隅々まで出かけた紀行文学の名作。下巻は「カンガルー阿房列車」から「ピラミッド阿房列車」までの十篇。〈解説〉関川夏央
206520-8